U0903268

中央企业发展系列报告

Development Reports on Central State-Owned Enterprises

探究中央企业发展模式

助推中国经济成功转型与持续增长

中央企业发展系列报告
Development Reports on Central State-Owned Enterprises

中央企业自主创新报告

——2012——

李 政 主编

Report on Independent Innovation of Central State-owned Enterprises

北 京

图书在版编目（CIP）数据

中央企业自主创新报告（2012）/李政主编.
北京：中国经济出版社，2013.1
ISBN 978-7-5136-1447-4

Ⅰ.①中… Ⅱ.①李… Ⅲ.①国有企业—技术革新—研究报告—中国 Ⅳ.①F279.241

中国版本图书馆 CIP 数据核字（2012）第 055000 号

丛书策划 乔卫兵 李祥柱 崔清北
责任编辑 黄 静 郑 兴
责任印制 石星岳
封面设计 巢新强

出版发行 中国经济出版社
印 刷 者 三河市佳星印装有限公司
经 销 者 各地新华书店
开　　本 787mm×1092mm 1/16
印　　张 25.5
字　　数 429 千字
版　　次 2013 年 1 月第 1 版
印　　次 2013 年 1 月第 1 次
书　　号 ISBN 978-7-5136-1447-4/F·9243
定　　价 150.00 元

中国经济出版社 **网址：** www.economyph.com **社址：** 北京市西城区百万庄北街 3 号 **邮编：** 100037
本版图书如存在印装质量问题，请与本社发行中心联系调换（联系电话：68319116）

教育部人文社会科学重点研究基地资助

吉林大学“985”工程、“211”工程项目资助

教育部哲学社会科学发展报告培育项目“中国国有经济发展报告”子报告

中央企业自主创新报告（2012）
编委会

总 序

国有企业历来是国民经济的重要支柱，是全面建设小康社会的重要力量，是我党执政兴国的重要经济基础。改革开放30多年来，国有企业改革始终是整个经济体制改革的中心内容和关键环节。其改革过程大体经历了三个阶段。第一阶段，从改革开放初期到党的十四届三中全会，为国有企业扩大经营自主权阶段。国有企业先后开展扩大经营自主权、利润递增包干和承包经营责任制的试点，与国家的责权利关系得到调整，企业的利益主体地位进一步明确。第二阶段，从党的十四届三中全会到党的十六大之前，为制度创新和结构调整阶段。国有企业实施了抓大放小、鼓励兼并、规范破产、下岗分流、减员增效和再就业工程。国有大中型企业推进建立现代企业制度试点，国有中小企业采取改组、联合、兼并、租赁、承包经营和股份合作制、出售等形式搞活。特别是国有企业通过国家实施的改革脱困三年攻坚，债转股、技改贴息、政策性关闭破产等一系列政策措施，负担得到减轻，技术进步和产业升级得以推进。第三阶段，以党的十六大为标志，国有企业改革发展进入以国有资产管理体制改革推动阶段。中央、地方国有资产监管机构相继组建，相关法规规章相继出台，国企改革与国资监管概括起来就是“三分开、三统一、三结合”。即：政企分开，政资分开，所有权与经营权分开；权利、义务和责任相统一；管资产和管人、管事相结合。国有企业逐步实施企业负责人经营业绩考核，国有资产得以保值增值，国有企业改革迈上新台阶。

按照政府的管理权限划分，我国的国有企业分为中央企业和地方企业。通常而言，中央企业是指由国务院国资委监督管理的重点骨干企业。2003年国务院国资委成立之初，中央企业数量达到196家，经过兼并重组，至2012年9月底，减少至117家。

2011年，中央企业认真贯彻落实党中央、国务院各项决策部署，团结协作，顽强拼搏，战胜各种困难挑战，取得了骄人的业绩。2011年中央企业营业收入突破20万亿大关，累计实现营业收入20.24万亿元，同比增长20.8%；实现利润总额1.24万亿元，同比增长8%；实现净利润9173.3亿元，同比增长6.4%；资产总额达到27.97万亿元，同比增长14.9%，各项主要经济指标均创历史新高。

不仅如此，在取得优异经营业绩的同时，中央企业在完善公司治理结构、董事会试点、绩效考核、市场化聘用高管、整体上市、联合重组、做强主业、自主创新、企业文化建设等方面也取得重大进展。并且，加快实施“走出去”战略，一些企业加大海外资源开发力度，发挥技术和成本优势，争得了一批大型海外工程项目。在切实履行经济责任的同时，中央企业积极履行政治责任和社会责任，在抗击自然灾害、保障国家重大活动、维护市场稳定、吸纳社会就业、落实节能减排责任等方面发挥了重要作用。

在中央企业效益大为好转、实力迅速壮大的同时，来自于社会各界针对中央企业的质疑和非议也多了起来，诸如“高管高薪”、“央企地王”、“与民争利”、“行业垄断”、“国进民退”等现象，屡屡受到公众的热议，成为社会关注的焦点。

那么，如何正确评判中央企业在经济社会发展中的地位和作用？中央企业在发展过程中还需要解决哪些问题？中央企业下一阶段的发展将要朝哪个方向迈进？国务院国资委主任王勇指出：中央企业“十二五”改革发展核心目标概括起来就是“做强做优、世界一流”。这一目标是基于中央企业的地位和作用，立足于国家整体发展战略提出来的。没有一流的管理就不会有一流的企业。总的看，中央企业存在的差距是相当大的，突出表现在五个方面。在基础管理方面，总部高效管控能力薄弱，流程不顺、标准不一、信息不畅、集而不团、管而不控的现象在一些企业普遍存在，基础管理还有较大的提升空间。在管理创新方面，世界一流企业创造了福特生产线、丰田精益生产、GE六西格玛管理等重大管理创新成果，不仅形成了自身核心竞争力，也推动了全球企业的管理进步。中央企业的管理创新总体还处在学习、模仿阶段，没有取得实质性的突破。

在投资并购方面，世界一流企业善于利用资本市场和有利环境，并购整合成功的概率较高。而一些中央企业花巨资收购项目或资产后，资源整合、文化融合和有效管理力度不够，整合后整体素质和核心竞争力没有得到有效提升。甚至有的企业规模扩大了，管理水平跟不上，带来较大的经营风险。在管理信息化方面，世界一流企业整个业务流程都实行信息化管理，财务结算、业务办理、内部管控已经实现全球联网运行。目前，大多数中央企业还未形成全集团统一、高效的管理信息系统，业务流程和控制活动上线水平低，存在大量信息孤岛，未能很好发挥信息化在经营管理上的支撑作用。在国际化经营管理方面，跨国企业的跨国指数一般在50%以上，而中央企业跨国指数还比较低，在全球布局、整合全球资源、打造全球产业链方面尚处于起步阶段。不难看出，王勇主任从战略的高度为中央企业明确了定位和今后发展路向。另一方面，站在历史的角度看，从我国的国情和经济社会发展的要求出发，不管是过去、现在和将来，国有企业特别是中央企业，在我国不仅要承担经济职能，而且要更多地承担社会职能和政治职能，更多地体现国家的战略目标和意图，不可推卸地成为推动中国经济发展方式转变和社会文明与进步的主动力，这既是现实需要，更是历史必然。但同时，中央企业的改革和发展历程又始终是一个不断积极探索、不断大胆实践、不断深化改革、不断自我完善的过程。

有鉴于此，中国经济出版社利用多年积累的资源和优势，会同中国人民大学、北京交通大学、首都经济贸易大学、北京工商大学、中央财经大学、吉林大学、中国政法大学等高等院校的研究机构，从2010年开始按年度共同编纂出版中央企业发展系列报告。该系列报告针对每年中央企业改革、发展与创新的重大问题，进行系统总结、深度挖掘和专题阐述，力求全面、客观地分析中央企业年度经济运行状况，深入研究中央企业在改革与发展中出现的新情况、新问题以及解决的新途径、新方法，为中央企业与社会各界搭建一个增进了解、加强沟通的平台。

2012年，中央企业发展系列报告在2010年推出第一批5本，2011年推出第二批9本的基础上，继续推出第三批成果：《中央企业经济运行报告（2012）》《中央企业企业文化建设报告（2012）》《中央企业自主创新报告（2012）》《中央企业国际化报告（2012）》《中央企业履行社会责任报告（2012）》和《中央企业品牌建设报告（2012）》。

该系列报告突出客观性、学术性、实用性、前瞻性。报告秉持客观、公正的原则，在总体情况概述的基础上，按照国资委对中央企业所在行业划分标准，突出以板块为单元，选定若干指标进行同类行业企业之间的比较以及与国际上同类企业的比较。同时，积极探索利用符合学术规范的数学模型，据此科学地编制企业所在行业业绩指标排行。报告不仅注重对中央企业不同行业、不同领域、不同问题的探索与研究，而且还对中央企业未来发展趋势给予预测与分析，是目前学术界、出版界唯一一套成系列成规模专门研究中央企业的学术专著，期望其无论是对促进有关中央企业的学术研究，还是对推动中央企业的科学发展，都具有借鉴意义和参考价值。

该系列报告是开放式、可扩展的，欢迎社会各界和中央企业把认为合适题材的研究成果纳入报告体系，使报告能够连续、按时出版。

由于时间关系和水平所限，报告中所涉及的观点、资料、数据难免会有不够完善或不妥之处，敬请广大读者给予批评指正！

编　者

2012 年 10 月

序言

中央企业要坚定不移地走创新驱动发展之路[①]

李　政

创新是经济社会发展的永恒主题和不竭动力。世界主要发达国家都把科技创新作为国家发展战略，成功走上创新驱动发展之路。2006 年，我国提出到 2020 年步入创新型国家行列的宏伟目标，并为此做出全面规划，制定实施一系列政策措施。数年来创新型国家建设取得显著成效。2012 年 5 月 28 日，中共中央政治局召开会议进一步指出，建设创新型国家，加快转变经济发展方式，实现我国发展的战略目标，最根本的是要靠科技的力量，最关键的是要大幅提高自主创新能力。当前，受国际经济危机和国内经济形势影响，提高自主创新能力，以创新驱动实现经济发展转型成为我国日益严峻的重大课题，成为经济社会发展的重中之重。在此背景下，如何充分发挥中央企业在提高自主创新能力、建设创新型国家中的引领作用，加快实现我国经济发展方式向创新驱动型转变，无疑是国家有关部门、企业高管团队和全体员工都必须加以深入研究和高度重视的问题。

一、走创新驱动发展之路是我国现阶段的必然选择

新中国成立以来，尤其是改革开放 30 余年以来，我国经济发展取得了举世公认的巨大成就，甚至被称为“中国奇迹”，“中国模式”或“中国道路”也因而备受瞩目。中国用世界 7% 的耕地解决了世界五分之一人口的吃饭问题，从根本上改变了中国人民的生存状态；建立了门类齐全、具有较高国际竞争力的现代工业体系；国内生产总值（GDP）在世界各国排名由 20 世纪 70 年代的十几名，到 2010 年仅次于美国成为世界第二大经济体，还成为世界第一大出口国、

① 李政．中央企业在提高自主创新能力中的引领作用，光明日报（理论版）．2012 - 6 - 1，有修改和扩充．

第二大进口国、第一大外汇储备国和第二大外资吸引国。随着制造业的增长速度连续20多年位居全球首位，中国快速成长为“世界工厂”。据统计，目前中国制造业中的200多类产品产量位居世界第一，其中世界市场超过70%的DVD、玩具、空调和手表，50%的电话和鞋子，超过30%的彩电和箱包产自中国。2009年，中国制造业在全球制造业总值中所占比例已达到15.6%，成为仅次于美国的全球第二大工业制造国。以至于国外有专家说，“谈经济成就，中国人别太谦虚”，国内媒体和专家说，“民族复兴，今天的中国离它最近”，“‘中国引领世界’已不是空话”。

然而，必须清醒地认识到，我国虽然已经成为世界经济大国，但还远非经济强国。在取得巨大经济发展成就的同时，也面临着许多突出问题，甚至其可持续性受到怀疑。从发展指标和发展程度看：2011年中国人均GDP排名第93位，仍然处在世界上较为贫穷国家的行列。三大产业中，工业、制造业大而不强，农业还停留在小农经济，服务业总体上还比较落后，比重偏低、质量较差和结构不合理的发展格局并没有根本改观，不但与发达国家相差甚远，而且明显落后于一些发展中国家水平。与日本20世纪60年代末成为世界第二大经济体时相比，当前中国真正可以称得上世界级的企业寥寥无几，严重缺乏核心技术和自主品牌。我国企业只在一些低端或中低端的产品和产业上赢得了国际竞争力，由于缺乏核心制造技术和高端产品开发能力，难以进入产业高端。除个别行业外，国内制造业大多依赖引进国外关键技术设备生存，处于外资实际控制之下，成为“微利工厂”。国内从效率指标上看，据统计，我国单位GDP能耗相当于德国的5倍、日本的4倍、美国的2倍；我国以占世界8%的经济总量，消耗了世界能源的18%、钢铁的44%、水泥的53%。世行报告显示，我国2010年的劳动生产率不到OECD国家的一半水平，也不如拉美国家的水平。此前中国科学院曾发布多份报告指出，中国劳动生产率仅相当于美国的1/12、日本的1/11，甚至不如印度。中国经济呈现出高投入、高消耗、高排放，低产出、低效益的特征。

应该说，我国经济过去出现大而不强、“三高两低”的特征有其一定的必然性和适当性，是工业化过程中我国基于现实国情、发展阶段和比较优势而采取要素驱动、投资驱动和出口导向型经济发展模式的客观结果。但这种发展模式延续到今天，面临着前所未有的挑战，越来越难以为继。我们不仅面临资源短缺和环境污染带来的巨大压力，而且在国际经济危机背景下由于以美国为首的西方国家调整产业结构和消费模式，面临外需不稳定的巨大压力。在经济增长与人口、资源、环境矛盾日益突出，国际环境日趋复杂的今天，过度依靠消耗自然资源和压低劳动力成本扩大出口、依靠要素投入和固定资产投资拉动经济增长的做法已经走到尽头。为实现经济的持续健康发展，走创新驱动发展之路成为中国现实和必然的选择。只有大幅提高自主创新能力，实现经济发展由资源依赖和要素驱动向创新驱动转型，才能从根本上改变我国经济大而不强、“三高两低”、企业和产品缺乏国际竞争力、受制于人的局面，才能切实提高经济效益，提高我国在国际贸易中的话语权，确保经济长期发展的稳定性。

二、走创新驱动发展之路是中央企业的社会责任和“做强做优”的关键

中国经济发展模式的转型，其关键在于企业发展模式的转型。由于缺乏资金、人才和研发等优势，在长期激烈的市场竞争中，绝大多数中国民营企业都形成了一种低成本驱动的发展模式，行销全球的低廉劳动密集型产品的背后是低要素价格，包括低人力成本、低资金成本、低环境成本、低土地成本。但是，这种参与全球市场竞争的方式已经越来越举步维艰。从内部看，随着人民币不断升值、劳动力成本大幅提升以及对环境透支欠账的回补，中国企业的成本挖掘空间将越来越狭窄。从外部看，世界范围内的新一轮产业转移已初现端倪，印度、越南等国作为中国廉价商品的替代者角色正不断加强。所以，中国经济能否实现成功的转型，取决于中国企业能否很好地实现从低成本驱动向创新驱动的转型，从价格竞争向价值竞争的转型。然而，企业发展模式转型又是一个痛苦而艰辛的过程，企业文化、战略与体制、环境早已形成一种相互匹配和路径依赖，很难在短时间内成功实现创新驱动发展。在这一点上，国有企业，尤其是中央企业则具有特殊的体制与资源优势。

首先，中央企业大多集中在关系国家安全和国民经济命脉的重要行业和关键领域，是我国经济社会发展的核心力量，也是我国参与国际竞争的生力军，对于贯彻落实国家重大发展战略负有不可推卸的社会责任。作为全国人民的企业，国有经济的骨干和中坚，中央企业一直是国家引导、推动、调控经济和社会发展的核心力量，始终积极服务于国家重大战略需求，有义务在提升自主创新能力、以创新驱动实现发展转型方面发挥引领作用。最近，围绕国有企业改

革和发展有许多争议，甚至出现了所谓“倒国有企业浪潮”[①]。不管这些争议观点如何，客观来看，有一点可以肯定，那就是国有企业在我国经济社会发展中的独特地位与作用是不可替代的，无论是在社会主义市场经济建设中，还是在国家富强和民族复兴过程中，抑或是在保障国家安全和民生中。毫不动摇地巩固和发展公有制经济，同时毫不动摇地发展非公有制经济发展是“中国模式”和中国特色社会主义道路的基本内核，是我国既定的大政方针，也是我国“经济奇迹”的根源和优势所在。问题在于，国有企业如何适应创新驱动型经济发展的需要并为此创造有利条件、承担应有责任，如何在自身健康成长，不断提高效率和国际竞争力的同时与民营经济形成相互支持、共同发展的局面呢？加快提高自主创新能力，走创新驱动发展之路无疑是大多数国有企业，尤其是中央企业的改革方向与正确选择。

其次，中央企业在国家创新体系中占有重要地位，具备创新驱动发展的良好基础。中央企业大多是行业排头兵，科技基础雄厚、创新资源丰富，有条件在加快提升自主创新能力中发挥引领带动作用。中央企业拥有一大批国家重点实验室、国家工程实验室、国家工程技术研究中心和国家及企业技术中心等国家级科研机构，拥有一大批科学家和科技创新人才，其中两院院士就超过200人，其科技创新水平体现了国家综合实力。《国家中长期科学和技术发展规划纲要》确定的我国需要突破的11个重点领域，中央企业都有涉及。16个国家科技重大专项，中央企业参与了15个；“863”计划的参与率达到29.5%。“十一五”期间新建的企业国家重点实验室，一半建在中央企业。有54家中央企业被正式命名为“创新型企业”。56个产业技术创新战略联盟有24个由中央企业牵头或参与组建。[②] 历年国家科技进步特等奖及绝大部分的国家技术发明一等奖均由中央企业获得。在载人航天、绕月探测、特高压电网、支线客机、4G标准、时速350公里高速动车等领域和重大工程项目中取得了一批具有自主知识产权和国际先进水平的创新成果。[③] 总之，中央企业拥有丰富的创新资源和雄厚的创新基础，在追踪世界科技革命前沿和紧跟新兴产业发展潮流进程中，有能力担负起更大的责任，在提升自主创新能力、发展创新型经济中发挥表率作用。

---

① 刘国光. 共同理想的基石——国有企业若干重大问题评论. 北京：经济科学出版社，2012：5.

② 国务院国有资产监督管理委员会. 坚定不移地推进国有企业改革发展. 求是，2012(10).

③ 白天亮. 国有经济在改革中发展壮大. 人民日报，2012-4-12（要闻版）.

再次，创新驱动发展是中央企业“做强做优”的必经之路。过去，中央企业大多属于自然垄断或行政垄断性企业，受政府较多政策优惠及资金、资源等方面的支持，因而缺乏自主创新的动力，形成了一种基于垄断地位、资源优势或大规模投资驱动的发展模式。随着国有经济战略性调整和国有企业改革的不断深化，目前大部分中央企业的垄断地位已经或正在被打破，其所面临的市场竞争日趋激烈。一方面，国内非公有制企业异军突起，与国有企业形成鼎力之势；另一方面，随着经济全球化的发展和“走出去”战略的实施，中央企业的主要竞争对手已经不是本土企业，而是世界著名跨国公司。这些跨国公司往往在企业规模、技术水平、研发能力等方面拥有更大的全球性竞争优势，控制了所在行业或领域的科技制高点。如果不能尽快提高自主创新能力、掌握核心技术，中央企业就会受制于人，难以突破跨国公司的垄断，难以向国际产业分工的高端移动，以至在国际竞争中处于劣势地位，因而无法实现其“做强做优”、“打造具有国际竞争力的世界一流企业”的发展目标。可见，中央企业加快提升自主创新能力，增强核心竞争力，不仅是实施建设创新型国家战略的需要，也是其自身生存和发展的需要。

三、创新驱动型中央企业集约化发展模式已经初步形成

近年来，中央企业不断加大科技创新力度，以创新求发展，以创新求实力，自主创新能力显著增强。首先，中央企业技术创新体系日趋完善，长期困扰企业的产研脱节、科研成果转化不畅和科研开发短期化倾向等问题得到了较好解决。其次，中央企业科技创新投入力度不断加大。过去5年，中央企业科技投入年均增幅达到28.5%，远高于同期销售收入和利润增幅。再次，中央企业技术创新人才建设取得成效，创新管理水平不断提高。在此背景下，中央企业自主创新绩效不断提高，自主创新成果突出；中央企业主要专利指标年均增长都在35%以上；2012年召开的国家科学技术奖励大会上，56家中央企业得到了93项奖项；“嫦娥一号”、高铁、4G标准等更成为央企自主创新、集成创新的典范；央企在核电、风电、电动汽车等设备制造以及产品研发，达到或接近全球领先水平。中央企业已经成为我国转变经济发展方式、建设创新型国家的主力军，企业自主创新的排头兵。不仅如此，创新驱动型中央企业集约化发展模式已经初步形成。

例如，多年来，中国二重坚持“唯有技术的领先，才有经济的领先，企业

的领先”的信念，紧跟国家产业政策导向，持之以恒抓创新，坚持走自主创新之路，完成众多国家重大技术装备的研制任务，拥有一批自主知识产权、填补国内空白的拳头产品。二重构建了完善的科研创新体系，企业科技活动经费占主营业务收入保持在4%以上，其所拥有的国家级企业技术中心、国家重点工程实验室、博士后科研工作站、国家级理化检验中心使中国二重始终站在国家装备制造科研创新第一线，保持着领先的技术优势。二重采取技术引进和自主研发相结合的方式，瞄准高端，重点突破，向新的市场和技术领域进行拓展，以实现产品由中低端向高端的转变，由合作设计、合作制造向独立自主的转变；成功引进风力发电增速机、数值模拟等先进技术，建立和完善自主创新研发体系，实现对核心技术的掌握和控制，为产品结构调整质的突破奠定技术基础。围绕市场需求，二重坚持“开发一批、储备一批、预研一批”，以“开发一批”解决企业当前生产急需，以“储备一批”着力降低企业经营风险，以“预研一批”坚持可持续发展。同时，制度创新为二重自主创新提供牢固支撑。[①]

再如，中国航天事业的发展史就是一卷自力更生、奋发图强的创新史，中国航天发展的历史实践，最为突出并贯彻始终的就是自主创新。中华人民共和国第一件发明专利和第一件实用新型专利就诞生在中国航天科工。坚持自主创新、鼓励发明创造是进一步提高航天科工核心竞争力和创新能力的重要举措。中国航天科工努力从中国制造向中国创造转型，从技术跟随到技术引领转变，从国内首创到世界首创提升，继而实现从创造一流到创造唯一的突破；把坚持自主创新、鼓励发明创造作为集团公司推进二次创业、实现跨越发展的需要。为了进一步推动集团公司创新驱动发展，营造鼓励发明创造的良好氛围，中国航天科工总经理许达哲提出三点要求：一是全面加强军民融合科技创新体系建设。要不断提高企业的核心竞争能力，深化创新型企业建设，与国际一流企业全面对标，进一步加强集团公司科技资源的优化配置。二是着力加强创新队伍建设，充分发挥企业家和领军人才在创新中的作用。要进一步优化创新人才成长环境，在管理创新、机制创新上下工夫。三是加强航天特色创新文化建设。创新有风险，发明要耐得住寂寞。希望集团公司上下形成鼓励创新的良好文化环境。[②]

此外，中央企业较为成熟的自主创新模式不断出现，一改过去只有苹果、英特尔等跨国公司才有的经典创新模式的历史。如，宝钢集团形成宝钢式创新模式，

---

① 刘裕国．中国二重，自主创新驱动企业．人民日报，2012-2-24.

② 王娟，陈龙．创新发动机驱动航天事业发展．中国航天报，2011-10-11（第001版）.

该模式最大特色是“蓝领创新”：每天产生专利4件，五成由一线工人创造；每天产生6件企业技术秘密，其中40%由一线职工完成。在全国累计获国家科技进步奖的10名工人中，宝钢有3位。近三年来，宝钢职工提出并实施合理化建议48.9万条，申报专利4178件、授权专利2841件。[①] 职工经济技术创新作为自主创新的基础，已经成为宝钢企业技术创新体系的重要组成部分。又如，大唐电信开创了“正向式”自主创新赶超模式。过去我国企业只是简单地模仿加工，而后开始从外观到内在的技术创新，走逆向创新方式。大唐一反常态，从核心技术研发和国际标准入手，完成产业链布局，完成产业化和全球市场化。这种“正向式创新”模式为发展中国家后进企业提供了一个典型的范本。与之相呼应的是，在“企业发展必须创新”战略思路主导下，2006年以来，大唐电信科研经费投入占销售收入比例连续多年超过10%，发明专利总量、人均专利持有量均名列央企前茅。大唐电信研发的TD不仅引领了3G新纪元，还将在4G中领先国际。

四、塑造与完善中央企业创新驱动型发展方式的动力机制

尽管迄今中央企业在自主创新方面已经取得不菲成就，为提升我国综合国力做出突出贡献，但其存在的问题也不容忽视。大多数中央企业尚未彻底摆脱高投入、高消耗、低产出、低效益的粗放型增长模式，普遍面临高能耗、产能过剩等共性问题；缺少具有自主知识产权的关键技术，缺乏核心竞争力，在全球产业链中处于不利地位；对外技术依存度较高，一些领域的关键技术、大型成套设备、核心元器件、重要基础件、关键新材料，包括很多涉及国计民生的生产资料、生活资料等仍大量依靠进口。与跨国公司等先进企业相比，中央企业在自主创新理念、意识和管理上存在较大差距，创新驱动的内涵成长模式尚未真正形成。对于大多数中央企业而言，加快提升自主创新能力，进而在我国经济发展方式转变和创新型国家建设中适当发挥引领作用，乃当务之急。那么如何加快提高中央企业自主创新能力以适应创新型国家建设及自身“做强做优”、跻身国际一流企业的需要呢？关键就在于塑造中央企业创新驱动发展的动力，完善其相关体制与激励机制，营造一种支持、鼓励企业自主创新的文化氛围与政策、法制环境。

首先，从政府层面来看：一是要进一步确立中央企业的技术创新主体地位

---

① 王平．央企领跑“蓝领创新”新时代．国企，2011（12）．

及在国家创新体系中的引领作用。中央企业具有其他本土企业所不可比拟的创新资源优势，同时又特别适合集中力量攻克制约我国经济社会发展的重大科技难题，是在我国自主创新水平较低的背景下实现跨越式赶超发展的核心力量。二是建立完善中央企业高管阶层自主创新的考核与激励机制。在选拔、任用及考核中央企业高层管理者时，要把企业自主创新能力建设作为一项重要评估指标，并给予相应的奖惩。选拔任用具有创新创业精神的企业家作为经营者是央企提升自主创新能力的关键。三是强化市场竞争这支“看不见的手”的作用，在中央企业所在的垄断行业进一步引入竞争机制，塑造企业自主创新的内生动力。通常垄断不利于自主创新，而中央企业又大多集中于垄断行业。因此，在这些行业中打破垄断格局、引入竞争机制就显得十分必要。四是为中央企业提升自主创新能力营造良好的外部环境。中央企业提高自主创新能力不仅需要政策法规支持和财政税收支持，同时也需要大学与研究机构的合作支持，还需要适宜自主创新的教育与文化环境。

其次，从企业层面来看：一是继续加大科技研发与自主创新的投入力度。中央企业必须自觉加大研发投入，优化科技资源配置，以确保企业自主创新的资金需要。为此，中央企业应积极建立企业研发专项资金等制度，形成科技研发投入持续稳定增长的长效机制。二是加强科技创新人才队伍建设。为提高自主创新能力，中央企业应加强创新人才的培养、激励和继续教育工作，努力培养创新型科技人才，大力引进海外高层次科技人才，着力培养一批敢于并善于创新的人才队伍，着力造就一批世界级的科技带头人和高水平研发团队。三是建立企业内部创新激励机制，提高员工创新积极性。中央企业要深化改革，着力构建充满活力、富有效率、更加开放、有利于科学发展的体制机制，形成有利于激发创新活力，鼓励创新实践的制度安排。尤其是要加大管理创新力度，构建更加合理的管理架构和组织体系，健全完善科学的人才使用和评价机制。通过深化分配制度改革，完善企业鼓励创新的激励约束机制。四是积极培育企业的创新文化和企业家精神。企业文化是企业的灵魂。自主创新作为企业的整体行为，必须由统一的创新文化来引导才能取得成功。为此，中央企业要树立正确的企业创新价值观，要营造一种自主创新的使命感、光荣感和危机感，塑造持续创新、积极进取、勇于担当、包容失败的文化氛围与企业家精神。五是加强自主创新的平台建设。为提高自主创新能力，中央企业还应积极建设产学研合作的科研创新平台与研发机构，建立产业技术创新战略联盟、海外人才创新创业基地等。

目　录

第一篇　总论

第二篇　各行业中央企业自主创新分析

第四篇 中央企业自主创新形势与政策建议

第一篇

总　　论

一、中央企业自主创新总体状况

“十一五”以来，我国坚定不移地走中国特色自主创新之路，自主创新工作已进入新的发展阶段。2011 年是“十二五”开局之年。“十二五”是我国全面建设小康社会的关键时期，是提高自主创新能力、建设创新型国家的攻坚阶段。从国内来看，我国正处在工业化、信息化、城镇化、市场化、国际化深入发展的重要时期，加快转变经济发展方式，解决发展不平衡、不协调、不可持续等问题，对自主创新提出更加迫切的要求。从国际看，金融危机、主权债务危机影响深远，世界主要国家都将科技创新能力提升为国家发展战略，纷纷大幅增加研发投入，强化核心关键技术的研发部署，竞相抢占战略性新兴产业发展的先机和主动权。面对新的形势，我国要实现经济发展方式转变和可持续发展目标，在激烈的国际竞争中赢得发展主动权，最根本的是靠科学技术，最关键的是大力提高自主创新能力。正是在这一背景下，中央企业加快了提升自主创新能力的进程。

（一）中央企业自主创新投入状况

近年来，中央企业不断加大对自主创新的投入力度，通过科研经费投入的有效增长和科研人员培养来提高自主创新能力。

1. 中央企业科技研发经费投入

根据国务院国资委的统计，2004 年，中央企业技术创新投入为 767.9 亿元，占当年中央企业销售收入的 1.5%，其中工业企业技术创新费用占销售收入的比重为 2.0%。“十一五”时期，由于中央企业的经济效益转好以及对科技创新活动的重视度不断提高，中央企业加大了对科技创新的投入力度。2006—2010 年，中央企业科技活动的经费总额由 1244 亿元增加到 3079 亿元，增长了将近 1.5 倍，年平均增长率为 25.4%。在科技活动经费总额中，用于研发的费用约占五成。研发经费支出由 701 亿元上升到 1911 亿元，年均增长 28.5%，占全国大中型工业企业研发经费支出（2010 年为 4015.4 亿元）约一半。同时，中央企业科技活动经费占销售收入的比重由 1.59% 上升到 1.84%。从环比增长率来看，“十一五”期间，中央企业的科技活动经费总额和 R&D 费用均超过了两位数，实现了高速增长（见表 1 - 1）。

在创新能力较强的 61 家创新型（试点）中央企业中，2010 年研发经费支出超过50亿元的企业有13家，比2009年增加5家，前10位企业研发经费支出合计891.5亿元（见表1-2）。2010年中央企业研发经费强度（研发经费支出占主营业务收入比重）前10名都超过9%，其中超过10%的有6家企业，达到5%以上的企业有14家。而2009年仅有8家中央企业研发经费强度超过9%（见表1-3）。中央企业进一步形成了科技创新投入的稳定增长长效机制。

表1-1 “十一五”时期中央企业技术创新投入情况

年 份	2006	2007	2008	2009	2010
科技活动经费总额（亿元）	1243.7	1773.5	2152.9	2633	3079
科技投入比率（%）①	1.59	1.77	1.87	2.1	1.84
R&D费用（亿元）	701.0	987.0	1210.6	1468.0	1911.0

资料来源：王勇在中央企业科技创新工作会议上的讲话［EB/OL］. 以及对国务院国资委2006—2010年公布的中央企业自主创新投入资料整理所得

表1-2 2010年中央企业研发经费支出前十名 单位：亿元

排 序	企业名称	研发经费支出
1	中国移动通信集团公司	136.2
2	中国航天科技集团公司	130.0
3	中国石油天然气集团公司	94.1
4	中国船舶重工集团公司	91.8
5	中国铁道建筑总公司	88.2
6	中国航天科工集团公司	85.3
7	中国石油化工集团公司	71.2
8	中国电子科技集团公司	69.7
9	武汉钢铁（集团）公司	62.7
10	国家电网公司	62.3
合计		891.5

资料来源：中国创新型企业发展报告编委会. 2011中国创新型企业发展报告. 北京：经济管理出版社，2011.12：111.

① 科技投入比率是指科技活动经费总额占销售收入的百分比。

表 1－3　2010 年中央企业研发经费强度前十名　　单位：%

序　号	企业名称	研发经费强度
1	中国商用飞机有限责任公司	89.82
2	中国兵器工业集团公司	24.47
3	中国航天科技集团公司	15.96
4	中国电子科技集团公司	12.81
5	北京有色金属研究总院	11.54
6	电信科学技术研究院	10.07
7	机械科学研究总院	9.73
8	武汉邮电科学研究院	9.64
9	中国航天科工集团公司	9.57
10	北京矿冶研究总院	9.34

资料来源：同上表，第 112 页

国务院国资委已经将科技创新战略作为“十二五”时期着力实施的五大战略之一。王勇强调：“中央企业要加大科研投入，建立健全技术创新投入、研发、转化、应用机制。着力打造一批具有前瞻性的重大共性技术研发平台，加快突破一批重大核心关键技术，培育一批高附加值尖端产品。”2011 年，中央企业通过加强创新责任考核，多方筹措科技专项基金，加大了科研经费投入力度。中国石油、中航工业、航天科技、国家电网、航天科工、中国移动等六家企业科技投入超过百亿元。兵器装备集团等多家中央企业的科技投入占销售收入比重超过 5%，达到并超过了跨国公司的平均水平。

虽然中央企业的科技活动经费、研发（R&D）经费和科技投入比率有了显著增加，但和跨国公司相比仍然有很大的差距。如：根据英国贸工部“2010 英国与全球 1000 家企业研发报告”，2010 年世界研发经费支出排名前十名的企业研发经费支出总额为 484.58 亿英镑，平均每家企业 48.458 亿英镑，约合人民币 483.6 亿人民币，而 2010 年中央企业研发经费支出最多的前十家企业平均研发支出为 89.15 亿人民币，前者是后者的 5 倍多。根据欧盟贸易委员会数据，二者之间差距更大①。

① 根据欧盟贸易委员会数据，2010 年研发经费投入排名前十企业为罗氏、辉瑞、微软、丰田、默克、大众、三星电子、诺华、通用、强生，研发投入依次为 71.8111 亿欧元、70.1661 亿欧元、67.4081 亿欧元、66.6669 亿欧元、64.0388 亿欧元、62.5800 亿欧元、61.8136 亿欧元、60.2297 亿欧元、51.8960 亿欧元、51.0164 亿欧元。

表 1-4　2010 年全球企业研发经费支出前十名　　单位：亿英镑

排　名	公司名称	研发费用
1	丰田	60.14
2	罗氏制药	56.88
3	微软	53.96
4	大众	51.44
5	辉瑞制药	48.02
6	诺华制药	45.81
7	诺基亚	44.40
8	强生	43.26
9	赛诺菲安万特	40.60
10	三星电子	40.07
合计		484.58

资料来源：Department for Business Innovation & skill：The 2010 R&D Scoreboard.

不同行业的中央企业，在研发投入上也呈现不同的特点。根据英国贸工部《2010 年全球 R&D 投入排行榜报告》，上榜的中央企业包括中铁建、中铁、中国电信、中国南车集团、中石油、中石化、中冶、中煤能源和中国东方电气公司等 10 家公司。从研发经费投入的分布来看，中央企业研发投入较多的企业大多集中在石油石化、通信设备以及其他电子设备、煤炭冶金等三个行业，而机械制造行业的自主创新投入偏低。

2. 中央企业创新人员投入

中央企业坚持人才资源是第一资源的理念，推动人才培养和队伍建设，培养和凝聚了一支高素质的科技人才队伍。通过落实人才强企战略，完善人才考核、评价、激励机制，建立科技带头人、首席专家制度，不少企业畅通了科研人员职业发展通道，营造了优秀人才脱颖而出的良好环境。截至 2010 年底，中央企业拥有两院院士 217 人，科技活动人员和研究开发人员分别达到 129.8 万人和 53.5 万人，分别占中央企业职工总数的 10.7% 和 4.4%。一大批青年科技人才在实践中快速成长，成为科研工作的主要力量。在这些技术创新人才队伍的带领下，中央企业取得了一些关键技术和研发领域重大突破，一些成果跻身世界领先水平。

（二）中央企业自主创新产出状况

自主创新投入的加大促进了中央企业自主创新产出，主要表现在申请和授权专利的逐年增加以及国家科学技术奖励等重要奖项的获得上。其中，发明专利的申请和授权量的增加，新产品销售收入的增加和国家科技进步特等奖的获得有力地表明了中央企业自主创新能力的提升。

1. 申请和授权的专利情况

2004—2010 年，中央企业申请专利数量从 6579 项增加到 52283 项，授权专利从 3886 项增加到 30616 项，年均增长率分别达到 42.9% 和 39.4%（见表 1-5）。到 2009 年，中央企业累计拥有专利数量达到 76138 项，是 2005 年统计数量的 2.5 倍，其中发明专利占 27.9%。值得注意的是，中央企业发明专利比重呈现出总体上升的趋势，从 2004 年的 43.37% 增长到 2009 年的 51%。2009 年，中央企业申请专利中的发明专利比重和授权专利中的发明专利比重均高于国内平均水平 20 个百分点以上。从单个企业来看，截至 2008 年底有 15 家中央企业累计拥有有效专利超过 1000 项。其中排名前 5 位的中国石油化工集团公司、中国石油天然气集团公司、电信科学技术研究院、中国兵器装备集团公司和宝钢集团有限公司拥有有效专利分别达到了 8668 项、5601 项、4835 项、3418 项和 2726 项。另外，中国石油化工集团公司、电信科学技术研究院和中国化工集团公司 3 家企业的累计发明专利均超过 1000 项，分别达到 6163、4361 和 1626 项，名列全部中央企业前列。

表 1-5 2004—2010 年中央企业专利情况 单位：件

年份		2004	2005	2006	2007	2008	2009	2010
申请专利	申请专利总数	6579	10031	14669	21374	30894	39203	52283
	其中发明专利数	2853	4462	7133	11004	15165	19993	26563
	发明专利比重（%）	43.37	44.48	48.63	51.48	49.09	51.00	50.81
授权专利	授权专利总数	3886	4968	7392	10014	14524	20431	30616
	其中发明专利数	1265	1657	1755	2056	3299	4891	7526
	发明专利比重（%）	32.55	33.49	23.74	20.53	22.71	23.90	24.58

资料来源：根据国务院国有资产管理监督委员会网站数据整理

2010 年，61 家创新型（试点）中央企业申请发明专利 21838 件，比上年增长 28.4%，占全部中央企业发明专利申请总量的 82.2%，占全国大中型工业企业发明专利申请总量（72523件）的30.01%。每家创新型（试点）中央企业平均申请发明专利358件，远超过全部中央企业的平均数（221件）。2010年排名前十位的中央企业发明专利申请量达到13065件，占全部中央企业申请量的49.2%。其中，中国石油化工集团公司、电信科学技术研究院、中国航天科技集团公司、国家电网公司、中国航天科工集团公司五家企业2010年发明专利申请量都超过千件（见表1-6）。

表1-6 2010年中央企业发明专利申请量前十名 单位：件

序号	企业名称	发明专利申请量
1	中国石油化工集团公司	2199
2	电信科学技术研究院	1977
3	中国航天科技集团公司	1735
4	国家电网公司	1596
5	中国航天科工集团公司	1351
6	中国船舶重工集团公司	941
7	中国石油天然气集团公司	841
8	中国冶金科工集团有限公司	830
9	中国移动通信集团公司	824
10	中国兵器工业集团公司	771
合计		13065

资料来源：中国创新型企业发展报告编委会.《2011中国创新型企业发展报告》.经济管理出版社2011年12月，第112—113页

2010年，61家创新型（试点）企业获授权发明专利6190件，比2009年增长42.7%，占全部中央企业授权发明专利数的82.2%；平均获授权发明专利101件，远超过全部中央企业的平均指标数（62件）。2010年，前10位企业授权发明专利共计3482件，占全部中央企业授权发明专利总量的46.3%；其中，电信科学技术研究院、中国石油化工集团公司超过500件，还有中国化工集团公司等18家企业2010年获授权发明专利超过100件，比2009年增加了6家（见表1-7）。

表 1-7　2010 年中央企业发明专利授权量前十名　　单位：件

序　号	企业名称	发明专利授权量
1	电信科学技术研究院	710
2	中国石油化工集团公司	577
3	中国化工集团公司	313
4	中国石油天然气集团公司	300
5	中国船舶重工集团公司	293
6	国家电网公司	289
7	中国航天科技集团公司	279
8	宝钢集团有限公司	252
9	中国冶金科工集团有限公司	247
10	中国兵器工业集团公司	222
合计		3482

资料来源：同上表，第 113 页

截至 2010 年底，61 家创新型（试点）中央企业有效发明专利拥有量共计 26612 件，比上年增长 36.5%，占全部中央企业有效发明专利总量（30007 件）的 88.7%，占全国大中型工业企业有效发明专利拥有量（113074 件）的 23.5%；其中排名前十位中央企业拥有有效发明专利共计 18192 件，占全部中央企业有效发明专利总量的 60.6%；其中，中国石油化工集团公司、电信科学技术研究院、中国化工集团公司、中国石油天然气集团公司四家企业的有效发展专利拥有量超过千件（见表 1-8）。

表 1-8　2010 年中央企业有效发明专利拥有量前十名　　单位：件

序　号	企业名称	发明专利授权量
1	中国石油化工集团公司	8258
2	电信科学技术研究院	2105
3	中国化工集团公司	1981
4	中国石油天然气集团公司	1366
5	宝钢集团有限公司	989
6	中国铝业公司	819
7	中国船舶重工集团公司	735

续表

序　号	企业名称	发明专利授权量
8	中国航天科技集团公司	662
9	中国兵器工业集团公司	643
10	国家电网公司	634
合计		18192

资料来源：同上表，第 114 页

2010 年，61 家创新型（试点）中央企业的新产品销售收入达到 19775 亿元，占主营业务收入的比重达到 15.4%。其中前十名企业新产品销售收入共计 13823 亿元（见表 1－9）。

表 1－9　2010 年中央企业新产品销售收入前十名　　单位：亿元

序　号	企业名称	新产品销售收入
1	中国石油化工集团公司	3791.5
2	中国建筑工程总公司	2357.9
3	中国移动通信集团公司	1557.9
4	中国第一汽车集团公司	1396.2
5	中国兵器装备集团公司	1324.2
6	东风汽车公司	806.9
7	中国电子信息产业集团有限公司	780.8
8	中国船舶重工集团公司	646.2
9	中国远洋运输（集团）总公司	593.7
10	中国船舶工业集团公司	567.3
合计		13822.6

资料来源：同上表，第 115 页

2. 获得国家科学技术创新奖励情况

根据国务院国资委规划发展局的最新统计显示，2005—2011 年，中央企业共获得国家科技奖励 467 项（通用项目），占国家科技奖励项目总数的 24.6%，其中获得国家科技进步奖特等奖 3 项，占特等奖项目总数的 100%，一等奖 44 项，占 57.9%；国家技术发明奖一等奖 3 项，占 37.5%。这些成果的应用，为中央企业加快实现产业结构、产品结构调整和优化升级发挥了积极作用。在 2011 年的国家科学技术奖励大会上，共有 56 家中央企业获奖，获奖项目 93 项

（合计 133 个奖次），其中国家科技进步奖一等奖 7 项，占一等奖获奖项目总数的 35%；国家科技进步奖二等奖 79 项，占 30%；国家技术发明奖二等奖 6 项，占 12%。中央企业科技创新能力不断增强，为企业发展增添源源不断的动力。

从图 1－1 可以看出，2011 年国家科学技术进步奖中，中央企业所获得奖项大多集中在石油石化、煤炭冶金、钢铁、建筑施工、电力等领域。这些奖项集中行业都是中央企业具有竞争优势的行业，反映出中央企业在这些行业中较好地发挥了自身的主导地位，取得了良好的自主创新产出结果。

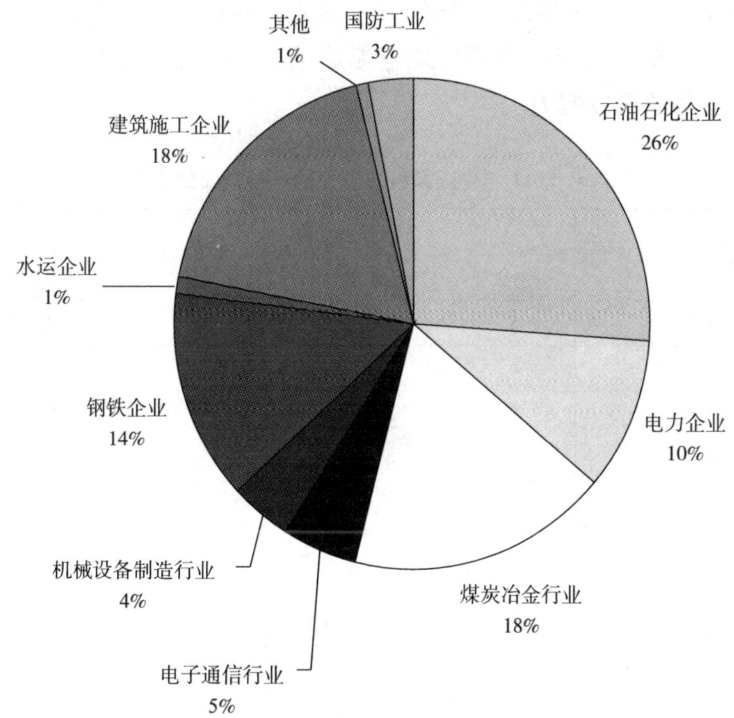

图 1－1　2011 年中央企业所获国家科学技术进步奖行业分布统计

资料来源：根据 2011 年国家科学技术进步奖项目名单整理所得

中央企业不断提升企业的自主创新能力，目前正成为研究开发投入的主体、技术创新活动的主体和创新成果应用的主体，在产学研相结合的技术创新体系中，中央企业所参与的项目比重正逐渐提高。2011 年度自然科学奖总项目数为 36 项，产学研结合项目为零。2011 年度技术发明奖总项目数为 41 项，其中产学研三者结合的项目仅有 2 个，有中央企业参与的 1 个项目。而 2011 年度科技进步奖的 219 个获奖项目中，产学研三者结合的项目多达 50 个，比例为 22.8%，其中，中央企业参与的项目有 25 个，比例达 50%，已占“半壁江山”，成为

“创新主体中的主体”。[①]

中央企业参与到产学研结合项目中时，通常有两个不同的身份：“产”即以企业或者是产业应用的角色参与；“研”即以研究单位的身份。经统计，在获得2011年科技进步奖的25个产学研结合项目中，中央企业以“产”的身份参与了23个项目（占92%），以“研”参与了18个项目（占72%），其中两者皆有的项目有16个（占64%）。作为“产”参与项目的中央企业有43家，占68%；作为“研”参与的有20家，占32%。目前，中央企业作为“产”的角色出现的比例仍要略高于“研”的角色。在有中央企业参与的产学研结合项目中，中央企业作为“研”的角色出现在72%的产学研项目中，这一定程度上反映了中央企业已具备不俗的研发实力。

表1-10　2011年度国家科技进步奖产学研项目涉及领域　　单位：个

专业领域	产学研项目			总获奖项目	产学研项目比(%)
	央企参与	非央企参与	合计		
土木建筑	5	1	6	9	66.67
资源调查与矿山工程	4	1	5	12	41.67
金属材料	2	3	5	9	55.56
林业		4	4	5	80.00
公路水路及航空运输	3		3	6	50.00
养殖业		3	3	7	42.86
中医中药		3	3	12	25.00
水利	1	1	2	5	40.00
电子与科学仪器		2	2	5	40.00
动力与电气	2		2	6	33.33
油气工程	2		2	7	28.57
循环经济与节能减排	1	1	2	6	33.33
安全生产	2		2	5	40.00
轻工		2	2	10	20.00
农艺与农业工程		2	2	8	25.00
机械	1		1	8	12.50

① 数据来源：《2011年度国家科学技术奖励产学研结合情况分析白皮书》。

续表

专业领域	产学研项目			总获奖项目	产学研项目比（%）
	央企参与	非央企参与	合计		
气候变化与环境监测	1		1	3	33.33
通信	1		1	3	33.33
作物遗传育种与园艺		1	1	8	12.50
环境保护		1	1	4	25.00
其他				169	77.17
总计	25	25	50	219	22.83

资料来源：根据《2011年度国家科学技术奖励产学研结合情况分析白皮书》整理所得

由表1－10可以看出，医学、采矿、轻工、自动化等领域获奖较多，但在产学研结合方面表现一般。而林业、土木、冶炼、运输等是产学研结合较为紧密的领域，产学研项目占比超过50%。观察发现，这些产学研结合较紧密的领域，多数是中央企业的优势领域。除航天军工大多涉密以外，中央企业在石油石化、电力水利、交通运输、建筑矿业等领域产学研结合研发能力相对较强，而在农业轻工、信息生物、汽车机械等领域产学研结合相对薄弱。

（三）中央企业自主创新主要成就

在国家有关部门、国务院国资委和中央企业的共同努力下，中央企业自主创新取得了令人瞩目的成就，成为我国科技创新的中坚力量：在创新型企业建设上不断取得新的进展，半数中央企业成为创新型（试点）企业；在积极参与国家重点工程项目中涌现了许多自主创新成果；在某些行业领域中掌握了关键核心技术；在战略性新兴产业上取得重大进展。

1. 创新型企业建设取得新进展

在科技部、国资委和全国总工会等部门的推动下，越来越多的中央企业进入创新型企业建设行列。截至2010年底，在国务院国资委履行出资人职责的121家中央企业中，已有61家先后开展创新型企业试点工作，占全部121家中央企业的50.4%。[①] 其中第一批18家、第二批30家、第三批11家、第四批

① 61家进入创新型企业试点的中央企业包括6家转制院所以及分别由河北省科技厅、四川省科技厅推荐的中国乐凯胶片集团公司、中国第二重型机械集团公司。

2家。参加试点的61家中央企业中，有52家中央企业已经被评价命名为创新型企业，占全部121家中央企业的43.0%。其中，第一批17家、第二批20家、第三批15家。52家企业包括6家企业化转制院所（见表1-11）。

表1-11 中央创新型（试点）企业名单

序　号	企业名称	编　号	创新型（试点）企业批次
1	中国航天科技集团公司	20060001	第一批
2	中国石油化工集团公司	20060002	第一批
3	国家电网公司	20060003	第一批
4	中国长江三峡集团公司	20060004	第一批
5	神华集团有限责任公司	20060005	第一批
6	中国电子信息产业集团有限公司	20060007	第一批
7	中国第一汽车集团公司	20060008	第一批
8	中国东方电气集团有限公司	20060009	第一批
9	宝钢集团有限公司	20060011	第一批
10	中国铝业公司	20060012	第一批
11	中国化学工程集团公司	20060013	第一批
12	中国铁路工程总公司	20060014	第一批
13	电信科学技术研究院	20060016	第一批
14	中国钢研科技集团有限公司	20060017	第一批
15	北京有色金属研究总院	20060018	第一批
16	机械科学研究总院	20060020	第一批
17	北京矿冶研究总院	20060025	第一批
18	武汉邮电科学研究院	20060026	第一批
19	中国船舶重工集团公司	20080105	第二批
20	中国兵器工业集团公司	20080106	第二批
21	中国兵器装备集团公司	20080107	第二批
22	中国石油天然气集团公司	20080108	第二批
23	中国华能集团公司	20080109	第二批
24	中国移动通信集团公司	20080110	第二批
25	中国第一重型机械集团公司	20080111	第二批
26	武汉钢铁（集团）公司	20080112	第二批
27	中国建筑工程总公司	20080113	第二批试点

续表

序 号	企业名称	编 号	创新型（试点）企业批次
28	中国冶金科工集团有限公司	20080114	第二批
29	中国化工集团公司	20080115	第二批
30	中国中材集团有限公司	20080116	第三批
31	中国建筑材料集团有限公司	20080117	第三批
32	中国北方机车车辆工业集团公司	20080118	第二批
33	中国南车集团公司	20080119	第二批
34	中国铁道建筑总公司	20080120	第二批
35	中国普天信息产业集团公司	20080121	第三批
36	中国医药集团总公司	20080122	第三批
37	上海贝尔股份有限公司	20080123	第二批
38	中国电信集团公司	20080124	第二批
39	中国航天科工集团公司	20080125	第二批
40	中国有色矿业集团有限公司	20080126	第三批
41	彩虹集团公司	20080127	第二批
42	中国葛洲坝集团公司	20080128	第三批
43	哈尔滨电气集团公司	20080129	第三批
44	中国国电集团公司	20080130	第三批
45	中国南方电网有限责任公司	20080131	第二批
46	中国远洋运输（集团）总公司	20080132	第二批
47	中国乐凯胶片集团公司	20080151	第二批
48	中国第二重型机械集团公司	20080232	第三批
49	中国商用飞机有限责任公司	20090288	第三批试点
50	中国核工业集团公司	20090289	第三批试点
51	中国船舶工业集团公司	20090290	第三批
52	中国海洋石油总公司	20090291	第三批试点
53	东风汽车公司	20090292	第三批
54	中国中化集团公司	20090293	第三批
55	中国五矿集团公司	20090294	第三批试点
56	中国中煤能源集团公司	20090295	第三批试点
57	中国交通建设集团有限公司	20090296	第三批
58	新兴际华集团有限公司	20090297	第三批

续表

序　号	企业名称	编　号	创新型（试点）企业批次
59	中国西电集团公司	20090298	第三批试点
60	中国电子科技集团公司	20100470	第四批试点
61	中国轻工集团公司	20100471	第四批试点

资料来源：中国创新型企业发展报告编委会，《2011 中国创新型企业发展报告》，经济管理出版社 2011 年 12 月，第 104—106 页

在国家科学技术进步奖获奖单位中，创新型中央企业成绩突出。在获奖的 56 家中央企业中，有 47 家是创新型企业，占获奖企业总数的 84%。在中央企业获得的 133 个奖次中，创新型企业获得 117 个奖次，占 88%。西电集团、中国移动、武汉邮科院等中央企业获得国家科技进步奖"技术创新工程项目"二等奖。西电集团完成的"中国西电输变电重大成套装备科技创新工程建设"，系统构建了科技创新"五大"体系，建立了世界领先的研发条件，实现重大核心技术领先和跨越。中国移动完成的"以体系建设为核心的新一代移动通信技术自主创新工程"，推动了 TD－SCDMA 及其后续演进技术 TD－LTE 的国际化和产业化，实现了"3G 突破、4G 引领"跨越式发展，扭转了我国移动通信产业在 2G 时代只能被动跟随的局面。

2. 突破行业技术瓶颈，掌握一批关键技术

关键核心技术能力是企业竞争能力的重要基础，有意识地培养和发展企业的核心技术能力是企业成功地进行技术创新，建立和保持竞争优势的关键。如果不能在关键技术上取得突破，中国的许多产业将受制于人，企业的利润也很难提升，只能沦为跨国公司的组装车间和销售代理。近年来，通过科技攻关，中央企业突破了一批制约行业发展的技术瓶颈，掌握了一批关键核心技术，填补了国内的空白，处于世界先进水平。

中远集团牵头完成的"深海高稳性圆筒型钻探储油平台的关键设计与制造技术"，并首次采用圆筒形整体结构设计技术，建造成功世界首座抗巨大风浪能力的圆筒型超深海钻探储油平台，属当今世界海洋石油钻井平台中技术水平最高、作业能力最强的高端领先产品。它的最大特点是同时兼具钻探、储油能力，是世界上唯一具有两种功能于一身的超深水钻井平台。该项目还创造了多项世界第一，它既是世界上建造的第一个圆筒型钻井平台，也是第一个具有储油功能的钻井平台，还是可变甲板载荷最大的半潜式钻井平台。而平台首次采用的 100% 无余量建造，填补了国内海洋工程钢结构无余量建造的空白。

中国石油、中国石化合作完成项目“环烷基稠油生产高端产品技术研究开发与工业化应用”攻克了稠油深加工这一国际性难题，环烷基稠油是一种高酸、高钙、高粘的劣质原油，因其难采、难输、难炼，被石油界称为世界级难题。30年来，克拉玛依石化公司依靠科技进步和先进技术设备，经过持续自主研发、长期联合攻关，研究成果覆盖了环烷基稠油开发、储运、炼制、产品研制和市场开发全过程，实现了环烷基稠油加工成套技术的突破性进展。该项科研成果，形成了授权专利30件，其中发明专利28件，国家行业标准19项，专著3部，高端产品75种，形成了一批具有自主知识产权的成套技术，建成了稠油深加工基地和环烷基产品生产基地，加工技术水平达到国际先进水平，使我国稠油深加工技术迈向国际先进行列。

南方电网、中国电建、西电集团牵头完成项目“高压直流输电工程成套设计自主化技术开发与工程实践”首次建立了高压直流输电集成技术体系，实现了直流输电技术的集成创新。南方电网除了掌握直流输电的核心技术，还有制定了设备的制造标准和测试标准，在国际上拥有更多的话语权。首次建立了我国高压直流输电集成技术体系，完成了依托工程的系统研究、成套设计、控制保护系统试验、站系统调试及系统调试，实现了成套设计全面自主化，获得授权发明专利9项，研发自主知识产权软件5种。依托工程2008年1月投入商业运行，各项技术经济指标处于国际领先水平。研发成果应用到后续的世界上第一个±800kV特高压直流输电工程和糯扎渡特高压、溪洛渡±500kV同塔双回等直流输电工程中。该项目实现了我国直流输电技术的集成创新，推动了我国直流输电技术的跨越。

3. 在战略性新兴产业重点领域取得重大进展，形成技术优势

2010年《国务院关于加快培育和发展战略性新兴产业的决定》中指出，要“立足我国国情和科技、产业基础，现阶段重点培育和发展节能环保、新一代信息技术、生物、高端装备制造、新能源、新材料、新能源汽车等产业”。在这些战略性新兴产业重点领域中，许多中央企业发挥自身优势，加大投入和研发攻关力度，一些关键技术和产品取得重大进展。

在节能环保领域，有“大型精对苯二甲酸装置节能降耗的优化运行技术”、“降低薄带钢生产消耗的关键技术”、“铅高效清洁冶金及资源循环利用关键技术与产业化”等多个项目获奖；在信息技术领域，取得了“3.2Tbit/s高速光波分复用（WDM）传输系统的研制与应用创新”、“基于水平集成架构的下一代综合业务平台的开发与规模应用”等技术成果；在高端装备制造领域，有“架空线路清障检测机器人”、“万米级特深井陆用钻机设计制造与工业化应用”、“三峡全空冷巨型水轮发电机组研制”等创新技术和产品；在新能源领域，有“木薯非粮燃料乙醇成套技术及工程应用”、“太阳能电池用微铁高透过率玻璃成套技术及产业化开发”等项目取得技术上的突破，兵器工业集团江南公司采用新技术新材料新工艺生产的JNJ9350型易燃气体罐式运输半挂车，安装了具有自主知识产权的智能化技术装置系统，与同类运输车相比具有安全性高、装载质量大、整备质量轻、运输成本低、检测费用低等特点，为我国西气东输工程提供了理想的运输车辆；在新材料领域，有“纤维/树脂浸润增效关键技术及工程化应用”、“两片易拉罐用镀锡钢板的开发与应用”等技术和新产品获奖。这些获奖科研成果，为中央企业在一些战略性新兴产业重点领域的快速发展提供了技术支撑。

（四）中央企业自主创新现状分析

1. 中央企业自主创新存在的主要问题

在看到成绩的同时，我们也应该清楚的意识到，与中央企业控制的资源、获得的支持、以及在国民经济中占据的地位相比，中央企业的创新能力还远远不足，这些不足主要表现在以下几个方面。

第一，部分中央企业创新积极性不足、缺乏自主创新动力。企业自主创新的积极性是企业创新能力提高的源泉，企业只有在自主创新的道路上孜孜以求、不断探索，不断累积，才能逐渐提高其自主创新能力。然而，我国大多数中央企业缺乏自主创新动力，创新积极性远远不够，缺乏主动、快速创新的意识，也缺乏一个明确的长期创新愿景规划。很多中央企业只注重短期利益，其突出表现就是，近年来，大量中央企业放弃主营业务，转而进入房地产业，追求短期的投机收益。据国务院国资委此前发布的数据显示，除了16家主营业务本来就是房地产的中央企业外，还有78家主营业务与房地产完全无关的中央企业进入了房地产领域，并且这78家中央企业旗下共有房地产子公司227家，约占中央企业全部三级以上房地产公司数量的60%。企业逐利固然无可厚非，但是中央企业毕竟不是一般的企业。很难想象美国苹果公司这样以“改变世界”为使命的企业会去介入房地产等行业。这种短视的投机行为对于中央企业创新能力的提高是十分不利的。

第二，创新质量有待进一步提高。评价一个企业的创新能力，可以从两个方面入手。一个方面是创新的数量，另一个方面是创新的质量。虽然我国中央企业获得的专利数量逐年递增，但是，真正有着重大影响、质量很高的科技创新还很少。而且，与创新数量相比，创新质量要重要得多。这种高质量的创新往往来源于原始创新，也就是与传统不同的，基于一种新的思维的创新，它不是增量上的创新，而是一种“破坏性”的创新，这种创新一旦成功，往往会带来巨大的成功，甚至改变世界（例如微软）。然而，我国中央企业恰恰在质量较高的原始创新方面十分欠缺，大多数央企在创新的时候都比较热衷于工艺创新，比如对生产的某些环节的改善和优化，这种创新固然也是十分重要的，但还不属于最优创新，那种最优创新往往可以开辟出一个全新的市场，使得企业在这个领域处于领导地位。从未来中国社会对中央企业的定位和期望来看，中央企业应该在原始创新方面狠下功夫，提高创新质量，由生产型企业转变成创新型企业，这是真正做优的过程。中央企业有资格也有责任进行这种角色的转变。

第三，大部分中央企业研发经费投入不足、科技资源配置还不够合理。虽然中央企业的研发投入逐年增加，但是研发投入的比重仍然处于较低的水平。国际经验表明，在经济全球化的今天，一个企业的研发经费占主营业务收入比重（即研发经费强度）为1%时，企业很难在全球竞争中生存；研发经费强度达到2%时，企业只能在竞争中勉强维持，一个具有国际竞争力的企业，研发经费强度应该超过5%。世界500强企业的研发经费强度一般在5%～10%的范围。而2010年我国61家创新型（试点）中央企业研发经费强度达到5%以上的也只有14家，3%～5%的企业8家，2%～3%的企业11家，竟有28家企业在2%以下。中央企业研发经费强度平均仅为1.5%左右。此外，不同中央企业在创新研发经费投入上差距较大，分布不均衡。如，据统计，2010年61家创新型（试点）中央企业研发经费支出达到1701.9亿元，占全部中央企业研发经费支出（1911亿元）的89.1%；而其中排在前10位的中央企业研发经费支出合计891.5亿元，占61家创新型（试点）企业研发经费支出的52.4%，占全部中央企业研发经费支出的46.7%。[①] 目前很多中央企业还没有独立的研发部门，拥有研发部门的中央企业中，相当一部分在总部设有直属研究院的情况下，下属企业还设有研究所，导致了研究力量和研究人员的分散，造成机构重叠，无法形成合力，科技资源配置不合理，阻碍创新效率的提高。

第四，中央企业技术创新成果转化率偏低。创新是一个过程，创新的成功

① 中国创新型企业发展报告编委会. 2011中国创新型企业发展报告. 北京：经济管理出版社，2011.12：110—111.

与否是要靠市场评判的，简单地说，就是你的创新成果能否最终为企业带来直接的利润。因此，获得知识产权，对于创新来说，只是万里长征的第一步，更重要的是如何把知识产权变成创新产品，最后再成功地销售出去。因此，企业的创新能力不能只看知识产权的数量，还要看技术创新成果转化情况。而我国中央企业技术创新成果转化率很低，只有25%左右，产业化率就更低了，只达到5%，与发达国家80%的转化率相比，差距太大。因此，如何提高技术创新成果转化率，是影响我国中央企业创新能力的重要因素。

第五，中央企业大多还没有摆脱粗放型增长模式，离创新驱动型相去甚远。近年来，虽然中央企业的发展速度很快，但是这种快速发展很大程度上依赖于我国经济的持续高速增长，还没有完全摆脱高投入的粗放型增长模式，中央企业普遍面临高能耗、竞争激烈、产能过剩等共性问题。中央企业大多处于国际产业链低端，只是在一些附加值较低的产品和产业上赢得了国际竞争力，由于缺乏核心制造技术和高端产品开发能力，难以进入产业高端。正因如此，中央企业规模虽然很大，但是缺少世界知名的品牌。

第六，中央企业对外技术依存度高，一些领域的关键生产设备目前仍需大量进口。我国总的对外技术依存度达60%，而美国、日本仅为5%左右，工业新产品开发的技术约有70%属于外源性技术。与知名跨国公司相比，中央企业大多依靠技术引进、合资形成竞争优势，然而，实践经验告诉我们，没有自身的核心技术和自主的创新能力，发展中国家的产业发展将很难突破发达国家及其跨国公司的技术垄断。实践证明，核心技术是花钱买不到、市场换不来的，也是无法引进的。因此，要尽快扭转核心技术、关键技术长期依赖于人、受制于人的局面，突破发达国家及其跨国公司的技术垄断和知识产权屏障，根本的出路是提高自主创新能力，尽快掌握一批核心技术和自主知识产权，这是中央企业义不容辞的历史责任。

2. 中央企业创新能力总体不足的原因

导致中央企业创新能力不足和上述情况出现的原因很多、很复杂，既有我国所处发展阶段的客观历史与现实因素，也有主观意识不够、政策失误因素；既有政府层面的原因，也有企业本身的原因。以下是目前中央企业创新能力总体不足的主要原因：

(1) 我国中央企业技术基础薄弱，阻碍了自主创新能力的发展。技术发展的规律表明，虽然在技术创新的某些特定环节上可以出现跳跃式的发展，但是总体上来说，技术创新都是一个循序渐进，不断累积、不断提升的一个过程。

在这种情况下，原有的技术基础对于创新来说就显得十分重要。而我国中央企业虽然在国内占据着技术优势地位，但是与发达国家的企业相比，技术水平却明显落后。例如，我国机械行业与国际先进水平相比落后15~20年；石化行业技术落后20年左右。而在国外知识产权获取方面，中央企业也十分落后，以2009年为例，我国中央企业向美国、欧洲、日本、韩国以及印度等国家地区申请发明专利总计314件，而韩国仅一个三星电子公司就获得4049项美国专利授权。由此可见，我国的中央企业在技术创新基础上还是比较薄弱，使得我国自主创新的速度受到了阻碍。

（2）企业家形成机制尚未形成。企业家的本职使命是创新，因此，只有企业家管理的企业才有长久的创新动力。然而，我国对中央企业的改革还不是很到位，企业家形成机制问题仍然没有解决。目前，我国的中央企业还不是完整意义上的市场主体，管理团队的利益与创新成果关系不大。特别是，具有很大风险的创新，其获得的成果也需要一个较长的周期才能获得，而早期只能是投入。这样，对于任期内的中央企业管理者来说，如果进行创新，那就意味着其任期内风险增加，利润减少，即使创新成功获得收益，也只能是下一任管理人获得业绩。在这种情况下，中央企业管理者的自主创新积极性是很低的，而更倾向于技术引进。虽然近年来，创新指标也被列入中央企业管理者业绩考核体系内，但这种考核也主要以科研投入、国家创新奖励为主，指标涉及还不尽合理，并不能显示出企业真正的创新能力水平，也无法起到更好的激励作用。

（3）行业垄断抑制了中央企业的创新积极性。充分的市场竞争是促进企业创新最好的催化剂，完善的市场经济条件可以有效地促使企业成为技术创新研究开发主体、技术创新投资主体和决策主体。然而，由于我国市场机制尚不健全，中央企业并没有处于完全竞争条件下，而大多处于垄断和半垄断的状态，这种情况严重地阻碍了中央企业的自主创新。一方面，中央企业的垄断地位可以使其在远远超过边际成本的基础上定价，同时又能轻易地获得大量订单，得到超额利润，在这样的情况下，中央企业是没有创新的冲动和压力的；另一方面，在垄断的条件下，生产要素价格上升、工资上涨、环保标准的提高、本币的升值等等这些外部环境的压力是无法通过正常的市场机制传导到这些企业的，这使得中央企业缺乏优胜劣汰的压力，大大抑制了创新的积极性。

（4）我国中央企业创新模式比较落后。自全球经济进入信息经济时代以来，创新模式已经发生了重大的变化，传统的通过内部实验室进行封闭创新的模式已经无法满足当代的创新需求了，即便曾经在创新领域取得很大成就的贝尔实验室近些年来也由于一直采取封闭式的创新模式而导致创新地位大大下降，这是因为当今时代创新的速度已经出现了空前的提高，因此，如果一个企业的创新速度过慢，必将在全球经济竞争中被淘汰。在这种背景下，“开放式创新”取代了过去的“封闭式创新”，成为了企业创新的主导模式。所谓的开放式创新的理念是，企业要把从外部渠道获取创意的作用上升到与封闭式创新模式下的内部创意以及内部市场化渠道同样重要的地位，这里考察的是企业的整合能力，对所有可能的创新资源进行整合，目的是以最快速度推出最新产品，以获取国际市场上的竞争力。而我国中央企业目前还是以传统的封闭式的研发模式，主要依靠研究实验室进行技术开发，没有形成创新资源整合能力，创新效率自然低下，因此在行业内无法保持领先地位。

（5）中央企业内部的自主创新机制不健全。这种不健全主要表现在以下几个方面：一是受现行管理体制及传统观念束缚，部分企业现有用人制度、激励机制不健全，科技人员的积极性、创造性没有有效发挥，人才流失现象仍很严重，科技人才资源不足，缺少科技带头人。二是企业对科技发展的战略意识不强，很多企业尚未根据企业战略定位和发展规划制定中长期科技规划，尚未建立起科技投入稳定增长的长效机制。三是风险机制不健全，创新活动投入大、风险高，在风险控制机制不健全的情况下，很多企业对技术创新望而却步。四是科技工作管理评价体系不健全，尚未建立起有利于推动自主创新的激励机制，缺乏规范的评价标准。

（6）政府的创新支持力度不足。发展中国家的创新路径与发达国家是不同的，一方面，发达国家处于技术领先地位，而发展中国家处于技术追赶地位；另一方面，发达国家的各种创新支持制度比较完善，而发展中国家在这方面却很欠缺。因此，发展中国家的创新需要政府的大力支持。尽管近年来我国政府在激励、支持中央企业自主创新方面的力度在逐渐加大，但是仍然远远不够。政府对自主创新的支持不是仅仅体现在资金支出的增大，而是应该高瞻远瞩、全方位、系统地制定规划并采取有力措施。在这方面，日本、韩国、古巴等都可为我国提供借鉴。

古巴的生物医药产业是政府支持取得成功的典范。正是在政府正确理念指导与合理规划下，古巴由一个科技小国一跃成为生物技术大国。古巴的生物科技体制设立得比较完整和系统，政府的重视起到了决定性的作用。古巴科研结构基本上类同于前苏联和东欧其他国家，主要是政府、工业部门和大专院校三大国立科研系统。科研经费来源以政府拨款为主，同时古巴政府还积极通过产品出口与外资合作研发等形式引入风险资金，使各生物研究机构能够取得更大的发展。古巴政府对创新的整个流程统一管理，所有重要的生物技术中心都建立了“研发—生产—营销中心”，全部工作（包括研究、生产过程、国内分配和国际营销）都在同一个管理单位内进行。这种方式消除了科研机构与生产企业之间通常存在的人为障碍。最后，通过古巴政府主导的出口导向战略，使得生物科技企业能够有着广泛的发展空间。除此之外，古巴政府重视高科技人才的培养，古巴有3万多名科研人员在古巴220个国立和地方研究中心里工作，每1000名居民中就有1.8名科学家，与欧盟的水平齐平。正是这种全方位的政府支持，使得古巴国有企业自主创新取得了突破性的进展，而我国在政府支持方面的力度与古巴相比是远远不足的，需要大力加强。

（7）社会创新环境建设仍有较大的欠缺。无论中央企业还是私企的创新都与整个社会的创新环境息息相关的，而我国在创新环境建设上仍有许多不足，如知识产权的保护力度不够，在对创新过程的激励和创新成果保护方面仍需进一步加强；科技中介服务体系仍很不成熟，资本市场、金融体系对自主创新缺乏有效的支持等等，这一系列问题都对中央企业的创新有着直接的影响。

二、中央企业自主创新有关政策措施

2011年是“十二五”的开端，国家及各有关部门和国务院国资委对接下来五年的创新工作做出了新的部署，将自主创新提升为国家和中央企业建设的重要工作，指出了自主创新的重点领域，为中央企业自主创新指明了方向。同时，提出了许多符合经济发展规律和适应中央企业发展的政策措施，为中央企业自主创新提供了有利的保障。中央企业针对自身特点，积极面对经济社会发展和竞争现状，探索创新合作、积极引进科技人才、加强科研机构建设，注重创新激励与约束，全方位努力提高自主创新能力。

（一）国家为促进自主创新所采取的政策措施

自主创新已经成为重要的国家政策之一，建设创新型国家，提高企业自主创新能力已经成为了时代和国家发展的需要。2011年，国家制定了“十二五”规划，强调发展战略性新兴产业和增强科技创新能力。科技部会同各部委制定“十二五”科技发展规划，进一步细化科技创新工作的重点和要求，各相关部门都出台自主创新支持政策。

1. 国家出台的自主创新相关政策

2011年初，十一届全国人大四次会议审查批准了《国民经济和社会发展第十二个五年规划纲要》。规划强调，要继续增强我国科技创新能力。要坚持自主创新、重点跨越、支撑发展、引领未来的方针，加快建设国家创新体系，着力提高企业创新能力，促进科技成果向现实生产力转化，推动经济发展更多依靠科技创新驱动。

“十二五”规划指出要推进重大科学技术突破。把握科技发展趋势，超前部署基础研究和前沿技术研究，推动重大科学发现和新学科产生，在物质科学、生命科学、空间科学、地球科学、纳米科技等领域抢占未来科技竞争制高点。促进科技进步与产业升级、民生改善紧密结合，面向经济社会发展重大需求，在现代农业、装备制造、生态环保、能源资源、信息网络、新型材料、公共安全和健康等领域取得新突破。加快实施国家重大科技专项，增强共性、核心技术突破能力。

“十二五”规划肯定和鼓励加快建立以企业为主体、市场为导向、产学研相结合的技术创新体系，使企业真正成为研究开发投入、技术创新活动、创新成果应用的主体。鼓励企业加大研发投入，激发创新活力，提高企业自主创新能力，进而推动行业和区域创新能力的提高。推动建立企业、科研院所和高校共同参与的创新战略联盟，发挥企业家和科技领军人才在科技创新中的重要作用。规划还提出要推进重大科学技术的突破，在物质科学、生命科学、地球科学等领域抢占制高点。

除此之外，还要加强科技基础设施建设。围绕增强原始创新、集成创新和引进消化吸收再创新能力，强化基础性、前沿性技术和共性技术研究平台建设，建设和完善国家重大科技基础设施，加强相互配套、开放共享和高效利用。在重点学科和战略高技术领域新建若干国家科学中心、国家（重点）实验室，构建国家科技基础条件平台。在关键产业技术领域建设一批国家工程实验室，优化国家工程中心建设布局。加强企业技术中心建设，支持面向企业的技术开发平台和技术创新服务平台建设。

国家还提供了科技创新支持政策。提出要强化支持企业创新和科研成果产业化的财税金融政策。保持财政科技经费投入稳定增长，加大政府对基础研究投入，深化科研经费管理制度改革。全面落实企业研发费用加计扣除等促进技术进步的税收激励政策。实施知识产权质押等鼓励创新的金融政策。建立健全技术产权交易市场。实施知识产权战略，完善知识产权法律制度，加强知识产权的创造、运用、保护和管理，加大知识产权执法力度。鼓励采用和推广具有自主知识产权的技术标准。完善科技成果评价奖励制度，加强科研诚信建设。

2012 年 3 月 5 日，十一届全国人大五次会议上国务院总理温家宝所作政府工作报告中，指出 2012 年工作的重点任务时特别强调要大力推进科技创新，加强国家创新体系建设。支持企业自主创新并积极引导产学研有效结合、推动基础研究和前沿技术研究，力争提高原始创新能力。

2. 相关部门出台的自主创新相关政策

为贯彻“十二五”规划，科技部会同相关部委制定了《国家“十二五”科学和技术发展规划》。明确了“十二五”科技发展的总体目标，并将研发投入强度大幅提高作为努力实现的主要目标之一，提出实现全社会研发经费与国内生产总值比例提高到 2. 2% 的目标，强调企业研发投入强度明显提升，科技创新投融资渠道的进一步拓展，科技人才队伍进一步壮大以及不断完善科技创新的体制机制。

《国家“十二五”科学和技术发展规划》还着重强调加快实施国家科技重大专项，加快建立和完善社会主义市场经济条件下政产学研用相结合的新型举国体制，加强围绕产业链的系统部署和产业技术创新战略联盟建设，集中力量突破一批关键共性技术，研发一批具有自主知识产权和市场竞争力的重大战略产品，建设一批技术水平高、带动性强的技术创新平台和产业化示范基地，培育一批具有国际竞争力的创新型企业。并且大力培育和发展战略性新兴产业。在节能环保、新一代信息技术、生物、高端装备制造、新能源、新材料和新能源汽车等产业领域，集中优势力量进行攻关。推进重点领域核心关键技术突破，积极部署基础研究和前沿技术研究，大力培养造就创新型人才。

同时，为抓住科技全球化带来的机遇，科技部会同相关部委研究制定了《国际科技合作“十二五”专项规划》。在“十二五”国际科技合作重点任务中，规划特别强调要引导企业成为国际科技合作的主体，支持有较强国际竞争力的企业建立海外研发中心、合资、参股等方式有效利用当地科技资源，增强专利技术储备，迅速提高科技创新能力；增加对企业开展国际科技合作研发的资助力度和范围，鼓励和支持企业研发机构通过引进人才、人员交流、合作研发、研发外包等各种手段提高国际化程度，鼓励企业引进关键技术等。为保障国际科技合作，规划提出了包括财政、金融政策在内的许多支持政策，不仅加大财政科技投入力度，还从基础建设、政策环境建设、国际科技合作统筹协调等多方面予以支持。

全国总工会制定颁布了《中华全国总工会 2011—2015 年劳动竞赛规划》，提出充分发挥工会组织优势，广泛开展“当好主力军、建功‘十二五’”主题竞赛活动，团结动员广大职工为全面实现“十二五”规划目标任务创先争优建功立业，并确定了提升职工合理化建议水平，广泛开展岗位练兵、技术培训和技能比赛，深化职工节能减排活动，加快建立职工职业技能实训基地，大力选树培养技能人才，在重大工程建设中普遍开展劳动竞赛等目标和任务。2011 年 11 月，全国总工会、科技部、工信部、人社部、国务院国资委、全国工商联联合召开了全国职工技术创新工作会议，要求各级工会组织围绕推动企业技术进步、建设创新型企业，以提高职工技能水平和创新能力为重点，广泛开展职工技术创新活动，积极引导职工立足本职、岗位创新，努力营造职工技术创新的良好氛围。

（二）国务院国资委为促进中央企业自主创新所采取的政策措施

为了使中央企业科技创新战略有序开展，推动中央企业自主创新能力的不断提升，2011 年国务院国资委出台了《关于加强中央企业科技创新工作的意见》

等多项政策意见，指导、规范和支持中央企业的科技创新工作。不仅明确了“十二五”时期中央企业科技创新的总体思路和指导思想，而且对中央企业切实地提出了提高创新能力的各项要求，除此之外，国务院国资委还制定了鼓励、支持和规范中央企业创新的政策，为促进中央企业自主创新推出了一系列有力措施。

1．提出“十二五”期间中央企业创新总体思路

在多次讨论和广泛征求各部门、企业意见的基础上，国务院国资委出台了“十二五”中央企业科技创新总体思路：首先是搞好顶层设计，提出科技创新的指导思想、基本原则和总体目标，清晰和明确方向；其次是制定科技创新战略实施方案，落实责任；第三是抓典型，出经验；第四是发挥中央企业整体优势，组织联合攻关；第五是加强政策导向，落实保障措施；第六是加强信息服务。国务院国资委希望通过上述举措，将科技创新战略真正落到企业实处。

国资委 2011 年 6 月研究制定了《关于加强中央企业科技创新工作的意见》，明确提出央企科技创新总体目标，“通过实施科技创新战略，到‘十二五’末，中央企业创新能力明显提升，科技投入稳步增长，创新体系和体制机制更加完善，一批中央企业成为国家级创新型企业，一批重大科技成果达到世界先进水平，科技进步贡献率达到 60% 以上，在部分领域实现从技术跟随到技术引领的跨越”。并且在科技投入稳步提高、研发能力明显增强、科技创新体系更加完善和科技创新成效显著方面对央企提出了具体的要求。

中央企业科技创新的指导思想是：坚持以科学发展观为指导，贯彻落实“自主创新、重点跨越、支撑发展、引领未来”的方针，围绕做强做优、培育世界一流企业的目标，以自主创新能力建设为中心，以体制机制创新为保障，以国家技术创新工程为依托，大力实施科技创新战略，全面提升企业核心竞争力，推动企业转型升级，在创新型国家建设中发挥骨干带头作用，实现创新驱动发展。这是中央企业“十二五”和今后较长一段时间科技创新工作的“纲”。

2．推动中央企业加强科技资源整合和创新支撑体系建设

近年来，许多中央企业实现外延式快速扩张，整合了许多优质科技资源，如许多转制科研院所进入中央企业，极大地增强了中央企业的科技创新实力。但由于缺乏规划，科技资源重复、浪费等现象比较突出。为此，国务院国资委等部门采取措施，通过支持有条件的企业建立中央研究院，建设一批具有超前性的重大技术研发平台等，引导中央企业加大内部科技资源整合力度，推动企业创新支撑体系建设。如中国有色矿业集团公司针对快速发展的内在需求，提出研究和制定科技创新支撑体系建设规划，结合企业发展战略加强对内外部科技资源的整合与集成，以提升企业科技创新能力，为企业持续发展提供强有力的支撑。同时，国务院国资委等部门还引导企业积极利用社会科技资源，探索建立开放式的研发体系和技术创新战略联盟。如在56个开展试点的产业技术创新战略联盟中，有24个由中央企业牵头或参与组建。

3. 为中央企业创新营造宽松的政策环境

国务院国资委进一步加大对中央企业科技创新工作的组织协调和政策支持，为中央企业科技创新营造了良好的外部环境和政策条件。

一方面，国务院国资委在争取国家重点科技计划、重大科技专项、重点科研机构、重大科技创新工程及国家各类科技奖励、推荐国家级科技专家等方面，加强与国家有关部门的沟通与协调，争取支持与帮助，推荐并组织中央企业承担国家科研任务，帮助企业获得更多政策和资金扶持，为中央企业科技创新营造良好的外部环境和氛围。另一方面，国务院国资委还进一步充实科技管理部门力量，深入调查、研究、分析企业科技创新工作中存在的各种障碍和问题，做好企业科技创新与国家科技发展计划的衔接，推动国家各项创新政策的完善和落实。

在推动中央企业科技创新的具体措施上，国务院国资委也加强领导，为中央企业创新创造了良好的外部环境。国务院国资委组织深入开展“国家技术创新工程”，进一步联合科技部、财政部、教育部、中华全国总工会、国家开发银行等部门，重点推动创新型企业建设工作，继续开展产业技术创新战略联盟试点和科技帮扶中小企业工作。加大对中央企业合作创新的指导和组织协调力度，搭建平台、集聚资源，支持企业重点围绕行业共性技术和战略性新兴产业开展联合研发，力争取得一批重大技术成果并实现产业化。加强软科学和创新模式方法研究，推广先进的科学管理方法，提高创新效率；加强科技政策交流与培训，增强科技管理人员和财务人员对创新政策的理解和把握；做好中央企业科技创新信息平台的建设与管理，全面提高科技管理水平。

国务院国资委还进一步加强对中央企业科技创新工作的指导与管理。国务院国资委结合中央企业布局结构调整，积极推进转制科研院所与大企业集团、中央企业之间科技资源的调整重组。组织协调中央企业围绕重大科技难题和行业共性技术，开展联合攻关。研究提出中央企业科技创新能力评价指标体系和办法，开展创新能力评价。探索并适时开展科技创新奖励活动。建立国务院国资委科技专家库和科技咨询制度。组织开展国家重点科技计划项目的推荐与申报工作。发挥创新型企业的示范作用，总结推广先进经验，推进企业科技创新交流常态化。

4. 进一步创新中央企业激励与约束机制

国务院国资委一直致力于中央企业创新激励制度的设计和完善，不断创新激励机制和办法，以求吸引人才、激励人才、发挥人才在企业创新中的主体作用。自2010年开始，国资委已经开始在中央企业范围内全面推行经济增加值（EVA）考核，以达到三个目的：一是有利于中央企业实现可持续发展，引导中央企业增加科技创新等方面的投入；二是有利于中央企业进一步做强主业；三是有利于遏制中央企业投资冲动，合理控制风险。2011年7月31日国资委正式启动分红权激励试点工作，分红权激励是企业股东将部分分配利润奖励给为企业发展做出突出贡献的科研管理骨干的一种激励方式，目的是将职工利益与企业利益更紧密地结合起来，进一步调动科研管理骨干的积极性。首批试点企业是航天恒星和有研稀土。国资委等部门一方面为两家企业落实方案创造良好条件和环境；另一方面认真总结经验，及时发现各种新问题，推动其他企业抓紧做好激励方案的设计与制订。此次分红权激励试点实行后，航天恒星和有研稀土的科研类岗位和激励额度占比均达到90%以上，其余岗位也均为与科研成果转化密切相关的经营管理岗位。经测算，两家企业核心岗位的科研人员收入水平平均有望提高30%以上，能够实现有效激励。

在《关于加强中央企业科技创新工作的意见》中，国资委提出了许多切实可行的办法。在企业负责人业绩考核指标体系中，进一步完善将中央企业研发费用视同业绩利润的考核政策，按国家有关规定，统一规范中央企业科技投入口径、范围。根据企业主业特点，强化对科技投入和产出的分类考核；根据创建国际一流企业的要求，研究提出进入A级企业科技投入的基本条件。探索建立企业科技创新的中长期激励机制，在符合条件的科技型上市公司中开展股票期权、限制性股票等激励试点；在符合条件的科技型非上市企业，开展分红权激励试点。对科研设计企业在工资总额方面实施分类调控。加大国有资本经营预算对科技创新的支持力度，以资本性支出为主，重点支持围绕国家发展战略和国民经济发展的重大科技创新活动，培育和发展战略性新兴产业。国资委还不断听取企业和各方面意见，深入研究、积极调研，与国家有关部门进行协调，以求推出更加有效的创新政策。

2011年底，国资委对当年中央企业考核工作做出了指示，2012年国资委将突出创新考核，引导中央企业加快转型升级，关键就在于自主创新。科技创新工作成效也是“十二五”期间国资委对企业经营业绩考核和对企业主要领导同志、领导班子考核的重要检查内容。国资委的薪酬、激励政策，国有资本经营预算资金及各部门的支持都将向科技创新工作倾斜。

在创新约束机制建设上，2011 年 9 月，国资委在中央企业法制工作会议上明确提出了中央企业法制工作第三个三年目标，即力争再通过 2012—2014 年的三年努力，着力完善企业法律风险防范机制、总法律顾问制度和法律管理工作体系，加快提高法律顾问队伍素质和依法治企能力水平，中央企业及其重要下属企业规章制度、经济合同和重要决策的法律审核率全面实现 100%，总法律顾问专职率和法律顾问持证上岗率均达到 80% 以上，法律风险防范机制的完整链条全面形成，因企业自身违法违规引发的重大法律纠纷案件基本杜绝。规范了中央企业科技创新工作，为提高创新效率提供了良好的保障。

5. 力推中央企业整体上市

中央企业整体上市是突出主业、培育核心竞争力做强做优、健全现代企业制度的一大举措，从 2003 年国务院国资委提出整体上市的思想后，中央企业整体上市一直是国资委力推的政策重点。整体上市是推行现代企业制度建设的一种延续，是国家更好地管理中央企业的一种有效途径。通过整体上市，中央企业的监督范围更广，社会、证券资本和股民等群体都可以加入到监督的行列中，有利于推动中央企业的健康发展。同时，中央企业还可以通过整体上市获得大量发展资金实现快速发展，扩大筹资范围。央企整体上市一方面需要按照《公司法》运营，另一方面按照《公司法》来管理，保证了公司的科学决策和风险控制。整体上市不仅对央企自身而言有着促进融资的好处，同时也使国资委的管理简便化和透明化，对于资本市场来讲，也具有资产扩容，运行透明的积极意义。

2011 年的各种会议中，国务院国资委主任王勇曾多次强调推动央企整体上市是 2011 年以及“十二五”期间的工作重点。2011 年，中国水电集团实现主营业务整体上市，6 家中央企业控股公司在境内外资本市场首次公开发行股票并上市。目前，已有 43 家中央企业实现主营业务整体上市，一汽集团等 4 家企业完成整体改制工作。

(三) 中央企业自身为提高自主创新能力所做的主要工作

中央企业为提高自主创新能力，从不同方面探索有效措施。不仅加强自身人才队伍和科研机构的建设，而且注重与高校、科研机构和优秀企业的合作，内外相结合。同时，不断健全的创新激励约束措施较好地保护了中央企业自主创新成果。

1．探索创新合作，提升自主创新实力

创新不仅依靠内部资源的整合，更应充分利用外部资源，取长补短，发挥比较优势，合理安排资源优势，这样，各种资源充分发挥效力，企业创新能力将不断提高。中央企业对创新合作机制给予了高度的重视，并积极探索多种不同的有效创新合作方式。

推动产学研合作。中央企业通过自建研发机构，与高校、科研院所等研发机构进行合作，共同分担风险和成本，共同推进科研成果的产业化、工程化，实现创新资源的协同效应和科研开发的规模效应。企业发挥了解市场和资金优势，科研机构提供实验场地和优秀的师资力量，结合自身的理论知识优势，大大提高了创新产出能力和创新成果的经济效益。2011 年 9 月 14 日，由中钢洛耐院领衔，21 家行业骨干企业、科研机构和大学组成的耐火材料产业技术创新战略联盟正式成立。2011 年 10 月，中国化纤总公司相继与清华大学、北京理工大学等科研院校集中签约汽车物联网、微型纯电动汽车研发及产业化、锦纶切片技改扩能 3 个合作项目，共建新型金属材料产学研合作和新材料公共技术服务两大平台。中国铁建与浙江大学、中南大学等 6 所知名高校，在科技研发、成果转化、人才培养、产业合作等方面建立长期战略合作关系。中央企业、高校和科研机构之间实现了强强联合，有利于信息共享、资源共享，并且能够实现优势互补，共同发展。

加强企业之间的创新合作。中央企业虽然实力雄厚，但通过上下游企业间的联合与合作，极大地发挥了上下游企业的突出优势，有利于产业链的形成，节省成本，提高创新效率。中央企业探索了不同的合作模式，如用户引导模式，军工企业的型号牵引、项目拉动，神华发挥用户优势引导液压支架等关键产品技术的突破，中国移动 6.5 亿元终端研发基金推动 TD－LTE 跨越式发展都受益于此；宝钢开展“先期介入”研究则应用供应商引导模式，依据其多年在汽车板先期介入上的优势，深入汽车研发的先期阶段，实现与汽车研发的“齐步走”，不断探索其他重要钢种的先期介入，跑企业、搞调研，提高企业对创新需求的认识，引导创新的良性发展。

探索新型合作手段。中央企业通过长期股权投资、风险投资等新型合作手段探索创新研究，与国际国内先进企业合作，充分发挥国有资产的作用，利用新型投资手段提高国有资金的利用效率，扩大中央企业在创新上所发挥的作用。

2．优化人才结构，建设优秀自主创新人才队伍

企业是国家创新体系的主体，人才是企业创新体系的主体和主人。这里的人才不仅仅局限于技术研发人员，而是包括企业高管、一线生产工人甚至是行政人员在内的全体员工，只要员工对创新有好的想法或推动作用，就可以称其为企业创新人才。2011 年，中央企业高度重视人才队伍建设，不断加大人才引进力度的同时，注重发挥职工的技术创新潜力。中央企业人才总量已达 897 万人，其中科技人才 117 万人。

（1）中央企业高管选聘机制多样化。

近年来，中央企业公开选聘高管一直在实行，力度也在加大，范围不断拓宽，职位不断增多并且向“核心人员”靠拢。创新了中央企业的人才选聘制度，为中央企业人才选聘带来了活力。自 2001 年，中组部首次面向全球招聘神华集团副总经理，中央直管国有重要骨干企业干部人事制度改革便迎来了一项重大突破。通过公开招聘企业经营管理者，中央企业探索实现市场化选人、用人机制，进一步深化了国有企业人事制度改革。中央企业的用人制度开始从行政任命向公开选拔“职业经理人”过渡。

公开选聘高管实行宽泛的报名标准，即任何人都能报名，符合条件的人参加考试，对公开招聘上岗人员实行契约化管理，有 1 年试用期，并有严格的准入机制和正常的退出机制。如果获聘任后不在状态就换人解聘，以解决“能上不能下”的问题。自中央企业开始公开招聘高管后，应聘报名人数连年蹿升。据不完全统计，自 2001 年以来，面向海内外公开招聘高管已达百余人和十余名海外高层次人才。国资委前主任李荣融 2010 年在中央企业人才工作会议上，曾希望到 2020 年中央企业能重点培养造就 100 名左右战略企业家。

除公开选聘高管之外，一部分中央企业高管来自党政官员。政治敏感度较高的政府官员进入中央企业，优化了中央企业的人才结构。2011 年 4 月，上海市最年轻的“60 后”常务副市长唐登杰出任中国兵装总经理；2011 年 5 月，曾历任审计署直属机关党委常务副书记、太原特派员办事处特派员、党组书记的刘满堂任职中核工业党组成员、总会计师；2011 年 6 月底，工业和信息化部副部长奚国华“空降”中国移动，担任党组书记、副董事长；2011 年 11 月，赴任中国航空总经理的王昌顺则是民航局原副局长、党组成员，中国民航工会第五届全国委员会主席。

（2）人才国际化程度提高。

企业要在日益激烈的国际竞争中占据主动、赢得优势，打造具有国际竞争力的跨国公司，实现全方位地走出去，就必须建立一支具有国际一流水平的经营管理人才队伍。近年来，中央企业坚持海外引才与自主培养相结合，充分开发利用国际人才资源，为中央企业提高国际竞争力注入了新的活力。

依托中组部“千人计划”、教育部“长江学者奖励计划”、中科院“百人计划”、自然科学基金委“国家杰出青年科学基金”等国家支持引进海外高层次人才的政策，广大中央企业以战略眼光和全球视野大力引进海外高层次人才，吸引了一大批海外高层次人才加入创新创业队伍。2010 年，中央企业已引进海外人才近 400 名，其中 92 人已列入“千人计划”，成为国家特聘专家。2011 年，中央企业科技人才工作会议上，国资委主任王勇同志强调，力争用 5 年左右时间，引进 2000 名以上海外优秀科研人才，使入选中央“千人计划”的专家达到 500 名以上。这些海外高层次人才的专业特长正在得到有效发挥，推动企业科技创新的领军作用逐步显现。为了把引进的海外高层次人才用好用活，充分发挥他们的聪明才智，实现职业理想和报国愿望，中央企业普遍建立了符合国际通行规则的内部管理体系，对引进的人才充分信任、放手使用，营造了有利于引进人才干事创业的良好环境。

在大力引进海外高层次人才的同时，广大中央企业也愈发注重加大具有国际视野的经营管理人才培养力度。一些中央企业通过大力开展国际化培训，有计划地选派国内优秀人才到海外项目现场和海外分支机构的重要岗位工作，着力打造具有参与国际竞争能力的经营管理团队。

（3）挖掘“蓝领创新”的巨大潜力。

近年来，中央企业结合生产经营实际，逐步推动职工经济技术创新工作制度化、规范化、长效化发展，内容不断丰富，影响力不断提高。一线职工越来越成为企业创新的重要力量，职工经济技术创新已经是中央企业核心竞争力不可或缺的组成部分，“蓝领”成为创新的主体之一。据不完全统计，在 2010 年中央企业职工经济技术创新工作中，共申请专利 9681 件，占中央企业 2010 年申请专利总数的 18.5%，授权专利 5460 件，占中央企业 2010 年获授权专利总数的 17.8%，征集合理化建议 182.5 万条，形成技术秘密和先进操作法 2.7 万项。这些成果促进了企业技术进步和管理创新，有力地提升了中央企业的核心竞争力。截至 2010 年底，中央企业职工已有 1682.7 万人次参加了各类技能竞赛和岗位练兵活动，315.1 万人次参加了职业资格等级培训，127.7 万人晋升职业资格，技师、高级技师占技能人才比例由 2003 年的 3.07% 提高到 2010 年的 7.94%。

“蓝领创新”的群众性实践活动，不仅激发了广大职工实现个人价值和理想的热情，也夯实了央企冲向世界一流企业前列的人才基础，更为其他企业和行业创新发展带来新的视角和方向指引。

3. 整合科研资源，加强科研机构建设

技术研发机构是企业技术创新活动的重要载体。目前绝大部分中央企业都设立了企业研发机构，有一大批被认定为国家级企业技术中心。在“十一五”时期建设的企业国家重点实验室中，中央企业获批建设 47 家，占总量的 48.9%；在国家认定的 449 家国家级企业技术中心中，中央企业有 91 家，占 20%。中央企业拥有各类研发机构 470 多家，各类技术人员 160 多万名；23 家科研院所被批准建设国家重点实验室，占 36 家全国企业国家重点实验室的 64%；有 67 家中央企业先后被国家列为创新型试点企业，很多中央企业还成立了企业研究院、博士后科研工作站，形成了较为完善的科技创新体系，拥有较先进的技术水平和丰富的科技资源。

“十一五”时期，中央企业普遍加强科技基础条件平台建设，加大内部科技资源整合，提高科技资源配置效率。国家电网、中国石油、中国石化、中国移动、东方电气集团、中国一重、中国普天等企业不断加强和完善集团中央研究院，集中力量开展战略性、前瞻性、基础性技术研究。神华集团投资 25 亿元建设低碳清洁能源研究所、神华研究院。中国化工集团拥有 24 家国家级科研设计院所，科研人数和研发实力占原中国化工部直属科研系统的 70% 以上。目前，中央企业已建成 20 多个国家及行业技术研究中心，承担并完成了众多国家“863”计划、科技支撑计划、高技术产业示范工程以及其他重大科技项目，开发出了一批具有自主知识产权的高科技产品和专有技术，获得千余项国家级和省部级科技奖。

4. 加强知识产权保护，保障创新成果

知识产权是保护和转化自主创新成果的重要法律手段，直接关系创新成果的应用和对创新主体的保护和激励。这就要求中央企业将法制工作与科技创新有效融合，更加注重向知识产权领域拓展。

2011 年是国务院国资委制定的第二个中央企业法制工作三年目标的完成年。在国资委为中央企业制定的两个法制工作三年目标中，企业总法律顾问制度居于核心位置。截至上年 6 月底，在 120 家中央企业中，有 117 家建立了总法律顾问制度，占 98%。在 1155 户中央企业重要下属企业中，有 1058 家建立了总法律顾问制度，占 92%。中央企业规章制度法律审核率平均达到 97.3%，经济合同法律审核率平均达到 98.1%，重要决策法律审核率平均达到 99.4%。三年期间，中央企业历史遗留的重大法律纠纷案件有75%已得到妥善解决，因违法违规引发的新的重大法律纠纷案件已极少发生。

一大批中央企业也在健全完善知识产权管理体系，积极开展专利、商标、商业秘密的维权和保护，并不断强化企业品牌建设。东方电气积极在重要下属企业设立知识产权综合管理机构，建立起覆盖全系统的知识产权管理体系。中国电子、电信科研院积极参与国内外各类标准的制定，及时将一批拥有自主知识产权的核心技术上升为国家标准和国际标准。华润集团与六省市工商机关建立工作联系机制，对全国范围内使用“华润”字号的企业进行清查，有效维护了华润品牌的价值和权益。新兴际华集团公司稳步推进专利工作，构建完善的公司专利管理体制，从培训到大幅奖励，贯穿整个创新过程，保障了专利工作目标的顺利和超额完成。

中央企业的法制工作实现了不断深入和转变，已经实现了向价值创造的理念转变，不断发挥切实作用，而非仅停留在机制建设上。随着法制工作的整体协同开展，以及与管理工作密切融合，与中央企业自主创新工作形成了极好的配合，提供了切实的保障。

三、中央企业上市子公司自主创新能力评价

企业层面的自主创新是以掌握对产业发展有重大影响的自主知识产权（或专有技术）和参与国际标准制定为标志，以集成创新和引进基础上的再创新为主要实现形式，以提升企业的核心竞争力，形成自主品牌为目的的创新活动；是企业通过自身的努力或联合攻关探索技术的突破，并在此基础上推动创新的后续环节，完成技术的商品化，获得商业利润，以达到预期目标的一种创新活动。由于自主创新是一个极为复杂的过程和现象，对中央企业自主创新能力进行测度十分困难。尽管如此，鉴于企业自主创新能力测度和评价在创新研究和创新实践中的重要意义，为进一步了解中央企业自主创新水平，本章拟对中央企业自主创新能力进行初步的测量、评价和比较。由于缺乏中央企业自主创新的完整数据，我们只能利用已经公开的上市公司年报，对中央企业所属的上市子公司（以下简称“央企子公司”）进行创新能力评价，部分地反映不同中央企业自主创新能力现状和差异。

（一）中央企业自主创新能力评价方法与指标体系

1. 自主创新能力评价方法

近年来，有关专家学者就企业自主创新能力提出许多评价方法。目前，常用的企业创新能力评价方法主要集中于专家打分法、层次分析法、数据包络分析、BP 神经网络、模糊综合评价方法和多元统计分析。各种评价方法都具有明显的优点，但也存在不足，如专家打分法和层次分析法可以充分利用专家对企业创新情况的经验判断，但同时也会使评价结果具有较多的主观性，受专家知识、经验等影响较大。综合分析各种评价方法的优势和劣势，本书采用数据包络分析和主成分分析两种方法同时对中央企业自主创新能力进行评价，并做出对比。

数据包络分析（DEA）是一种相对效率的效率评价方法。与其他评价方法相比，DEA 善于处理多输入和多输出问题，并且是客观的决策方法。通过对 DEA 分析结果，可以得出各被评价个体的相对效率，从而寻找被评价个体与相对效率较高个体间的差异，并能对非有效的个体提出改进的方案。DEA 在实际应用中具有许多优势，便于企业自主创新能力的评价。DEA 方法无需确定输入输出指标之间的具体函数关系，并且不受计量单位影响，不需要对输入输出数

据进行标准化处理，只要保证各个被评价单元在同一指标上的数据使用相同的计量单位即可。除此之外，DEA 方法不需要指定各指标的权重，并且与市场价格无关，是纯技术性的。基于这些特点，DEA 方法在企业自主创新能力评价上具有很强的操作性和适应性，可对企业自主创新效率进行很好的评价。

主成分分析方法是研究者们使用多元统计方法进行企业创新能力评价常用的方法之一。主成分分析是把多个变量通过线性变换，从而选出少数几个重要变量以反映原来变量的信息的统计方法，是一种降维的方法。使用这种方法对企业自主创新能力进行评价与 DEA 方法类似，指标权重的确定不受主观因素影响，主要是基于数据分析而得。并且，通过主成分分析，指标间的信息交叉少，可比性较强。依据这一方法的特点，报告使用主成分分析对央企的创新强度进行测量和评价，与创新效率评价进行比较，从而对中央企业自主创新能力状况进行多角度、多方面地分析。

2. 自主创新能力评价指标体系

（1）指标选取原则。

构建中央企业自主创新能力评价体系，首先需要反映评价的目的和内容，同时考虑到指标的多样性和可获得性。自主创新是一个涉及多方面的复杂系统，为全面、合理地对中央企业的自主创新能力进行评价，最终确定如下指标设计原则：①科学性原则。所选指标要有科学的理论依据，指标意义明确，测定方法标准，统计方法规范。评价指标的选择要能够反映自主创新能力的内涵，经济意义明确，以客观和全面地评价自主创新能力。②系统性原则。设计中央企业自主创新能力评价体系是一个复杂的系统工程，指标设置应该尽可能地反映自主创新过程中创新资源投入、创新管理、创新营销、创新产出等各个侧面的情况。指标简单明了，相互联系、配合，共同构成一个有机整体，从不同角度反映自主创新实际状况，形成一个完整的评价系统。③可操作性原则。评价指标应具有可操作性，尽可能利用现有统计指标，且各个被评价单元间的指标具有可比性。一些自主创新能力关键指标涉及企业机密，不易统计。因此，要在较准确地反映企业自主创新能力的基础上，尽量选取具有共性和数据可得的指标，力求数据的可操作性。使得指标既易于获取又可直接量化。

（2）评价指标体系。

①中央企业自主创新能力评价指标体系。

企业自主创新活动是一个复杂的过程，涉及从创新资源投入、创新资源管理、研究与开发、创新产出到创新成果价值转化的方方面面，企业自主创新能力则是企业在这一复杂过程中所体现的创新资源组织和运用能力、研究与开发能力，以及创新价值实现能力等的集合。基于这一思想，结合现有研究成果，将中央企业自主创新能力分解成四个构成要素：创新投入能力、创新营销能力、创新管理能力和创新产出能力，并进一步细化分析企业自主创新能力，如表 1 – 12 所示。

表 1 – 12　中央企业自主创新能力构成体系

测量类别	测量维度	测量指标
投入变量	创新投入能力	研究及开发经费占比（%）
		技术开发人员占比（%）
		本科及以上员工占比（%）
	创新营销能力	销售费用占比（%）
	创新管理能力	管理费用占比（%）
产出变量	创新产出能力	企业申请中国发明专利总数（件）
		企业申请中国实用新型专利总数（件）
		企业申请中国外观设计专利总数（件）
		总资产周转率

②具体指标描述

■ 研究及开发经费占比

$$公式：研究及开发经费占比 = \frac{企业研究及开发经费总额}{企业营业收入总额}$$

说明：研究及开发经费是企业自主创新资金投入的重要方面，可以充分反映企业自主创新资金投入强度和对自主创新的重视程度。研究及开发经费占企业营业收入比例可以反映不同经营规模的企业自主创新资金投入情况，使得该指标在不同经营规模企业之间具有可比性。

■ 技术开发人员占比

$$公式：技术开发人员占比 = \frac{企业技术开发人员总数}{公司员工总数}$$

说明：技术开发人员直接从事研发活动，是企业自主创新活动的主体。技术开发人员的数量直接影响企业自主创新产出数量，为了降低企业规模对此指标在不同企业间可比性的影响，采用技术开发人员占公司员工总数比例这一指标。

■ 本科及以上员工占比

$$公式：本科及以上员工占比 = \frac{企业本科及以上员工总数}{企业员工总数}$$

说明：该指标与技术开发人员占比一同反映企业自主创新人力资源投入状况，与技术开发人员占比不同，该指标从员工学历角度来体现企业对自主创新人力投入的重视程度。为使该指标在不同规模企业间具有可比性，同样采用比例指标。

■ 销售费用占比

$$公式：销售费用占比 = \frac{销售费用}{财务费用 + 管理费用 + 销售费用}$$

说明：企业的销售能力直接关系到企业自主创新成果价值转化的效率，企业科技成果价值转化是创新整个过程的最后一步，却也是关键性的一步。考虑到数据可得性和可操作性，采用销售费用占比这一财务指标来侧面反映企业创新营销能力。

■ 管理费用占比

$$公式：管理费用占比 = \frac{管理费用}{财务费用 + 管理费用 + 销售费用}$$

说明：自主创新是企业运营过程中一项重要的活动，企业综合管理能力是企业运营效率提升的保障，同时也是支撑企业自主创新的软实力，企业综合管理能力的提升将会提高企业科技创新资源的运用效率，加快企业自主创新成果的实现和价值转化。采用管理费用占比这一指标对企业管理能力进行衡量，一方面可以使数据口径一致，具有可操作性，另一方面，将管理能力的评价量化，可避免主观指标的非客观性缺点。

■ 专利情况

企业知识产权状况是企业自主创新产出能力的重要体现，使用企业申请中国发明专利总数、企业申请中国实用新型专利总数、企业申请中国外观设计专利总数三个指标反映企业专利申请情况。在企业专利申请总数中，这三项专利占有重要地位，可以很大程度上反映企业的专利申请总数，很好地衡量企业自主创新产出能力。

■ 总资产周转率

$$公式：总资产周转率 = \frac{营业总收入（本期）\times 2}{资产总计（本期）+ 资产总计（上期）}$$

说明：该指标用来反映企业整体资产的营运能力。资产的周转次数越多或周转天数越少，表明其周转速度越快，企业的营运能力也就越强。企业的营运能力可以直接作用于自主创新产出，营运能力的提升将有助于企业各项资源的有效使用，加快创新产出，而营运能力不强又会阻碍企业各项活动的开展，不利于创新活动的开展并使企业创新成果减少。

根据DEA方法对投入变量和产出变量的要求，结合评价体系的经济意义。使用DEA方法对中央企业自主创新能力进行综合评价时，投入变量采用指标研究及开发经费占比、技术开发人员占比、本科及以上员工占比、销售费用占比和管理费用占比，这些指标从不同角度共同反映企业创新投入程度。产出变量指标包括企业申请中国发明专利总数、企业申请中国实用新型专利总数、企业申请中国外观设计专利总数和总资产周转率，反映企业自主创新产出情况。

（二）中央企业上市子公司自主创新能力核心指标评价与排名

1. 央企子公司创新评价样本选择与基础数据来源

（1）评价样本选择。

本书央企子公司指2011年中央企业在A股上市公司及子公司，经过项目组对各企业网站披露的上市公司及子公司整理，共计245家。这些上市公司及子公司拥有中央企业集团大部分核心资产，公司创新战略和管理与企业集团整体战略相一致。作为上市公司，上市公司及子公司除国务院国资委外还受证监会、股民和媒体等多方监管，经营规范，披露数据可信且具有可比性。基于中央企业A股上市公司及子公司具有的与中央企业集团经营战略一致性，经营规范性和数据可以获得及可操作性，本书使用这些企业作为中央企业集团的代表。

（2）基础数据来源与收集结果。

在收集央企子公司自主创新能力测量指标的基础数据时，首先根据各创新指标的定义，对于能收集到指标分项数据的，一律收集分项数据，然后通过分项数据计算求得该指标的最终结果数据。对于个别企业，无法获取分项数据的指标，我们直接采用可获取到的最终结果数据。

三项专利数据来源于中国知识产权网（http://www.cnipr.com/），除专利数据外，其余数据来源于各上市公司和子公司披露的年报，对于1家企业无法直接获得总资产周转率分项指标数值，本书直接采用国泰安数据库统计的此项数据。

在本次央企子公司自主创新能力评价研究中，绝大多数公司的评价指标数据以2011年为测量的主年度。截至2012年4月27日，11家公司没有披露2011

年年报，测量主年度前移至2010年。这11家企业分别为锌业股份、ST黄海、中国海诚、兰太实业、深康佳A、漳泽电力、长江电力、深桑达A、振华科技、一汽轿车、招商轮船。

项目组对基础数据进行了多轮细致的收集，最终仍然有部分央企子公司自主创新能力测量指标无法获取全部企业的数据。在进行央企子公司自主创新能力核心指标评价和综合评价时，这些具有缺失值的企业不包括在被评价企业总体中，以保证评价的公平和准确。具体数据缺失和核心指标评价排名被评价企业总数情况如表1－13所示。

表1－13 央企子公司自主创新能力评价各指标数据缺失情况

自主创新能力测量指标	缺失企业数	缺失比例（245家企业）	单项指标排名被评价企业总数
研究及开发经费占比	60	24.49%	185
技术开发人员占比	22	8.98%	223
本科及以上员工占比	0	0	245
销售费用占比	11	4.49%	234
管理费用占比	2	0.82%	243
企业申请中国发明专利总数	0	0	245
企业申请中国实用新型专利总数	0	0	245
企业申请中国外观设计专利总数	0	0	245
总资产周转率	0	0	245

2. 央企子公司自主创新能力核心指标评价排名

在企业自主创新活动的开展中，研发费用、技术开发人员的投入情况是至关重要的，企业研发费用和技术开发人员的投入多少直接反映企业对自主创新的重视程度，并能一定程度上对自主创新产出具有推动作用。企业专利申请总量是自主创新产出的主要指标，作为企业知识产权的重要成就，专利申请总量可以反映说明企业自主创新资源的运用效率及自主创新的成果总量。因此，报告分别单独以这些指标为排名依据，对有效企业（即除去存在数据缺失企业）进行单项排名。

（1）2011年央企子公司专利申请总量排名。

以2011年企业专利申请总量，即企业申请中国发明专利、企业申请中国实用新型专利和企业申请中国外观设计专利总数之和为排名依据，对245家企业进行专利总量排名，排名前50位企业如表1－14。

表 1－14　2011 年央企子公司专利申请总量前 50 名　　单位：件

排　名	公司简称	2011 年公司申请专利总数	排　名	公司简称	2011 年公司申请专利总数
1	中国石油	601	26	国民技术	32
2	中国石化	533	27	轴研科技	31
3	长安汽车	512	28	南京熊猫	26
4	宝钢股份	387	29	中国一重	25
5	鞍钢股份	278	30	启明信息	21
6	中国神华	188	30	中海科技	21
7	东风汽车	186	32	航天信息	20
8	江铃汽车	180	32	深天马 A	20
9	深康佳 A	156	32	天地科技	20
10	中国水电	152	32	长城开发	20
11	中航光电	138	36	中国北车	19
12	葛洲坝	130	37	经纬纺机	18
13	新兴铸管	114	38	光迅科技	17
14	中国西电	113	38	风帆股份	17
15	烽火通信	96	40	航天电器	16
16	中海油服	91	40	中国嘉陵	16
17	八一钢铁	76	40	深桑达 A	16
18	中国铝业	73	43	＊ST 轻骑	15
19	海康威视	55	43	中材科技	15
20	国电南自	54	43	东阿阿胶	15
21	海油工程	48	46	中国建筑	14
21	北新建材	48	46	航天科技	14
23	一汽轿车	46	46	中航精机	14
24	杰赛科技	40	46	龙源技术	14
25	建摩 B	39	46	韶钢松山	14

数据来源：中国知识产权网 http://www.cnipr.com/，截至 2012－04－20

其中，排名前 30 位企业及专利申请总量如图 1－2。

在央企子公司专利申请总量前 50 名的企业中，石油石化、钢铁、汽车和电力行业的企业占据了主导地位，并且领先于其他行业的企业。其中，中国石油、中国石化和长安汽车分列前三位，申请专利总数之和占前 50 名企业申请专利总

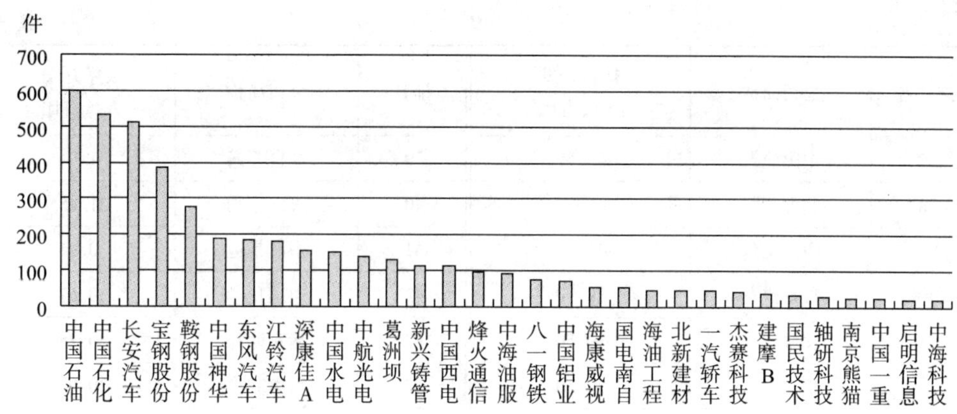

图1－2　2011年央企子公司专利申请前30名

数的1/3，在央企子公司自主创新专利产出方面占据绝对优势。

（2）2011年央企子公司技术开发人员占比排名。

以2011年央企子公司技术开发人员占比为排名依据，对去除存在数据缺失的企业后，共223家有效企业技术开发人员占比进行排名，排名前50位企业如表1－15。

表1－15　2011年央企子公司技术开发人员占比前50名　　单位：%

排　名	公司简称	技术开发人员占比	排名	公司简称	技术开发人员占比
1	宝信软件	86.39	14	华东电脑	52.00
2	启明信息	78.71	15	中海油服	51.14
3	南方航空	75.48	16	双鹤药业	49.41
4	太极股份	71.21	17	国电南自	49.14
5	上海电力	70.77	18	钢研高纳	48.21
6	天方药业	68.23	19	大唐电信	48.14
7	中海科技	67.90	20	广船国际	47.59
8	国民技术	67.16	21	轴研科技	47.24
9	招商轮船	64.21	22	中成股份	47.22
10	金自天正	60.95	23	东方通信	44.89
11	中国卫星	59.42	24	天科股份	43.82
12	四维图新	58.26	25	航天长峰	43.36
13	卫士通	56.52	26	航天电子	43.32

续表

排　名	公司简称	技术开发人员占比	排名	公司简称	技术开发人员占比
27	中国建筑	42.69	39	烟台万润	31.94
28	北方国际	41.37	40	天坛生物	31.45
29	中国交建	41.06	41	中海集运	30.96
30	长安汽车	39.90	42	中国化学	30.67
31	长城信息	39.50	43	南京熊猫	30.28
32	哈飞股份	37.50	44	海康威视	30.26
33	中材国际	37.41	45	海油工程	30.05
34	烽火通信	36.78	46	天地科技	28.02
35	上海贝岭	36.61	47	航天科技	27.98
36	四创电子	34.62	48	航天机电	27.53
37	中国中铁	33.68	49	万东医疗	27.01
38	中国船舶	33.54	50	ST 中农	26.79

数据来源：各企业年报（截至2012年4月20日）

其中，排名前30位企业及其技术开发人员占比如图1-3。

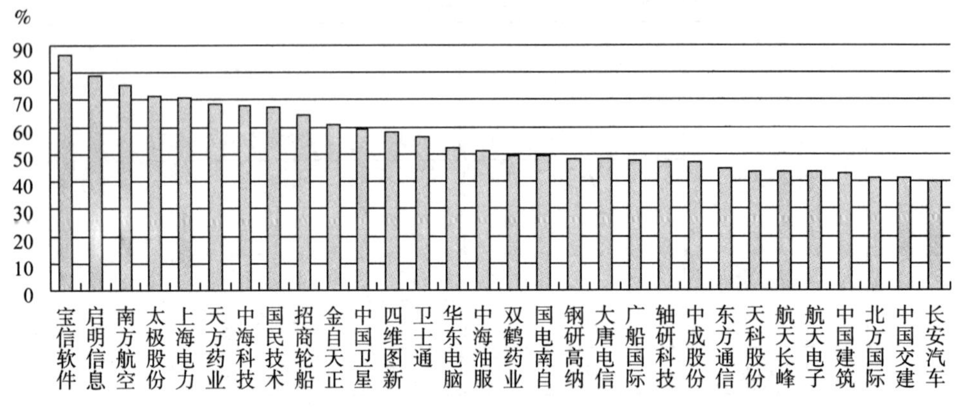

图1-3　2011年央企子公司技术开发人员占比前30名

排名前15位企业的技术开发人员达到企业员工总数的一半以上。前50位企业的技术开发人员占比几乎都达到或超过30%，这些企业占被评价企业总数约1/4。这一数据可以表明，在央企子公司中，相当一部分央企子公司的技术开发人员比重较大，为中央企业自主创新提供了优秀的人力资源，保障了中央企业的自主创新。

（3）2011 年央企子公司研究及开发经费投入排名。

以 2011 年央企子公司研究及开发经费投入总量为排名依据，对去除存在数据缺失的企业后，共 185 家有效企业研究及开发经费投入总额进行排名，排名前 50 位企业如表 1－16。

表 1－16 2011 年央企子公司研究及开发经费投入前 50 名 单位：百万元

排 名	公司简称	研究及开发经费	排 名	公司简称	研究及开发经费
1	中国石油	18606.00	26	天地科技	235.65
2	中国铁建	8472.16	27	中国一重	233.30
3	中国石化	4862.00	28	海油工程	232.10
4	中国南车	2927.03	29	桂冠电力	229.48
5	大唐发电	2189.06	30	武钢股份	222.03
6	中国中冶	2029.50	31	中国西电	220.03
7	东方电气	1200.62	32	宝信软件	185.12
8	长安汽车	1189.08	33	经纬纺机	182.36
9	长城电脑	869.40	34	中国建筑	167.89
10	烽火通信	691.40	35	国民技术	159.63
11	中国水电	659.76	36	深康佳 A	159.12
12	江铃汽车	611.22	37	中国玻纤	157.60
13	华润三九	507.39	38	大唐电信	150.10
14	中国重工	479.75	39	中国软件	145.68
15	中国化学	464.60	40	东方通信	140.16
16	八一钢铁	453.59	41	一汽夏利	138.32
17	中材国际	449.65	42	中钢吉炭	137.63
18	风神股份	426.57	43	金山股份	127.79
19	一汽轿车	377.28	44	际华集团	119.14
20	四维图新	356.15	45	航天信息	118.21
21	二重重装	342.33	46	东方钽业	109.84
22	海康威视	340.75	47	深天马	109.63
23	中国船舶	319.46	48	华能国际	109.37
24	东风汽车	272.05	49	辽通化工	104.77
25	岳阳林纸	240.54	50	光迅科技	100.39

数据来源：各企业年报（截至 2012 年 4 月 20 日）

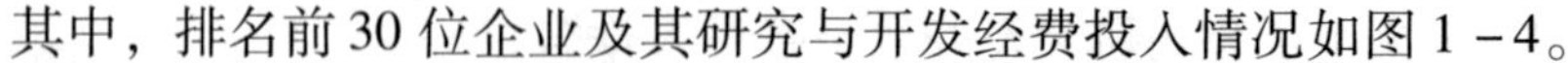

其中，排名前30位企业及其研究与开发经费投入情况如图1－4。

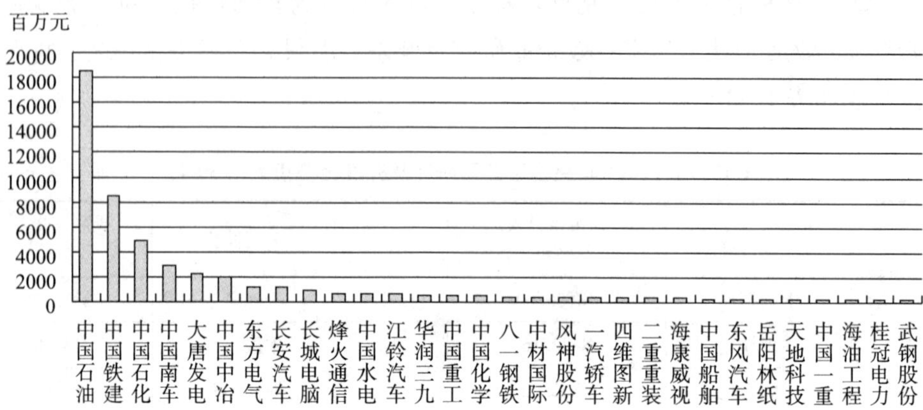

图1－4 2011年央企子公司研究及开发经费投入前30名

前50位企业的研究及开发经费都达到了1亿元以上，央企子公司对自主创新经费投入总额巨大，对开展自主创新极为重视。对于排名前八位的企业，其研究与开发经费投入都达到10亿元以上，排名第一的中国石油研究与开发经费投入更高达186亿元。

（4）2011年央企子公司研究及开发费用占比排名。

以2011年央企子公司研究及开发经费占营业收入比重为排名依据，对去除存在数据缺失的企业后，共185家有效企业研究及开发经费占比进行排名，排名前50位企业如表1－17。

表1 17 2011年央企了公司研究及开发费用占比前50名 单位：%

排　名	公司简称	研究及开发经费占比	排　名	公司简称	研究及开发经费占比
1	四维图新	41.07	10	中钢吉炭	8.32
2	国民技术	27.94	11	东信和平	6.90
3	航天电器	16.58	12	海康威视	6.51
4	卫士通	12.22	13	中国软件	6.20
5	中国中铁	10.70	14	烟台万润	6.17
6	烽火通信	9.80	15	桂冠电力	5.98
7	保定天鹅	9.53	16	宝信软件	5.89
8	华润三九	9.18	17	中船股份	5.58
9	光迅科技	9.07	18	西仪股份	5.08

续表

排　名	公司简称	研究及开发经费占比	排　名	公司简称	研究及开发经费占比
19	杰赛科技	4.77	35	长春一东	3.80
20	二重重装	4.74	36	中兵光电	3.73
21	东方钽业	4.73	37	中国南车	3.63
22	启源装备	4.66	38	中核科技	3.58
23	中航光电	4.51	39	江铃汽车	3.50
24	东方通信	4.50	40	岳阳林纸	3.45
25	长安汽车	4.48	41	瑞泰科技	3.37
26	金自天正	4.45	42	大唐电信	3.32
27	风神股份	4.17	43	天坛生物	3.32
28	黔源电力	4.15	44	海油工程	3.14
29	光电股份	4.02	45	中国玻纤	3.13
30	南京熊猫	4.02	46	大唐发电	3.02
31	中原特钢	4.00	47	哈飞股份	3.01
32	金山股份	3.97	48	北矿磁材	2.94
33	钢研高纳	3.96	49	洪都航空	2.93
34	中航精机	3.96	50	天科股份	2.83

数据来源：各企业年报（截至2012年4月20日）

其中，排名前30位企业及其研究及开发经费占比情况如图1－5。

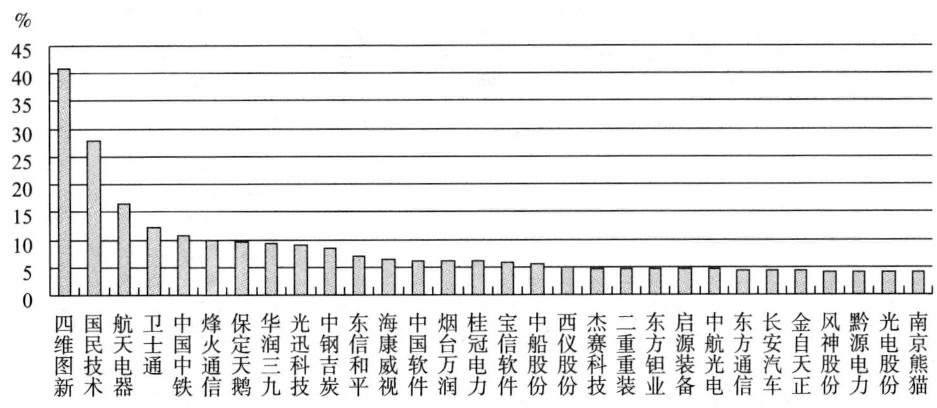

图1－5　2011年央企子公司研究及开发经费占比前30名

从研发费用占比的排名中可以看出，前50位企业的研发费用总额占营业收入比重几乎达到甚至大大超过3%的水平，前14位企业的研发费用占比均超过6%，这一比例足以说明企业对自主创新投入力度之大、决心之强。排名前5位的企业分别为四维图新、国民技术、航天电器、卫士通和中国中铁，研发费用占比均超过10%，对自主创新进行了巨大的经费投入。

（三）中央企业上市子公司自主创新能力综合评价及排名

1. 参与央企子公司自主创新能力综合评价企业范围

依照中央企业自主创新能力评价体系，从项目组经各中央企业集团网站整理得出的245家中央企业A股上市公司及子公司总名单中，先后去除缺少研究及开发经费占比指标数据的企业共60家，缺少技术开发人员占比指标数据的企业共10家和3家无销售费用占比指标数据的企业，参与央企子公司自主创新能力综合评价的企业共计172家。

2. 央企子公司技术效率评价

以投入为导向按规模报酬可变对各央企子公司数据进行DEA运算，得出各企业相对于技术前沿面的效率值，对各企业技术效率、纯技术效率、规模效率和规模报酬进行分析，结果如表1－18。

表1－18　央企子公司技术效率

编　号	公司简称及股票代码	技术效率	纯技术效率	规模效率	规模报酬
1	四维图新002405	0.111	0.2	0.556	irs
2	西仪股份002265	0.172	0.246	0.697	irs
3	东安动力600178	0.168	0.431	0.389	irs
4	天威保变600550	0.166	0.31	0.537	irs
5	中原特钢002423	0.265	0.48	0.551	irs
6	*ST轻骑600698	0.501	0.637	0.788	irs
7	建摩B 200054	0.429	0.479	0.895	irs
8	江铃汽车000550	0.803	0.806	0.996	irs
9	中国建筑601668	0.854	0.903	0.946	irs
10	西部建设002302	0.127	0.398	0.319	irs
11	中纺投资600061	1	1	1	—
12	华润三九000999	0.651	0.705	0.924	irs
13	华润锦华000810	0.449	0.599	0.749	irs

续表

编号	公司简称及股票代码	技术效率	纯技术效率	规模效率	规模报酬
14	启源装备 300140	0.093	0.29	0.321	irs
15	烟台万润 002643	0.303	0.41	0.739	irs
16	岳阳林纸 600963	0.249	0.671	0.371	irs
17	宁通信 B 200468	0.557	0.561	0.994	drs
18	ST 中农 600303	1	1	1	—
19	*ST 长油 600087	0.459	1	0.459	irs
20	天坛生物 600161	0.174	0.288	0.604	irs
21	现代制药 600420	0.628	0.727	0.864	irs
22	际华集团 601718	0.85	0.913	0.931	irs
23	光迅科技 002281	0.25	0.344	0.725	irs
24	中国西电 601179	0.462	0.653	0.708	irs
25	葛洲坝 600068	1	1	1	—
26	中核科技 000777	0.168	0.431	0.391	irs
27	航天机电 600151	0.234	0.426	0.549	irs
28	航天动力 600343	0.187	0.438	0.427	irs
29	航天电子 600879	0.216	0.327	0.661	irs
30	中国卫星 600118	0.262	0.29	0.901	irs
31	航天信息 600271	0.667	0.674	0.99	drs
32	航天电器 002025	0.093	0.379	0.246	irs
33	航天长峰 600855	0.284	0.307	0.924	irs
34	航天晨光 600501	0.351	0.368	0.953	irs
35	航天通信 600677	0.707	0.73	0.969	drs
36	航天科技 000901	0.365	0.368	0.991	drs
37	西飞国际 000768	0.191	0.429	0.446	irs
38	中航精机 002013	0.477	0.741	0.644	irs
39	贵航股份 600523	0.338	0.508	0.665	irs
40	飞亚达 A000026	0.489	0.689	0.71	irs
41	深天马 A000050	0.273	0.457	0.597	irs
42	中航动控 000738	0.221	0.441	0.503	irs
43	哈飞股份 600038	0.334	0.336	0.993	drs
44	洪都航空 600316	0.102	0.32	0.319	irs

续表

编号	公司简称及股票代码	技术效率	纯技术效率	规模效率	规模报酬
45	中航电子 600372	0.209	0.34	0.614	irs
46	成发科技 600391	0.242	0.462	0.523	irs
47	中航黑豹 600760	0.554	0.813	0.681	irs
48	中航重机 600765	0.284	0.443	0.64	irs
49	航空动力 600893	0.372	0.451	0.824	irs
50	成飞集成 002190	0.096	0.317	0.302	irs
51	中航光电 002179	0.506	0.626	0.809	irs
52	中航三鑫 002163	0.228	0.448	0.509	irs
53	中航电测 300114	0.177	0.414	0.427	irs
54	中国船舶 600150	0.165	0.329	0.503	irs
55	中船股份 600072	0.404	0.838	0.482	irs
56	广船国际 600685	0.153	0.274	0.558	irs
57	风帆股份 600482	0.64	0.86	0.744	irs
58	中国重工 601989	0.111	0.329	0.337	irs
59	辽通化工 000059	0.798	0.857	0.932	irs
60	光电股份 600184	0.321	0.383	0.837	irs
61	中兵光电 600435	0.155	0.413	0.375	irs
62	北方创业 600967	0.417	0.467	0.894	irs
63	晋西车轴 600495	0.379	0.463	0.82	irs
64	凌云股份 600480	0.351	0.571	0.615	irs
65	长春一东 600148	0.318	0.479	0.663	irs
66	北方股份 600262	0.283	0.435	0.65	irs
67	北化股份 002246	0.967	1	0.967	drs
68	江南红箭 000519	0.344	0.757	0.455	irs
69	长安汽车 000625	1	1	1	—
70	中国嘉陵 600877	0.366	0.381	0.961	irs
71	杰赛科技 002544	0.374	0.444	0.842	irs
72	海康威视 002415	0.324	0.355	0.913	irs
73	太极股份 002368	0.328	0.372	0.881	drs
74	华东电脑 600850	0.723	0.806	0.897	drs
75	四创电子 600990	0.374	0.378	0.988	irs

续表

编号	公司简称及股票代码	技术效率	纯技术效率	规模效率	规模报酬
76	卫士通 002268	0.209	0.225	0.928	irs
77	中国石油 601857	1	1	1	—
78	中国石化 600028	1	1	1	—
79	海油工程 600583	1	1	1	—
80	中海油服 601808	1	1	1	—
81	华能国际 600011	1	1	1	—
82	ST 能山 000720	1	1	1	—
83	华银电力 600744	0.816	0.82	0.994	irs
84	华电能源 600726	1	1	1	—
85	国电南自 600268	0.259	0.334	0.776	irs
86	云南铜业 000878	0.7	0.708	0.988	irs
87	焦作万方 000612	1	1	1	—
88	中钢吉炭 000928	0.323	0.621	0.52	irs
89	中国服装 000902	0.728	0.815	0.893	irs
90	保定天鹅 000687	0.393	0.506	0.776	irs
91	经纬纺机 000666	0.433	0.555	0.779	irs
92	天地科技 600582	0.332	0.395	0.839	irs
93	轴研科技 002046	0.22	0.292	0.753	irs
94	林海股份 600099	0.176	0.588	0.299	irs
95	常林股份 600710	0.319	0.514	0.621	irs
96	中国中冶 601618	0.358	0.399	0.897	irs
97	美利纸业 0008159	0.297	1	0.297	irs
98	锌业股份 000751	0.763	0.764	0.999	—
99	安泰科技 000969	0.265	0.367	0.722	irs
100	金自天正 600560	0.154	0.175	0.883	irs
101	钢研高纳 300034	0.136	0.312	0.435	irs
102	ST 黄海 600579	0.655	1	0.655	irs
103	ST 新材 600299	0.441	0.633	0.697	irs
104	天科股份 600378	0.229	0.298	0.769	irs
105	沈阳化工 000698	0.662	0.673	0.985	drs
106	风神股份 600469	0.713	0.858	0.831	irs

续表

编号	公司简称及股票代码	技术效率	纯技术效率	规模效率	规模报酬
107	大成股份 600882	0. 315	0. 789	0. 399	irs
108	中国化学 601117	0. 365	0. 372	0. 979	drs
109	兰太实业 600328	0. 184	0. 764	0. 24	irs
110	华纺股份 600448	1	1	1	—
111	中材国际 600970	0. 488	0. 542	0. 901	drs
112	中材科技 002080	0. 204	0. 304	0. 672	irs
113	中国玻纤 600176	0. 229	0. 79	0. 289	irs
114	北新建材 000786	0. 397	0. 518	0. 765	irs
115	洛阳玻璃 600876	0. 275	0. 617	0. 446	irs
116	瑞泰科技 002066	0. 401	0. 767	0. 523	irs
117	方兴科技 600552	0. 567	0. 869	0. 653	irs
118	东方钽业 000962	0. 317	0. 403	0. 786	irs
119	有研硅股 600206	0. 227	0. 271	0. 839	irs
120	北矿磁材 600980	0. 286	0. 429	0. 668	irs
121	中国北车 601299	1	1	1	—
122	中国南车 601766	0. 357	0. 44	0. 811	irs
123	南方汇通 000920	0. 363	0. 372	0. 975	irs
124	中国中铁 601390	0. 014	0. 391	0. 035	irs
125	中国交建 601800	1	1	1	—
126	东方通信 600776	0. 271	0. 28	0. 969	irs
127	东信和平 002017	0. 299	0. 411	0. 727	irs
128	大唐电信 600198	0. 339	0. 379	0. 893	drs
129	中牧股份 600195	0. 354	0. 446	0. 793	irs
130	国药股份 600511	1	1	1	—
131	一致药业 000028	1	1	1	—
132	新兴铸管 000778	1	1	1	—
133	中金黄金 600489	1	1	1	—
134	彩虹股份 600707	0. 073	0. 656	0. 111	irs
135	烽火通信 600498	0. 373	0. 391	0. 954	irs
136	深康佳 A000016	1	1	1	—
137	英力特 000635	0. 493	0. 784	0. 629	irs

续表

编号	公司简称及股票代码	技术效率	纯技术效率	规模效率	规模报酬
138	龙源技术 300105	1	1	1	—
139	九龙电力 600292	0. 392	0. 398	0. 986	drs
140	长江电力 600900	0. 933	1	0. 933	irs
141	长城电脑 000066	0. 836	0. 843	0. 991	drs
142	长城信息 000748	0. 185	0. 26	0. 712	irs
143	深桑达 A 000032	1	1	1	—
144	中国软件 600536	0. 276	0. 31	0. 891	irs
145	华东科技 000727	0. 322	0. 769	0. 419	irs
146	中电广通 600764	0. 365	0. 369	0. 99	irs
147	南京熊猫 600775	0. 397	0. 405	0. 978	irs
148	上海贝岭 600171	0. 108	0. 275	0. 393	irs
149	国民技术 300077	0. 138	0. 204	0. 677	irs
150	振华科技 000733	0. 322	0. 57	0. 565	irs
151	一汽夏利 000927	0. 384	0. 444	0. 865	irs
152	一汽轿车 000800	1	1	1	—
153	一汽富维 600742	0. 727	0. 737	0. 986	drs
154	启明信息 002232	0. 868	1	0. 868	drs
155	东风汽车 600006	1	1	1	—
156	东风科技 600081	0. 505	0. 608	0. 831	irs
157	中国一重 601106	0. 255	0. 464	0. 549	irs
158	二重重装 601268	0. 168	0. 493	0. 341	irs
159	东方电气 600875	0. 176	0. 303	0. 583	irs
160	八一钢铁 600581	1	1	1	—
161	宝信软件 600845	0. 327	0. 415	0. 786	drs
162	韶钢松山 000717	0. 796	1	0. 796	irs
163	武钢股份 600005	0. 469	0. 514	0. 913	irs
164	中集集团 000039	0. 418	0. 606	0. 69	irs
165	中海科技 002401	0. 171	0. 192	0. 893	irs
166	中粮屯河 600737	0. 961	1	0. 961	irs
167	中粮生化 000930	0. 514	0. 564	0. 911	irs
168	株冶集团 600961	0. 917	0. 933	0. 982	drs

续表

编号	公司简称及股票代码	技术效率	纯技术效率	规模效率	规模报酬
169	金瑞科技 600390	0.401	0.47	0.854	irs
170	东阿阿胶 000423	0.459	0.78	0.588	irs
171	万东医疗 600055	0.203	0.296	0.688	irs
172	双鹤药业 600062	0.553	0.565	0.979	drs

（1）技术效率分析。

172 家央企子公司技术效率平均值为 0.47。其中，共有 25 家企业的技术效率值为 1，这些企业处于技术效率前沿面上，是所有被评价央企子公司中创新能力最强的企业，占被评价企业总数的 14.5%。对各个技术效率值区间内企业数进行统计，结果如图 1－6。在 85.5%非有效的企业中，技术效率值在 0.1 至 0.5 之间的企业占大多数，央企子公司技术效率还处于比较低的水平上。

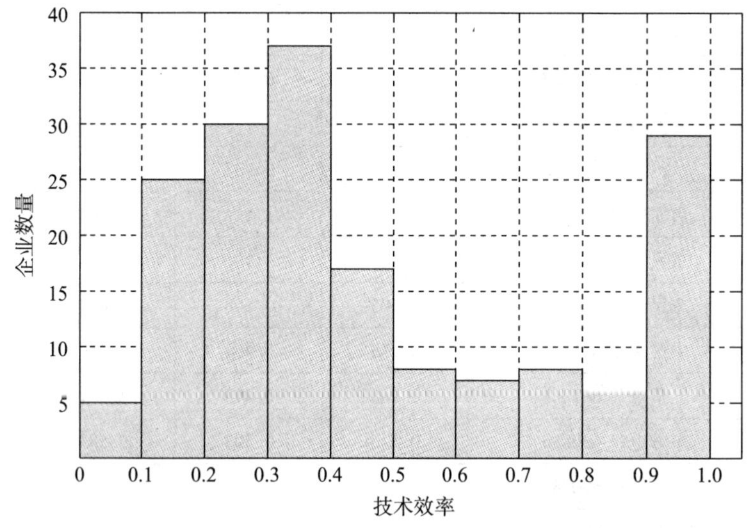

图 1－6　央企子公司技术效率分布

（2）纯技术效率分析。

在不考虑规模效益的情况下，共有 33 家央企子公司处于纯技术效率前沿面上，占被评价企业总数的 19.2%。172 家央企子公司的纯技术效率平均值为 0.60，与考虑规模效益的情况相比，处在前沿面上的企业数占比提高了 4.7%。对各个纯技术效率区间内企业数进行统计，结果如图 1－7。纯技术效率值在 0.3 至 0.5 间企业数较多，大约占非纯技术效率有效企业的一半，央企子公司纯技术效率水平有待提高。

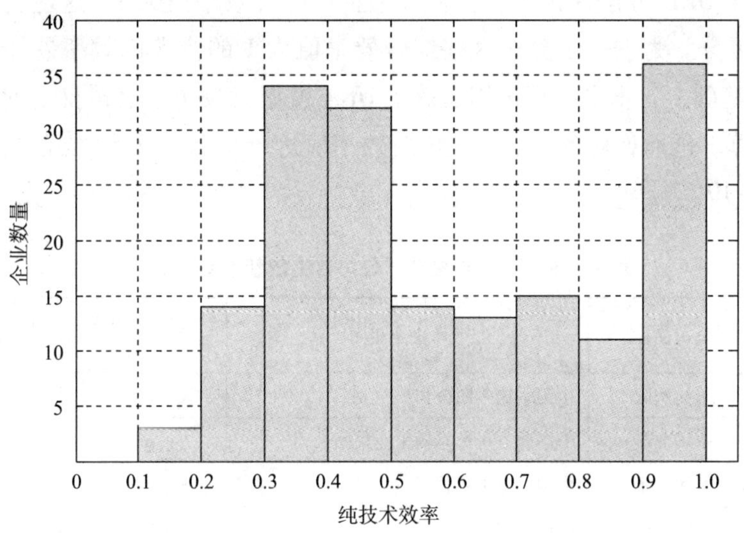

图 1－7　央企子公司纯技术效率分布

（3）规模报酬阶段分析。

对各企业规模报酬阶段情况进行汇总，结果如图 1－8。结果显示，绝大部分央企子公司都处于规模报酬递增阶段，占总数的 74%，处于规模报酬递减阶段的企业只占总企业数的 11%。因此，中央企业有效整合自主创新资源，扩大自主创新规模将使得自主创新综合效率得以提高。

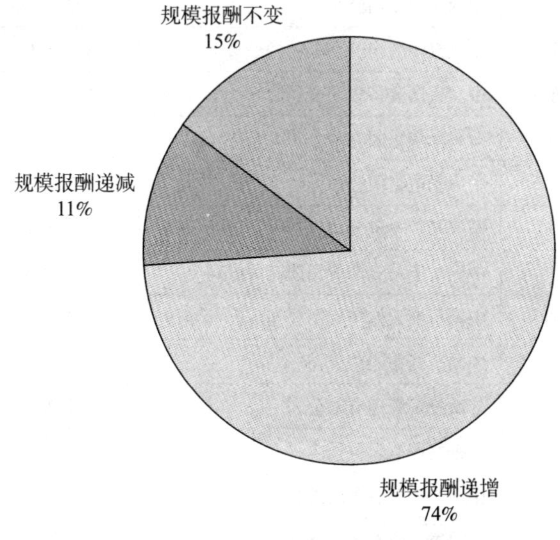

图 1－8　央企子公司规模报酬阶段分布

3. 央企子公司自主创新效率排名

在普通 DEA 方法评价中，存在多个企业综合效率值为 1，这些企业的效率无法进行区分。为进一步分析这些综合效率值为 1 的企业的效率差异，在普通 DEA 方法基础上，本书继续运用超效率 DEA 模型对央企子公司自主创新效率做进一步运算。进而，对各企业自主创新效率值进行排名，前 50 位企业及其效率值如表 1 – 19。

表 1 – 19　2011 年央企子公司自主创新效率前 50 名

排　名	公司简称	所属央企集团	超效率 DEA 效率值	普通 DEA 技术效率值
1	华能国际	中国华能集团公司	big	1
1	中国北车	中国北方机车车辆工业集团公司	big	1
1	龙源技术	中国国电集团公司	big	1
4	ST 能山	中国华能集团公司	1304. 35%	1
5	中国交建	中国交通建设集团有限公司	708. 33%	1
6	中海油服	中国海洋石油总公司	523. 15%	1
7	深康佳 A	华侨城集团公司	454. 42%	1
8	海油工程	中国海洋石油总公司	390. 46%	1
9	葛洲坝	中国能源建设集团有限公司	347. 89%	1
10	中国石化	中国石油化工集团公司	337. 04%	1
11	焦作万方	中国铝业公司	250. 57%	1
12	中金黄金	中国黄金集团公司	227. 01%	1
13	东风汽车	东风汽车公司	219. 65%	1
14	长安汽车	中国兵器装备集团公司	190. 50%	1
15	新兴铸管	新兴际华集团有限公司	176. 05%	1
16	华电能源	中国华电集团公司	172. 12%	1
17	中纺投资	国家开发投资公司	165. 50%	1
18	深桑达	中国电子信息产业集团有限公司	154. 09%	1
19	中国石油	中国石油天然气集团公司	143. 21%	1
20	一致药业	中国医药集团总公司	125. 94%	1
21	华纺股份	华诚投资管理有限公司	119. 22%	1
22	八一钢铁	宝钢集团有限公司	114. 86%	1
23	ST 中农	中国农业发展集团总公司	113. 29%	1
24	一汽轿车	中国第一汽车集团公司	108. 38%	1

续表

排 名	公司简称	所属央企集团	超效率 DEA 效率值	普通 DEA 技术效率值
25	国药股份	中国医药集团总公司	102.52%	1
26	北化股份	中国兵器工业集团公司	96.65%	0.967
27	中粮屯河	中粮集团有限公司	96.12%	0.961
28	长江电力	中国长江三峡集团公司	93.33%	0.933
29	株冶集团	中国五矿集团公司	91.66%	0.917
30	启明信息	中国第一汽车集团公司	86.75%	0.868
31	中国建筑	中国建筑工程总公司	85.41%	0.854
32	际华集团	新兴际华集团有限公司	85.01%	0.85
33	长城电脑	中国电子信息产业集团有限公司	83.60%	0.836
34	华银电力	中国大唐集团公司	81.58%	0.816
35	江铃汽车	中国兵器装备集团公司	80.30%	0.803
36	辽通化工	中国兵器工业集团公司	79.81%	0.798
37	韶钢松山	宝钢集团有限公司	79.57%	0.796
38	锌业股份	中国冶金科工集团有限公司	76.33%	0.763
39	中国服装	中国恒天集团公司	72.80%	0.728
40	一汽富维	中国第一汽车集团公司	72.74%	0.727
41	华东电脑	中国电子科技集团公司	72.25%	0.723
42	风神股份	中国化工集团公司	71.32%	0.713
43	航天通信	中国航天科工集团公司	70.70%	0.707
44	云南铜业	中国铝业公司	69.98%	0.7
45	航天信息	中国航天科工集团公司	66.72%	0.667
46	沈阳化工	中国化工集团公司	66.23%	0.662
47	ST 黄海	中国化工集团公司	65.45%	0.655
48	华润三九	华润（集团）有限公司	65.15%	0.651
49	风帆股份	中国船舶重工集团公司	63.97%	0.64
50	现代制药	中国医药集团总公司	62.83%	0.628

其中，排名前30位企业及超效率DEA效率值[①]见图1－9。

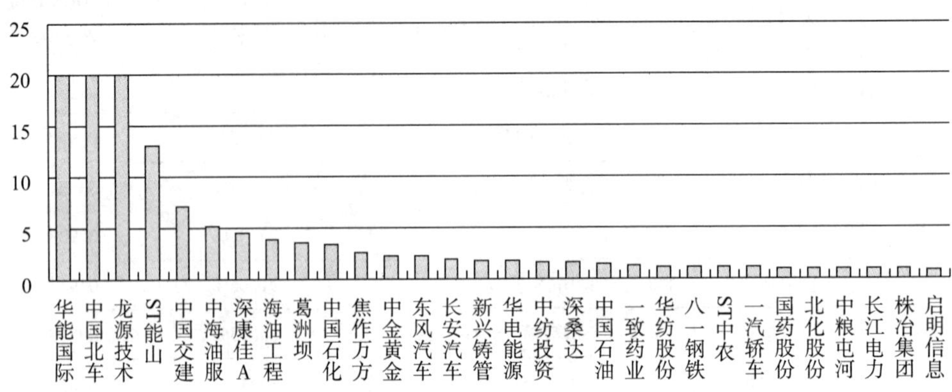

图1－9　2011年央企子公司自主创新效率前30名

对于普通DEA计算结果显示为非技术有效的企业，其超效率DEA效率值与普通DEA计算所得技术效率值相等。对于普通DEA计算所得技术效率值为1的企业，使用超效率DEA方法可进一步分析这些企业间效率值的差异。从表1－19分析结果可以看出，华能国际、中国北车和龙源技术的超效率DEA效率值为big，意味着无论增加多少投入，这三家企业都是有效的，是自主创新能力最强的企业，并列第一。

从前50名企业的所属行业特征看，自主创新能力具有优势的企业多集中于电力、石油石化、钢铁、汽车制造业等行业。一方面这些行业技术密集，自主创新需求和潜力较大，另一方面也说明这些行业的企业自主创新资源的利用效率较高。在达到相同创新产出的情况下，可以使用较少的创新投入，自主创新能力较强。

4．央企子公司自主创新绩效排名

使用DEA方法对中央企业各上市公司及子公司的自主创新能力进行评价，可以很好地分析各企业对创新资源的利用效率，从而评价各企业自主创新效率。主成分分析方法通过提取能够反映各评价指标大部分信息的替代变量，有利于对各企业创新投入和产出强度进行评价，从而对各企业创新绩效进行考核。因此，本书利用主成分分析法计算172个企业在所有评价指标上的因子得分，通过因子综合得分来评价中央企业的创新强度。

---

① 为方便作图，将华能国际、中国北车和龙源技术的超效率DEA效率值赋值为2000%。

（1）主成分提取结果。

总方差解释表（省略）结果显示，需要提取3个因子才能使累计解释率达到64%。通过旋转成分矩阵的分析结果（表1－20）可以看出，每个因子只有少数几个载荷较大的指标，这些载荷较大的指标可以反映各因子的含义。在第一个因子上载荷较大的指标为技术开发人员占比、本科及以上员工占比和研究及开发经费占比，这些指标反映了企业自主创新经费和人员投入情况，是企业自主创新直接投入的代表。企业申请中国发明专利总数、企业申请中国实用新型专利总数和企业申请中国外观设计专利总数三个指标在第二个因子的载荷较大，代表企业自主创新专利情况。第三个因子上载荷较大的指标为销售费用占比、管理费用占比和总资产周转率，这三个指标均为企业财务指标，通过企业基本经营状况来反映企业自主创新情况，是企业自主创新的有利支撑。

表1－20 旋转成分矩阵

	成份		
	1	2	3
技术开发人员占比	0.902	0.014	－0.074
本科及以上员工占比	0.876	－0.005	0.184
研究及开发经费占比	0.541	0.056	－0.271
销售费用占比	0.012	0.118	0.837
管理费用占比	0.469	－0.049	－0.526
企业申请中国发明专利总数	0.041	0.940	0.092
企业申请中国实用新型专利总数	－0.041	0.920	0.048
企业申请中国外观设计专利总数	0.091	0.465	0.461
总资产周转率	－0.089	0.044	0.611

提取方法：主成分分析法。
旋转法：具有Kaiser标准化的正交旋转法。
a. 旋转在4次迭代后收敛。

（2）央企子公司自主创新绩效排名。

通过对提取出的主成分进行加权结算，可以得出各中央企业上市公司及子公司的自主创新绩效综合得分，综合得分排名情况反映了各央企子公司对自主创新资源的投入和自主创新产出的强度。排名前50位企业如表1－21。

表1-21 2011年央企子公司自主创新绩效前50名

排 名	公司名称	所属中央企业集团	综合得分
1	长安汽车	中国兵器装备集团公司	2.6
2	东风汽车	东风汽车公司	2.3
3	中国石化	中国石油化工集团公司	1.72
4	深康佳A	华侨城集团公司	1.64
5	中国石油	中国石油天然气集团公司	1.53
6	双鹤药业	华润（集团）有限公司	1.51
7	一汽轿车	中国第一汽车集团公司	1.49
8	江铃汽车	中国兵器装备集团公司	1.17
9	华东电脑	中国电子科技集团公司	1.06
10	海康威视	中国电子科技集团公司	0.76
11	新兴铸管	新兴际华集团有限公司	0.76
12	烽火通信	武汉邮电科学研究院	0.68
13	东阿阿胶	华润（集团）有限公司	0.66
14	八一钢铁	宝钢集团有限公司	0.59
15	华润三九	华润（集团）有限公司	0.59
16	ST中农	中国农业发展集团总公司	0.57
17	国药股份	中国医药集团总公司	0.57
18	四创电子	中国电子科技集团公司	0.56
19	长城电脑	中国电子信息产业集团有限公司	0.55
20	北化股份	中国兵器工业集团公司	0.55
21	现代制药	中国医药集团总公司	0.52
22	一致药业	中国医药集团总公司	0.52
23	国电南自	中国华电集团公司	0.52
24	宁通信B	中国普天信息产业集团公司	0.51
25	宝信软件	宝钢集团有限公司	0.5
26	启明信息	中国第一汽车集团公司	0.49
27	中航光电	中国航空工业集团公司	0.42
28	葛洲坝	中国能源建设集团有限公司	0.41
29	大唐电信	电信科学技术研究院	0.4
30	卫士通	中国电子科技集团公司	0.4
31	中海科技	中国海运（集团）总公司	0.36

续表

排 名	公司名称	所属中央企业集团	综合得分
32	中国嘉陵	中国兵器装备集团公司	0.33
33	航天晨光	中国航天科工集团公司	0.33
34	飞亚达 A	中国航空工业集团公司	0.32
35	太极股份	中国电子科技集团公司	0.31
36	建摩 B	中国兵器装备集团公司	0.31
37	长城信息	中国电子信息产业集团有限公司	0.3
38	航天信息	中国航天科工集团公司	0.29
39	万东医疗	华润（集团）有限公司	0.27
40	中国西电	中国西电集团公司	0.27
41	中牧股份	中国农业发展集团总公司	0.25
42	中纺投资	国家开发投资公司	0.23
43	航天通信	中国航天科工集团公司	0.21
44	东方通信	中国普天信息产业集团公司	0.21
45	常林股份	中国机械工业集团有限公司	0.2
46	杰赛科技	中国电子科技集团公司	0.18
47	深桑达 A	中国电子信息产业集团有限公司	0.14
48	轴研科技	中国机械工业集团有限公司	0.14
49	金自天正	中国钢研科技集团公司	0.14
50	北新建材	中国建筑材料集团有限公司	0.14

其中，排名前30位企业及综合得分见图1－10。

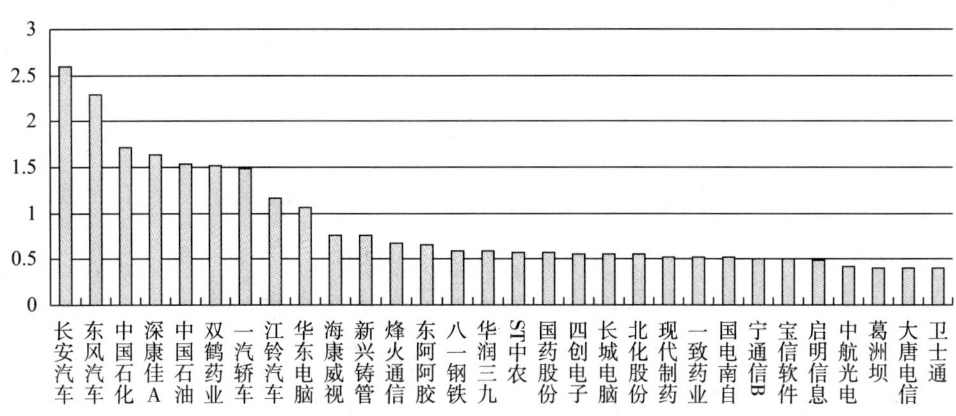

图1－10　2011年央企子公司自主创新绩效前30名

长安汽车、东风汽车、中国石化、深康佳A和中国石油分列自主创新绩效前5位，与其他企业相比，这些企业的自主创新投入强度和自主创新产出强度最强，创新意识最高。同时，从央企子公司自主创新效率排名可以看出，这5家企业同时处于央企子公司自主创新效率前20位。这些企业不仅创新绩效高，而且同样注重创新效率的提升，自主创新能力较强。

从央企子公司自主创新绩效评价排名的行业特征看，前50名的企业多处于汽车制造、石油石化、钢铁、航天、通信和电子技术行业，与自主创新效率排名前50位企业所处行业大体相同，这也说明这些行业的自主创新能力较强。

5. 央企子公司自主创新效率与绩效综合分析

针对企业自主创新的不同侧面，我们对各企业的自主创新效率和自主创新绩效进行了评价。综合分析各企业自主创新效率和绩效将更加全面地反映央企子公司自主创新综合情况，基于此，项目组以超效率DEA方法计算得出的自主创新效率①为横坐标，自主创新绩效为纵坐标，对各央企子公司自主创新情况进行二维分析，结果如图1-11。

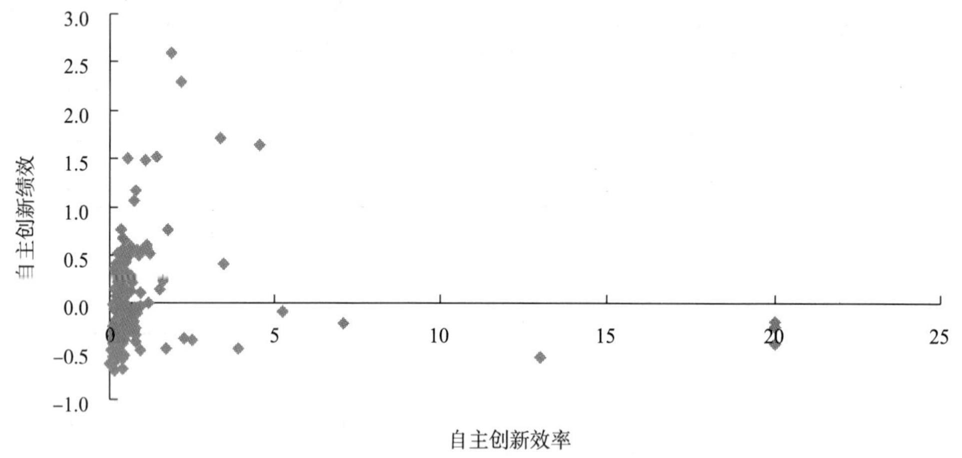

图1-11 央企子公司自主创新情况二维分析

从图1-11可知，在172家中央企业上市公司及子公司中，绝大多数企业自主创新效率和绩效都不高，处于自主创新效率和绩效较低的水平，自主创新能力较差。自主创新效率较高的企业，其自主创新绩效水平并不高。自主创新绩

① 这里将华能国际、中国北车和龙源技术的超效率DEA效率值赋值为2000%。

效水平高的企业，其自主创新效率不一定呈现较高的水平。多数企业不能同时兼顾自主创新绩效与效率的协调发展，只有少数几家企业自主创新绩效水平较高，且其同时处在在技术前沿面上，自主创新效率也较高。由此可见，中央企业在提高自主创新投入等自主创新绩效的同时，应同时兼顾自主创新效率的提升，合理利用资源、加强和完善管理，全方位提高自主创新能力。

四、中央企业技术引进与自主创新

技术引进是后起国家发展本国经济和提高本国科技水平进而开发先进生产技术的一种重要学习手段，是后发国家积累和发展创新能力、形成技术后发优势、追赶发达国家的重要途径。我国“十一五”规划中明确指出，引进消化吸收再创新能力、集成创新能力和原始创新能力三个方面的提高综合地体现了自主创新能力的升华。2003 年以来，具有资本雄厚、研发能力较强、研发投入额巨大、政策环境优良等特点的中央企业，通过对国外先进软技术的大量引进以及在此基础上的消化吸收再创新和自主创新，逐步降低了中央企业对引进技术的依赖程度，提高了中央企业的自主创新能力，为创新性国家的建设做出了重要的贡献。同时，由于新技术存在外溢和扩散效应，中央企业的技术引进及以此为基础的二次创新，提升了相关行业的技术水平，优化了我国产业结构，极大地促进了经济的增长。

由于目前我国尚未有以中央企业为统计口径的年鉴，为了保证数据的来源渠道的正规性和权威性，本章中我们将 2004—2011 年《中国科技统计年鉴》中以登记注册类型分组的大中型工业企业科技活动篇，国有企业门类中大型企业的科技活动数据拟作为中央企业数据进行分析，且该部分数据中企业数目、产值、有科研活动企业数目等情况均与前三章所统计的中央企业情况基本相符，利用该数据进行的分析具有非常强的现实意义。

（一）中央企业技术引进概况

1. 技术引进规模

中央企业技术引进的发展规模主要体现在技术引进合同总数、合同总金额、技术引进的类型等，伴随着经济发展和产业结构升级，中央企业对国外先进技术的需求量日益增加，同时，由于技术引进工作开展得力，管理措施得当，政策环境优良，近些年来中央企业技术引进数量在整体上呈稳定增长态势。2010 年，中央企业技术引进的合同总数为 11253 项，合同金额高达 2563557 万美元，中央企业技术引进规模依然庞大。其中，引进技术的合同金额为 2184667 万美元，占总金额的 85.22%，相比设备类技术引进合同在总数中的比重，该比重明显偏大（具体情况见表 1－22）。这表明，中央企业的技术引进已由大规模成套设备引进为主逐步转向关键技术的引进为主的时代。

表 1－22　中央企业技术引进方式项目及金额数分布对比情况

技术引进合同方式名称	合同项数		合同金额	
	数量（项）	占总项数比重（%）	金额（万美元）	占总金额比重（%）
专利技术的许可或转让	494	4.39	190128	7.42
专有技术的许可或转让	2639	23.45	941134	36.71
技术咨询、技术服务	6809	60.51	747461	29.16
计算机软件的进口	745	6.62	229583	8.96
商标许可	100	0.89	42225	1.65
合资生产、合作生产等	135	1.20	82230	3.21
为实施以上内容而进口的成套设备	140	1.24	271623	10.60
其他方式的技术进口	191	1.70	59173	2.31

资料来源：国家统计局，科学技术部．中国科技统计年鉴［Z］．中国统计出版社，2011

2．技术引进方式

从技术引进方式层面看，中央企业技术引进方式呈现出多样化、科学化，结构不断优化，档次不断提高的特点。传统的以关键设备、成套设备为主的技术引进格局已被打破，取而代之的是技术咨询、技术服务或专有技术许可服务等多种技术引进方式相交织的新局面。

2010 年中央企业技术引进最多的是技术咨询、技术服务类合同，共有 6809 项，占全部技术引进合同的 60.51%；其次是专有技术的许可或转让类合同，共 2639 项，占全部技术技术引进合同的 23.45%；拥有项数最少的是商标许可类合同，只有 100 项，占比不超过 1%（中央企业技术引进合同类型具体分布见图 1－12）。而在中央企业技术引进的各类合同金额中，以专有技术的许可或转让类合同最多，高达 941134 万美元，占全部技术引进合同金额的 36.71%；以商标许可类最少，为 4225 万美元，仅占总额的 1.65%。合同数目仅为 140 项，占总合同数 1.24% 的为实施以上内容而进口的成套设备的技术引进，其合同金额高达 271623 万美元，占总金额的 10.59%，中央企业目前所引进的机器设备多为高技术含量、高价值的高端产品，总体引进技术水平较高。中央企业技术引进方式项目及金额数分布及对比情况见表 1－22。

3．技术引进二次创新影响

技术引进是作为生产要素之一的技术商品的跨国界组合过程，企业引进技

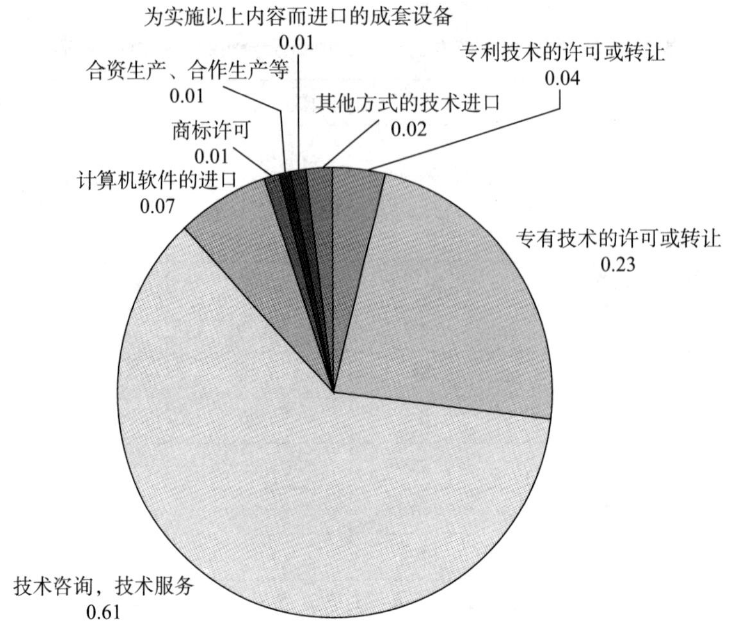

图1－12　中央企业技术引进合同方式分布情况

资料来源：同上表

术必须尽快完成对引进技术进行消化吸收、二次创新，形成企业本身的技术开发基础，提高开展技术创新和新产品开发的能力。目前，中央企业技术二次创新已进入一个较高层次的发展平台，技术引进二次创新经费投入份额巨大。2010年中央企业技术引进二次创新的经费投入总数为5163210万元，高达中央企业技术引进总经费的91.89%，相较于国外技术引进费用（71517万元，1.27%），比重明显偏大。这表明，相对于过去单纯依靠国外引进来获取技术时代，中央企业的自主创新水平已经达到了一个新的高度，创新实力快速提升。2010年中央企业技术引进费用分布情况如图1－13所示。

据统计，2010年中央企业研发机构总数约为450家，机构人员为89846人，其中科学家和工程师为11605人，所占比重是总人数的12.92%，其科研机构之多、高知人员比例之大，是一般的地方国企和民营企业难以想象和匹敌的，自主创新人力资本实力雄厚。同年，中央企业R&D项目数达10306项，R&D项目人员为113889人，远高于企业研发机构人员，可见中央企业中小规模分散型的研发活动数目较大，自主创新较为活跃。与此同时，2010年中央企业共申请专利10596项，发明专利3756项，并拥有4825项专利权数；在此基础上，中央企业共开发新产品8785项，高达其工业总产值和主营业务收入的16.43%和14.82%，中央企业已率先尝到加强推动产业结构转型，大力发展自主创新的乐果。

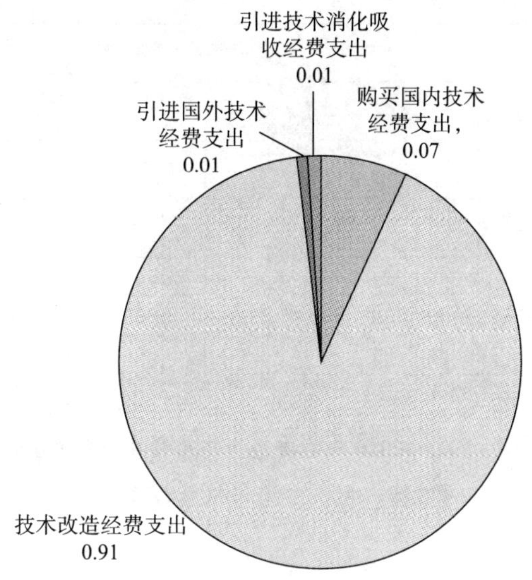

图 1－13　2010 年中央企业技术引进费用分布情况

资料来源：同上图

（二）中央企业技术引进主要成就及存在问题

1．主要成就

（1）技术引进保持较快增长速度。

近年来，中央企业在技术引进合同数量明显增长的同时，引进金额稳步增长。据统计，中央企业技术引进合同从 2003 年的 7130 项增加到 2010 年的 11253 项，增长幅度高达 57.83%；合同金额从 2003 年的 134.51 亿美元增加到 2010 年的 256.36 亿美元，增长幅度高达 90.58%。

由图 1－14 和图 1－15 所示，2008 年我国技术引进合同数和合同金额都出现了一定程度的下降，合同金额的下降幅度相对较大，这是因为中央企业受到了 2008 年开始大面积爆发的全球金融危机的影响，经济发展处于低谷期，导致当年的技术引进合同数和合同金额都有所下降。此外，由于我国高端技术引进大多是从金融风暴核心的欧美等发达国家，其受到冲击更为猛烈，国际贸易保护苗头初露端倪，高端技术输出国，对于核心技术的输出更为谨慎甚至加以限制。也正是因为如此，中央企业合同数的降低程度远不如合同金额的下降程度。如果排除这个不可抗因素的影响，中央企业技术引进合同数目及其金额总体表现为稳步增长态势。

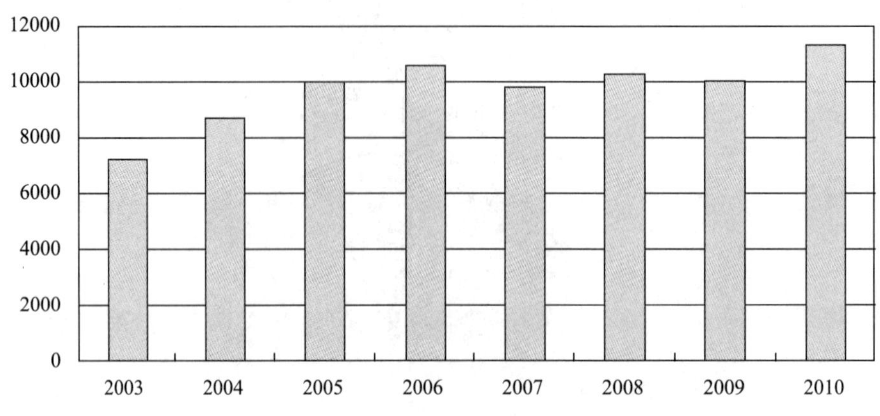

图 1－14　2003—2010 年中央企业技术引进合同数发展情况

资料来源：国家统计局，科学技术部．中国科技统计年鉴［Z］．中国统计出版，2004—2011

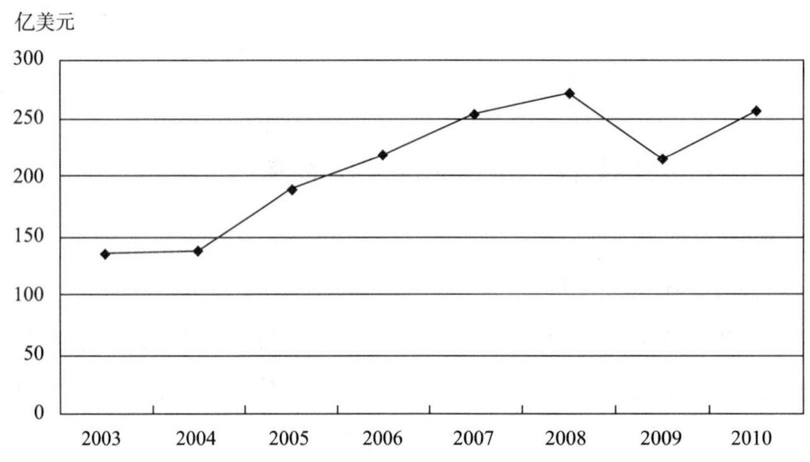

图 1－15　2003—2010 年中央企业技术引进合同金额发展情况

资料来源：同上图

（2）技术引进质量明显提高。

2003 年以来，中央企业技术引进逐步从进口成套设备/关键设备/生产线为主转向专有技术的许可或转让、技术咨询、技术服务为主，引进合同中技术费明显增加。这表明软技术已经处于中央企业技术引进的主导地位，引进技术的质量也有了明显改善。

近八年来，专有技术的许可或转让、技术咨询、技术服务和成套设备/关键设备/生产线一直是中央企业技术引进的主要方式，且合同数量、合同金额与所占比重总体上呈持续增长状态。专有技术的许可或转让在2007—2008年的增长最为明显，技术引进合同金额占比增长了13个百分点；同时成套设备/关键设备/生产线的占比骤降，一年之内降低了16个百分点。这与前文中央企业引进技术经费支出的分析恰巧吻合，技术引进合同金额的方式恰好滞后引进经费支出一年。软技术引进合同金额的增加，正是中央企业软技术引进水平提高，对外技术引进依赖程度降低的体现。技术引进方式由接近均衡增长的态势向专有技术的许可或转让发生转移（具体情况见表1-23）。

表1-23 2003—2010年中央企业各方式技术引进合同金额占比 单位：%

年 份	2003	2004	2005	2006	2007	2008	2009	2010
专利技术的许可/转让	10	7	7	6	7	7	8	7
专有技术的许可/转让	33	30	27	33	34	47	44	37
技术咨询、技术服务	26	25	25	24	24	26	31	29
计算机软件的进口	3	2	2	3	3	3	5	9
商标许可	1	2	1	0	1	1	1	2
合资生产、合作生产	1	1	9	20	3	3	3	3
成套设备/关键设备	22	1	28	13	26	8	7	11
其他方式的技术进口	4	6	1	1	0	3	1	2

资料来源：同上表

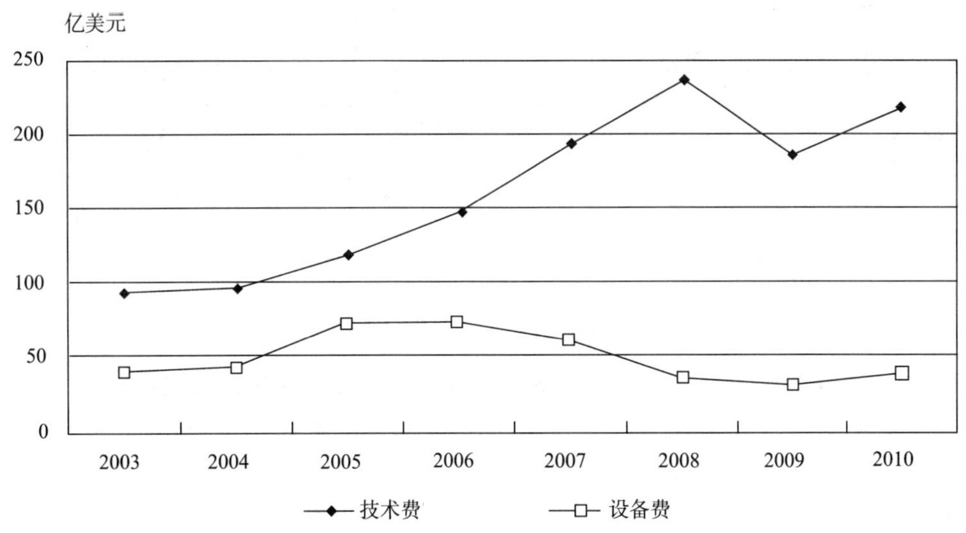

图1-16 2002—2010年中央企业软技术引进水平情况

资料来源：商务部统计，国家统计局，科学技术部．中国科技统计年鉴[Z]．中国统计出版社，2005—2011

据中国科技统计年鉴及商务部统计，中央企业对外签订的技术引进合同中的技术费[①]从2003年的95.11亿美元增加到2010年的218.47亿美元，增长幅度高达129.69%；所占比重也由2003年的70.71%增加到2010年的85.22%，提高了14.51个百分点。其中设备费从2005年开始逐渐减少，而技术费用如果排除掉2008年金融危机这一因素的影响，中央企业技术引进中技术费及所占比重表现为明显上升趋势（如图1－16所示）。这说明中央企业技术引进中软技术已处于主导地位，并将继续上扬，中央企业引进技术的质量有了明显改善，软技术引进水平显著提高。

（3）对外技术引进依赖程度明显降低。

近年来，中央企业对引进技术二次创新及原始创新的投入不断加大，自主创新能力不断增强；国内技术交易市场发展很快，国内技术水平有了较大提高，中央企业在购买国内技术方面的经费投入不断增大，将直接引进技术的目光越来越多地投注到国内市场，对外技术引进依赖程度明显降低。因而，中央企业对外技术依赖度可以用“技术引进与研发经费支出的比值”或“技术引进经费支出与购买国内技术经费支出的比值”两个指标来衡量。

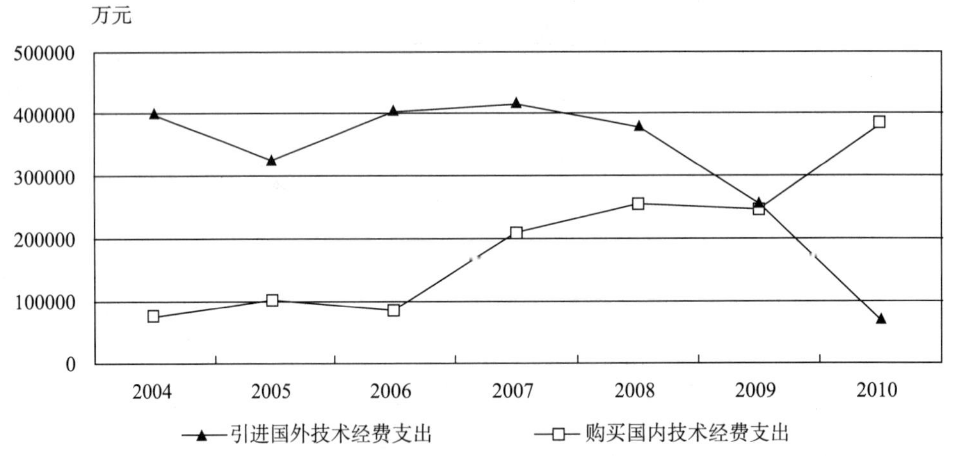

图1－17　2004—2010年中央企业引进国外技术与购买国内技术金额情况

资料来源：国家统计局，科学技术部．中国科技统计年鉴［Z］．中国统计出版社，2005—2011

① 技术费是指我国技术引进中专有技术、专利技术、商标许可、技术咨询、技术服务等费用，技术费所占的比重代表了软技术在我国技术引进中所占的份额。

从中央企业的发展情况看，中央企业技术引进经费的支出总体水平呈下降趋势，尤其是2006年以来，其技术引进经费逐年下降。与此同时，中央企业购买国内技术经费支出呈现出迅速上扬的状态，与技术引进经费2009年持平并交叉，购买国内技术经费支出于此时高于技术引进经费（如图1－17所示）。由2005年到2010年《中国科技统计年鉴》数据统计分析可知，2003年中央企业技术引进经费支出是购买国内技术经费支出的3.37倍，到2010年前者仅为后者的0.19倍（见表1－24），这较为充分地显示了中央企业对外技术依赖程度有所降低（具体情况如图1－18所示）。

表1－24　中央企业技术引进与购买国内技术经费支出对比　　单位：万元

年　份	引进技术经费支出（A）	购买国内技术经费支出（B）	A/B
2004	399649	74452	5.37
2005	324852	100623	3.23
2006	402755	84872	4.75
2007	417991	208698	2.00
2008	379001	255231	1.48
2009	257655	245954	1.05
2010	71517	383893	0.19

资料来源：同上图

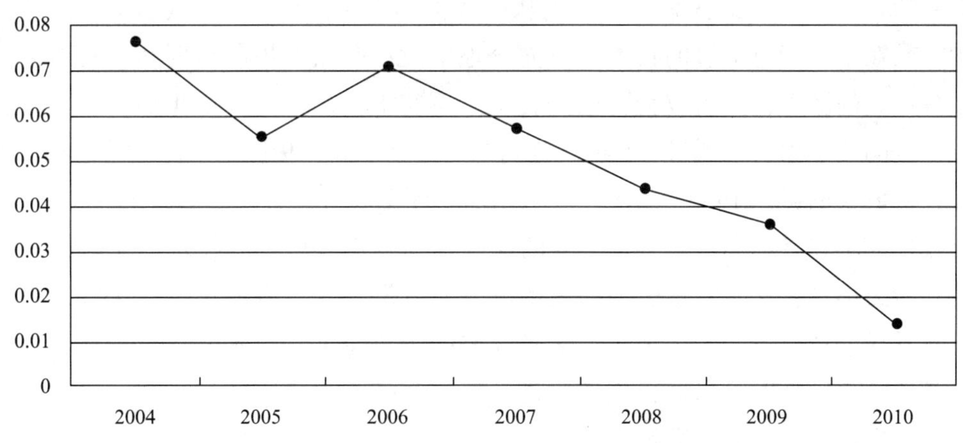

图1－18　2004—2010年中央企业技术依赖程度变化情况

资料来源：同上表

2. 存在不足

(1) 技术引进来源国较为集中，发达国家对核心技术封锁仍在加强。

中央企业技术引进的主要来源国较为集中，以少数发达国家为主。从不同的国家引进技术，有利于兼收并蓄，可以避免造成对某一来源的过分依赖。自加入世贸以来，中央企业技术贸易伙伴已达到全球半数国家以上，但主要技术来源仍然局限于美国、日本和西欧等少数发达国家。而发达国家在信息产业等高技术领域均不同程度地强化了对技术输出的控制，采取严格高技术保密措施。如美国对向中国出口技术的限制涉及各个方面，从航天军事科技到电子汽车制造。而中央企业技术引进来源的集中，更加剧了发达国家在技术贸易中对中央企业以及中国的影响。此外，目前中国经济平稳、高速的增长，不仅让某些发达国家产生担忧，更被认为是对他们经济发展的一种威胁，因而在高端核心技术具有加剧的迹象。因此，中央企业的技术引进来源国的集中，是制约未来核心技术引进的重要不利因素。

(2) 消化吸收能力横向比较仍然相对较弱，技术引进效能未能充分发挥。

尽管近几年来，我国中央企业技术引进的消化吸收能力大幅提高，二次创新和原始创新水平达到一个新高度，创新规模稳步增加，创新活动空前活跃，但相较于发展较早的一些发达国家，中央企业对于引进技术的消化吸收能力还相对较弱，技术引进成效未能充分发挥。

而从国外的经验看，消化吸收对技术进步的影响较为明显。第二次世界大战后的日本之所以在短短 15 年内就从废墟中崛起，主要不在于其引进技术的多少，而在于其能对引进的技术进行充分地消化、吸收、扩散与创新，从而使之发挥最大的潜力，并且成为自己的技术。事实上，2003—2010 年的 8 年间，我国引进的技术项目达到 77334 项，合同金额达到 1681.29 亿美元，远远超出日本在经济成长时期（1950—1980 年）30 年间的技术引进金额（115.98 亿美元），但效果却不如日本那样明显。主要的原因就是我们对引进的技术消化吸收和再创新能力不足，从而使得引进的技术没有充分发挥其应有的作用。在世界技术日新月异的情况下，对于某些消化吸收差的中央企业，技术无法再创新，很快就又成为落后技术，只好再花钱引进，从而使技术引进陷入“引进—落后—再引进—再落后”的恶性循环之中。

根据上述中央企业技术引进工作所取得的成就和暴露出来的问题，加之当今国际技术引进环境的影响，政府应持续加大对技术引进的扶持力度，重视在技术引进基础上的消化吸收、二次创新和自主创新，进一步扩大技术引进的等级和规模，有效地体现引进技术的价值，实现技术引进良性循环。具体措施有：采取贴息或低息贷款的形式对承担重大的消化吸收技术任务的企业进行扶持；通过公共预算，应对消化吸收国产化工作中的风险进行补贴。总之，政府政策应该从激励和约束相结合着手，为技术消化吸收工作创造好的政策环境。

（三）中央企业技术引进效应分析

2003 年以来，中央企业通过引进技术消化吸收再创新，已形成了一批拥有知识产权的名牌产品，培养了一批高素质的科技人才，使一大批企业的技术装备水平、管理水平和自主创新能力显著提高。中央企业的技术引进、消化吸收和再创新对增强中央企业的自主创新能力和国际竞争能力，有效提升相关产业技术水平与经济实力，加强交通、能源、原材料等国民经济领域的建设，提高人民生活水平，发挥了重要的促进作用。

1. 大幅增强中央企业自主创新能力和核心竞争力

具统计数据显示，2003—2010 年是我国技术引进发展转型的一个重要阶段，软技术引进比例逐年增大，对外技术引进依赖减小，引进技术的消化吸收再创新能力增强，中央企业即将迈入以自主创新为主的新阶段。

（1）快速提升了技术改造和自主创新能力。

随着中央企业科研经费投入力度的加强，中央企业技术改造和自主创新能力得到快速提升。2004—2010 年，中央企业 R&D 内部经费支出先增大，后减小，至 2008 年达到最大值（见图 1－19）。2008 年中央企业 R&D 内部经费支出是 2004 年的 2.16 倍，于 2006 年逐步进入高速增长的快车道。排除始于 2008 年的金融危机这一不可抗因素，中央企业 R&D 的内部经费支出，即对于科研活动的投入将以更快的速度持续、稳健地增长。

在此基础上，中央企业技术获取和改造情况从 2004—2009 年始终以较为平稳的状态持续增长。2009 年引进技术消化吸收经费的支出骤增，达到 2008 年的两倍以上，中央企业的技术改造能力快速提升；2010 年引进国外技术经费支出 7.15 亿美元，相较于 2009 年的 26.77 亿美元而言，减幅接近 3/4，如此迅猛的下降趋势，不仅说明了中央企业对外技术依赖程度迅速降低，更体现了中央企业在 2009 年技术改造能力快速提升的基础上，自主创新能力得到大幅提高。

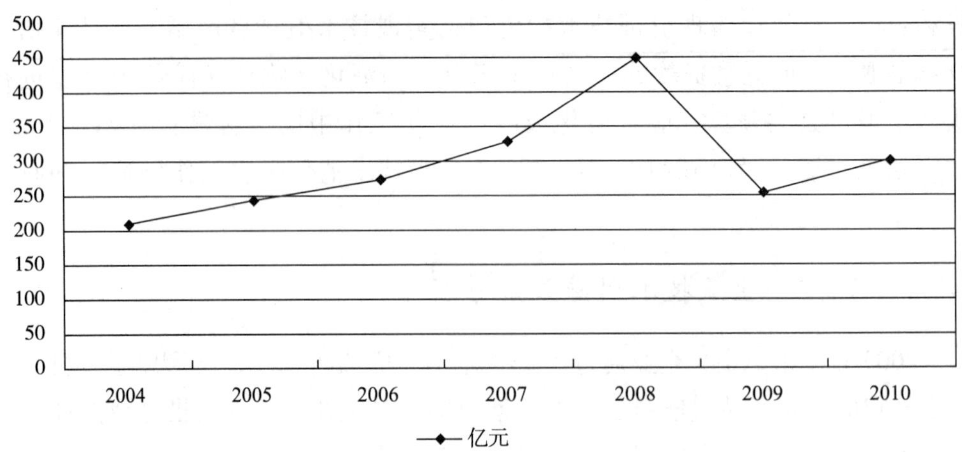

图1-19 2004—2010年中央企业R&D内部支出情况

资料来源：国家统计局，科学技术部．中国科技统计年鉴［Z］．中国统计出版社，2005—2011

表1-25 2004—2010年中央企业技术获取和改造经费情况 单位：万美元

年 份	引进国外技术经费	引进技术消化吸收经费	购买国内技术经费	技术改造经费
2004	399649	26163	74452	5182543
2005	324852	44074	100623	5824993
2006	402755	39739	84872	5624974
2007	417991	89470	208698	7202543
2008	379001	57985	255231	8647064
2009	257655	117499	245954	7030463
2010	71517	47877	383893	5115333

资料来源：同上图

由表1-25可知，中央企业购买国内技术经费在2010年的增幅，远大于前六年的增长量，其原因在于高新技术的外溢性，中央企业在自身自主研发能力增强的同时，其所引进和二次创新的高新技术对于与其相关企业有正外部性，提高了其他企业的技术创新能力。

中央企业通过增加对国内外先进技术引进的经费投入，扩大消化吸收经费与技术引进经费的比例，在引进消化吸收创新的基础上，对部分关键技术进行攻关，逐步掌握部分核心技术，拥有了自主知识产权的技术和产品，增强了企业的自主创新能力和核心竞争力。仅2004—2010年六年间，中央企业专利申请数已由2004年的1326件增加到2010年的10596件，增幅高达799%；发明专利数由2004年的410件增至2010年的3756件，增幅高达916%；拥有发明专利数由2004年886件增至2010年的4825件，增幅高达545%（具体见表1－26）。这些惊人的数字，客观地反映出中央企业在近几年来自主创新能力和核心竞争力实现了突破历史性的跨越式发展。

表1－26　2004—2010年中央企业专利情况　　单位：件

年　份	专利申请数	发明专利数	拥有发明专利数
2004	1326	410	886
2005	1845	595	1355
2006	3039	1065	1334
2007	3988	1339	2267
2008	7030	2032	2552
2009	8960	3126	3913
2010	10596	3756	4825

资料来源：国家统计局，科学技术部．中国科技统计年鉴［Z］．中国统计出版社，2005—2011

（2）增强了新产品生产能力。

近年来，中央企业技术引进稳步发展，研发投入不断增大，企业消化吸收、二次创新能力迅速提高，新产品开发和生产能力不断增强。2003年以来，中央企业对引进技术二次创新与自主创新的重视程度逐年增加，新产品开发经费支出从2003年的72亿元提高到2010年的264亿元，增长率高达267%。随着研发投入的不断增大，通过对先进技术的消化吸收与改造，技术引进的成效得到充分发挥，培育了企业的技术创新能力，促进了经济高速增长。以2003—2010年中央企业新产品开发和生产情况为例（见表1－27），七年中中央企业新产品开发项目数从2003年的3510项增至2010年的8785项，增幅高达250%；新产品产值和销售收入分别由2003年的2084亿元和1102亿元增加到2010年的5308亿元和5983亿元，增幅均高达543%。这还是在中央企业技术引进受到2008年全球金融危机波及下，新产品的研发与生产受到一定负面影响时的增幅。由此可见，中央企业对外技术引进的依赖性减小，引进技术的消化吸收再创新能力增强。

表1－27 2003—2010年中央企业新产品开发和生产情况

种类 年份	新产品开发项目数（项）	新产品开发经费支出（亿元）	新产品产值（亿元）	新产品销售收入（亿元）
2003	3510	72	1084	1102
2004	3546	73	1111	1181
2005	4460	132	1774	1811
2006	6251	135	2049	1933
2007	6217	151	2340	2315
2008	7836	203	2909	2995
2009	9766	272	5888	5983
2010	8785	264	5308	5602

资料来源：国家统计局，科学技术部．中国科技统计年鉴［Z］．中国统计出版社，2004—2011

2003—2008年中央企业创新活动规模不断扩大，呈稳定增长态势。中央企业R&D项目数从2003年的8653项增长到2008年的18685项，涨幅高达19.1%；R&D项目人员从2004年的105084增长到2008年的153543项，涨幅达8.38%（如图1－20所示）。同期，平均每个R&D项目的经费投入强度也快速提升，显示出R&D项目的创新活动规模快速提升。至2008年，由于中央企业受到国际金融危机的影响，科研项目及人员数均大幅下滑，在数目上几乎退步到2003、2004年的创新活动水平（如图1－20所示）。值得庆幸的是，经国家政策调整和保护，中央企业创新活动迅速恢复，于2009年创新活动规模开始以更快的速度增长。

2．促进了产业结构的转型升级和产业技术水平的提高

近年来，中央企业通过引进一大批外国先进技术，并且在引进的基础上进行消化吸收和技术改造，形成了一个技术模仿和技术创新相结合的良好态势，增强了中央企业自主创新的能力，促进了我国产业结构优化，提升了产业整体技术水平，为保持我国经济高速增长和创新型国家的建设做出了巨大的贡献。

（1）促进了产业结构的转型升级。

改革开放以来，中央企业引进的技术大量集中于第二、第三产业，尤其以第二产业中重工业为主，技术引进与提升我国产业结构紧密结合。近年来，通过大量高质量技术的引进，中央企业创新资源集聚，自主创新的规模效应，直

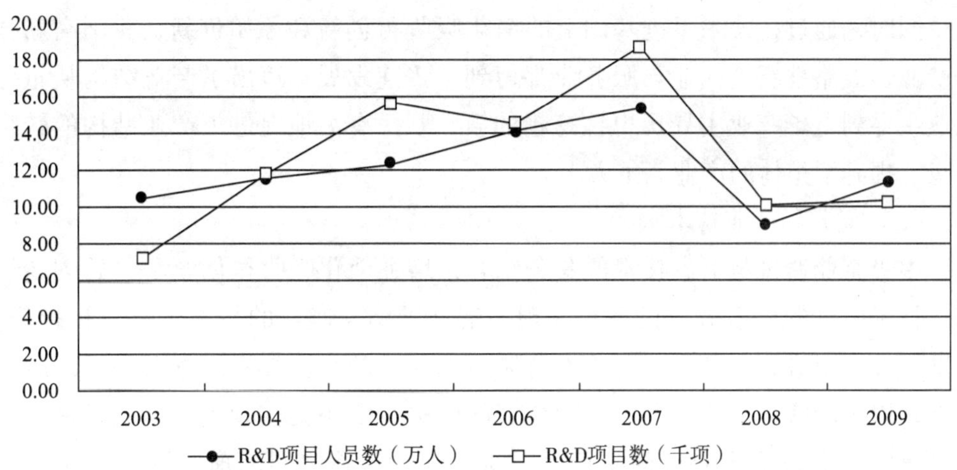

图 1－20　2003—2010 中央企业 R&D 项目及人员情况

资料来源：国家统计局，科学技术部．中国科技统计年鉴［Z］．中国统计出版社，2004—2011

接促进了第二、第三产业的快速增长。由图 1－21 可知，中央企业中具有 R&D 活动的企业比重呈现平稳中逐年降低的态势，而研发机构的企业比重几乎没有改变。这表明近八年来，中央企业的科研活动正呈现缓慢聚集态势运动。资源的整合及企业重组将各企业优势凸显，人才和资源的聚集将产生规模效应，创新的边际效益递增。这既是中央企业自主创新发展的自然规律，又是国家政策主导扶持的结果，有利于提高中央企业整体创新能力，激发企业自主创新活动的活力，促使我国产业结构向高级化方向发展。

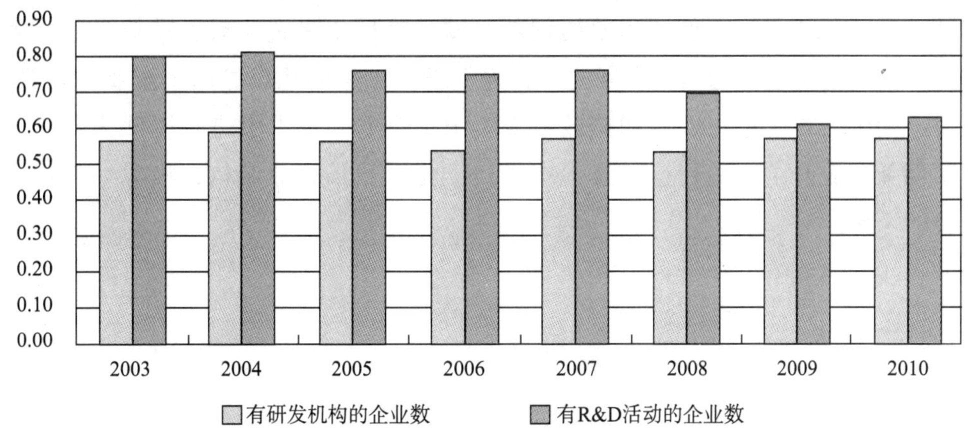

图 1－21　2003—2010 年中央企业中有研发机构企业和有 R&D 活动企业的发展情况

资料来源：同上图

同时，通过在技术引进基础上的消化吸收再创新和原始创新，我国高新技术产业、战略性新兴产业与服务业都得到了飞速发展，迈出了产业结构从重化工业主导到电子产业主导历史性跨越的第一步，有力地促进了产业结构的转型升级，提升了整体的产业竞争力。

(2) 提升了产业技术水平。

中央企业通过与引进技术的紧密结合，增强消化吸收再创新和原始创新能力，技术引进的外溢效应已逐步显现，带动了相关产业的技术水平大幅提升。借助于技术引进，以电子及通信设备制造业为主的高新技术产业实现了跨越式发展；以中国联通、中国电信等为代表的中央企业率先实现了飞跃式发展。技术引进的外溢效应主要分为“产业内部、平行产业之间的横向溢出效应”和“纵向延伸至上下游产业的纵向溢出效应”。从横向上说，新技术可能影响当地竞争模式，迫使当地厂商开发使用更先进技术；其示范效应有利于产业内其他厂商快速积累技术知识。从纵向上说，新技术外溢效应分为前向和后向两种。前向外溢效应指如果新技术生产的是中间物品，技术引进后下游厂商将从中获益，如以宝钢为代表的钢铁行业技术水平的提升，使得许多应用钢材为原材料的产业得到了较快发展；后向外溢效应实质在厂商技术更新之后，本地原材料和零配件供应商通过学习效应或技术的直接传播达到技术提升，如长春一汽集团，不仅拉动了长春 GDP 的大幅增长，成为长春市利税大户，还带动了机械、模具、塑料制造业和电子信息产业等配套产业的飞速发展。

综上可见，2003 年以来，具有资本雄厚、研发能力较强、研发投入额巨大、政策环境优良等特点的中央企业，通过对国外先进软技术的大量引进以及在此基础上进行消化吸收再创新和原始创新，逐步降低中央企业对引进技术的依赖程度，提高中央企业的内生发展能力，为创新性国家的建设做出了重要的贡献。同时，由于新技术存在外溢和扩散效应，中央企业的技术引进及以此为基础的二次创新，提升了相关行业的技术水平，优化了我国产业结构，极大地促进了经济的增长。

第二篇

各行业中央企业自主创新分析

一、石油石化行业中央企业自主创新

（一）石油石化行业背景

1. 石油石化行业概况

石油石化行业是国民经济的基础产业和支柱产业，在经济和社会发展中起着重要作用。进入21世纪以来，中国石油石化行业快速发展，“十一五”期间全行业总产值仅次于美国，居世界第二位，主要产品产量位居世界前列，年销售收入接近8万亿元，工业增加值占到国内生产总值的4%，中国成为名副其实的石油和化工大国。[①]

从2011年至今，在国际经济衰退的大背景之下，中国石油石化行业继续快速平稳增长，各板块业务产值持续增加，但增速趋缓。据《2011年中国石油和化学工业经济运行报告》，截至2011年12月末，石油石化全行业规模以上企业26832家（主营收入2000万元以上企业），累计总产值11.28万亿元（现行价格，下同），比上年增长31.5%，占全国规模工业总产值的13.2%。2011年1~11月，全行业利润总额7357.02亿元，同比增长18.0%，占同期全国规模工业利润总额的15.8%。[②] 据行业快报统计，2012年一季度，石油石化行业原油加工量10491万吨，同比增长2.2%。成品油产量6438万吨，增长4.4%，其中汽油1999万吨、柴油3938万吨，分别增长6.2%和2.1%；进口原油6655万吨，增长3.4%。国内天然气产量288亿立方米，同比增长7.3%；进口天然气97亿立方米（包括中亚管道气和LNG），增长65.5%。化工行业增加值同比增长13.5%，增幅同比回落1.8个百分点。2011年全年，中国石油石化行业炼油工业原油加工量44774万吨，同比增长4.9%；成品油产量26697万吨，同比增长5.9%，其中汽油8141万吨，增长6.1%，柴油16676万吨，增长5.4%，煤油1880万吨，增长10.1%。化工行业增加值同比增长14.8%，增速同比减缓1个百分点。主要产品中，乙烯产量1528万吨，增长7.4%；初级形态的塑料产量4798万吨，增长9.3%；合成橡胶产量349万吨，增长13.1%；合成纤维产量

① 中国石油与化学工业联合会．石油和化学工业“十二五”科技发展规划纲要［Z］．2012(2)．

② 中国化工报．2011年中国石油和化学工业经济运行报告［N］．2012-02-07.

3096万吨，增长13.9%。[①]

目前中国石油石化行业已经形成以中国石油（China National Petroleum Corporation，CNPC）、中国石化（China Petrolem Chemical Corporation，CPCC）、中国海油（China National Offshore Oil Corporation，CNOOC）、中国中化集团（CINOCHEM）、中国化工集团（CHEMCHINA）、中国航油集团（China National Aviation Fuel Group，CNAFG）六强争雄的格局。以上六家中央企业全部进入世界500强行列。在2011年美国《财富》杂志最新公布世界500强企业中，中国石化排名第5位，业务收入273421.9百万美元；中国石油排名第6位，业务收入240192.4百万美元；中国海油排名第162位，业务收入52408.3百万美元；中国中化排名第168位，业务收入49537.2百万美元；中国化工排名第475位，业务收入20715百万美元；中国航油排名第431位，业务收入22630.1百万美元。[②]

中国石油石化行业在快速发展的过程中，也存在一些突出问题。特别受国际金融危机影响，行业长期积累的矛盾日益凸显：产业结构不尽合理、部分产能过剩、自主创新能力不强、资源环境约束加大。中国政府出台了一系列扩大内需、促进经济增长的政策措施，使中国率先实现经济回升向好，石油石化行业也在国际社会中异军突起。实践证明，科技创新不仅是石油石化行业应对国际金融危机的强大武器，也是石油石化行业在国际竞争中取胜的根本保障。

2. 石油石化行业自主创新背景

“十一五”以来，石油和化工行业全面落实科学发展观，着力自主创新，不断加强创新体系建设，以科技创新推动行业发展，不断加大自主创新投入，取得了显著成效。2011年，石油石化全行业投资自筹资金比重将达79%左右。二大板块中，石油天然气开采自筹资金比重最高，2011年自筹资金约达80%。[③]从2011年国家科学技术奖励大会公布的数据整理结果中得到，截至2011年底，中国石油石化行业共获国家科技进步奖23项目，其中包括2011年国家科技进步一等奖3项，2011年国家科技进步二等奖17项，2011年国家技术发明二等奖3项。“十一五”期间石油石化行业共评出行业年度科学技术奖1405项，青年科技突出贡献奖33人。“十一五”前四年，共有122项成果获国家科学技术奖，

① 中华人民共和国国家发展和改革委员会网站.http://www.sdpc.gov.cn.

② 财富网.全球最大500家公司排名［EB/OL］.2012-5-27.

③ 中国石油和化学工业联合会.中国石油和化工行业经济运行报告——2010年回顾与2011年市场预测［EB/OL］.2011-1-26.

其中，经中国石油和化学工业联合会推荐，获国家科学技术奖 27 项，3 项获国家科技进步一等奖。[①] 2011 年以来石油石化行业依靠科技引领，着力突破一批关键核心技术。2012 年 3 月，工信部首次授权的 54 家实验室中，有 10 家为石化行业的实验室。这些实验室在产品质量控制和技术评价方面，居全国领先水平，并在推动技术进步，突破核心技术瓶颈方面发挥了积极的作用。

虽然中国石油石化行业已经形成门类齐全、具有一定技术水平的产业创新体系，但与发达国家相比，仍存在大型骨干企业较少、自主创新尤其是原始创新能力不强、成果的实际转化率不高等问题，在速度和效益、规模和素质、数量和质量等方面矛盾日益突出，未从根本上改变粗放式发展模式，不足以支撑石油和化工行业发展。尽管近几年中国石油石化行业科技开发投入的绝对数量是逐年增加的，但科技开发投入占企业利润比重却不高，科技投入的形式仍以政府为主，由政府、企业、社会共同投资并以企业为主的合理格局尚未形成。中国石油石化产业中低端产品产能过剩，而高端产品严重不足，技术过度依赖国外，年进口量 100 亿美元以上。在引进国外技术经费中设计图纸、工艺专利的购入费所占比例高达 60% 以上。特别是关键技术装备，仍需从国外引进，而且重复引进现象严重，例如中国先后进口 31 套合成氨装置、26 套尿素装置、47 套磷肥装置，总计耗资 48 亿美元；煤化工企业先后引进 23 套 SHELL 煤气化炉。据了解，无泄漏泵以其卓越的零泄漏、零污染技术性能，已得到石化企业的广泛青睐和认可。但无泄漏泵高端产品核心技术目前仍被国外垄断，国内企业以中低端产品为主。[②] 中国石油石化行业自主创新领域虽然取得了一定的成绩，但是仍有很长的路要走。

（二）石油石化行业自主创新活动与成就

1. 石油石化行业自主创新活动

（1）强大的科研投入力度。

欧盟发布的 2010 年全球企业研发投入排行榜对上榜的 1400 家公司的研发投入和利润进行对比分析发现，当研发投入减少 1.9% 时，企业的销售额就下降

---

① 张蕾．收获自主创新的硕果——来自 2011 年度国家科学技术奖励大会的报道［N］．光明日报，2012－2－15.

② 中国石油与化学工业联合会．石油和化学工业“十二五”科技发展规划纲要［Z］．2012（2）.

10.1%，利润就下降21%。[①] 可见研发投入在企业发展中的位置至关重要。石油石化行业关乎国家的经济安全，美、欧、日等发达国家十分注重对石油石化行业的研发投入，将研发投入放到企业发展的优先位置。在全球化工行业研发投入中欧盟占40%，日本占34%。90%以上的跨国公司把技术创新作为企业战略的主要内容，研发投入占销售额的比重都在5%以上。

中国石油石化行业的研发投入主要来自政府注资和企业自筹资金，在政府给予石油石化行业大量资金支持的同时，自筹资金也是石油石化行业投资的主要来源。根据《中国石油和化工行业经济运行报告——2010年回顾与2011年市场预测》，石油石化行业的研发投入逐年增加，尤其是行业自筹资金投入占比不断攀升。2011年，石油石化全行业投资自筹资金比重达79%左右。三大板块中，石油天然气开采自筹资金比重最高，2011年自筹资金约达80%。

①科研经费投入。

截至2011年底，中国石油集团在无形资产上的投资为476亿元，在商誉的投资为7.282亿元，在在建工程上的投资是2613.61亿元，在工程物资上的投资为96.1亿元，中国石油上市子公司科研活动经费投入186.06亿元，这些投资项充分反映出中石油集团非常重视技术创新投入。在2006—2010年，中国石油科研投入628.77亿元，其中总部投入263.09亿元，子公司投入365.68亿元；科技投入强度1.03%，有力保障了科技创新工作的顺利进行。截至2011年12月31日，2011年中国石化总投资1404亿元，同比增加347亿元。2011年中国石化的研究及开发费用为48.62亿元，2010年研发投入费用为48.35亿元，同比增加0.6%。中国石化的研发费用主要用于加大科技投入，加强科技创新，调整优化产品结构，丰富产品品种和提高产品质量。中国海油科技投入不断加大，截至2011年底，中国海油集团下属上市子公司海油工程和中海油服的科研活动经费投入分别是2.32亿元和0.28亿元。“十一五”期间中国海油累计投入科技活动经费181.3亿元，研发活动经费73.0亿元。2010年，中国海油投入科技活动经费56.05亿元，其中研发经费20.93亿元。2011年，中国海油投资（除收购外）368.23亿元，较2010年增长30.0%，主要是由于增加的勘探活动以及持续的工程开发项目，提高在产油气田采收率而发生的支出。[②]

---

① 环球财经：欧盟发布2010年度全球企业研发投资排行榜.2011-2-16.

② 数据来源：三大石油企业上市公司2011年年报。

表 2-1 石油石化中央企业上市子公司科技活动经费占营业收入比例

公司名称	科技活动经费（亿元人民币）	营业总收入（亿元人民币）	科技活动经费占营业收入比（%）
中国石油上市子公司	186.06	20038.43	0.92
中国石化上市子公司	48.62	25056.83	0.19
海油工程（中海油）	2.32	73.85	3.14
中海油服（中海油）	0.28	189.06	0.15

数据来源：根据各上市公司年报提供的数据整理绘制

根据表 2-1 的数据，中国石油的科技活动经费投入最高，但是占营业收入的比重不是最高的。中国海油集团下属海油工程子公司科研活动经费投入不足中石油、中国石化集团投入的零头，但是科技投入占营业收入的比值却是最高的。

②科研人员投入。

2011 年中国石油的员工费用为 971.62 亿元，同比增长 9.8%，研究及开发费用为 186.06 亿元。2011 年中国石化职工费用高达 415 亿元，比上一年增加 79 亿元，占经营费用总额的 1.7%，同比增长 14.5%，研究及开发费用 48.62 亿元，与 2010 年 48.35 亿元基本持平。2011 年中国海油员工费用为 15.27 亿元，2010 年为 15.81 亿元，同比下降 3.4%，人均全额人工成本为 28 万元。2010 年，中国海油投入科技活动经费 56.05 亿元，其中研发经费 20.93 亿元。[①] 三大石油石化中央企业员工费用中增加了一线科技人员和生产人员的投入，减少了高管薪酬支出。

表 2-2 2011 年石油石化中央企业员工投入情况

	中国石油	中国石化	中国海油
员工投入（亿元）	971.62	415	15.27
同比增长（%）	9.8	14.5	-3.4

数据来源：根据三大石油石化中央企业集团公司年报数据整理

从表 2-2 提供的数据看，三大石油石化中央企业都十分注重对员工的投入，增加的投入主要用于对科技人员的投入，从中国石油和中国石化 2011 年的科技人员经费中就可以看出，员工投入比重在增加。中海油员工投入减少，主要是减少高管薪酬，给企业科研节约资金。

① 数据来源：三大石油集团公司 2011 年年报。

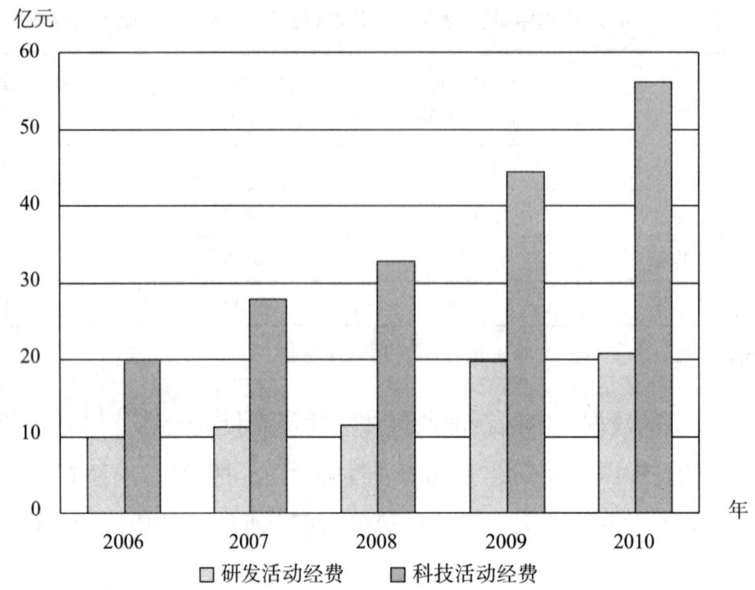

图 2-1 中国海油“十一五”期间科技投入规模

资料来源：中国海洋石油总公司网站

从图 2-1 可以看出，中国海油“十一五”期间的科技投入逐年增加，“十一五”期间，累计投入科技活动经费 181.3 亿元，研发活动经费 73.0 亿元。2010 年，中海油投入科技活动经费 56.05 亿元，其中研发经费 20.93 亿元。石油石化行业主要中央企业都加大了科研经费的投入。

综上所述，中国石油石化行业的科技开发投入的绝对数量是逐年增加的，但科技开发投入占 GDP 的比例却在不断下降。“七五”期间为 0.7%，“八五”期间为 0.5%，“九五”、“十五”期间为 0.4% 左右，“十一五”期间为 2.3%①，较上期略有提高。从以上数据可以看出石油石化中央企业已经注重科研经费的投入，但是投入的力度还不够，企业投资主体地位还不明显。

(2) 高水平的科技人员梯队。

①中国石油科技人员梯队。

截至 2011 年 12 月 31 日，中国石油拥有员工 552810 人（不包括各类市场化临时性、季节性用工人数 323605 人）及离退休人员 71590 人。从员工专业结构比重来看，中国石油拥有技术人员 66924 人，占员工总数的 12.11%，可见中国石油十

① 中国石油与化学工业联合会．石油和化学工业“十二五”科技发展规划纲要［Z］．2012 (2)．

分注重技术创新在企业中的作用。从中国石油员工的学历层次上看，硕士以上的员工 12982 人，占员工总数的比重仅为 2.35%；大学学历员工 133369 人，占员工总数的比重仅为 24.13%；大专学历员工 127016 人，占员工总数的比重为 22.98%；高中、中专、技校以下员工 279443 人，占员工总数的比重为 50.54%。[①]从以上结构来看，中国石油的高素质人才还不多，硕士以上员工占比非常小，而低学历人员占总数过半，说明中石油集团还需要继续引进高级专业技术人才。

②中国石化科技人员梯队。

截至 2011 年 12 月 31 日，中国石化拥有员工 377235 人。从员工专业结构比重来看，技术人员 53268 人，占员工总数的 14.1%；科研人员 11362 人，占员工总数 3%。研究生以上学历人员 11409 人，占员工总数的 3%；大学学历人员 84230 人，占员工总数的 22.3%；大专学历人员 81473 人，占员工总数的 21.6%；高中、中专、技校以下员工 200150 人，占员工总数的比重为 53.1%。中国石化目前拥有两院院士 20 人、享受政府特殊津贴人员 309 人、中华技能大奖获得者 6 人、全国技术能手 48 人，集团公司突出贡献专家 537 人、集团公司技术能手 881 人，形成了一支高素质人才队伍。[②] 在企业生产经营、改革发展中发挥了重要作用，为集团公司持续有效和谐发展提供了有力的人才支撑。

③中国海油科技人员梯队。

截至 2011 年 12 月 31 日，中国海油上市公司拥有员工 5377 人。从 2006 年至今，中国海油科技人员逐年增加。

从图 2－2 可以看出，中国海油近五年科技机构技术人员数与研发人员数（R&D）在逐年增加，到 2009 年和 2010 年增加的幅度上升。截至 2010 年末，中国海油拥有科技机构技术人员 5760 人，研发（R&D）人员 3083 人。

④三大石油中央企业综合比较。

根据三大石油中央企业上市子公司 2011 年年报提供的数据（见表 2－3），可以看出中国石油和中国石化技术开发人员的绝对数量比较大，但是占公司人员总数的比重都在十个百分点左右；中国海油两个上市子公司技术开发人员绝对数量不多，但是占公司人员总数的比重在 30% 以上，说明中国海油更加重视科技人员队伍建设。

---

① 中国石油天然气股份有限公司 2011 年度报告.

② 中国石油化工股份有限公司 2011 年度报告.

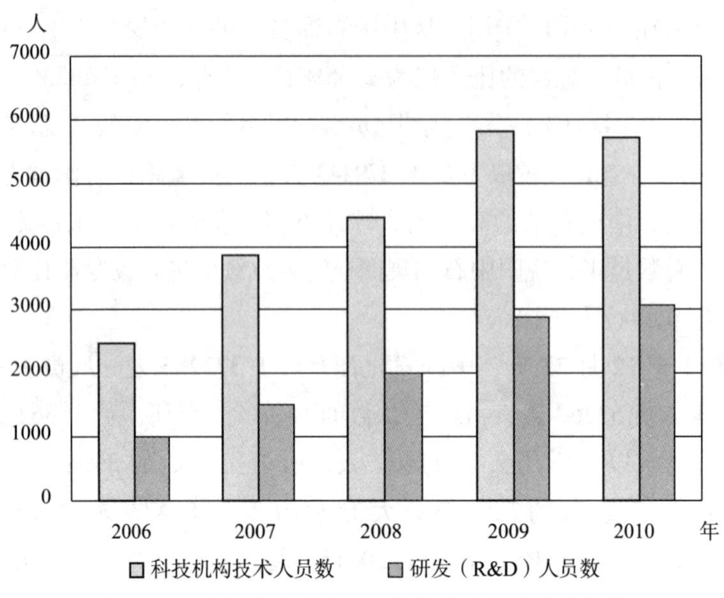

图 2－2　中国海油“十一五”期间主要科技人员数

资料来源：中国海洋石油总公司网站

表 2－3　2011 年石油石化中央企业上市子公司技术开发人员情况　　单位：人

公司简称	员工总数	技术开发人员数	技术开发人员占总人数比重（%）
中国石油	552810	66924	12.11
中国石化	377235	53268	14.12
海油工程	8948	2689	30.05
中海油服	9852	5038	51.14

数据来源：根据各上市公司年报提供的数据整理

从表 2－4 可以看出，三大石油石化中央企业上市子公司技术人员专业结构中研究生及以上学历人员比重较高，中国石油、中国石化占到 20% 左右，中国海油研究生及以上学历人员占比不足 10%，中国海油的人员层级结构还有待提升。

表 2－4　2011 年石油石化中央企业上市子公司技术开发人员专业结构情况　单位：人

公司简称	技术开发人员（人）	研究生及以上人员（人）	研究生及以上人员占比（%）
中国石油	66924	12982	19.40
中国石化	53268	11409	21.42
海油工程	2689	—	—
中海油服	5038	440	8.73

数据来源：根据各上市公司年报提供的数据整理绘制

⑤中国中化、中国化工、中国航油科技人员梯队。

2011年，中国中化集团拥有员工总数为22422人，平均年龄35岁，其中女性员工占32%，拥有研究生及以上学历的占8%，本科以上学历占35%。目前，中国中化全部岗位归入管理、专业两个序列，其中专业序列细分为贸易营销、工程、研发、生产等。截至2010年底，中国中化科技人员达到2090人，包括研发人员1290人，科技人员中中高级以上职称人员占比49%，硕士以上人员占比21%。[①] 中国中化研究生及以上学历占公司全部员工比重远远高出同行业的平均比重，此外中国中化还拥有一支由行业知名专家和院士组成的外聘专家队伍，经过多年发展中国中化科技人才队伍也不断扩大，构建了一支覆盖主营业务范围的科技创新团队。2011年，中国化工拥有员工160000人。2011年，中国航油集团公司有职工近万人，大专以上学历超过5000人，各类专业技术人员超过3000人，各级各类技能人才逾5000人。

（3）强大的科技研发机构。

2012年3月，工信部首次授权的54家实验室中，10家为石化行业的实验室。这些实验室在产品质量控制和技术评价方面居全国领先水平，并在推动技术进步、突破核心技术瓶颈方面发挥了积极的作用。

①中国海油科技研发机构。

目前，中国海洋石油总公司形成了由中国海洋石油工程技术中心、中国海洋石油总公司重点实验室、国家级技术中心以及博士后科研工作站等组成的科技创新平台，集前瞻性研究、核心技术与产品研发、生产技术支持、技术引进消化与吸收、新技术推广应用等多种功能于一体，是实现总公司中长期科技发展目标、打造一支高水平的中国海洋石油科技人才队伍的重要载体。中国海油还有2家国家级技术中心，3个博士后科研工作站。中国海洋石油工程技术中心下设8个工程技术研究机构，是总公司科技规划、国家重大项目及总公司重大专项实施的重要基地。重点实验室是中国海油科技创新体系的重要组成部分，是通过创新性研究，解决重大技术难题，形成具有自主知识产权的核心技术体系。2011年各重点实验室科学研究工作均取得一定进展。

中国海油已经形成了一支专业、高效的科技人才队伍。2011年，中国海油着眼于人力资源保障，中国海油重点在组织机构优化整合、绩效管理体系、职业资格管理体系、国际化人才培养和人才队伍建设等方面开展工作。2011年，

① 资料来源：中国化工集团公司网站。

中国海油继续推进国际化人才队伍的培养。通过采取境内脱产培训、境外技术学位获取、境内外 MBA 学位学习、境外短期培训等多种形式的培训方式，有计划、有目的、分步骤、有针对性地培养各类国际化管理和技术人才。2011 年，中国海油完善人才队伍建设措施。引进高层次紧缺人才，建立确保能吸引人才、留住人才的人才引进机制，并建立了科学化、制度化的人才评价机制。为使各专业的人才充分发挥作用，建立和不断完善人才选拔机制和激励机制。2011 年，中国海油加强基层建设和员工培训。全面推进海上“五好”（即“健康安全环保好、完成任务好、现场管理好、节约成本好、队伍建设好”）平台建设，从而提高了海上生产设施的管理水平和海上队伍的执行力。2011 年，中国海油共组织了 6492 次培训，共有 72782 人次参加。[①]

②中国化工科技研发机构。

中国化工集团目前在中国国内拥有 24 家国家级科研设计院所，科研人数和研发实力占原中国化工部直属科研系统的 70% 以上；已建成 20 多个国家及行业技术研究中心，承担并完成了众多国家“863”计划、科技支撑计划、高技术产业示范工程以及其他重大科技项目，开发出一批具有自主知识产权的高科技产品和专有技术，获得千余项国家级和省部级科技奖。中国化工集团是中国国内唯一拥有离子膜电解槽生产企业，产销量排名世界第二；工业清洗和水处理占有中国国内主要市场份额，拥有中国化工行业最大的综合性信息资源采集、研究和服务中心。

2009 年，中国化工集团被国家科学技术部、国务院国资委、中华全国总工会三部认定为国家创新型企业，并在中国企业评价协会“2008 中国企业自主创新 TOP100”评选中获得“中国企业自主创新 TOP100”称号。五年来，中国化工集团承担了众多国家“十一五”科技支撑计划、“863”计划、重大科技开发专项以及“节能减排”等课题，千余项成果通过鉴定验收，178 项获得国家和省部级以上科技奖励。[②]

③中国中化科技研发机构。

2012 年 3 月，国家工信部首批授权 54 家产品质量控制和技术评价实验室名单公布，中国中化下属沈阳化工研究院有限公司（简称“沈阳院”）在染料和农药领域的两个国家级质检中心名列其中。截至 2010 年底，中国中化已拥有沈阳

① 资料来源：中国海洋石油总公司网站。

② 资料来源：中国化工集团公司网站。

化工研究院、浙江省化工研究院2个整建制专业研究机构及各类研发机构70家，其中国家级机构18家，省部级机构32家，企业自建机构20家。国家级机构具体包括：国家级工程技术研究中心3个（农药、染料、ODS替代物）、国家重点实验室1个（农药创制）、博士后科研工作站4个（农药、染料、氟化工、石油勘探开发）、国家级安全评价中心1个（可评价医药和农药）、国家级农药创制中心2个、国家级质量检测中心3个（农药、染料、医药和农药安全评价）、国家级标准化中心2个（农药、染料）、国家级信息中心2个（农药、染料）。

在中国中化研发平台不断壮大的同时，科技人才队伍也不断扩大，构建了一支覆盖主营业务范围的科技创新团队。截至2010年底，公司科技人员达到2090人，包括研发人员1290人；科技人员中，中高级以上职称人员占比49%，硕士以上人员占比21%。经过多年的发展与壮大，中国中化搭建了功能齐全的技术研究平台，并逐步形成了一支充满活力，专业配备基本齐全，有着丰富经验和拼搏精神的科技队伍，并拥有一支由行业知名专家和院士组成的外聘专家队伍。[①]

2. 石油石化行业自主创新成就

2011年，中国石油产品销售收入保持稳定增长。进入下半年以来，同比增速有所回落，但增速仍保持较高水平。截至2011年11月末的统计，石油和化学工业规模以上企业（主营收入2000万元以上企业）26828家，累计总产值已达10.24万亿元，同比增长32.6%，占全国规模工业总产值的13.3%。

（1）专利申请与专利授权数逐年增加。

①行业专利综合情况。

2012年2月14日，在北京人民大会堂召开的国家科学技术奖励大会上共授奖374个项目和10位科技专家，包括国家最高科学技术奖2人，国家自然科学奖36项，国家技术发明奖55项，国家科学技术进步奖283项，中华人民共和国国际科学技术合作奖8人。截至2011年底，中国石化共申请专利3732件，同比增长42.8%；共获得专利授权1290件，同比增长53.0%；共获得国家各类科学技术奖励13项，包括国家科技进步一等奖1项、国家技术发明二等奖2项，国家科技进步二等奖10项，中国专利金奖3项，中国专利优秀奖6项。截至2011年底，中国石化拥有中国科学院和中国工程院院士20位、专职研发及设计人员2.8万人，累计申请国内外专利15963件，获得授权专利7628件；获国家最高

① 资料来源：中国中化集团公司网站。

科学技术奖1项、技术发明奖47项、科技进步奖300项。截至2011年底，中国石油9项成果获得国家科技奖。其中国家科技进步一等奖2项，国家科技进步二等奖6项，国家技术发明二等奖1项。获国家专利金奖1项，优秀奖18项。“十五”以来，中国石油获得国家科技奖成果累计达到80项。据统计，中国石油集团公司所属各单位登记成果已超过2.394万项，有效专利突破万件。近几年，登记成果以平均每年超过800项的数量递增。“十五”期间，中国石油有30项成果获得国家科技奖；“十一五”期间，获国家科技奖成果达到41项；2011年，又有9项成果获此殊荣。这些科技成果，不仅为我国油气行业及相关领域解决了一系列难题，大大增强了我国和中国石油的持续创新能力，而且提升了中国石油在国际上的综合竞争力。

中国海油“十一五”期间，共取得了8项国家科技进步奖、23项省部科技成果奖、58项行业科技成果奖，评出了125项总公司科技进步奖。2011年，中国海油继续注重海上油气勘探、开发和工程建设的科技发展，以保障储量和产量的稳定增长。一批研究成果投入应用并产生效益，其中一项勘探科研成果获得2011年中国国家科技进步二等奖。中国中化下属沈阳化工研究院有限公司（简称“沈阳院”）2011年全年共有23项发明专利申请获得授权（其中国外专利5项），比2010年增长15%，创近年新高。2011年，沈阳院共申请发明专利83项，其中国际专利申请8项。专利申请总量较上一年度增长约30%。2011年，沈阳院共有11项技术获得省部级科技奖励。目前，沈阳院有效专利123项，其中外国专利18项。这些授权专利为企业自主研发的新产品顺利走向市场提供了有力的保障。中国化工集团承担了国家“十一五”科技支撑计划、“863”计划等众多研发项目，累计取得837项成果。截至2010年末，中国化工共有161项获得国家和省部级以上科技奖励，其中，国家科技进步一等奖1项，国家科技进步二等奖6项。中国化工专利数量在中央企业中排名第7位。

表2-5　2011年石油石化行业获国家科学技术奖励情况（部分）

石油企业	国家科技奖项累计	国家科技进步一等奖	国家科技进步二等奖	国家技术发明二等奖
中国石油	9	2	6	1
中国石化	13	1	10	2
中国海油	1	0	1	0

数据来源：2012年2月14日国家科学技术奖励大会提供数据

从表2-5的数据来看，2011年中国石化的科技奖项最多，共13项；中国石油科技奖项总数第二，共9项；中国海油国家重大科技奖项较少，只有1项。而从奖项的具体分布看，石油石化行业的奖项集中分布在国家科技进步二等奖上，国家科技进步一等奖全行业只有3项。而石油石化行业6家中央企业中，只有前三大石油公司在国家科技奖励大会上获奖，可见石油石化行业研发的高精尖领域还有待挖掘。表2-6列出了具体的奖项名称。

表2-6　2011年石油石化行业获国家科学技术奖励情况（部分）

	国家科技进步一等奖	国家科技进步二等奖	国家科技发明二等奖
中国石油	• 中国石油海外合作油气田规模高效开发关键技术 • 环烷基稠油生产高端产品技术研究开发与工业化应用	• 万米级特深井陆用钻机设计制造与工业化应用 • 中国中高煤阶煤层气地质理论、关键技术与工业化应用 • 大型高含硫气田安全开采及硫黄回收技术 • 内陆坳陷湖盆低渗透油田勘探开发技术及应用 • 新一轮全国油气资源评价 • 深部盐矿采卤溶腔大型地下储气库建设关键技术及应用	• 基于光纤振动传感的油气管道安全预警技术与应用
中国石化	• 环烷基稠油生产高端产品技术研究开发与工业化应用	• 胜利油田边际稠油高效开发技术与应用 • 中国东部成熟探区新增17亿吨探明储量油气成藏新认识与勘探新技术 • 万米级特深井制造陆用钻机设计制造与工业化应用 • 新一轮全国油气资源评价 • 催化剂物性变量的耦合调控对重油制低碳烯烃的反应优化及工业实现 • 重油高效转化的加氢处理及其与催化裂化新型组合关键技术 • 型石化装置系统长周期运行风险的控制与评估关键技术及工程应用 • 超级浮阀塔板等新技术研发及其在工业节能减排方面的应用 • 大型精对苯二甲酸装置节能降耗的优化运行技术 • 深部盐矿采卤溶腔大型地下储气库建设关键技术及应用	• 高分子多糖生物质加工新技术与产品应用 • 适应原料多样性的乙苯清洁生产催化技术及工业应用

数据来源：2012年2月14日国家科学技术奖励大会提供数据

②中国石油专利申请与授权情况。

中国石油集团在2011年取得大量科技成果，这与中国石油在“十一五”期间的科技研发活动是分不开的。

表2-7　中国石油历年专利申请和授权情况　　单位：件

专利情况＼年度		2006年	2007年	2008年	2009年	2010年	合计
申请	专利申请总数	1221	1418	1446	1785	2178	8048
	其中发明专利	399	423	552	661	841	2876
授权	专利授权总数	793	1172	1287	1365	1710	6327
	其中发明专利	178	155	159	308	300	1100

数据来源：2011年中国石油科技创新成果展

从表2-7来看，“十一五”期间，中国石油累计申请专利8048件，其中发明专利2876件；共获得授权专利6327件，其中发明专利1100件。从2006年到2010年中国石油集团的专利申请和专利授权总数在逐年增加。到2010年中国石油专利申请及授权数发生了质的飞跃：2010年专利申请数为2178件，同比增加22.02%；专利授权总数为1710件，同比增加25.27%。在专题申请和专利授权中，发明专利的比重非常高。

表2-8　中国石油历年计算机软件著作权登记情况　　单位：项

	2006年	2007年	2008年	2009年	2010年	合　计
集团公司	10	8	13	12	40	83
股份公司	9	17	12	31	63	132
企业自管	26	41	25	44		136
总　计	45	66	50	87	103	351

数据来源：2011年中国石油科技创新成果展

从表2-8来看，“十一五”期间，石油石化行业计算机软件著作权登记累计351项。其中隶属于集团公司的累计83项，隶属于股份公司的累计132项，属于企业自管的累计136项。2010年，中国石油计算机软件著作权同比增长2~3倍左右。从“十一五”和2011年的数据来看，中国石油集团专利申请和授权数迅速增加。

③中国石化专利申请与授权情况。

2011年，中国石化集团公司共申请国内外专利4030件，同比增长37.2%；获得国内外专利授权1352件，同比增长28.0%。获得国家技术发明奖和科技进步奖13项，其中“环烷基稠油生产高端产品技术研究开发与工业化应用”获国家科技进步一等奖；“全硫化可控粒径粉末橡胶及其制备方法和用途”等3项获得第13届中国专利金奖，另有6项专利获得优秀奖。截至2011年底，中国石化拥有中国科学院和中国工程院院士20位、专职研发及设计人员2.8万人，累计申请国内外专利15963件，获得授权专利7628件；获国家最高科学技术奖1项、技术发明奖47项、科技进步奖300项。①

从表2-9来看，中国石化从2005年到2011年所获专利申请与授权数目逐年增加，尤其在2010年和2011年两年专利申请和专利授权数高速增长。2010年国内专利申请达到2823项，同比增长52.27%；2011年国内专利申请达到3827项，同比增长35.57%。2010年国内专利授权数984项，同比增加30.12%；2011年国内专利授权数1290项，同比增加31.10%。

表2-9　中国石化历年所获专利情况　　单位：项

专利申请和授权		2005累计	2006	2007	2008	2009	2010	2011
国内	申请	8467	1037	1094	1135	1854	2823	3827
	授权	4906	824	813	721	756	984	1290
国外	申请	830	61	122	225	135	114	203
	授权	293	44	62	173	37	72	62

数据来源：中国石化《2011可持续发展报告》

④中国海油专利申请与授权情况。

随着中国海油自主创新能力的不断提升，科技创新体系的不断完善，公司科技成果越来越丰硕。中国海洋石油总公司专利申请量和授权量也已进入稳步增长阶段，这为中国海油形成具有自主知识产权的核心技术体系打下良好基础。“十一五”期间，中国海油共取得了8项国家科技进步奖、23项省部科技成果奖、58项行业科技成果奖，评出了125项总公司科技进步。2010年，中国海油执行各级科技计划课题928项，其中国家与省部课题172项；首批4个国家“863”计划项目、课题顺利通过验收；24项成果荣获省部及行业科技进步奖；

① 资料来源：中国石油化工股份有限公司，《2011可持续发展报告》。

491 项专利获得受理，301 项专利获得授权；在国内外科技期刊公开发表科技论文 791 篇；发布标准 116 项；组织开展或参加 40 次国内外技术交流与展览活动。

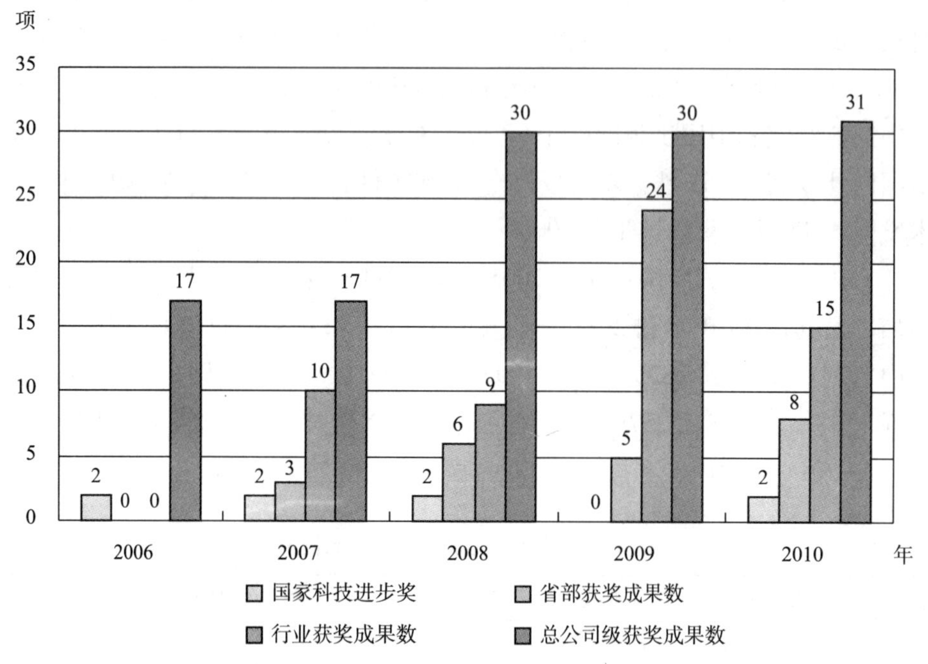

图 2-3 中国海油“十一五”期间科技奖励数

资料来源：中国海洋石油总公司网站科技创新板块

从图 2-3 可以看出，中国海油在“十一五”期间所获科技奖项逐年增加，尤其是从 2008 年以来增幅较大。2008 年，中国海油两项成果获国家科技进步二等奖。至此，中国海油累计获得国家科技进步奖 37 项。2010 年中国海油获得国家、省部级、行业科技进步奖项都有提高：总公司获奖数为 31 项，国家科技进步奖 2 项，省部级奖项 8 项，行业奖项 15 项。

中国海油集团在“十一五”期间，专利申请和专利授权数迅速增加。2010 年中海油申请专利 491 项，同比增长 33.79%，较 2006 年增加 2 倍多；授权专利 301 项，同比增长 81.33%，较 2006 年增加近 3 倍；授权发明专利 74 项，同比增长 72.09%，较 2006 年增加近 1.5 倍。中国海油在“十一五”期间专利数飞速增长。

中国海油集团在“十一五”期间，科技论著数逐年增加。2010 年中海油发表期刊论文 791 项，同比增长 50.95%，较 2006 年增长 5.5 倍；核心期刊论文

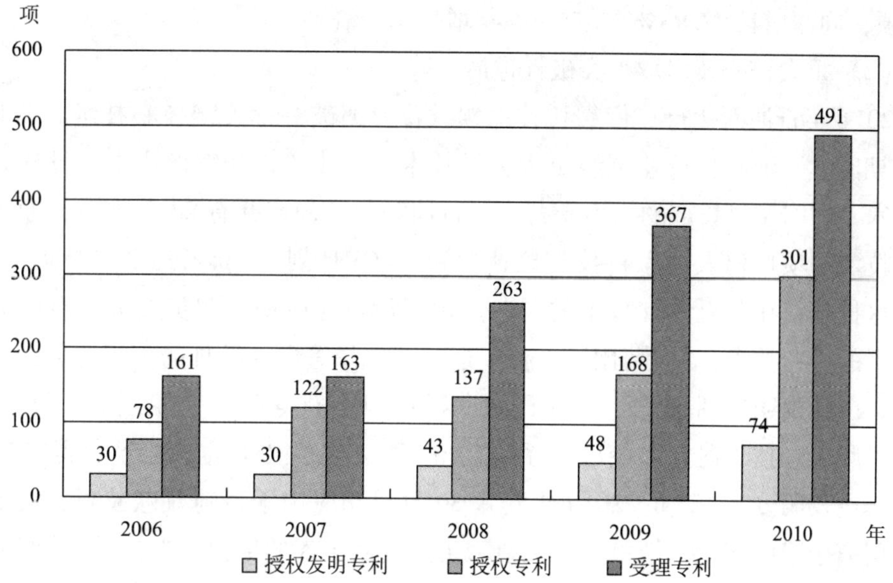

图 2-4 中国海油“十一五”期间专利数

资料来源：中国海洋石油总公司网站科技创新板块

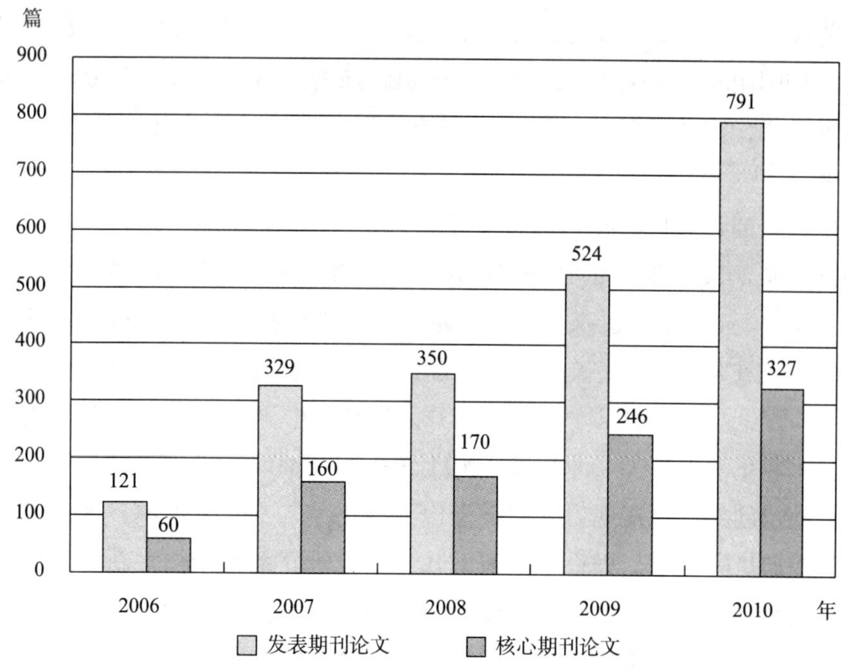

图 2-5 中国海油“十一五”期间科技论著数

资料来源：中国海洋石油总公司网站科技创新板块

327 项，同比增长 32.93%，较 2006 年增长 4.5 倍。

（2）重大核心技术取得突破性进展。

2011 年石油石化行业依靠科技引领，着力突破一批关键核心技术。“十一五”期间，石油石化行业围绕重大关键技术组织攻关，开发形成了一批核心专利技术。在国家科技部的大力支持下，石油和化工领域共有 28 项涉及行业重大关键技术的项目列入国家科技支撑计划和“863 计划”，获得经费支持近 10 亿元。这批项目在获得专利技术的同时实现了产业化应用，初步形成具有国际先进水平的生产技术。“农药创制工程”通过草甘膦等主导品种的工程化关键技术攻关，申请发明专利65 项，其中国际专利 10 项；获得发明专利授权 25 项。“全氟离子膜工程技术研究”突破一系列制备膜材料的关键技术，已经获得专利 14 项，其中发明专利 12 项。2010 年 6 月 30 日成功应用于万吨氯碱装置，实现了氯碱用离子膜国产化，结束了我国氯碱工业受制于人的历史。“非石油路线制备大宗化学品关键技术开发”项目，申请国家发明专利 58 项，其中授权 3 项；申请国际发明专利 5 项。在煤层气催化脱氧、非催化脱氧工艺、脱氧催化剂等方面也获得了一批核心专利技术。“高附加值精细化学品合成关键技术开发”和“专用高性能高分子材料聚合关键技术研究及应用”两个项目，已申请 26 项国家发明专利、3 项国际发明专利，其中“一种液膜撞击式喷射反应器”专利技术，改变了传统模式，实现了多股物料毫米级快速混合，提高反应效率 45% 以上，节能 30% 以上。①

①中国石油重大核心技术取得突破。

中国石油 2011 年加强重大项目技术攻关，在核心领域取得突破性技术创新。在常规和非常规油气资源勘探开发、石油化工、工程技术服务及石油装备制造领域取得了多项重大进展与突破。在油气勘探领域，中国石油创新丰富了岩性地层油气藏地质理论与勘探技术。在油气田开发领域，中国石油进一步完善老油田控水挖潜技术和化学驱三次采油技术。2011 年中国石油取得十大科技进展：一是勘探理论和技术创新指导发现牛东超深潜山油气田；二是陆上大油气区成藏理论技术突破支撑储量高峰期工程；三是油田开发实验研究系列新技术新方法获重大进展；四是复杂油气藏开发关键技术突破支撑“海外大庆”建设；五是中国石油首套综合裂缝预测软件系统研发成功；六是精细控压钻井系统研制成功解决安全钻

---

① 中国石油与化学工业联合会. 石油和化学工业“十二五”科技发展规划纲要［Z］. 2012（2）.

井难题；七是随钻测井关键技术与装备研发取得重大突破；八是输气管道关键设备和 LNG 接收站成套技术国产化；九是委内瑞拉超重油轻质化关键技术完成首次工业化试验；十是单线产能最大丁腈橡胶技术工业应用达到长周期。

②中国石化重大核心技术取得突破。

2011 年中国石化充分发挥科技创新的支撑和引领作用，着力推进自主创新，实现核心技术领域的重点突破。上中下游各领域均已拥有一批具有国际竞争力的核心技术和专有技术。在勘探开发方面，页岩油气等非常规资源、煤化工以及生物燃料、生物化工、二氧化碳捕集利用等技术领域，加快创新突破，建立了适合中国南方的页岩气选区评价体系。2011 年，勘探成果丰硕，取得 5 个重大突破、8 个重大进展、4 个重要发现、10 个重要成果。2011 年油气当量产量 407.91 百万桶。在炼油化工方面，催化汽油吸附脱硫技术在一批企业成功推广应用；柴油液相循环加氢成套技术首次实现工业化应用；100 万吨/年乙烯成套技术、15 万吨/年乙烯裂解炉技术、65 万吨/年乙苯成套技术、3 万吨/年溴化丁基橡胶成套技术、高性能聚乙烯纤维干法纺丝成套技术实现工业应用；3 万吨/年芳烃吸附分离技术使中国石化成为全球第三个具有自主知识产权芳烃成套技术的公司。在新能源技术方面，植物油脂为原料的生物航煤工业示范装置顺利投运；中国石化自主研发的甲醇制烯烃成套技术步入产业化阶段。

③中国海油重大核心技术取得突破。

2011 年中国海油自主创新能力的不断提升，为公司形成具有自主知识产权的核心技术体系打下良好基础。在重点技术领域，中国海油设立若干个重大科研项目和一批前沿性课题，加强关键技术攻关，为公司中长期可持续发展做好前瞻性技术储备。2011 年，中国海油加大勘探力度，勘探投入、钻井、三位地震资料获取等工作量都达到历史最高。2011 年，在中国海域勘探方面，中国海油自营勘探共获 13 个新发现，成功评价了 18 个油气构造，勘探成功率在 51% ~71%，合作评价了 1 个油气构造，即流花 29 - 1。勘探、钻井、测试等一整套新技术的应用，有力拓展了渤海海域潜山勘探新领域。油管酸化技术首次在渤海油田的水平井中采用，有效地减少了污染，提高了产能。在海外勘探方面，共取得 3 个新发现，并成功评价了 2 个含油气构造。在新区新领域勘探方面，中国海油加强了区域研究和基础研究，对一些关键技术进行了重点攻关，在浅层大面积岩性圈闭和高温高压天然气等多个新领域获得重要突破。

（3）多样化优质新产品不断推向市场。

“十一五”期间，石油石化行业开发了一批新产品。在农药方面，沈阳化工研究院创制了广谱杀菌剂农药新品种“烯肟菌胺”，应用范围涵盖20多种作物，用药量仅为传统杀菌剂的5%~10%，可以广泛替代毒性高、用量大的传统杀菌剂。为农业生产提供了高效、安全、环境友好的农药新品种，提高了我国杀菌剂农药的市场竞争力。在高性能纤维方面，经过攻关，突破了多项制备关键技术，目前中国碳纤维（相当于日本东丽公司T-300级）已实现千吨级规模生产，部分产品已投放市场；芳纶1313及芳纶1414部分型号产品已完全实现国产化，并投入工业化生产，中国已成为继美、日、俄后第四个能工业化生产芳纶纤维的国家。在工程塑料方面，塑料级聚苯硫醚树脂产品的生产打破了巴统组织长期对中国聚苯硫醚生产技术和产品的限制。在合成橡胶方面，中国石化集团经过技术攻关，开发出聚合级异丁烯生产技术，形成了万吨级丁基橡胶生产能力，填补了国内紧缺的丁基橡胶生产空白，中国七大通用合成胶种全部实现了国产化。①

①中国石化多样化产品创新。

2011年中国石化不断寻求多样化产品结构创新，研发新的产品、开发新的功能，依靠自身的产品结构调整更好地满足市场需求。中国石化多年来不断向市场推出包括原油、天然气等资源型产品，汽油、柴油、煤油、润滑油、沥青等石油产品，以及数千个品种牌号的石化产品。中国石化致力于推进油品质量升级，并超前向市场推出高端汽油产品；合成树脂新品推出量每年都保持在10个以上；合成树脂专用料产量和占比持续增加；化纤产品差别化率持续提升至63%以上。中国石化的润滑油业务在研发能力、产品结构、产品质量可靠性、产品应用等方面均处于领先地位，长城润滑油也成为中国石化质量、技术水平的标志性产品之一。2011年11月3日“神舟八号”与先行飞天的“天宫一号”实现成功对接。中国石化长城润滑油为全程顺利对接提供了润滑及密封系统保障。中国石化始终视产品质量为生命，严格质量和数量管理，确保质优量足。在“质量永远领先一步”的方针指导下，中国石化强化科研、完善体系、提升服务，实现质量引领，与广大客户共同成长。

②中国石油多样化产品创新。

2011年中国石油把多样化优质新产品研发赢得市场作为转变发展方式的重要举措，搞好战略性产品结构调整，围绕市场开发主导产品和品牌主打产品，

---

① 中国石油与化学工业联合会．石油和化学工业“十二五”科技发展规划纲要［Z］．2012(2)．

注重高技术含量新产品研发和推广应用，坚持把销售收入的3%以上用于产品研发，产品技术储备，持续提升制造水平和产品品质。2011年3月22日至24日，中国石油华北石油荣盛公司4大类16种高新技术产品在第十一届国际石油石化技术装备展览会上亮相。防喷器和泥浆泵两大骨干产品走俏俄罗斯市场，成为2011年市场开发的一大亮点。中国石油华北石油子公司完成新产品试制23项，并取得8项国家专利。在四个方面实现了新突破：一是压力等级的提升。已通过鉴定的F28－140防喷器组，是目前国际上同类产品的最高压力等级；二是大通径高压力产品的开发。目前公司已开发成功F48－35、F48－105、F54－35、F54－70、F68－21等防喷器，产品涵盖国际在用的绝大部分型号；三是承担的国家“863”计划项目水下防喷器的开发取得重大进展，主流配置的F48－105防喷器组样机已经试制成功，控制系统的关键技术全部攻克，正在准备海试；四是防喷器密封件和配件的开发。包括压力等级最高的FHZ35－70/105环形防喷器70Mpa环形胶芯、FHZ28－105/140环形防喷器105Mpa环形胶芯已全部开发成功。通过多年技术攻关，橡胶密封件的高、低温性能得到很大的提高。目前，该子公司的高新技术产品除满足国内市场需求外，已经全面进入北美、南亚、中东、非洲等35个国家和地区。

（4）科技创新体系不断完善。

近年来，石油和化工行业始终把加强自主创新能力建设摆在突出位置，无论从科学研究理念到科技工作地位、从科技体制机制到科研环境条件、从科研布局到科技实力等各个方面都发生了深刻变化，形成了比较完整的以企业为核心的科学研究和技术开发体系。按照《国家自主创新基础能力建设“十一五”规划》的总体要求和部署，“十一五”期间，行业内建成了一批国家级研究机构和创新平台，行业自主创新能力明显提高。国家批准建设了14个国家工程实验室，认定了28家国家级企业技术中心。与此同时，积极培育技术创新示范企业，指导和帮助一批基础较好的企业建设和完善创新平台，五年来共培育和命名了79家技术创新示范企业，其中有的已经进入国家级企业技术中心和国家创新型企业行列。组织企业、大专院校、科研院所建立了新型煤化工、染料、农药、轮胎等产业技术创新战略联盟，其中3个创新联盟已被列为国家首批试点联盟。①

2012年3月27日，为加强和规范国家工程研究中心（以下简称“工程中

---

① 国石油与化学工业联合会：《石油和化学工业“十二五”科技发展规划纲要》.2012(2).

心”）的建设，建立优胜劣汰和动态调整的运行管理机制，国家发展和改革委员会对已验收的工程中心进行了创新能力评价，上榜的石油石化行业中央企业科研中心名单见表2-10。

表2-10 2012年石油石化行业国家工程研究中心名单

排序	名 称	评分	依托单位	主管部门
5	聚烯烃国家工程研究中心	90.6	中国石化北京化工研究院	中国石化
18	基本有机原料催化剂国家工程研究中心	86.5	中国石化上海石油化工研究院	中国石化
22	染料国家工程研究中心	85.7	沈阳化工研究院有限公司	中国中化
52	橡塑新型材料合成国家工程研究中心	78.5	中国石化上海石油化工股份有限公司	中国石化
53	合成纤维国家工程研究中心	78.5	中国石化北京化工研究院	中国石化
56	炼油工艺与催化剂国家工程研究中心	78.3	中国石化石油化工科学研究院	中国石化
60	油气勘探计算机软件国家工程研究中心	77.5	中国石油集团东方地球物理勘探有限责任公司	中国石油

资料来源：国家发改委网站提供数据

从表2-10所列的数据来看，在具有较强的创新能力的国家工程研究中心中，石油石化行业上榜企业只有中国石化和中国石油两家大型石油中央企业；而且中国石油集团下属只有一家科研单位上榜，创新能力评分值为77.5分，分数不高；中国石化集团下属6家科研单位上榜，创新能力评分值在78.3到90.6之间，6家科研单位创新能力平均分值为83分，可见中国石化在科研体系建设中展现出较高的自主创新能力。而从石油石化行业中央企业的整体情况来看，除了中国石化和中国石油两家最大的石油类中央企业上榜，其余的几家中央企业均未上榜，石油石化中央企业的科技创新体系还在不断的完善发展过程中。

（三）石油石化行业自主创新的影响要素

1. 政府层面

（1）政府投入。

中国学者张雄化（2011）通过实证分析认为：石油石化行业研发投入对产出影响十分显著，研发投入每增加一个点，产出相应增加0.8个点，科技投入的贡献率占了主导地位。政府投入和企业投入是当前中国石油石化中央企业投入的两个主体，而政府投入的主导地位更加明显。据中国《第一财经日报》转路透社文章报道，仅在2009年中国政府就向石油石化行业注资5000亿元人民币（730亿美元），其中投资1000亿元提高汽车燃料质量，投资4000亿元新建20座石化厂。对40个新建或在建项目提供支持，这些项目主要涉及兴建石油化工厂与海外并购，尤其是在石油资源和化肥产业领域。尽管近几年政府对我国石油石化行业科技开发投入的绝对数量逐年增加，但政府科技开发投入占GDP的比例却不高。“七五”期间为0.7%，“八五”期间为0.5%，“九五”、“十五”期间为0.4%左右，“十一五”期间为2.3%，比之前略有提高。“十五”以来，政府的科技投入在宏观上又倾向于电子信息、生物医药、社会发展等行业，属于传统工业的石油石化工业得到政府资助的科技经费相对减少。

（2）政府产业政策。

国务院2009年出台的《石化产业调整和振兴规划》，是对石化行业的重要指引。规划中指出了石化行业要振兴的主要任务，包括大力推动技术改造，加大国家对技术的投入，淘汰落后产能等方面，从产业规划的角度引领石油石化行业创新。石化协会在国家政策指引下随后出台的《石油和化学工业结构调整指导意见》和《石油和化工产业振兴支撑技术指导意见》，具体指导了石油石化行业的产业结构调整和技术创新工作。《石油石化行业“十二五”规划》的原则是坚持技术进步。加强关键技术和大型成套装备研发，提高科技创新对产业发展的支撑和引领作用。加快化工新材料、石油替代、低碳环保等新兴产业技术的研发和产业化步伐。加大传统产业的技术改造力度，提升产业整体技术与装备水平。具体目标：加大科技投入、健全标准体系。党的十七届五中全会强调转变经济发展方式的关键是要大幅度提高企业自主创新能力。《国家知识产权战略纲要》指出，在主导产业和关键技术领域形成一大批核心专利与自主知识产权成果，同时促进创新成果的转化和应用推广。

（3）政府激励机制。

石油石化行业是关系国家经济安全的战略性资源行业，国家高度重视对自主创新的激励，从财政税收政策上补贴石油石化行业，加强对石油石化行业的信贷政策支持。《国家中长期科学和技术发展规划纲要（2006—2020年）》出台后，若干配套激励机制相继出台，政府高度重视激励政策促创新。这些政策数量庞大，共10部60余条；内容丰富，有的直接与企业技术创新激励挂钩，涉及财政、税收、金融、人才等各个方面的激励政策。国家的技术创新激励政策，鼓励和引导企业加大科研投入，提高研发水平和自主创新能力，保护知识产权，支持有条件的企业建立国家工程实验室、企业技术中心等创新平台，加快科技成果产业化步伐。引导企业和社会资本，围绕产品升级、节能减排、加大技术改造投入，推动重大示范工程实施，提高行业技术装备水平，促进产业转型升级。国家为鼓励企业自主创新，降低创新风险，保障创新成果，从行业规范上加强对企业自主知识产权的保护。《国家知识产权战略纲要》指出，在主导产业和关键技术领域形成一大批核心专利与自主知识产权成果，同时促进创新成果的转化和应用推广。

2. 市场层面

（1）国内消费需求拉动。

国内保增长、扩内需政策刺激了原油的消费需求，虽然消费增速下降，但原油消费需求比上年仍呈上升态势。面对增速趋缓、复杂多变的经济和能源供应形势，国内石油消费增速由上年的两位数增长，转而呈现下行态势，低于近10年来7.1%的平均增长速度。但石油表观消费量①仍保持较高水平，达到4.9亿吨，同比增长3.5%。其中，国内累计生产原油2.04亿吨，同比增长0.3%；累计进口原油2.54亿吨，同比增长6%；累计进口成品油4060万吨，同比增长10.1%。

表2-11 石油石化行业主要产品“十一五”消费及“十二五”消费预测情况表

产品类型	产品名称	2005年消费量	“十一五”消费情况		“十二五”需求预测	
			单位：万吨	单位:%	单位：万吨	单位:%
油品	成品油	16859	24515	7.8	32000	5.5
烯烃	乙烯当量	1785	2960	10.6	3800	5.1
	丙烯当量	1346	2150	9.8	2800	5.4
合成树脂	聚乙烯	1049	1706	10.2	2100	4.2
	聚丙烯	823	1295	9.5	1650	5.0
	聚氯乙烯	792	1255	9.6	1600	5.0
合成纤维单体	以内酰胺	70.5	111	9.5	200	12.5
	乙二醇	509	800	9.5	1020	5.0
	精对苯二甲	1205	1720	7.4	2400	6.9
	丙烯腈	122	165	6.2	210	4.9

① 表观消费量（Apparent Consumption）是指产量加上净进口量，计算公式为：表观消费量=进口量-出口量+产量。

续表

产品类型	产品名称	2005 年消费量	“十一五”消费情况		“十二五”需求预测	
			单位：万吨	单位:%	单位：万吨	单位:%
合成橡胶	丁苯橡胶	61	1115	13.5	140	4.0
	丁二烯橡胶	45	84	13.3	100	3.5
有机原料	甲醇	666	2092	25.7	3500	10.8
	苯乙烯	428	690	10.0	880	5.0
无机原料	纯碱	1251	1850	8.1	2350	4.9
	烧碱	1159	1940	10.9	2450	4.8
	电石	885	1700	13.9	2200	5.3

数据来源：《石化和化学工业“十二五”发展规划》

中国石油和化工行业经济快速增长主要依赖于国内消费市场的强劲拉动。数据显示，2011 年我国主要化学品表观消费总量比上年增长 10.1%，增幅高于上年同期约 4 个百分点。石油天然气消费需求走势分化：石油增长由快趋缓，天然气消费持续高速增长。全年国内石油（原油及油品合计）表观消费量达 4.28 亿吨，比上年增长 4.6%；原油表观消费量 4.15 亿吨，增长 3.3%，进口依存度达 55.1%，同比提高 1.3 个百分点；全年成品油（汽、煤、柴油合计，下同）表观消费量 2.63 亿吨，比上年增长 7.5%。而同期天然气表观消费量 1307.1 亿立方米，比上年增长 20.5%，为 2008 年以来最大增幅，增幅较上年提高 3 个百分点，占石油天然气表观消费总当量的 20.1%，较上年提高 2.2 个百分点，对外依存度达 21.6%，较上年提高 10 个百分点。

（2）中国原油外贸依存度增高。

外贸依存度反映了一国经济与整个世界经济发生联系的程度，是反映一国市场对外开放度的基本指标。石油石化行业的外贸依存度增加，一方面，加速了石油石化行业参与全球一体化的进程；另一方面，也带来了经济运行风险、企业自主创新能力降低等消极影响。

工信部披露的最新数据显示，2011 年中国石油对外依存度同比上升 1.7 个百分点，达到 56.5%。中国已成为仅次于美国的世界第二大石油进口国和消费国。

2011 年前 5 个月，中国原油对外依存度达 55.2%，已超过美国（53.5%）。我国近年来石油消费比例快速上升，石油对外依存度逐年扩大。有数据显示，我国石油对外依存度 2007 年为 49%，2008 年突破 50%，2009

年达到53%，2010年达55%，2011年1至5月则升至55.2%。有机构预测，2020年我国石油对外依存度将超过60%。据预测，2010年和2020年我国石油总需求量将分别达到320Mt和430Mt。目前我国尚没有足够的原油战略储备，而且原油的进口主要是海洋运输，海运油轮有70%要经过马六甲海峡，我国对之影响能力很弱，加大了原油供给的风险。石油石化行业面临自主创新的迫切任务，如何开发替代性新能源、新技术，提高对现有能源的有效利用率，是企业技术创新的重点。

（3）国际市场竞争激烈。

进入2012年，欧债危机迅速蔓延，世界经济复苏受阻、增速明显回落。由此，拖累新兴市场国家经济增长，中国经济也受到影响，增速总体放缓。与此同时，受国际地缘政治影响，世界局部地区政治冲突频发，世界经济震动，国际原油价格高位震荡，石油石化国际市场竞争激烈。一些自由贸易区的建立，在促进部分行业良性发展、改善境外产品市场准入条件的同时，却加剧了部分石化化工产品的市场竞争。增速趋缓、复杂多变的经济和能源供应形势给石油石化行业自主创新提出新的挑战。国际贸易保护主义抬头，围绕市场、资源、技术等领域贸易摩擦频发。发达国家利用本国先行发展的科技优势限制发展中国家。2011年中国贸易救济立案3起，其中就有一起是石化产品。2011年前11个月国外对中国石油和化工行业实施贸易救济立案14起，其中新立案9起，日落复审立案5起，涉案金额1.86亿美元。在国际大环境不够宽松的情况下，中国石油石化企业要在复杂多变的国际市场中异军突起，自主创新是企业成长的坚强后盾。石油石化企业只有依靠科技的力量，大幅度提高自主创新能力，把科技创新作为转变经济发展方式的重要支撑，才能在国际市场激烈竞争的大环境中取胜。

3. 企业层面

（1）研发投入。

能源的开发需要持续、大量的资金投入。2011年，石油石化全行业投资自筹资金比重将达79%左右。2011年，中国石油集团上市子公司科研活动经费投入186.06亿元，中国石化的研究及开发费用投入48.62亿元，同比增加0.6%。2010年，中国海油投入科技活动经费56.05亿元，其中研发经费20.93亿元。2011年，中国海油集团下属上市子公司海油工程和中海油服的科研活动经费投入分别是2.32亿元和0.28亿元。“十一五”期间中国海油累计投入科技活动经费181.3亿元，研发活动经费73.0亿元。2011年，中国石油的员工费用为971.62亿元，同比增长9.8%，中国海油的员工费用为15.27亿元，人均全额人工成本为28万元。作为研发投入的回报，石油石化行业的原始创新能力获得极大提升，2011年石油石化行业专利数和科技奖项大幅提高。

（2）研发体系。

目前中国石油和石化行业无论从科学研究理念到科技工作地位、从科技体制机制到科研环境条件、从科研布局到科技实力等各个方面都发生了深刻变化，形成了比较完整的科技研发体系，造就了相当规模和一定水平的专业技术人才队伍，以企业为主体的科技创新体系不断完善。从研发人员情况看，2011年中国石油拥有技术人员66924人，占员工总数的12.11%；中石化拥有技术人员53268人，占员工总数的14.1%；科研人员11362人，占员工总数3%。截至2010年末，中国海油拥有科技机构技术人员5760人，研发人员（R&D）3083人。从研发机构看，中国海油拥有2家国家级技术中心、3个博士后科研工作站。中国海洋石油工程技术中心下设8个工程技术研究机构，并依托所属单位构筑完整的总公司科技创新体系。中国化工国内拥有24家国家级科研设计院所，20多个国家及行业技术研究中心，中国化工行业最大的综合性信息资源采集、研究和服务中心，是国内唯一拥有离子膜电解槽生产企业，产销量排名世界第二。中国中化已拥有2个整建制专业研究机构及各类研发机构70家，其中国家级机构18家、省部级机构32家、企业自建机构20家。国家级机构具体包括：有国家级工程技术研究中心3个、国家重点实验室1个、博士后科研工作站4个。

（四）石油石化行业自主创新的模式与特点

1. 管理现代化创新

据中国石油企业协会资料，2011年度全国石油石化企业管理现代化创新优秀成果、优秀论文、优秀著作评审（简称“三评”）日前结束，共评出获奖优秀成果141项、优秀论文304篇、优秀著作12部。石油企协2011年共收到全国石油石化企事业单位申报优秀成果234项，评出获奖优秀成果141项，获奖率为60.25%；共收到申报优秀论文516篇，评出获奖优秀论文304篇，获奖率为58.91%；共收到申报优秀著作22部，评出获奖优秀著作12部，获奖率为54.54%。其获奖数量和质量较2010年度相比又有了进一步增加和提高，尤其是涌现了一批创新性、实用性、效益性都十分突出的成果，充分折射了石油石化企业管理现代化及软实力建设的创新能力和优秀水平。2011 年度（第 21 届）全国石油石化企业管理现代化创新优秀著作奖项包括特等奖 1 部，一等奖 3 部，二等奖 5 部，三等奖 3 部。中国石油共获 5 个奖项，并摘取唯一一个特等奖。中国海油获得 1 项二等奖。[①]

据中国石油企协专职副会长兼秘书长彭元正介绍，2011 年的石油企协“三评”工作，重点关注当前石油石化企业改革、发展、管理中的重点、难点、热点问题，具有以下特点：一是获奖项目质量高，比如中国石油财务部的《以资金管理平台为基础的全面集中、统一规范的资金管理体系》、中国海油计划部《大型石油公司战略规划管理体系构建与实施》等；二是获奖项目实践性强，比如中国石油长城钻探工程公司《以拓展国际高端市场为目标的技术创新能力建设》、中国石油东方地球物理公司《创建国际一流地球物理技术服务公司的战略客户管理》等；三是各石油石化企业对管理创新和“三评”工作愈来愈重视，参评企业数量不断增加。2011 年石油石化行业注重创新管理模式，优化内控与风险管理、推进精细化管理，健全管理制度，完善工作流程，提升科技管理的效率和水平。

2. 营销渠道与商业模式创新

2011 年国内各行各业能源消费快速增长，能源结构性矛盾进一步凸显，三大石油公司千方百计挖掘内部生产潜力，通过优化营销渠道、创新商业模式，上下游各业务板块有效配合，产供销、内外贸经营有序，有效地增加了市场供给，实现总量平衡和产销衔接，提高了资源保障能力。

（1）中国石油创新营销渠道模式。

2011 年，中国石油准确把握市场走势，科学制定营销策略，积极优化销售渠道，努力加大零售比例，销售质量进一步改善，盈利能力得到增强。2011 年零售市场份额达到 39.2%，同比增加 0.8 个百分点，市场份额稳步提升。持续加大营销渠道开发力度，稳步推进城区加油站、高速公路加油站等高效市场和战略市场建设，全年新开发加油站 1300 余座。2011 年中国石油销售汽油、煤油、柴油 1.46 亿吨，同比增长 20.4%。2011 年，中国石油国际贸易规模持续快速稳健增长，全球资源配置能力显著提高。围绕亚洲、欧洲、美洲三大油气运营中心进行全球化营销网络布局，不断丰富贸易手段，稳步推进仓储设施建设，

---

① 中国石油企业协会发布 2011 年度全国石油石化企业管理现代化创新优秀成果奖、优秀论文奖、优秀著作奖．[J]．中国石油企业．2011（9）．

国际化运营水平进一步提升。亚洲油气运营中心逐渐完善，充分发挥贸易、加工、仓储和运输四位一体功能，新加坡石油公司（SPC）、日本大阪国际炼油公司运营情况良好。完成与英力士集团设立贸易和炼油合资公司的交易，欧洲油气运营中心建设取得实质性进展。2011 年中国石油完成国际贸易量 1.47 亿吨，原油、天然气、成品油贸易业务的规模效益大幅增长。

（2）中国石化营销渠道模式和商业模式创新。

中国石化加强市场研判，灵活调整营销策略，优化营销渠道，强化直销、分销经营，大力发展零售业务，成品油销售保持较快增长，零售量突破 1 亿吨。中国石化进一步优化服务结构和营销结构，加快重点区域加油站网络建设，截至 2011 年末，中国石化品牌加油站 30121 座，同比增加 0.02%。2011 年中国石化实现经营收入为人民币 13476 亿元，同比增长 29.5%；实现经营收益人民币 447 亿元，同比增长 45.3%。

表 2－12　中国石化营销及分销情况表

中国石化营销及分销营运情况	2011 年	2010 年	同比变动（%）
成品油总经销量（百万吨）	162.32	149.23	8.8
境内成品油总经销量（百万吨）	151.16	140.49	7.6
其中：零售量（百万吨）	100.24	87.63	14.4
直销量（百万吨）	33.22	32.40	2.5
批发量（百万吨）	17.70	20.47	13.5
单站年均加油量（吨/站）	3330	2960	12.5

数据来源：中国石化 2011 可持续发展报告

积极推进商业模式创新，借助营销网络平台探索发展电子商务，大力发展非油品业务，强化加油卡增值服务。中国石化拥有中国最大的加油站网络、最大的成品油库容和最长的成品油管道，为各类客货运输车辆、商务车、私家车、摩托车、水上作业船只和各类农用机械等供油。截至 2011 年末，中国石化品牌加油站 30121 座，自营加油站 30106 座，特许经营加油站 15 座。特许经营加油站成为中国石化加油站网络的新亮点，2011 年较上年同比增加 97.1%。截至 2011 年底，中国石化境内成品油经销量 1.57 亿吨，炼油综合加工能力 2.30 亿吨/年；加工原油 2.17 亿吨，同比增长 3.0%。

表 2-13　中国石化加油站分布情况表　　单位：座

中国石化加油站分布情况	截至 2010 年末	截至 2011 年末	同比变动（%）
中国石化品牌加油站总数	30116	30121	0.02
其中：自营加油站数	29601	30106	1.7
特许经营加油站数	515	15	-97.1

数据来源：中国石化 2011 可持续发展报告

3. 产学研结合长效机制的形成

加强产学研结合，建立合作的长效机制，推动产业技术创新战略联盟健康发展，是目前石油石化行业的一种普遍创新模式。这种模式包括行业内企业间、产业链上下游的合作创新，还包括同国外企业的联合研发，引进技术消化吸收再创新，这样可以形成优势互补、分工明确、成果共享、风险共担的开放式合作机制，提高创新效率，降低创新风险。

（1）中国石化产学研长效结合机制。

中国石化以市场为导向，利用一体化优势，产学研紧密结合，形成促进企业发展的长效机制。在产学研一体化长效机制的促动下，中国石化创新成果显著，成果的转化率也不断提高。2011 年，中国石化自主开发成功 SJ 汽油机油和 CF-4 柴油机油；特种润滑油成功用于“神舟”系列飞船、“嫦娥一号”探月卫星等；高性能改性沥青成功用于国家体育场（鸟巢）、长安街、京沪高铁等重点工程建设。开发生产了国家体育场聚丙烯座椅专用树脂、超高速和高挺度 BOPP 专用树脂、PPR 管材专用料、汽车保险杠专用料和聚乙烯燃气管专用料、膜级与瓶级聚酯切片等一批高性能专用树脂。开发成功活性涤纶工业丝、凝胶染色腈纶等高附加值合纤新产品，拥有系列化催化剂产品 20 大类。新产品种类日渐增多，质量性能逐步提高，品牌知名度与影响力不断增强，市场占有率日益扩大。为了更好地发挥产学研结合的长效机制，加强与利益相关方的沟通，2011 年 5 月 31 日中国石化正式聘请来自企业外部的高校教授、社会评论员、网络精英、证券分析师、消费者代表等深入开展创新合作。

（2）中国中化产学研模式成为企业发展战略。

中国中化集团进一步强化产学研一体化模式。2011 年 4 月 26 日，中国中化下属勘探开发公司与中国石油大学签署了全面合作框架协议，并就研究生人才培养事宜签署了联合培养协议。同日，勘探开发公司与石油大学共建的博士后科研工作站和研究生企业工作站揭牌成立。此次校企合作是中国化工科技发展战略中的重要举措之一，是中国化工在产学研结合领域迈出的重要一步。根据协议，双方将建立稳定、长期的战略伙伴关系，石油大学将协助勘探开发公司健全技术人才培养机制及技术发展策略，以提高公司的技术创新能力；勘探开发公司将为校方高层次人才提供就业渠道，并就人才培养、联合科研等事宜提供资金支持。

4. 国际合作创新

中国石油石化行业，依托雄厚的资金实力，不断加深同国际知名企业的合作创新，提升了行业的国际竞争力。

（1）中国石油同国际知名企业合作创新。

中国石油多年以来一直致力于同国际知名企业的合作，为中国石油行业创新合作作出了典范。面对复杂的国际能源竞争环境，为提高中国石油在原油定价方面的影响力，2011 年中石油在亚洲的新加坡、欧洲的伦敦、美洲的纽约筹建了三个国际运营中心，提高中石油的知情权、话语权，进而掌控一些主动权。据中国石油董事长蒋洁敏介绍，2011 年中石油油气贸易量达到 2 亿吨，超过 1000 亿美元，“十二五”末时应该分别是 4 亿吨和 2000 亿美元。2011 年，对外合作创新不断扩展，五大油气合作区战略布局基本完成，合作领域逐步向油气并举、上下游一体化、非常规油气项目拓展，国际业务进入规模有效发展的新阶段。2012 年 1 月以来，中国石油与中东、非洲的合作伙伴新签一批油气合资合作协议，广泛开展的海外合作创新项目，对于提升中国石油的国际竞争力，促进经济社会发展具有重要意义。

（2）中国石化开展深入国际合作。

2011 年中国石化集团公司开拓进取，开展深入的国际合作创新，应对国际市场挑战。充分发挥国际合作，在全球范围内开拓资源渠道、技术渠道、营销渠道，充分利用国外技术优势，弥补中国石油石化行业不足，提升企业在石油石化行业的国际竞争力。2011 年，中国石化与加拿大 Daylight 公司、葡萄牙 GALP 公司巴西资产、美国 Devon 公司、澳大利亚 APLNG 公司等签署了 7 个项目的全部或部分权益，已交割项目 6 个。勘探取得了“四项商业发现、两项重大突破、八项重要发现”，权益油气产量首次突破 2000 万吨。中国石化坚持国际合作创新，已在中东、非洲、拉美、中亚等地区形成了比较稳定的市场份额。截至 2010 年底，在 35 个国家执行 448 个石油工程技术服务合同，合同额 94. 8 亿美元。2010 年新签合同额 28. 4 亿美元，完成合同额 26. 4 亿美元。

（3）中国海油、中国中化国际合作创新。

2011年中国海油的国际合作创新向纵深化发展。在琼东南盆地深水区，中国海油与合作伙伴BG继2010年的陵水22-1-1井之后，在该区域进行了进一步评价和研究工作。第一，充分挖掘在生产油气田产能。主要包括：通过对油藏的跟踪研究，相应采取调整井和分层注水等措施，使老油田递减率保持低水平；细化日常管理及油井管理，提高生产时率；加强多方沟通，保证下游用户用气，使气田产能正常发挥。第二，管理好新项目产能。2011年，中国海油在中国海域共有2个新项目成功投产，即锦州25-1和陆丰13-2调整项目。2012年3月19日，中国中化下属沈阳科创化学品有限公司（简称“沈阳科创”）与英国赫尔公司（HEL）合作建设的“沈阳科创-英国赫尔化工安全联合实验室”揭牌。

5. 企业文化创新

企业文化是一个企业在长期生产经营中倡导、积累，经过筛选提炼成的，是企业的灵魂和潜在的生产力，是打造企业核心竞争力的战略举措。伴随着石油工业的快速发展，石油企业文化创新也取得了丰硕成果。

（1）中国石油企业文化创新积淀丰厚。

中国石油集团公司形成了丰厚的企业文化积淀，培育了以“大庆精神”、“铁人精神”等为代表的优秀企业文化，激励了几代石油人艰苦奋斗、无私奉献，有力地促进了中国石油工业的发展。重组改制以来，中石油大力加强企业文化建设工作，努力为建设具有国际竞争力的跨国企业集团提供强有力的文化支撑。中国石油将企业文化建设作为“十五”期间的十大工程之一，努力建设具有鲜明时代特征和石油特色的优秀企业文化，有力地促进了企业的发展。加强企业文化建设已成为中国石油建设具有国际竞争力跨国企业集团的重要措施，“文化强企”已经成为中国石油发展战略的重要组成部分和全体员工的共识。2011年以来中国石油集团将把文化战略作为重要的发展战略之一，不断丰富和完善具有石油特色的企业文化，让优秀的石油文化成为企业发展的不竭动力。

（2）中国海油“健康、安全、环保”的企业文化创新。

中国海油致力于推进企业文化创新。“健康、安全、环保”是中国海油企业文化创新的重要内容，企业与社会、人与自然的和谐发展是中海油文化创新的方向。中国海油注重企业创新文化建设，要用创新文化激发创新精神，推动创新实践，激励创新事业。努力营造“敢为人先、争创一流、崇尚创新、宽容失败”的创新文化，大力弘扬“勇于超越、勇攀高峰”的创新精神，培育形成人人关注创新、人人支持创新、人人参与创新、人人都能创新的良好氛围。加强职业技术教育和培训，开展岗位练兵和职业技能大赛，提倡合理化建议和技术革新、技术发明等群众性创新活动，并融入企业生产、经营、管理的各个环节，激发全员创新热情。赋予科研人员自由探索的时间和空间，并给予必要的资金支持，在尊重知识、尊重创造、尊重人才的浓厚氛围中推动企业科技创新能力的不断提升。

6. 完善科技创新考评机制。

（1）中国石化创新科技考评机制

中国石化不断完善企业科技创新考评体制机制。建立科技投入稳定增长的长效机制，确保企业研发投入随营业收入的增长而不断加大。将科技投入纳入全面预算管理，建立科技发展专项资金制度。完善科技考核指标体系，探索将重大科技成果和成果应用与转化纳入企业负责人的业绩考核。中国石化赋予科技管理部门一定比例的业绩考核权。建立科技人员的中长期激励机制，落实管理、技术等重要生产要素按贡献参与分配的制度，开展股权、期权、分红权等激励制度。完善科技评价和奖励制度，设立科技奖励专项资金，表彰作出突出贡献的先进集体和个人。中国石化已经形成“一个整体，三个平台，统一计划，集成开发”的科技管理体制。同时，中国石化强调与业界同行的战略合作以及与下游客户的密切合作，增强研发实力、提升研发效果，实现共同成长。

（2）中国海油完善绩效考评体系。

2011 年，中国海油在总结 2010 年绩效考核管理经验的基础上，进一步调整了各部门业务指标的衡量标准，各考核单元普遍建立起自我约束与考评的机制。建立中海油职业资格管理体系。2011 年，中国海油进一步完善和应用专业技术人员能力模型，为专业技术人员提供科学可靠的标准体系、专业有效的培训体系、合理客观的评价和考核体系及配套的晋升考核评价体系，从而有效地激发了专业技术人员的工作热情，形成了积极探索、努力创新的工作氛围。

（五）石油石化行业自主创新评价

2011 年中国石油石化中央企业在自主创新领域已经取得了突出的成就。在石油石化行业庞大的科技投入和高水平科技队伍的驱动下，石油石化行业持续创新能力不断提升。具体而言，2011 年石油石化行业自主创新硕果累累：专利申请与专利授权数不断提高；关键领域重大核心技术取得突破；多样化的科技新产品畅销国际市场；科技研发体系日臻完善；企业内控机制和风险管理体制不断优化；精细化管理有序推进，降本增效成绩斐然；营销渠道不断优化，商业模式不断创新，市场供给有效增加；产学研结合长效机制逐步形成，创新效率不断提升；国际合作深入发展，国际竞争力不断提升；人才机制长效发展，企业文化日臻完善；体制机制日趋成熟。

但在低碳经济和国际产业格局深刻变化的大背景之下，中国石油石化行业的自主创新，还有很长的路要走。增加油气储量、产量、降低生产成本、提高经济效益成为石油企业在“十二五”期间技术创新要解决的战略性的问题。因此今后较长一段时期石油企业技术创新的任务就是以提高油气储量、产量、降低成本以及提供多样化的石油产品的战略思想指导，根据环境和需要整合和利用已有石油地质理论知识、勘探、开发、生产、炼制技术以及管理方法。运用于开发和生产领域，提高投入产出比。这也相应的对石油企业技术创新能力有了较为明晰的界定：一是在技术层面，是地质、油气勘探理论的研究、石油勘探、油田开发、开采钻井工艺、生产、炼化、油气集输等技术的开发与突破以及将这些技术工程化、转化为能够实际提高勘探开发效率、提高采收率、提高储量、降低成本的生产能力；二是在市场层面，要解决的问题是把已有的适用的技术成果推广扩散、商业化；三是在组织层面，为了支持和保证技术创新的效率和速度，要解决的问题是制定科学合理的技术创新战略、良好的组织界面管理以及有效的激励团队技术创新。

二、钢铁行业中央企业自主创新

（一）钢铁行业背景

1. 钢铁行业概况

钢铁工业是国民经济的重要基础产业，是国家经济水平和综合国力的重要标志。钢铁产业是中国国民经济的重要支柱产业，为中国经济的持续快速发展做出了重大贡献。多年来，正是得益于钢铁工业提供的各类钢铁产品，才确保了中国机械、交通运输、建筑、国防等基础行业的大发展。在中国，钢铁企业整体产业链约占 GDP 总值的 8.8%，行业上下游关联产业多，在整个经济振兴的布局中占有举足轻重的地位。中国钢铁行业自建国以来一直快速发展，1949 年中国的钢铁产量只有 15.8 万吨，居世界第 26 位，不到当时世界钢铁年总产量的 1.6 亿吨的 0.1%。在三年经济恢复时期和以后的几个五年计划期间，中国钢铁工业在困境中顽强地前进。1978 年，中国钢产量已达到 3178 万吨，居世界第五位，占当年世界钢铁产量的 4.42%。1996 年，中国钢产量首次突破 1 亿吨。2008 年，中国粗钢产量达到了 5 亿吨，粗钢产量超过位居第 2 位到第 8 位的国家的粗钢产量总和。近几年，中国钢铁工业取得了多项世界第一：产量第一、出口量第一、消费量第一，一跃成为全球钢铁生产大国。

从国际上看，2011 年 7 月 7 日美国《财富》中文网与《财富》英文网同步发布 2011 年《财富》世界 500 强排行榜。中国 69 家企业上榜“2011 年度世界企业 500 强”，比 2010 年增加了 15 家。上榜企业超过日本并仅次于美国（133 家），创下历史纪录。其中，中国钢铁生产企业中有宝钢集团、河北钢铁集团、首钢集团、武钢集团和沙钢集团 5 家进入排行榜。此前，宝钢集团已连续八年名列世界 500 强企业，首钢首次进入。首钢在新入围的 16 家中国企业中排名第一、在入围的中国钢铁企业中排名第三。

从国内来看，从 2004 年开始到 2011 年，入围中国企业 500 强的钢铁企业分别为 57 家、60 家、71 家、89 家、89 家、65 家、58 家、55 家，虽然中国企业 500 强入围底线从 2004 年的 30.6 亿元增加到 2011 年的 144.56 亿元，钢铁企业入围中国企业 500 强的企业营业收入平均值从 145.01 亿元增加到 594.59 亿元，7 年增加了 450 亿元，环比提高 24%，500 强中全部企业营业收入环比提高 22%。换言之，中国企业 500 强中钢铁企业的营业收入增速高于其他企业。由于

2011 年入围门槛提高幅度很大，企业个数比上年减少了 3 家，营业收入平均值却提高了 145.21 亿元。入围企业个数最高的年份是 2007 年和 2008 年，达到了 89 家企业。这些充分展现了我国钢铁企业的实力和潜力，我国钢铁企业有希望有能力做大做强。

2. 钢铁行业自主创新背景

“十一五”时期是中国钢铁工业为国民经济发展做出贡献最大的五年，是钢铁工业发展最快、技术创新能力提升最显著的五年。五年来，钢铁工业以关键技术研发和重点项目为依托，切实加大研发投入和科技创新力度，形成了一批具有自主知识产权的高水平成果，为钢铁工业实现由大到强转变奠定了坚实基础。

在关键工艺技术与装备领域，钢铁工业大力推广使用高效低成本冶炼技术、新一代控轧控冷技术、性能预测与控制及一贯制生产管理技术等关键工艺技术，促进了钢铁工业资源与能源的节约、生产效率提高和成本降低；真空精炼装备技术、大方坯与大圆坯连铸装备技术、冷轧机组以及取向硅钢生产线自主集成等装备技术的国产化，代表着我国钢铁工业已具备主要工序核心装备与关键工艺的自主集成能力，具备了自主建设一个世界一流水平的千万吨级钢厂的能力，鞍钢鲅鱼圈、首钢京唐、宝钢梅钢宽带钢冷连轧机组的自主集成、自主建造，标志着中国钢铁工业自主设计、制造、工程建设和掌握运用新技术水平达到了一个新的里程碑。

在产品领域，经过近年来的发展，中国钢铁工业研制和生产出一大批钢铁精品，包括百米高速重轨、高压油气输送用管线钢、高等级牌号无取向电工钢和高牌号取向硅钢、高级不锈钢、高强汽车板、超深井、耐腐蚀抗挤毁油套管等品种，实物质量已达到或接近国际先进水平，为国家重大工程建设和重点下游用户行业的发展起到重要支撑作用。

在技术创新体系方面，到 2009 年中国重点大中型钢铁企业拥有科技机构 218 个，科技机构人员总数为 45068 人，其中博士生 806 人，硕士生 4694 人，高学历人员的比重逐年增加。目前，我国钢铁工业已建成国家级重点实验室 16 个，工程实验室 5 个，工程技术中心 12 个，工程研究中心 10 个，企业技术中心 33 个，创新型企业 17 个。基本形成了以企业为主，大学、研究院所为辅的产学研用相结合的技术创新体系，具备了一定的独立自主开展技术创新的能力。

但中国钢铁行业也面临产能过剩、产业布局不合理、集中度低、产品附加值低、资源控制力弱等一系列问题。目前，全球经济低迷波及中国，不但钢铁出口前景不佳，内部需求也形势堪忧，但是，中国钢铁行业仍有巨大的潜在机遇。

（二）钢铁行业自主创新活动与成就

1．钢铁行业自主创新活动

（1）加大科技研发投入力度。

从科研经费投入上看，武钢集团公司2008年科技进步经费投入33.2亿元，2009年投入56.6亿元，2010年投入62.7亿元，2011年的投入预计达到69.9亿元。武钢每年的科技进步经费投入都在销售收入的2.5%以上，同时每年的科技成果和专利数不断增长。2011年，宝钢的R&D投入率达到2.34%，新产品销售率达到20.58%，环境友好新产品比例达到88.09%。专利申请量达到1220件，其中发明专利比例为41.9%。科研直接效益为17.33亿元，技术推广生产产生经济效益为1.99亿元，技术贸易额3462万元。①

从科研人员投入上看，近年来，宝钢股份用于技能人才培养的教育投入占到了全年教育经费的45.43%。在加大教育投入的同时，宝钢大力进行培训模式的探索创新和教育资源的优化配置。在培训方式上，宝钢推出“三合一”高级技能培训新模式，即以国家大专学历框架为基础，以高级工培训与鉴定为主线，以突出岗位能力培养为特色，将能力提升与学历教育融为一体。在培训内容上，宝钢导入案例教学，要求参加技师、高级技师培训的学员必须自带生产现场的课题参加交流研讨，提高了学员知识、技能的应用能力和解决问题的实战能力。在鉴定模式上，宝钢推出了总体要求高于国家标准的“1+X”模式，即在国家职业技能鉴定标准的基础上，再根据宝钢生产实际需要增加或替换部分内容。鞍钢也加大了科研人员投入，2011年共组织完成员工集中培训30068人次，其中高层管理人员参加战略管理培训148人次；组织管理和技术人员参加管理知识和计算机等培训8098人次；组织高技能人才创新能力培训464人次；组织生产人员参加技术等级，技术点检等培训4346人次；组织委培在职攻读硕士62人；组织管理人员到高校进修58人。通过培训提高了员工队伍的整体素质，为自主创新打下了良好的基础。武钢加快了人才的培养力度，针对性地选派科研和设计单位的优秀技术人员到一线进行挂职锻炼，进一步提高了科研人员的研发和创新能力。武钢还确立了全员培训的目标，加大了人才的投入，把培训的重点放在帮助专业人员及时掌握新技术和新知识上。此外还选派多名优秀管理人员

---

① 数据来源：2011年武汉钢和宝钢的年度报告。

到国外的优秀企业进行学习考察，这些对科研人员的投入都大大地促进了武钢自主创新能力的提高。

(2) 组建优秀的技术人才队伍。

鞍钢在岗人员中现有高级技师 303 人，技师 2431 人，高级工 12426 人，中级工 27974 人，初级工 18634 人。按在岗生产服务岗位人员总数计，持证率达到 77.21%。为贯彻落实 2000 年国家劳动和社会保障部第六号令要求，鞍钢在六号令规定的工种范围外又增加了部分技术含量较高、相对重要的工种，共确定了 131 个作为必须持证上岗的工种。以此为基数统计，持证率为 90.1%。鞍钢高技能人才队伍的总人数为 2734 人，占技能人才的比例为 4.43%。其中，本科学历占 7.38%，大专学历占 27.45%，高中、技校学历占 58.87%，初中及以下学历占 6.29%，平均年龄为 42.1 岁。鞍钢是从 1987 年开始进行技师和高级技师的考评工作的，18 年来累计有 558 人获高级技师职业资格证书，有 4967 人获技师职业资格证书。2000 年以来，高级工及以下累计鉴定合格 73501 人，其中高级工 14549 人，中级工 22318 人，初级工 36634 人。目前，武钢有专业操作岗位人员 43205 人，主业技术岗位人员 15768 人，管理岗位人员 12728 人。在岗人员中，管理人员 4379 人，技术人员 5287 人，操作人员 33589 人。武钢中具有初级技术职称的员工有 11486 人，具有中级技术职称的有 9916 人，具有高级技术职称的有 3299 人。所有员工中，大中专及以下有 23609 人，大专有 10388 人。大学本科 8159 人，硕士博士研究生 1049 人。截止到 2011 年，宝钢有在岗职工 10.5 万人，其中大学本科以上学历 2.3 万人，占在岗职工的 21.9%，高级技能人才 2.8 万人，占在岗职工的 26.6%。①

(3) 建立高效的创新机构。

武钢研究院、国家硅钢工程技术研究中心、华中科技大学 WISCO 联合实验室、武汉市武钢高新技术研究开发中心等一批科研机构相继成立，成为武钢的发展助推器。在 2011 年，武钢又创建首个海外合作研究机构——“武钢迪肯汽车材料创新研究中心”，与美国路易斯安那大学正式签署合作协议，实现了研发资源海外的配置与海外科研合作“零”的突破。这些科研院所的成立使得武钢的科技成果和专利数的成倍增长，有力推动了钢铁主业的优化升级。

2011 年鞍钢建立了多个实验院所。鞍钢技术中心完成了汽车板实验室一期建设，相关实验装备已投入使用。鞍钢矿业设研院建立完善了岩石力学、采矿

① 数据来源为鞍钢宝钢和武钢的官方网站人才结构部分。

工艺、多功能联选和烧结球团实验室。攀钢完成了钒钛磁铁矿综合利用、高品质富钛料制取、高炉渣提钛、氧化钒清洁生产4条中试线的功能优化与完善。EVI管理模式不断拓展深入。2011年新增管线、油井管、高强工程机械和救生舱用钢等4个EVI项目团队。目前，EVI项目团队达到9个，并已取得阶段效果。通过搭建技术交流平台，推进技术协同和技术互动，集团公司的协同效应得以充分发挥。对标及技术交流推动集团整体工艺水平优化提升。先后举办了集团公司炼铁、炼钢、轧钢、矿山、焦化对标及技术交流研讨会，围绕技术改进、降本提质、节能减排和产品开发等工作，在技术创新成果、生产操作经验等方面进行了广泛交流，并探讨了生产及科研中遇到的新问题。会上交流论文66篇，书面交流论文300余篇，研讨解决现场实际问题100多项。初步建立起技术指标对标体系，确定了技术、成本等方面400余项对标指标，建立了对标技术分析平台，每月组织专家团队进行分析、评价并形成报告，提出指导性意见供各生产厂学习参考，促进了鞍攀双方技术人员相互学习和取长补短，实现了技术共享。知识产权创造和运用取得新佳绩。通过开展专利战略研究，强化宣传培训，知识产权创造和运用能力显著增强。

宝钢的“孔利明式”科技创新小组一直是宝钢分公司开展群众性科技创新活动的抓手，2011年已发展到347个。为进一步营造群众性科技创新氛围，为基层员工开展技术创新搭建平台，宝钢分公司大力开展技术培训、职工技术比武等活动，以发现并吸纳优秀技能人才；还定期组织科技创新小组成员参加上海市、全国发明展并推荐优秀成果参赛等。基层单位也纷纷利用自身优势，为“孔利明式”科技创新活动搭建平台，如热轧厂的“创新协会预备会员制”和会员年度创新积分和“单项创新明星评选”等活动的开展，大大促进了创新成果的诞生。此外，为提高基层员工参与科技创新的积极性，宝钢分公司工会建立了“孔利明”创新沙龙，并定期开展活动。如今创新沙龙影响力渐渐扩大，不仅吸收了一批创新骨干，还在一定程度上促进了科技创新小组的成果孵化。一些看似普通的点子，经过沙龙大师的指点或大伙的“头脑风暴”，就变成了“金点子”，大大地促进了宝钢的科技创新。

2. 钢铁行业自主创新成就

（1）专利申请与专利授权数逐年增加。

2011年，面对国际金融危机以来最为严峻的市场考验，鞍钢集团公司大力提升自身创新优势，增强技术引领能力，科技创新工作取得了显著成效。2011年，开发新产品比例达到23.86%，5项国家级科研项目落户鞍钢；全年取得国家受理专利 1598 项，授权专利 1227 项；获省级以上科技进步奖 39 项，其中“冷轧板形控制核心技术自主研发与工业应用”和“国产铁精矿提铁降硅（杂）的系统研究与实践”2 项成果获得国家科技进步二等奖；27 项重点技术经济指标和质量指标好于上年，其中 20 项创历史最好水平。2011 年，鞍钢大力推进科技创新工作，在核电、造船、汽车、家电、海工、钒钛等重点新产品研制上取得突破性进展，以高端产品突围低迷的钢铁市场。此外，鞍钢重点推进国家项目、对外合作项目及集团重大项目的实施，多个项目取得突破性进展。鞍钢还通过开展专利战略研究，强化宣传培训，知识产权创造和运用能力显著增强。截至 2011 年底，鞍钢集团公司已累计拥有有效专利 5249 件，授权专利 3782 件，专有技术备案 3526 件。在“第 20 届全国发明展”中，共获金奖 8 项、银奖 10 项、铜奖 7 项。

2011 年，宝钢三大热轧不锈钢产品——“304”、“316L”、“430”捧得“金杯奖”和钢铁行业最高质量奖项“特优质量奖”。2011 年中国冶金科学技术奖中宝钢有 5 项成果获奖，其中，“特薄带钢高速酸轧工艺与成套装备研究开发”项目获唯一特等奖。不锈钢事业部技能专家储滨的“基于料面综合判断方法的高炉节能技术”获得首次设立的基层工人奖。纽伦堡国际发明展是全球最具影响力的发明展之一，此次共有 30 多个国家、90 个展团、800 多个项目参展，中国展团共参展 20 个项目，获 4 个金奖、2 个银奖、2 个铜奖，宝钢获奖数占中国展团获奖数的半数。中国冶金科学技术奖励委员会专家按照《冶金科学技术奖奖励条例》及其实施细则严格评审，最终确定 79 个获奖项目，其中包括 1 个特等奖、10 个一等奖、28 个二等奖、40 个三等奖。宝钢有 5 个项目获奖，其中，“特薄带钢高速酸轧工艺与成套装备研究开发”获特等奖，“高等级 UOE 焊管工艺技术自主开发和集成”荣获一等奖，“冶金产品在线喷印标记关键技术研究、装备开发及其应用推广”和“基于料面综合判断方法的高炉节能技术”获二等奖，“5 米厚板工艺模型研究与应用”获三等奖。

2011 年成为武钢专利丰收年，全年共申请专利 703 项，专利申请量、授权量、发明专利量均创历史最好成绩，特别是发明专利授权量达到上年的 2.6 倍。“十一五”期间，武钢获得国家、冶金行业、湖北省科技进步奖合计 236 项。获国家科技进步奖 14 项，其中一等奖 1 项，二等奖 13 项。获得冶金行业科技进步奖 48 项，其中特等奖 1 项，一等奖 6 项。获得湖北省科技进步奖 95 项，其中特等奖 1 项，一等奖 14 项。2009 年一年的专利申请量就超过 1984—2004 年这 20 年专利申请量的总和，2010 年武钢申请专利 610 项。在 153 家中央企业中，武钢的专利申请量、授权量和有效专利的排名位居前列。据统计，公司2011年共组织各单位申请专利703项，较上年增加93项，其中发明专利192项，PCT专利3项；获专利授权641项，其中发明专利158项，进入专利申请量、授权量、发明专利量同步上扬历史新佳境。此外，武钢2011年还首次获得一项国外专利。8月，该公司申报的“薄板坯连铸连轧生产宽带钢的方法及其系统”专利，获得美国专利商标局授权证书。

（2）核心技术取得重大突破。

宝钢经过一段时间的试生产，宝钢股份特钢事业部新开发的GH99合金锻棒研制成功。经检验，各项性能完全满足标准要求。GH99合金主要用于制造温度不超过1000摄氏度的航空发动机的燃烧室、飞行器固定件以及导向叶片等零部件。近年来，随着航空发动机制造产业的发展，GH99合金得到越来越广泛的应用。此前由于受设备条件限制，国内只有两家钢厂能够生产此类合金。此外，宝钢还研制出高抗震钢筋，与普通钢筋相比，高强度抗震钢筋不仅能节约钢材、减轻建筑自重，同时还可以有效提高混凝土抗震性能和工程质量，性价比很高。我国最大壁厚、最大管径的X100钢级UOE直缝埋弧焊钢管，也在宝钢试制成功。以便于满足我国石油工业的发展需求，以更经济的方式输送高压天然气。宝钢1580产线三电系统改造是宝钢第一次热连轧系统的完全自主集成式改造项目。工程具有难度大、范围广和风险高等特点。宝钢股份热轧厂、设备部、研究院、宝钢工程、宝钢股份相关职能部门组成的团队，自2009年1580产线三电系统改造项目启动以来，狠抓质量、进度、成本等综合管理。特别是2011年团队把设计、制造与施工相结合，把软件开发、调试与生产相融合，把科研攻关与工程整合，有力地促进了项目的顺利开展。目前，1580产线粗轧三电系统单体调试基本结束，工程施工提前三个月完成计划节点。宝钢自2001年开始进行纳米材料及纳米技术在钢铁行业的应用研究，先后建成了钢铁材料表面纳米化中试实验室和纳米表征实验室，在纳米钢铁材料制备和表征测试领域取得了多项可喜成果，为宝钢纳米技术的生产性应用研究奠定了基础。2007年，宝钢纳米技术研究获得了国家“863”计划的专项支撑，目标是将纳米技术由实验室研究推向工业化应用。在研究院、冷轧厂及中科院金属研究所的合作下，在2011年使纳米技术在钢铁行业的应用取得了重要突破。经表面纳米强化处理的酸洗拉矫机工作辊在冷轧厂酸洗机组成功实现工业化上线检验。检验的稳定运行表明，表面纳米强化后的拉矫辊运行稳定，使用寿命可提高1倍以上，大幅减少了备件采购成本、修复和换辊时间，经济和社会效益显著。目前，该项技术产业化正在进行中。

武钢已经形成以“桥、管、箱、容、军、电、车、线”等为重点的一批精品名牌，“双高”产品比例由2004年的54%提高到82%以上，武钢牌商标被认定为“中国驰名商标”。冷轧硅钢片和船体用结构钢板分别荣获“中国名牌产品”称号。一批独有和领先产品研制成功，如长距离煤浆输送用钢达国际先进水平。在国际上率先试制成功厚规格X90管线钢，钢板桩出口韩国。高性能结构钢等系列品种成为精品名牌。武钢研发出了第五代桥梁钢，推广应用到芜湖长江大桥、京沪高速南京大胜关铁路桥等60余座大型桥梁，是我国桥梁钢研发与生产的引领者。压力容器钢形成了6大系列共19个压力容器和压力钢管钢种，并制定了相关国家标准，成为国内高性能压力容器用钢系列产品的奠基者。2005—2008年，武钢管线钢连续4年在工程供货中位居全国第一，在西气东输中武钢X70钢独占鳌头，X80钢率先研制，连续油管用CT80钢独家生产，构筑了武钢在我国焊管用热轧板开发方面的引领地位。建筑用钢方面，武钢率先研发耐火耐候建筑用钢，申报国家发明专利8项，开发出具有自主知识产权的系列高性能建筑用钢，在国家大剧院、国家体育馆、中央电视台、拉萨火车站、天津津塔等地标性建筑中得到应用。武钢高速重轨取得重大突破，2008年12月通过时速350km客运专线钢轨上线认证工作，创国内同类企业通过认证与达产最快纪录。重轨生产填补了我国高速用轨资源在中南地区的空白，成为继硅钢产品之后武钢新的效益增长点。此外，武钢船用钢、帘线钢等产品均保持国内领先地位。

鞍钢在核电、造船、汽车、家电、海工、钒钛等重点新产品研制上取得突破性进展。鞍钢成为国内唯一一家具备生产核岛关键设备用钢18MND5的钢铁企业，中标东方锅炉红沿河反应堆稳压器用钢项目。超高强船板F620、F690在国内率先通过船级社认证，成为首家具备生产最高级别船板能力的企业。在第三代汽车用钢研发过程中，突破多项技术瓶颈，满足了汽车行业轻量化的需求。取向硅钢新产品实现达产达标，低温取向硅钢产品质量达到国际先进水平。鞍钢的热处理道岔钢轨通过了铁道部认证。科技创新体系与机制进一步完善，研发手段建设取得新进展，EVI活动硕果累累，科技管理工作向制度化、规范化和程序化方向迈进。制定实施了《鞍山钢铁集团公司研发费用管理办法》等多项技术创新管理办法，科技管理更加科学、规范、有效。实验室和中试线等科研手段建设日益增强。鞍钢技术中心完成了汽车板实验室一期建设，相关实验装备已投入使用。鞍钢矿业设研院建立完善了岩石力学、采矿工艺、多功能联选和烧结球团实验室。攀钢完成了钒钛磁铁矿综合利用、高品质富钛料制取、高炉渣提钛、氧化钒清洁生产四条中试线的功能优化与完善。EVI管理模式不断拓展深入。2011年新增管线、油井管、高强工程机械和救生舱用钢等4个EVI项目团队。目前，EVI项目团队达到9个，并已取得阶段效果，鞍钢集团科技资源共享优势尽显。通过搭建技术交流平台，推进技术协同和技术互动，集团公司的协同效应得以充分发挥。对标及技术交流推动集团整体工艺水平优化提升。鞍钢自主开发的4300mm厚板线“超快速冷却+层流冷却”装备与自动控制系统投入使用，成为国内首套具有自主知识产权以及在线冷却能力最大的中厚板超快速冷却系统，实现了新一代TMCP工艺技术的突破。热轧带钢柔性生产技术的研制成功，实现了鞍钢热轧生产史上的突破。国内最小规格Φ5.0mm高碳拉丝钢线材开发成功，填补国内空白。成功研制出高牌号电工钢0.50mm规格系列产品，成为自主研发高端电工钢产品的典范。牵头开展核电用热轧钢板国家标准的制定，成为国内唯一一家具备生产核岛关键设备用钢18M.D5的钢铁企业。鞍钢5.i钢先后通过了挪威（D.V）、英国劳氏（LR）、中国（CCS）三国船级社的认证，标志着鞍钢具备了全规格供货的能力，结束了5.i钢全部依赖进口的历史。集装箱用高强度钢Q550J的成功研制，标志着鞍钢在此项技术上继续保持着国内全规格覆盖、产品高性能的领先水平。

（三）钢铁行业自主创新影响要素

1. 政府方面

面对全球金融危机，各国政府纷纷出台经济刺激政策，投入大量资金拯救岌岌可危的各大经济支柱产业。中央政府为了拉动需求，也陆续推出一揽子经济刺激方案和行业振兴计划，直接或间接地影响钢铁市场。2011年是中国“十二五”规划实施的开局之年，从中央到地方、从行业到企业都制定了“十二五”发展规划，为国内钢材市场描绘了未来的发展方向。中国政府的各项政策影响了钢铁行业的发展。

（1）货币与房地产政策。

货币政策和房地产政策对钢材市场有着很大的影响作用，中国人民银行于2011年四次整调存款储备金率昭示了降温房市的决心。此举可能对房地产产生冲击，从而影响钢材的需求。但是国务院会议对“取消营业税”等调控政策做出了调整，调控尺度已经有所放松。此外，中国各地方政府也纷纷采取措施，例如北京市政府回购商品房作为经济适用房出售，此举大大减少了二级市场上商品房的库存。此外，国内建筑结构仍以混凝土为主，钢结构比重远低于国际发达国家的比例，预计钢结构占建筑的比重将会逐年提升，结构性的改变对于钢铁的需求亦将产生中长期的推力。住建部公布的《建筑业“十二五”发展规划》，为“十二五”期间整个建筑行业的发展奠定了基调和目标。“十二五”期间，全国建筑业总产值、增加值年均增长15%以上，在钢材需求上，HRB400以上钢筋用量达到总用量45%，钢结构工程比例增加。《钢铁工业“十二五”发展规划》明确加大高强钢筋的推广应用，在全国大中城市全面推广使用400兆帕、500兆帕高强度螺纹钢筋，促进建筑钢材升级换代和减量应用。围绕建筑业适应减量化用钢趋势，升级热轧螺纹钢标准，重点发展400兆帕及以上高强度螺纹钢筋、抗震钢筋、高强度线材（硬线）；预见高强钢筋的消费量从2010年的5650万吨，增加到2015年的11200万吨。我国现在正处于城市化的过程中，大量外来务工人员涌入城市，现有的住房根本无法满足需求，所以只要中国的城市化过程不结束，中国的住房需求将一直大于供给，从而对钢材需求量会上升。2011年我国保障性住房建设力度加大，1000万套保障性安居工程的建设对于钢材需求的释放，特别是对于螺纹钢、线材等建筑钢材的需求起到强力支撑，直接拉动了建筑用钢市场需求的回升。总体来讲，2011年钢铁下游行业平稳增长，国内钢铁市场整体表现出较为旺盛的钢铁需求。

(2)“家电下乡”和汽车产业调整政策。

中国政府推动“家用电器下乡”活动，首先在山东、河南、四川等地启动，随后将在全国14个省市逐步展开。此举将刺激因出口需求下降的家电行业，通过国内需求的拉动，消化家电行业的库存，间接促进了家电行业的钢铁产品消耗，对钢铁产业发展是一个大的推动。

汽车产业调整和振兴规划的核心为稳定和扩大汽车消费需求：通过对1.6升及以下排量乘用车减按5%征收车辆购置税；对农民报废三轮汽车和低速货车换购轻型载货车以及购买1.3升以下排量的微型客车，给予一次性财政补贴；增加老旧汽车报废更新补贴资金，并清理取消限购汽车的不合理规定。这些举措预期将增大汽车的购买量，而汽车用钢量将被放大，对钢铁行业产生促进作用。

(3) 振兴机械行业政策。

在全球金融危机的大环境下，机械行业受到重创。但作为国家重点行业，仍得到政策的大力扶持。国务院通过了《高档数控机床与基础制造装备科技重大专项实施方案》，该项方案着眼于提升中国数控机床和基础制造装备产业的自主创新能力和核心竞争力，藉由促进装备制造业结构调整，带动该行业的需求提升。而2007年开始推广“农机下乡”政策，2009年进一步加大了农机购置补贴的规模，达到了130亿元，激发了广大农民购买农机具的积极性。此外，从2009年1月起针对中国553种机械和电器产品的增值税退税率从14%提升到17%，直接提升相关产品的出口竞争力，降低出口市场需求降低产生的冲击，促进了钢铁行业创新的发展。

（4）企业兼并重组政策。

中国《钢铁行业产业政策》指出，通过钢铁产业组织结构调整，实施兼并、重组，扩大具有比较优势的骨干企业集团规模，提高产业集中度。根据目标，国内排名前十位的钢铁企业集团钢产量于2010年应占全国的比例达到50%以上，2020年达到70%以上。在该政策的引导下，2005年以来中国钢铁企业并购趋于活跃，重组整合行动加快，完成许多钢铁企业的重组。而2009年出台的《钢铁产业调整和振兴规划》及其细则重申了中国政府整合钢铁行业参与国际竞争的决心。该规划指出：为形成若干个具有较强自主创新能力和国际竞争力的特大型企业，国内排名前5位钢铁企业的产能占全国比例要达到45%以上，并明确提出推进鞍本与攀钢、东北特钢，宝钢与包钢、宁波钢铁等跨地区的重组，推进天津钢管与天铁、天钢、天津冶金公司，太原与省钢铁行业内钢铁企业等区域内的重组。力争到2011年，形成宝钢集团、鞍本集团、武钢集团等几个产能在5000万吨以上、具有较强国际竞争力的特大型钢铁企业，形成若干个产能在1000万~3000万吨级的大型钢铁企业。这些大型钢铁集团的兼并整合必将促进钢铁产业组织结构调整，促进钢铁企业发展。

2. 市场方面

2011年欧洲债务危机不断升级，大宗商品价格剧烈震荡，世界经济在高通胀情况下还没有完全走出债务金融危机的影响，世界经济疲软的态势还将持续较长时期，因此，全球铁矿石市场和钢材市场表现仍将持续低迷。

（1）全球铁矿石价格下行。

根据海关数据，2011年中国铁矿石进口6.86亿吨，同比增长10.9%；平均价格为163.8美元/吨，同比增长27%。其中，11月、12月进口量分别为6420万吨、6409万吨，远高于全年月平均进口量5717万吨水平。价格因素是上年11、12月份铁矿石进口量明显增长的主要原因之一。2011年11月份我国进口铁矿石均价为162.1美元/吨，12月份进口均价进一步回落至141.2美元/吨。随着全球铁矿石需求的进一步减少，铁矿石进口均价有望继续回落。与国内铁矿石相比，进口铁矿石价格优势已开始显现。铁矿石的价格走低降低了我国钢铁企业的生产成本，是促进我国钢铁产业创新发展的一大利好。

(2) 国际市场竞争加剧。

在供给大于需求的2011年钢材市场运行下，国际钢材价格指数经历了“持续下滑、触底回升、回调盘整”三个运行过程，市场价格在波动中前行。在世界经济开始回转时期，作为世界代表的美国以不断扩大的趋势对中国发起了新一轮钢铁贸易战，导致中国钢铁企业面临的国际贸易磨擦数量激增。8月份欧盟成为继日本之后的第二大钢出口国后，将成为全球主要的钢出口地区，逐渐取代中国作为世界第一大钢出口国地位的趋势愈演愈烈，日本和韩国争相扩大对中国出口，美国钢进口创自1991年来的最低水平，世界主要钢消费地区中东进口大幅减少，阿尔及利亚、尼日利亚和埃及等建筑钢需求快速增长，西非、北非成为最活跃的钢进口市场。恶化的国际钢铁贸易环境将促使中国钢企的市场盈利空间越趋狭小，形势日益越趋严峻，这将逼迫中国钢铁企业加快创新并进行新一轮转型。

(3) 国内外市场需求拉动减弱。

由于前几年的经济荣景产生以生产为导向的产业结构，随着国际金融危机的扩散和蔓延，愈益突显了供过于求的困境，导致价格急剧下跌、企业经营困难、全行业亏损的局面，钢铁产业稳定发展面临着前所未有的挑战。首先，住宅销售依然疲软。据国家统计局统计，2011年第一季度房地产行业投资大幅放缓，仅增长1%，增幅比上年同期回落31.9个百分点。其中，占整体房地产开发投资比重70.2%的商品住宅完成投资1682亿元，同比仅增长0.8%，增长率回落21.8个百分点。这种状况大大抑制了2011年新的房地产开工面积。虽然2011年房地产投资继续增长，但增速将滑至10%以下。从而导致2011年中国建筑钢材的需求总量增幅将极为有限。其次，企业固定投资减少。由于现阶段商品价格跌落，产能过剩，资金紧张，并且缺少市场前景明朗的投资项目，企业对资本支出十分谨慎，即使财政资金投资明显增加，也难以扭转2011年固定资产投资实际增长率下滑的趋势。2011年中国固定资产实际投资增长率回落到14%左右。再次，外部钢铁出口前景不佳。韩国、东盟、欧盟和美国为中国钢铁主要出口市场，四者合计占同期中国钢材出口总量的53%。由于国际经济陷入衰退，需求总量缩小，加上贸易保护主义普遍抬头，2011年中国钢材出口环境更为严峻。2010年我国累计出口钢材5923万吨，比上年下降5.5%。2011年钢材直接出口量为5500万吨，出口规模继续下滑。

(4) 国际钢价低位波动。

在需求不振的阴影下，2011年国内外钢价走势剧烈起伏；在7月份钢材价格综合指数创出历史新高后，国际 CRU 指数于 11 月末已骤降到略低于年初水平，而国内指数则滑落到 2010 年一季度的水平，随后则处于低位震荡状态。在价跌量缩的情况下，中国钢企面临营运上极大的压力。据钢铁协会统计，71 户大中型钢铁企业，尽管因产能增加使 2011 年产品销售收入达 25650 亿元，比上年增长 25%，但实现利润仅 846 亿元，比上年剧降 43%。全年 15 户企业亏损，亏损达 21%，亏损额达 85 亿元。

3. 企业方面

（1）完善的激励机制。

科技人才的激励机制大大地影响钢铁企业的绩效。科技人员人生价值能否得到实现关系到企业的创新效果。科技成果是技术人员的智力结晶，科技人才的激励方式关系到科技成果的转移和应用也关系到科技成果商品属性和社会价值的实现。所以，钢铁企业应该切实保障劳动人员科技报酬的落实，以对科技人员的努力产生正向激励作用。中国的钢企要认识到激励机制对技术创新的重要推动作用，从制度上确立劳动和资本技术等生产要素的分配原则，使员工的报酬与其创造的价值贡献相对应，充分调动技术创新的可能性。

（2）保证落实科技投入。

正常情况下，企业的研发费用占销售额的比率在 2% 左右的时候，企业才能生存。只有当研发费用占销售额的 5% 以上的时候，企业才会有竞争力。所以，钢铁企业要重视科技投入的落实状况，从战略的高度出发，加大科研投入，满足企业创新的资金需求。一方面要拉高 R&D 比例，另一方面要广开财源多方面筹措资金支持创新。此外，企业还可以尝试风险投资或者与国外企业进行合作经营来支持自身的创新活动。

（四）钢铁行业自主创新的模式与特点

1. 加强国际合作提升竞争力

鞍钢集团与美国国际钢铁服务公司签署协议，将合资成立鞍钢氧化铁粉有限公司，合资公司由鞍钢集团旗下的实业公司持股 55%、鞍钢股份持股 30%，美国 ISSI 公司持股 15%。鞍钢集团公司与美国 ISSI 公司成立合资公司，可以借助该公司先进的生产工艺、先进的技术管理、完备的产品标准和检验标准及广泛的销售体系，使鞍钢氧化铁粉成为高端磁性铁氧体原料，为鞍钢进入高端软磁材料市场奠定坚实基础，最终使其成为鞍钢非钢产业一个新的经济增长点。根据协议，合资公司将在线改造鞍钢冷轧酸再生机组，并为其提供技术及设备保障。改造后的酸再生机组将在保证酸再生处理的同时，生产出高质量氧化铁粉。加速氧化铁粉生产技术的研究，推广氧化铁粉产品的应用及开发，对降低企业能源消耗、保护生态环境以及对提升我国磁性材料生产、应用均具有重要意义。从前这些钢铁生产的副产品在鞍钢通过与国外合作找到了“变废为宝”的新渠道。

在全球经济一体化的背景下，武钢十分重视与世界各国优秀企业的交流与合作。2011 年武钢与加拿大世纪铁矿公司在北京签订合作协议，标志着武钢海外矿产资源开发迈出新步伐。加拿大世纪铁矿公司的矿产资源丰富，能够与武钢的资金、技术和人才优势形成互补，双方具有广泛的合作空间，在加拿大及魁北克政府的大力支持下，在双方高层的共同推动和富有成效的工作开展下，武钢与世纪铁矿公司在 2011 年 5 月 18 日完成了股票交割，随着今天矿山开发合作协议的签署，武钢与加拿大矿产资源合作进一步深化，迈出了武钢在海外资源开发的重要步伐。世纪铁矿公司有着雄厚的技术实力、人才优势和矿山开发能力，武钢与其的合作可以充分利用加拿大魁北克省未来 25 年的“北部计划”，世纪铁矿投入数百亿加元来加强科技创新促进矿业发展，这样的“利好政策”为武钢的科技水平提升带来了更大的机会。

2. 注重创新人才培育

近年来，随着宝钢钢铁产业及多元产业的不断发展壮大、全球化布局的拓展，宝钢对高潜质优秀人才的需求也更加迫切，在此契机下宝钢启动了“管培生计划”。为了确保企业的持久竞争优势，支撑公司顺利推进二次创业战略转型，在创办世界一流企业的征程中奠定扎实的人才基础，宝钢开展人才品牌宣传和建设工作，通过策划一系列主题活动，走进名校、靠近人才，向他们宣传宝钢的新战略、新产业发展和人才发展理念，树立宝钢人才品牌，加大宝钢对高潜质优秀人才的吸引力及在国内顶尖高等院校中的影响力。对于获聘的管理培训生，宝钢不仅向其提供具有竞争力的薪酬福利，还将下大力气关注与培养他们，为其制定明晰的成长计划，明确他们的发展方向与规划。同时，坚持放在实际岗位上锤炼和磨砺，坚持动态评估的优胜劣汰机制，力争经过五年或者更短时间的培养与考验，最终通过评估的管理培训生将择优按需进入宝钢集团总部或各子公司任职。宝钢的管培生计划对宝钢的创新活动提供了强大的人才支撑。

为了培养人才，从 2005 年开始至今，武钢已累积向欧洲、美洲、澳洲以及东南亚等国家先后派出国内学习员 30 余个，累积时间超过 1 个月以上的高级管理者和技术人员高达300余人次。这些人员学习回国以后，为武钢在重要管理体制改革，以及重大规划上起到了很重要的作用。此外，武钢还不断优化人才国际化联合培养模式。国际化培养不仅仅是境外培养，更重要的是要采取国际上比较科学有效和实用的培训手段和方法培养人才。因此，武钢积极打造和国内机构、国际企业共同参与的人才培养战略同盟，人才的选拔绩效提高、需求学习、境外培训等关键环节统一协同起来，发挥国际优势，分工负责。为此，武钢先后联合中国工业协会、武汉科技大学、中南财经大学等一批重要的行业机构和高等院校进行了比较系统的前期准备和培训，使选送的人具备强烈的事业心，具备比较熟练的语言沟通能力。学员都比较清楚为什么要出去学，出去学什么，学成回来如何用。

鞍山市高技能人才工作暨技能大师工作站成立大会上鞍钢有6个技能大师工作站和1个高技能人才培训基地获评审通过并被授牌。鞍钢人力资源部根据鞍钢高技能人才队伍建设的总体思路，结合实际情况，研究决定在高技能人才相对集中、作用突出、技术含量较高的股份公司、矿业公司、设备检修协力中心等3家单位，按照不同专业和工种，组建采矿、选矿、铁焦、炼钢、轧钢、冶金焊接6个技能大师工作站，同时将鞍钢教育培训中心作为高技能人才培训基地。鞍钢成立技能大师工作站，是贯彻落实人才兴企战略的重要举措，是鞍钢高技能人才队伍建设，推进和实施鞍钢“蓝领创新工程”的重要内容，对进一步发挥高技能领军人才在技术创新、技术交流、技能攻关等方面的带动和辐射作用，推动技能大师实践经验及技术技能创新成果加速传承和推广具有重要意义。

3. 建立高效的激励机制

武钢为了鼓励和调动广大职工搞发明创造的积极性，推动科技进步，提高经济效益和市场竞争能力，促进公司科技创新工程，有效保护自主知识产权及合法权益，武钢结合专利法及《企业专利工作办法》，制定了《武钢专利管理办法》及《武汉钢铁（集团）公司关于专利奖酬撮规定》，大幅度提高了“一奖两酬”的额度；发明专利由原来的300~500元提高到1500~2000元；实用新型和外观设计专利由原来的200~300元提高到400~700元；在专利许可其他单位实施方面，发给发明人的报酬比例由原来的10%提高到20%~40%。自1990年以来，授权后的一次性奖励每年都予以兑现。对于职务发明创造专利技术在本公司得到实施并取得效益的，16项次已发实施酬金约35万元，由于公司在专利奖酬方面能做到及时兑现，从而较好地调动了广大职工，尤其是广大科技人员搞发明创造的积极性，使公司的申请量逐年增加。武钢申请的专利项目，绝大多数为公司技术进步、经济效益的提高作出了贡献，其中有些项目还为公司获得了荣誉。

鞍钢集团公司随着企业竞争形势的变化，公司实行了多年的“岗位技能工资制”的分配机制已经不能适应公司未来发展的要求。为了保持企业的核心竞争力，吸引和保留优秀人才，该公司重新对岗位进行分类评价，将岗位价值贡献与收入分配紧密挂钩，建立以岗位价值为特征的薪酬分配体系。岗位价值薪酬分配体系是以劳动力市场价值为基础，按照效率优先、突出贡献、注重公平的原则，对企业内部各岗位进行分类评价，界定岗位相对价值。将岗位按其特点和价值取向划分为经营者岗位、管理和技术岗位、科研岗位、生产操作岗位。把在生产经营关键环节中起重要作用的岗位确定为关键岗位，以此调整收入分配结构，确定岗位分配形式和薪酬标准，使员工收入与岗位所创效益、贡献挂钩。并通过人力资源优化配置和有效激励，发挥各岗位最佳功能和最大效能，实现岗位价值最大化，形成适用于不同类型人员的薪酬分配体系，此举大大地激发了员工自主创新的积极性。

为激励广大员工参与技术创新活动，促进技术创新成果转化，提升企业核心竞争力，宝钢发展于 2011 年 6 月制定并下发了《关于建立宝钢发展公司技术创新激励机制的实施意见（试行）》。该意见对员工的技术创新项目、科技论文、知识产权和先进操作法等技术创新成果进行量化，并统计为年度累计积分和个人里程积分，作为技术创新激励的重要依据。通过科学记录员工对技术创新的贡献度，从物质激励、岗位通道、培训发展和人文关怀四个方面，建立技术创新激励机制。根据规定，对于技术创新年度累计积分达到一定标准的员工，次年可获得为期一年的技术创新岗位津贴，以后将按照技术创新年度累计积分的实际情况进行调整。宝钢发展公司还将加大高层次技术和高技能岗位的评聘力度，不断完善员工岗位发展的通道，并将技术创新个人里程积分作为岗位选聘或竞聘的重要参考依据。宝钢发展公司还将根据企业发展和员工的自主需求，依据技术创新年度累计积分，每年选派一定数量的员工参加国内外知名企业的研修活动或者为其提供一系列有针对性的短期、自主培训。此外，这些技术创新人才还将享受学术休假等人文关怀。

4. 提供有力的产权保障

鞍钢在 2011 年下半年对拥有有效专利的项目进行了一次专利价值评估和专利保护布局分析，提高知识产权创造、运用、保护和管理的工作水平，促进专利技术的保护和运用能力提升。通过开展专利价值评估，查清了鞍钢专利的投入产出、实施情况和转让维持许可前景等；通过专利保护布局分析，查清了公司专利申请技术领域分布、核心专利比例和专利寿命周期。在此基础上，积极跟踪并掌握同行业技术发展动向，定期出版专利评估与分析报告，制定并动态调整公司的专利战略；加强公司重大技术研发项目、前沿技术领域的专利申请和布局，适时做好国外专利申请保护；主动采取专利防御措施，针对公司战略产品和独有产品等技术领域，积极收集技术市场动态信息，对疑似侵权行为主动采取专利保护措施，提高企业产品的市场竞争优势；加强专利技术贸易推进，对于非核心和非关键技术专利，积极推向技术市场，促进专利无形资产的增值，使专利保护工作良性循环。鞍钢注重加大知识产权宣传和培训工作力度，普及法律法规知识，加强对知识产权人才的培养，提高全员保护意识。2011 年鞍钢继续加强技术人员的知识产权培训，全年培训技术人员 1320 人，实现了直接从事技术创新活动的技术人员及中高层管理人员的普及培训率达到 100%，知识产权普及宣传性培训率达到全体员工的 90% 以上的目标。

我国专利法实施后，武钢根据上级专利管理机关的要求，先后多次派人参加国家知识产权局举办的专利知识培训班、知识培训和专利代理人学习班，学成后成为公司进行专利法宣传教育的骨干，并积极开展本公司专利代理和管理业务。1985 年，公司成立了“专利管理室”，由公司总工程师直接领导。同时，制订了《武汉钢铁公司专利管理办法》。目前，公司已基本形成专利工作网，即在公司总工程师直接领导下，在公司技术部设置专利科，负责全公司的专利管理工作，并在技术科设有兼职专利管理人员。专利工作体系的建立健全为公司专利工作的顺利开展奠定了坚实的基础，保障了创新的顺利开展。

多年来，宝钢对各单位的领导、管理者、技术骨干、班组长等进行了分层次的知识产权培训，通过专题讲座、知识竞赛、征文、电视专题片、现场互动等形式多样的培训方式，使职工知识产权意识得到普遍提高，职工了解和掌握知识产权相关法律和知识的能力不断提升，促进了宝钢专利申请和技术秘密认定数量不断上升，有效地防止了侵权的发生，保护了宝钢的知识产权和企业声誉。此外，宝钢还推出了《知识产权战略蓝本》，明确了宝钢知识产权“创造、防御、进攻”体系的发展路径。随着宝钢技术创新投入力度的不断加大，技术创新体系的进一步完善，技术创新管理模式的持续创新，将涌现出更多具有宝钢自主知识产权的独有产品和专有技术，知识产权必须紧紧围绕这些关键、重大产品和技术的开发开展工作，积极有效地运用知识产权战略，开展知识产权布局，进一步促进宝钢技术创新战略的实施，快速提升企业的核心竞争力。

（五）钢铁行业自主创新评价

1. 存在问题

通过上文的介绍，中国钢铁企业自主创新主要存在以下问题：首先，钢铁企业人事体制陈旧，激励机制不健全，导致自主创新缺乏外生刺激。其次，创新体制发展落后，高新技术的研发和应用要涉及多领域、多学科，分散于企业、高校、科研单位共同攻关，才能取得成效。再次，投入机制薄弱。企业从政府科研费用中获得的经费仅仅占政府科技费用的5%左右。企业大量的科研经费投入到与市场联系不紧密的部门，而用于企业把科研成果转化为生产力的资金过少，必然导致企业缺乏采用新技术开发新产品的能力和积极性。产权保护机制不健全，中国虽然有对知识产权保护的法律法规，但执法不严，导致企业的知识产权得不到应有的保护，必然挫伤企业创新开发的积极性。最后，技术消化吸收存在重复引进，中国钢铁企业引进了很多创新技术，但一直没有形成良好的消化、吸收、创新机制，存在重复引进。

2. 政策建议

为了进一步加强企业自主创新能力提出以下政策建议：首先，要建设以企业为核心，以市场为导向、产学研相结合的技术创新体系，作为推进国家创新体系建设的突破口。要制定和实施有利于企业自主创新的财税金融政策，增强企业的研发能力。如改变企业科研开发经费的提取使用政策，鼓励企业对科研开发的投入，而企业应该站在国家和自身长远发展的角度，研究和实施技术创新战略。以项目为载体，推动自主创新成果的产业化。关系到国民经济和社会发展的重大科技项目，如节能环保等公共性技术项目，建议由政府主持投入并组织开发。重点培育富有创新能力的各类人才。其次，坚持把发现、培养、使用优秀科技人才作为科技发展的重要任务，进一步营造有利于科技进步、激励创新和人才辈出的政策与制度环境。完善鼓励创新的政策体系，创造有利于自主创新的体制机制和政策环境。加强知识产权保护，为技术创新项目的技术转化和推广提供实际支持。鼓励企业与高等院校、科研院所建立各类技术创新联合组织，同时大力发展为企业服务的各类科技中介服务机构，促进企业之间、企业与高等院校和科研院所之间的知识流动和技术转移。建立一套科学评价企业自主创新能力的指标体系。比如科技研发经费投入占产品销售收入比重、申请专利数量占全国专利申请量比例、科技成果转化率等评价指标。最后，要发挥企业家在自主创新中的关键作用。这需要大力弘扬企业家精神，营造尊重企业家、支持企业家的良好氛围，强化企业家作为自主创新活动的核心地位。深化国有企业改革，将自主创新纳入企业发展战略，将提高企业自主创新能力的指标纳入企业家的考核体系。

三、电力行业中央企业自主创新

电力行业是由发电、输电、变电、配电和用电等环节组成的电力生产与消费系统，是国民经济发展重要的基础能源产业，安全、稳定和充足的电力供应，是国民经济持续快速健康发展的重要前提条件。电力行业关系国计民生，直接影响国民经济的正常运行和人民的基本生活，因此多年来始终属于国有垄断产业和国家大力扶持、监管的支柱产业。在117家中央企业中电力行业占10家，分别为：国家电网公司、中国南方电网有限责任公司、中国华能集团公司、中国大唐集团公司、中国华电集团公司、中国国电集团公司、中国电力投资集团公司、中国长江三峡集团、国家核电技术有限公司、中国广东核电集团有限公司。电力行业中央企业资金雄厚、人员丰富，国家对中央企业自主创新有着政策引导，中央企业自主创新给整个行业的自主创新带来了活力。

（一）电力行业自主创新背景

1. 行业概况

目前，电力行业由发电企业、输电企业、供电企业，以及电力承装（修、试）企业等多种企业组成，并且都在电力系统中发挥着非常重要的作用。中国主要的五家发电公司和两大供电、输电公司全部属于中央企业，五家发电公司分别是中国华能集团公司、中国大唐集团公司、中国电力投资集团公司、中国华电集团公司和中国国电集团公司；供电系统负责电力的运输和向终端销售，两家输电及供电系统由国家电网公司和中国南方电网有限责任公司组成。

（1）发电企业。

2011年，中国发电量47000.7亿千瓦时，比2010年增长11.7%。分类型看，水电发电量6940.4亿千瓦时，比2010年降低3.9个百分点，约占全部发电量的14.8%，比上年降低2.21个百分点；火电发电量38253.2亿千瓦时，比2010年增长14.8个百分点，占全国发电量的81.39%，比2010年提高1.73个百分点；核电发电量863.5亿千瓦时，较2010年增长16.9个百分点[①]。

2011年，全年6000千瓦及以上电厂发电设备平均利用小时数为4731小时，比上年增加81小时。其中，水电设备平均利用小时3028小时，比上年降低376

① 《中华人民共和国2011年国民经济和社会发展统计公报》。

小时，是近20年来的最低水平；火电设备平均利用小时5294小时，是2008年以来的最高水平，比上年提高264小时；核电7772小时，比上年降低69小时；风电1903小时，比上年降低144小时。

火电在中国电力结构中占主体地位，但受市场电煤价格高位持续上涨的影响，火电企业发电意愿下降；水电受第四季度枯水期提前到来的影响，水电发电量同比减少；核电、风电发电量较上年有所增长。

从电力集团来看，发电环节集中度越来越大。中国华能集团公司（华能）、中国大唐集团公司（大唐）、中国国电集团公司（国电）、中国华电集团公司（华电）、中国电力投资集团公司（中电投）五家国有电力公司分拆出来的发电集团竞争力越来越强。

截至2010年底，五大发电集团公司合计装机容量47353万千瓦，比上年增长12.50%，占全国总装机容量的49.00%，比重比上年提高0.85个百分点。其中，水电装机容量6935万千瓦，比上年增长22.79%，高于全国水电平均增速12.72个百分点，占全国水电装机容量的32.10%，比重比上年提高3.32个百分点；火电装机容量38158万千瓦，比上年增长8.63%，占全国火电装机容量的53.77%，比上年降低0.18个百分点；并网风电装机容量2253万千瓦，比上年增长71.80%，占全国并网风电装机容量的76.18%，比重比上年提高1.66个百分点。

2008—2010年，五大发电集团火电业务累计亏损达602.57亿元；据中电联统计，2011年五大发电集团平均预亏70亿元，全年或亏350亿元。据报道，至2011年11月，大唐集团亏损面已超过70%，旗下30家亏损严重的电厂资产负债率超过100%；华电集团火电业务全年预亏100亿，所属电厂的资产负债率最高已达170%。来自沪深股市的公开数据显示，前三季度火电行业净利润下降和亏损企业占比达80%，成为亏损最严重行业；相反，煤炭板块则业绩喜人，前三季度营业收入同比增长34.8%。

（2）输电企业。

输电环节具有自然垄断性质。按照规模划分，国家电网公司为跨区域超大型输电企业，业务范围覆盖26个省（区、市），主要负责三峡电力输送以及部分跨区电力输送，是世界上规模最大的输电企业；中国南方电网有限责任公司为跨省的区域性输电企业，业务范围覆盖5个省（区）。

2011年，全国基建新增220千伏及以上输电线路长度和变电设备容量分别为35071千米和2.09亿千伏安，分别比上年减少9654千米和0.49亿千伏安。

截至2011年底，全国电网220千伏及以上输电线路回路长度、公用变设备容量分别为48.03万千米、21.99亿千伏安，分别比上年增长7.88%和10.50%。

2011年12月16日，国家电网公司承建的1000千伏晋东南—南阳—荆门特高压交流试验示范工程扩建工程正式投产，单回线路输送能力达到500万千瓦，成为世界上运行电压最高、输电能力最强、技术水平最先进的交流输电工程。

2. 行业自主创新背景

（1）初步具有较高的自主创新能力。

在发电技术水平上，中国发电设备技术起步晚，但是发展迅速，已掌握世界先进的火力发电技术，电力工业进入“超超临界”时代，2010年在超超临界火电机组关键设备的国产化研制方面取得了重大进展，成功投产了全球首个百万千瓦超超临界空冷发电机组项目，中国采用第三代核电技术建设的，世界上首批4台AP1000核电机组已经全面进入主体工程建设阶段，风电、太阳能发电技术应用均有新的突破，自主研发能力有了一定提高，但与国外相比有较大差距，特别是在集成技术、新材料研制等领域。在输配电技术上，中国具备了全套特高压设备制造能力，在世界电网科技领域实现了“中国创造”和“中国引领”。在智能电网的理论研究及清洁能源接入等领域取得一大批成果，总体处于世界领先水平，创新能力和制造水平实现了跨越式发展，核心竞争力大幅提高，但在输电技术其他领域，核心技术由国外企业把持。抢占科技制高点，提高企业自主创新能力，电力行业刻不容缓。

（2）基本建立规范的行业管理体制。

经过2008年“大部制”改革后，中国电力行业形成日前的管理体制：按照决策、执行和监督“三权分立”的指导思想，国家能源委员会、能源局和电监会三大管理机构分别行使决策权、执行权和监督权，合理划分各自之间的职责，实现各司其职、各负其责、相互配合，既避免了职能的相互交叉和掣肘，又使其相互制约，形成权力制衡与良好的监督运行机制。按照该架构，电力行业三大管理机构的管理职能如下：国家能源委员会负责研究拟订国家能源发展战略，审议能源安全和能源发展中的重大问题，统筹协调国内能源开发和能源国际合作的重大事项。国家能源局为国家发改委管理的国家局，主要职责包括划入原国家能源领导小组办公室职责、国家发改委的能源行业管理有关职责，以及原国防科学技术工业委员会的核电管理职责等。国家电力监管委员会根据国务院授权，行使行政执法职能，依照法律、法规统一履行全国电力监管职责。

（二）电力行业自主创新活动与成就

1. 自主创新活动

（1）增加科技研发活动经费投入。

以国家电网公司（以下简称“国家电网”）为例，“十一五”期间国家电网累计科技投入598.1亿元，年均增长25.9%，研究开发费投入250.1亿元，年均增长18.3%。根据国家电网《2011社会责任报告》，2012年国家电网将投产110千伏及以上输电线路5.7万公里，变电容量2.6亿千伏安，直流线路2090公里，换流容量1440万千瓦。国家电网2012年将完成电网投资超过3000亿元，在投资结构上与往年会有所不同，集中针对特高压交直流设备等核心技术和关键设备开展攻关，预计全年研发经费将达80亿元，使输变电设备成为“中国创造”。目前，中国已形成全套特高压输变电设备的国内批量生产能力，设备综合国产化率达到90%。国家电网2012年全年将实现营业收入19425亿元，较2011年的16760亿元增长约16%，这也成为公司对设备研发持续投入的基础。

（2）建设高水平的科研、技术人才队伍。

科技人才、技术人才是公司自主创新的核心资源和关键所在，因此电力行业中央企业把创新人才培养摆在科技工作的突出位置，着力建设创新型科技人才队伍。大唐集团通过各种方式为员工搭建学习技术、科研攻关、展示才华、人才交流的平台，不断提高员工的科学技术素质，逐步建立以技术带头人为首的技术人才梯队，2010年科技活动人员数量达到6955人，研发人员数量达到1225人，工程技术人员数量达到10052人，成为企业可持续发展的重要支撑。国家电网公司在“十二五”期间，打造50支科技攻关团队，培育10名院士后备人才，引进30名海外高层次人才，形成以院士和科技领军人才为核心、具有重大创新能力和国际影响力的科技攻关梯队。国家电网下属的中国电力研究院具有强大的科研专家团队，有“百千万人才工程”国家级人才汤勇、刘振强、白晓民、周京阳等6人，国家级有突出贡献的中青年专家14人，中央直接联系专家等9人，享受国务院特许津贴专家132人。中国长江三峡集团公司2010年末在岗职工中，具有大学本科及以上学历的4641人，占职工总数的37.4%；具有专业技术职称的4201人，占职工总数的33.9%。拥有中国工程院院士2人，享受政府特殊津贴专家75人，国家级突出贡献专家2人。

（3）搭建强大的科研技术平台。

国家电网形成了由4家直属研究院、26家二级企业科研机构、实验基地及实验室等组成的科技创新平台。截止到2010年底，国家电网拥有中国电力科学研究院、国网电力科学研究院、国网能源研究院和国网北京经济技术研究院4家直属科研机构，面向公司发展的重点领域和世界电力科技前沿，重点开展基础性、战略性、综合性重大关键技术问题研究。中国电力科学研究院主要从事电力系统规划与运行、超/特高压交直流输变电工程、发输变电设备、电力电子技术、供用电、通信信息技术、输电线路杆塔结构，导线金具、输变电施工技术、电厂控制技术的研究开发。国网电力科学研究院主要从事电力系统及其自动化测控领域理论研究、交直流高电压技术、高电压大电流计量技术及测试技术、电磁兼容技术、水利水电工程测控、通信与信息工程、智能一次设备的研究、开发和应用。国网北京经济技术研究院主要承担电力、电网规划和工程设计咨询技术归口职能，拥有“工程设计电力行业专业甲级资质”证书和“工程咨询甲级资格”证书。初步确立了在电网规划设计咨询领域的地位。国网能源研究院主要是公司综合性能源研究智库和交流平台。在电力行业规划、能源与环保、电力供需分析、企业战略与管理、体制改革与电力市场、财会审计、电力价格、能源统计与分析等领域已形成显著优势。截止到2010年底，国家电网所属二级企业科研机构共26个，重点开展重大关键技术的配套研究、面向生产服务一线的科研攻关以及先进适用技术的推广应用，在推动电网科技创新、实施科技成果转化、提高电网科技含量等方面承担着重要作用。截止到2010年底，国家电网先后建成了特高压交流、直流、杆塔、西藏高海拔试验基地和国家电网仿真中心为代表的具有国际顶尖水平的实验室，在综合试验研究能力方面达到国际领先水平。公司拥有1个国家重点实验室、2个国家工程实验室，组建了4个国家能源研发（实验）中心，内部命名了35个国家电网公司实验室和21个重点实验室。中国国电集团公司拥有我国唯一一家专门从事电力环保科学技术研究的科研机构——国电环境保护研究所。该所拥有环境风洞和烟气脱硫两个国家电力重点实验室，是国电集团公司环保技术的研发中心。国电集团公司将利用这一优势，在做好本系统环保工作的同时，为全电力行业的环保工作提供优质服务，在实施可持续发展战略的过程中，使电力环保产业成为集团公司的特色和新的经济增长点。中国国电集团公司累计获批国家级研发中心6个，企业技术中心8个。中广核具有6个国家级研发中心，它们分别为：国家核电厂安全及可靠性工程技术研究中心、国家能源核电站核级设备研发中心、国家能源核电站寿命评价与管理研发中心、国家能源先进核燃料元件研发中心、国家能源核电工程建设技术研发中心和国家能源核电站数字化仪控系统研发中心。

其中国家核电厂安全及可靠性工程技术研究中心是我国核电领域的第一家国家工程技术研究中心，它充分整合了核电技术研究院的主要技术资源，在“核安全分析与评价技术”、“核电厂环境影响分析与应急技术”、“核电关键设备可靠性保障技术”、“可靠性检测和维修优化技术”、“核电厂寿命评价与管理技术”等五大技术领域，开展科技创新、工程化应用等方面的研究工作，提升核电厂建设和运行的安全与可靠性水平。该中心的建设，是中广核集团建设国家级科技创新平台的新里程碑，承载着国家核电安全、可靠性技术发展的历史重任。

2. 自主创新成就

（1）丰硕的科技专利成果。

中电投远达环保工程有限公司累计申请专利 161 项，其中发明专利 69 项；承担国家、地方及集团公司科研项目 41 项，科技成果获奖 26 项，掌握 15 种环保技术，其中自主技术 8 项。中电投累计获得实用新型专利 12 项，如表 2－14 所示：

表 2－14　中电投累计获得实用新型专利情况

序　号	专　利	专利类型
1	一种用于测定亚硫酸盐氧化的试验装置	实用新型
2	烟气中三氧化硫的采样装置	实用新型
3	烟气脱硫石灰石活性测试装置	实用新型
4	烟气整流吸收塔	实用新型
5	两极中间集气式三相分离器	实用新型
6	城市生活垃圾气化熔融焚烧处理系统	实用新型
7	溶液吸收法弱酸盐分析测试装置	实用新型
8	螺旋管道式液液混合器	实用新型
9	脉冲射流脱色反应器	实用新型
10	污水处理一体化澄清装置	实用新型
11	新型湿式烟气脱硫除雾器	实用新型
12	火电厂烟气脱硫用真空胶带过滤机	实用新型

资料来源：中电投公司网站，http://www.cpicorp.com.cn/kjcx/cgzs/

中国长江三峡集团累计获得发明专利10项，实用新型专利21项，如表2－15所示：

表2－15　中国长江三峡集团累计专利

序号	专利名称	专利类别	专利权人
1	水力浮动式转矩平衡重升船机	发明专利	中国长江三峡集团公司
2	水力浮动式快速垂直升船机	发明专利	中国长江三峡集团公司
3	水力浮动式转矩平衡重升船机	实用新型	中国长江三峡集团公司
4	水力浮动式转矩平衡重升船机	实用新型	中国长江三峡集团公司
5	水下平抛垫底施工方法	发明专利	中国长江三峡集团公司
6	高强低弹抗渗防渗墙材料	发明专利	中国长江三峡集团公司
7	一种新老碾压混凝土接合处防裂技术	实用新型	中国长江三峡集团公司
8	合金钢丝网兜	实用新型	中国长江三峡集团公司
9	双层防护无粘结端头锚索	实用新型	中国长江三峡集团公司
10	引张线助力绞线装置	实用新型	中国长江三峡集团公司
11	引张线轮式定位卡	实用新型	中国长江三峡集团公司
12	一种借助水力推动的自动采集鱼卵装置	实用新型	中国长江三峡集团公司
13	环形热管散热半导体功率组件	发明专利	中国长江三峡集团公司能达公司
14	调速器浮动式机械开限装置	实用新型	中国长江三峡集团公司能达公司
15	环形热管散热半导体功率组件	实用新型	中国长江三峡集团公司能达公司
16	折合报表的自动生成算法	发明专利	中国长江三峡集团公司葛洲坝电厂
17	水轮机步进式调节器	实用新型	中国长江三峡集团公司葛洲坝电厂
18	无源零开断的自动灭磁装置及方法	发明专利	中国长江三峡集团公司葛洲坝电厂
19	位移流量复合控制型主配压阀组件	实用新型	中国长江三峡集团公司能达公司
20	轻型测速齿盘组件	实用新型	中国长江三峡集团公司能达公司
21	一种自然冷却和辅助风冷自动转换的换热装置	实用新型	黄大可
22	集中无源选控过电压保护装置	实用新型	黄大可
23	线性与非线性复合式阻容吸收器	实用新型	黄大可
24	混凝土粗骨料连续冷却方法及装置	发明专利	中国长江三峡集团公司三峡经济发展公司
25	混凝土粗骨料连续冷却装置	实用新型	中国长江三峡集团公司三峡经济发展公司
26	一种曲线长度测量笔	实用新型	中国长江三峡集团公司
27	一种计算鱼类通过水电站建筑物存活率和成活率的方法	发明专利	中国长江三峡集团公司中华鲟研究所
28	采用工程塑料合金的弧形闸门转铰防射水装置	实用新型	中国长江三峡集团公司金结中心

续表

序号	专利名称	专利类别	专利权人
29	大通径液压控制型主配压阀	实用新型	长江三峡能事达电气股份有限公司
30	具有折线特征的灭磁电阻组合装置	实用新型	长江三峡能事达电气股份有限公司
31	一种基于旋转矢量法的同步发电机转速的测量方法	发明专利	长江三峡能达电气有限责任公司

资料来源：中国长江三峡集团网站，http://www.ctg.com.cn/kjcx/index.php

中广核及其附属公司专利的累计申请量近278项，其中有效的专利权为99项，发明专利4项。国家电网公司承担国家级重大或重点科技项目27项，获得国家科技进步一等奖4项、二等奖18项，中国电力科学技术一等奖21项，中国标准创新贡献奖11项，中国专利奖10项，其中专利金奖2项。华电集团公司拥有专利20项，多为实用新型专利。2010年，中国大唐集团公司共获得授权专利13项，其中发明专利5项，截至2010年底累计拥有有效专利48项，其中发明专利24项。2010年，共发表论文383篇，其中EI收录15篇，SCI收录2篇；7项成果获得各级科技进步奖；19项成果获得电力行业管理创新成果。中国国电集团公司以节能环保及装备制造为主的高科技产业在发电行业处于领先地位，被命名为国家“创新型企业”，累计获得专利363项。

（2）重大项目成果和技术突破。

①国家电网公司。

2011年，国家电网公司“±800千伏特高压直流输电技术研发与工程应用”项目立足自主创新，通过多方联合攻关，在关键技术研究、设备研制及工程应用方面取得重大突破，是特高压技术发展史上又一次具有里程碑意义的重大创新，在公司的年度科学技术进步奖评选中获特等奖。智能电网关键技术研究成果成批涌现，其中，“智能电网调度技术支持系统基础平台（D5000）的开发与应用”、“电动汽车智能充换电服务网络建设运营体系关键技术研究与示范应用”、“智能变电站关键技术、设计和工程应用”、“智能小区关键技术研究及应用”等项目均获企业科技进步一等奖；国家电网自主成功研发电力无线宽带通信系统，首次将第四代无线宽带通信技术引入电力系统，解决了制约配用电网络智能化的通信问题，能够有效满足智能配用电业务实时大规模数据采集、传输以及安全可靠通信等方面的需要，将为中国发展智能电网提供重要技术支撑。大电网安全与控制技术仍是公司科技创新的重点和热点，成功研发设备缺陷模拟系统，项目成果整体达到国际先进水平，其中设计并建成的110千伏真型输变配设备缺陷模拟系统达到国际领先水平。国家电网公司超导电力应用技术取得突破，表明中国已自主掌握了第二代高温超导储能系统单元构造、集成、控制、保护和输配电工程实际应用等关键技术，其研究成果可为公司下一阶段开展超导电力应用技术的科研、试验示范运行、系统分析与评估奠定坚实的基础。国家电网实现700兆瓦级巨型水电机组励磁系统国产化，该项目打破了长期以来国外企业的技术垄断，是继实现700兆瓦级水电机组调速系统国产化后，在巨型水电机组领域取得的又一重大突破，至此，国家电网已全面掌握了巨型水电机组的核心控制技术，为促进中国水电事业健康发展，进一步提升中国水电装备制造技术的国际影响力，推动国产电气装备走向国际市场提供了重要技术支撑。

②中国华能集团公司。

华能自主研发的熔融碳酸盐燃料电池单电池开路电压达到1.28伏特，最大放电电流密度达到150毫安每平方厘米，经过连续120小时的连续运行考验，单电池性能稳定，各项性能指标无衰减。该电池以煤气、天然气、氢气、沼气等为燃料，可直接将这些燃料的化学能转化为电能，具有清洁高效的优点，是清洁能源领域的前沿技术和战略性核心技术。此前，中国的熔融碳酸盐燃料电池研究水平与发达国家存在很大差距，此次单电池实验的成功，使中国熔融碳酸盐燃料电池研究达到国际领先水平，也为开发5千瓦电池堆奠定了坚实的基础。

③中国南方电网有限责任公司。

由南方电网超高压公司研发的“一种模拟森林火灾引发高压输电线路闪络放电的实验装置”获得国家实用新型专利，填补了国内在山火引发输电线路跳闸实验装置研究领域的空白。南方电网公司研制出直流保护定检测试仪器，填补了国内空白，已成功应用于现场实际，总体达到国际领先水平。直流接地极型式及紧凑化关键技术研究也达到国际领先水平。

④中国华电集团公司。

华电自主编制了T91/T92焊接质量检验导则及焊后热处理工艺导则，生成了《超超临界机组锅炉防爆管技术》报告并将编入华电工程总承包分公司《质量工艺手册》。最大限度上消除了导致超超临界机组锅炉爆管的主要因素，保证了机组的长期稳定运行。投入相对较小，能够节省大量因爆管导致的发电损失和抢修损失，具有可观的经济效益和显著的社会效益。华电2011年度对风力发电技术管理研究取得骄人成绩，对风电场从基建前期、基建过程到生产运营进行全过程管理，结合新形势下风电场开发建设与生产技术管理特点，实行规范化、程序化、全过程管理，提高了风电场的技术管理水平。华电首次在国内开发研制 EX2100 及 LS2100 控制系统仿真试验平台，为设备维护、故障处理及技术培训提供了有效手段。编制了 EX2100 及 LS2100 系统检修维护规范，为设备检修维护工作提供了指导，并可为制定行业标准提供参考。华电掌握 EX2100 及 LS2100 控制系统核心技术、能够自主进行检修维护。脱硫 GGH 及其吹灰系统优化研究，通过对 GGH 换热元件研发应用、清洁系统的改进，增加蒸汽吹灰装置和运行优化等技术手段，彻底解决 GGH 堵塞问题，降低 GGH 运行压差，避免增压风机喘振的发生，提高脱硫系统的安全性、经济性和可靠性。华电石灰石－石膏湿法烟气脱硫系统的运行优化，优化运行项目的成功研发，增强了脱硫工艺的适应性和经济性，突破了国外公司的技术壁垒，降低了投资运行成本，推动了中国相关产业的技术升级，具有重要意义。

⑤中国大唐集团公司。

大唐湖南先一科技公司通过科技创新，自主研发的节能发电调度煤耗在线监测系统在广东省电网试运行，成功实现了对燃煤机组煤耗的在线监测分析，为广东省节能调度实时数据的采集、分析、挖掘、应用提供了系统支撑，为节能调度政策的深化发展奠定了基础。该系统的多项技术，如实时二次性能计算、机组耗差分析、机组多方式运行考核体系与基于节能调度的一种多方式数据采集平台等，在国内外尚属首例，并填补了国内外节能发电调度关键技术的空白，获得了多项专利和科技成果。

⑥中国国电集团公司。

国电联合动力公司自主研发生产的 3MW 风机成功并网，这是联合动力首台成功并网的 3MW 风机，标志着联合动力在大容量机组制造之路上取得又一阶段性胜利。国电联合动力自主研发的 3MW 双馈风电机组采用传动链加阻尼、叶轮与塔筒加阻尼等技术，结构紧凑，机组安全性与可靠性更高，同时采用高可靠性能的电气元件与更加智能的控制策略，具备优良的低电压穿越能力，在同类机型中属于世界领先水平。2011 年国电自主研发的“水库高水位关闭平板式溢洪门”技术通过自动充水与排水的流动配重实现了溢洪门的正常关闭到位，彻底解决了平板闸门高水位关闭不严的故障，获得国家专利。

（3）电力示范工程建成投产。

2011 年中国自主设计制造的国家风光储输示范工程建成投产，是目前世界上规模最大，集风电、光伏发电、储能、智能输电于一体的新能源综合利用平台，可有效破解新能源并网的技术难题；亚洲首个柔性直流输电示范工程——上海南汇风电场柔性直流输电工程投入正式运行，是中国第一条拥有完全自主知识产权、具有世界一流水平的柔性直流输电线路，标志着中国在智能电网高端装备方面取得重大突破。国电江苏如东150MW海上（潮间带）示范风电场一期工程并网发电，成为中国已建成的规模最大海上风电场，为国家海上风电规模化开发建设积累经验。

（4）通过标准化推进企业管理创新。

标准化作为推进企业管理创新的有效手段，不仅帮助企业夯实管理基础，还能在企业的转型与发展中发挥关键性的支撑作用。国家电网公司副总经理王敏指出，标准化已经成为一个企业、一个行业，乃至一个国家发展的战略性资源和综合竞争力的核心要素，而国家电网公司完善的标准化体系建设实践和成效有力地证实了这一点。

2011年6月份，国家电网公司设立江苏分公司为标准管理体系（SG9000）建设试点单位。2011年，江苏分公司根据国家电网公司发展战略和目标，公司围绕“变革组织架构，创新管理模式，优化业务流程，整合五大业务模式”的要求，按照顶层设计的思路，构建以电网业务体系为主体，技术标准、管理标准、工作标准协调统一的全面一体化标准体系，建立高效运转的工作体系和信息化高度融合的管理新平台。公司上下经过165天扎实推进，在国网系统率先建成了适应“五大”要求的全面一体化标准体系，高质量完成了SG9000体系试点建设任务，为国家电网公司即将建设统一标准体系提供了实践经验。

标准化已经广泛应用于电力行业，特别是电网、发电类中央企业都将标准化作为促进企业管理创新的有效途径和重要手段，各企业结合实际开展的标准化管理创新实践取得了显著成效。

（三）电力行业自主创新影响要素

1. 宏观经济状况和市场需求

国民经济稳定发展，电力需求总体旺盛，刺激电力行业持续创新。电力行业作为提供经济发展和人民生活最重要二次能源的基础产业，其行业走势和宏观经济形势密切相关。一方面，宏观经济发展要依赖电力行业提供持续、稳定、可靠的能源支持；另一方面，电力行业的发展需要其他经济部门的用电需求来拉动。因此，宏观经济发展对电力行业的持续发展起着至关重要的作用。根据国家统计局数据，全年国内生产总值471564亿元，比上年增长9.2%。[①] 随着国内外经济复苏向好，我国用电量持续增长，电力规模继续增大，结构有所改善，质量和技术水平进一步提高，节能减排成效显著。

2. 国家政策引导和行业协会推动

党的十七届五中全会强调转变经济发展方式的关键是要大幅度提高企业自主创新能力。《国家知识产权战略纲要》指出，在主导产业和关键技术领域形成一大批核心专利与自主知识产权成果，同时促进创新成果的转化和应用推广。国务院国资委、科技部为中央企业的自主创新提供良好的政策支持，设立中央企业技术创新信息平台，关注中央企业的科技动态，整合中央企业的科技资源，促进中央企业自主创新。开展了创新型企业试点工作，确立了创新型企业测评标准，国家电网公司、神华集团有限责任公司、中国华能集团公司、中国国电集团公司、中国南方电网有限公司等电力行业央企被评为创新型企业，国家电网公司下属的电网安全与节能实验室被评为中央企业国家重点实验室。

国家及电力企业联合会支持和鼓励电力行业企业自主创新。中国电力企业联合会（简称“中电联”）是经国务院批准成立的全国电力行业企事业单位的联合组织，中电联召开电力行业新一代信息技术发展研讨会，旨在对新一代信息技术在电力行业实施应用的经验、教训及成果进行总结和交流；探讨新一代信息技术实施的新策略、新方法、新举措；对新一代信息技术在电力行业应用及实施标准进行研讨等。中国电力企业联合会主持编辑《电力行业科学技术成果鉴定项目成果汇编（2011）》，汇编集中展示了电力行业产品制造、先进技术应用。中电联也对全国电力行业职工技术成果进行奖励，中电联的一系列措施支持鼓励了电力行业中央企业自主创新。

3. 企业经营困境带来创新压力和动力

2008年，由于煤价飙升，导致电力行业全行业亏损，此后，更是“煤价连年涨，火电连年亏”，火电企业一直在不断攀升的成本压力中负重前行，2011年，火电亏损的情况更是触目惊心，不仅东部、中部、西南、东北亏损严重，连西北也有部分省份亏损；不仅小机组亏损，30万甚至60万千瓦机组也难逃亏损厄运；五大发电集团的资产负债率均已近90%，火电业务均现大面积亏损。

2011年CPI同比涨5.4%，通货膨胀压力大。物价指数保持高水平、通胀预期强烈对电力行业生产经营产生较大的影响。一方面，市场煤价随CPI上涨明

① 资料来源：《中华人民共和国2011年国民经济和社会发展统计公报》。

显，给火电企业经营带来较大压力；另一方面，在物价指数高水平下，电价调整难度加大，火电企业经营举步维艰；如果再出现单边上调上网电价的情况，将造成火电、电网企业同时经营困难的情况，严重时甚至会对电力供应造成影响。

2010 年下半年以来，中国已经多次上调银行存贷款利率和银行存款准备金率，意在控制市场中过多的流动性。对于资产负债率普遍较高（五大发电集团已经超过 82%）的电力企业来说，准备金率上升、负债率高将使得电力企业从银行贷款的难度加大，利率上升也会造成其财务费用快速增加，经营更加困难。

煤价高涨、通货膨胀压力大、贷款难度加大、财务成本激增这些因素导致电力行业特别是火电企业的困境。电力企业的困境一方面使现阶段科技经费的投入紧张，影响现阶段企业的自主创新；另一方面，电力企业穷则思变，转变经济增长模式，积极进行自主创新，摆脱企业的困境。

4. 创新管理模式形成制约因素

由于技术创新分散管理，也将影响电力行业技术创新规模化。由于火电、水电、核电、环保的科研、设计、制造、安装、运行和管理分属国务院国资委、水利部、机械工业部、国家电力公司、科技部、教育部、环保总局、中国核工业集团公司等，结果是各自为政，缺乏一个核心部门对电力科技创新工作总体规划、协调和管理，因而无法组织起重大电力技术攻关并形成产业规模，由此造成长期引进而不能国产化、产业化的问题。电力行业的制造企业、发电企业与电网经营企业的相对独立性，也使得实力较为雄厚的电网经营企业不愿拿出资金进行技术开发和设备制造，而宁愿拿钱直接买国外设备，造成国产技术操作国外设备的恶性循环。

（四）电力行业自主创新模式与特点

1. 实施自主创新和科技发展战略

国家电网公司深入贯彻落实科学发展观，以“建设世界一流电网、国际一流企业”为目标，认真落实国家自主创新战略，围绕建设“一强三优”现代公司发展目标和实施“一特四大”战略，确定了建设一流人才队伍、实施大科研、创出大成果、培育大产业、实现大推广的“一流四大”科技发展战略。华能集团积极实施创新战略，提高自主创新能力，将科技创新战略作为公司战略之一，对科技创新给予了高度的重视。不断强化企业在自主创新中的主体地位，进一步完善技术创新体系，提高自主创新能力，确保公司可持续发展。西电集团坚持“市场导向、自主创新、重点突破、引领行业”的科技发展战略，加大研发投入，努力突破制约企业发展的关键技术，抢占市场竞争制高点，打破了国外特高压输配电设备关键技术垄断。中电投集团深入贯彻“科技强企”战略，坚持引进、消化、吸收和自主创新相结合，推动科技进步和技术创新，加大先进适用技术的推广力度，重点攻克制约公司发展的重大关键技术难题，特别是高度重视环保科技创新，并取得了明显成效。

2. 构建完善的技术创新体系

中国长江三峡集团为了实现科技创新的目标，建设创新型企业，集团公司将进一步构建科技研发平台，实现内外部资源有效整合和高效利用，逐步建立并完善以企业为主体，产学研相结合的科技创新体系。这个创新体系由一个决策咨询机构、三个科技研发机构、四个战略合作的国家重点实验室、企业技术中心、中华鲟研究所以及博士后工作站组成。国家电网公司坚持不断完善科技创新链条，明确总部直属科研单位和各级研发机构在科技创新体系中的角色分工及职能定位，实现企业科研力量的有效协同。2008 年，公司以明确直属科研院所功能定位为突破口，实施直属科研单位重组整合，改变了研究方向交叉、资源重复建设、研究工作各自为政的局面，优化了公司科研核心力量布局。通过持续的投入支持，直属科研单位的核心作用和整体优势、专业优势得到充分发挥。针对多级法人链条长、技术需求同质化的特点，强化对 26 家二级企业所属科研机构的集约化管理，形成了支撑公司和电网创新发展的科研合力。华能将科技创新体系作为实现创新要素优化配置的载体，按照“全面协调可持续”的基本要求，集聚整合各种创新要素，建立健全以企业为主体、市场为导向、产学研相结合的科技创新体系。

3. 建立开放的产学研协同攻关机制

国家电网公司针对特高压、智能电网、大电网安全、清洁能源等世界性课题，依托国家重大科研攻关课题，发挥主导和辐射作用，加强与国内电力科研、设计、规划、设备制造等企业、权威咨询机构以及电力大专院校的合作，有力地促进和带动了国内相关学科的发展和产业制造能力的大幅提升。国家电网注重统筹科研力量，发动产学研各自优势。通过产学研合作全面提升各方自主科技创新能力、通过新技术和科技成果推广应用实现电网技术装备和管理水平的升级和跨越、加大技术创新投入、加强创新人才队伍建设以及提高群众性创新活动效果和水平。华能积极开展由企业主导，科研机构、设计单位、制造企业及大学等广泛参与的科技创新活动，以此带动发电行业及上游机电行业的整体技术进步，其代表性项目为“超超临界燃煤发电技术的研发与应用”。这一国家“863”计划能源技术领域重点课题由华能牵头，联合国内有关设计、制造、应用单位，以华能玉环电厂百万千瓦级超超临界燃煤机组作为依托工程，共同研发、应用和推广这一技术。该课题首次提出了我国发展百万千瓦级超超临界燃煤发电机组的技术选型方案，为我国具有自主知识产权的百万千瓦级超超临界机组的设计、建设、调试及运行提供了示范，实现了我国燃煤发电技术的一次重大跨越。

4. 创建科技平台，提升员工素质，加强科技交流

创建科技平台，提升员工技术素质。通过各种方式为员工搭建学习技术、科研攻关、展示才华、人才交流的平台，不断提高员工的科学技术素质，逐步建立以技术带头人为首的技术人才梯队。如中国大唐集团创建科技平台，注重加强科技交流，促进科技素质的共同提高。在系统内建立了超临界机组、循环流化床、空冷机组等多个技术协作网，不断深化专业技术管理工作，积极开展60万千瓦及30万千瓦火电机组、供热机组、水电、风电机组专业技术攻关活动。创办了大唐科技网站，成为广大员工技术交流、资源共享、论文发表、发布科技新闻、展示实用技术的平台。积极参加各种电力行业以及社会的学会和协作网，通过参加各种大机组竞赛，找到了自身的差距，提高了自身的水平。

（五）电力行业自主创新评价

2011年，电力行业中央企业自主创新取得可喜的成就：丰硕的科技专利成果，重大项目硕果累累，电力行业特高压、智能电网、可再生能源并网技术、熔融碳酸盐燃料电池等等关键领域取得巨大技术突破，示范工程建成投产，标准化的管理创新。回顾整个电力行业，我们不难发现，电力行业中央企业自主创新有以下共同点：首先将创新上升为公司战略，自上而下加强对创新的重视和创新意识的培养，为创新提供政策依据；其次，构建完善的科技创新体系，整合资源，发挥本企业的优势，依靠科技创新体系坚持自主创新，吸纳内外多种能力，掌握关键核心技术；最后，创建科技平台，提升员工技术素质，通过各种方式为员工搭建学习技术、科研攻关、展示才华、人才交流的平台，不断提高员工的科学技术素质，逐步建立以技术带头人为首的技术人才梯队。

然而电力行业中央企业自主创新也存在不足：首先，技术创新能力在行业内分布不均，技术突破多集中在输电企业如国家电网公司和南方电网公司，而发电企业中火电企业取得重大技术突破的较少，核电和风电有所突破。为促进电力行业全行业技术创新能力的整体提高，火电企业应加强企业技术创新能力，国务院国资委、电力行业应同心协力帮助火电走出亏损的困境。其次，电力行业中央企业在实现技术创新和管理创新的同时，还没有开始商业模式创新。相对于传统的产品创新、技术创新、工艺创新或组织创新等类型来说，商业模式创新是一种新型的创新形态，在全球商业界已经引起前所未有的重视。《经济学人》杂志曾进行的一项调查表明，50%以上的企业高管认为企业要获得成功，商业模式创新比单纯的产品创新和服务创新更为重要①。随着新能源发电、智能电网等新技术发展，电力企业应高度重视创新发展，在电动汽车、智能家电、能源服务等新兴业务领域，要借鉴先进的商业模式，加大商业模式创新力度，实现技术创新和商业模式创新相结合。

① 代红才，魏玢，周原冰．苹果商业模式创新对电力企业的启示［J］．中国电力报，2011（8）．

四、机械设备制造行业中央企业自主创新

(一) 机械设备制造行业自主创新背景

1. 机械设备制造行业概况

机械设备制造业指从事各种动力机械、起重运输机械、农业机械、冶金矿山机械、化工机械、纺织机械、机床、工具、仪器、仪表及其他机械设备等生产的行业。机械设备制造业为整个国民经济提供技术装备，其发展水平是国家工业化程度的主要标志之一。

中国机械设备制造业为整个国民经济提供技术装备，是占据国内生产总值30%以上份额的支柱性产业，其发展水平是国家工业化程度的主要标志之一，主要具有以下特征：一是范围广、门类多、技术含量高，与其他的行业关联度大，带动性强，为各行业提供现代化设备，其发展将带动一大批相关行业的发展；二是高就业、省资源、高附加值，属于组装式工业，有较大的就业容量，同时作为技术密集工业，所消耗的能源在重工业中是最低的；三是高关联性，使其技术水平不仅决定了各行业当前竞争力的强弱，而且决定了今后运行的质量和效益。①

在国务院国有资产监督管理委员会目前公布的中央企业名录中，机械设备制造业共16家企业，分别是中国航空工业集团公司、中国船舶工业集团公司、中国船舶重工集团公司、中国兵器工业集团公司、中国兵器装备集团公司、中国第一汽车集团公司、东风汽车公司、中国第一重型机械集团公司、中国第二重型机械集团公司、哈尔滨电气集团公司、中国东方电气集团有限公司、中国通用技术（集团）控股有限责任公司、中国机械工业集团有限公司、中国恒天集团公司、中国北方机车车辆工业集团公司和中国南车集团公司。在《财富》杂志最新评选的2011年世界500强企业名单中，16家企业中有6家上榜——分别是东风汽车公司排名145，营业收入55748.2百万美元；中国第一汽车集团公司排名197，营业收入43434.4百万美元；中国兵器工业集团公司排名250，营业收入35629.4百万美元；中国航空工业集团公司排名311，营业收入31006.4百万美元；中国机械工业集团有限公司排名435，营业收入22486.9百万美元；

① 田文滨：装备制造业技术创新动力机制研究［J］. 东北财经大学学报，2008（2）.

中国船舶重工集团公司排名463，营业收入21054.9百万美元——占中国公司上榜总额9%。目前，中国兵器工业集团公司、中国东方电气集团有限公司、中国南车集团公司已实现整体上市，而中国航空工业集团公司、中国船舶工业集团公司、中国船舶重工集团公司、中国第一汽车集团公司、东风汽车公司、中国第一重型机械集团公司、哈尔滨电气集团公司、中国通用技术（集团）控股有限责任公司、中国北方机车车辆工业集团公司也在国务院国资委的战略部署下基本达到整体上市的要求。

2. 机械设备制造行业自主创新背景

中国自改革开放以来，为了尽快缩短与其他国家的差距，在相当长的时间内鼓励引进技术和装备，以发展机械设备制造业，但未能实现企业核心竞争力的有效提升。以汽车为例，通用汽车在中国的产量占全球总产量的3%，而在中国获得的利润却占到25%；大众汽车在中国的产量占其世界总产量的14%，而在中国获得的利润却占其利润总额的80%。中国机械设备制造行业作为国民经济发展的重要产业对外技术依存度很高，特别是国防领域的对外技术依赖局面，对国家安全构成了严峻的挑战。因此，中共中央《关于制定国民经济和社会发展第十一个五年计划的建议》提出：把增强自主创新能力作为科学技术发展的战略基点和调整产业结构、转变增长方式的中心环节。可见自主创新势在必行，而在这过程中中央企业理应一马当先。

近年来，在国务院国资委的领导下机械设备制造业中央企业大力发展自主创新，知识产权意识提升，皆已经或正在制定知识产权战略，专利拥有数量逐年大幅度上升。2007年3月，国家知识产权局公布了首批“全国企事业知识产权示范创建单位”名单，中国第一汽车集团公司、东风汽车公司、中国第二重型机械集团公司分列其中；在2010年7月公布的第二批“全国企事业知识产权示范创建单位”中，中国机械工业集团有限公司、中国船舶重工集团公司、中国兵器工业集团公司纷纷入选，机械设备制造业央企在国务院国资委推荐的企业中占据20%的名额。同时，在国家科学技术部、国务院国资委和中华全国总工会授予的三批“创新型企业”中，中国东方电气集团有限公司、中国第一汽车集团公司、中国船舶重工集团公司、中国兵器工业集团公司、中国兵器装备集团公司、中国第一重型机械集团公司、中国北方机车车辆工业集团公司、中国南车集团公司、中国船舶工业集团公司、东风汽车公司、哈尔滨电气集团公司先后入选，充分体现出机械设备制造业中央企业的自主创新优质潜力。

（二）机械设备制造行业自主创新活动与成就

1. 机械设备制造行业自主创新活动

（1）加大科研经费投入力度。

2011年，中国第一重型机械集团公司投入研发经费4.25亿元，占销售收入的近5%；中国第二重型机械集团公司投入研究及开发费用3.4亿元，是2010年科研投入的12.7倍；中国东方电气集团有限公司新技术研发斥资12亿元，较2010年同比增长22.83%；同时，中国北方机车车辆工业集团公司科研开发耗资21.82亿元，中国南车集团公司科研开发拨款29.27亿元，均保持国内同行业领先水平。[①]

（2）加强科研人才培养力度。

2011年，机械设备制造业中央企业高度重视科研人才培训管理工作，并建立了覆盖全员的职工培训管理体系。如中国东方电气集团有限公司针对技能操作人员进行重点培训，全年共计培训职工139074人次，其中学历教育培训323人次，资格取证培训4704人次，专项工作培训57513人次，岗位业务知识培训48279人次，适应性培训7536人次，晋级培训1460人次。通过分类重点培训，提升了员工的专业技能水平和综合素质，为公司的持续发展提供了保证。又如，中国船舶重工集团公司截至2011年已建立专业齐全、力量雄厚的科技创新体系，拥有28个研究所，以及国家能源海洋工程装备研发中心等4个国家级研发中心，9个国防科技重点实验室等，拥有12名中国工程院院士，逾千名各类高级技能人才，专业技术人员4万多名，为自主创新提供了坚强的人力资源保障。

（3）加快科研设备投资力度。

2011年，机械设备制造业中央企业加快推进科技研发固定资产投资项目建设，力图尽快发挥科研投资效益。如中国第二重型机械集团公司的成都研发中心大型铸锻件数值模拟国家工程实验室已投入使用；德阳基地的重点工程建设项目80MN快锻机完成安装调试；水压机扩能改造等重点工程建设项目有序推进；镇江基地核电容器厂房收尾竣工；成套装备厂房大型设备基础已具备安装条件；总降压站等生产配套设施已投入使用；高资河内港池码头基础工程施工完毕，配套工程正加快推进。中国二重2011年共完成固定资产投资18亿元，完

---

① 数据资料根据中国一重、二重重装、东方电气、中国北车、中国南车2011年年度报告整理。

工单项工程180余项，新增生产设备139台。中国北方机车车辆工业集团公司高速列车系统集成国家工程实验室基本建成；动车组和机车牵引与控制国家重点实验室进入施工建设阶段；中国北车货车技术研发中心挂牌成立；公司技术投入比例达5.1%。2011年中国南车集团公司加快自主创新步伐，重点提升技术平台建设工作。随着国家高速动车组总成工程技术研究中心落户四方股份，中国南车成为中国轨道交通装备制造领域唯一拥有变流技术国家工程中心、高速列车系统集成国家工程实验室、动车组和机车牵引与控制国家重点实验室、高速动车组总成国家工程技术研究中心四个国家级研究与实验机构的企业。这些研究机构与6个博士后工作站、6个国家认定企业技术中心、2个海外研发机构共同构成了中国南车强大的研发平台。①

2. 机械设备制造行业自主创新成就

（1）专利奖项再创新高。

在2012年2月14日于北京人民大会堂召开的国家科学技术奖励大会上，机械设备制造行业有7家中央企业获得科学技术奖励16项。其中，中国航空工业集团公司所属中航工业导弹院、中航工业西航、中航工业航材院有三项成果获得国家科学技术进步二等奖；中国船舶工业集团公司所属上海船舶研究设计院参与的“烟大铁路轮渡系统集成技术及应用”项目获国家科学技术进步二等奖；中国船舶重工集团公司七〇二所、七二四所、七五〇场的三个科研项目获国家科技进步二等奖；中国兵器工业集团公司所属内蒙古第一机械集团有限公司的专用项目获得国家技术进步二等奖；中国第一汽车集团公司工人齐嵩宇研制的“电阻点焊工艺质量自动监控技术”项目，获得国家科学技术进步二等奖；哈尔滨电气集团公司的“三峡全空冷巨型水轮发电机组研制”项目获得国家科技进步二等奖；中国东方电气集团有限公司参与的“超超临界1000MW火电重大装备研制与产业化”项目获得国家科学技术进步二等奖；中国机械工业集团有限公司所属四家企业完成或参与完成的四项科研成果“玉米秸秆与籽实收获关键技术装备”、“大型石化装置系统长周期运行风险的控制与评估关键技术及工程应用”、“复杂钢结构施工力学研究与应用”和“触媒法合成高品级金刚石关键设备与成套工艺技术开发”获评国家科技进步二等奖；中国南车集团公司株洲所下属国家变流中心与西安交通大学联合申报的“供用电系统谐波的有源抑制技术及应用”荣获2011年国家科技进步二等奖。多年来，机械设备制造业中央

① 数据资料根据二重重装、中国北车、中国南车2011年年度报告整理。

企业始终在科技创新领域表现优异，多次在国家科学技术奖励大会上获得肯定，仅中船重工从2000年至今，便有36项科研成果获得国家科技进步奖，其中特等奖1项，一等奖7项，二等奖28项。此外，中船重工国际第六代3000米深水半潜式钻井平台设计与建造项目还获得了国家能源科技进步一等奖。

机械设备制造业中央企业秉承科研先行的同时，自主知识产权也得到高度重视。截止目前，中国第二重型机械集团公司共申请专利225项，授权174项，有效专利141项，其中发明专利37项；中国航空工业集团公司累计拥有专利3830项，其中发明专利806项；中国船舶重工集团公司已拥有国内外授权专利1499项，累计获得国家科技进步奖34项，国防科学技术进步奖593项；中国机械工业集团有限公司累计获得国家级奖项3500余项，获得国家专利1500多项；中国兵器装备集团公司累计拥有有效专利突破7000件，居中央企业第4位。2011年，专利数目再创新高。仅中国南车株洲所，一年里就有473个科研项目全面推进，年内结题完成率达90%，争取外部科研经费1.66亿元，获国家和省部级多项奖励，申报专利390项，获得授权专利214件，知识产权拥有量位居行业前列。而中船重工于2011年内则申请专利496项，获得专利授权269项，其中发明专利58项；中国北车申报专利1100项，其中发明专利515项，申报国际专利56项；中国南车申请国家专利1820项，获得国家专利授权1308项，5项专利获2011年第十三届中国专利优秀奖。

(2) 科研成果取得突破。

2011年，中国船舶工业集团公司紧贴市场需求和企业自身发展需要，进一步完善、健全技术创新体系和管理机制，通过实施“精品船型战略”，优化产品升级，推出了好望角型散货船、VLCC油轮、自卸散货船等一批具有市场竞争力的品牌船型。产品研发及主力船型优化升级，着力体现节能减排、绿色环保概念，使176000吨和206000吨散货船、319000吨VLCC、44米型宽阿芙拉油轮和53000吨散货船等主打船型技术保持国内领先。为适应新规范、节能型柴油机技术发展的趋势，中国船舶加快了对智能型柴油机研发的力度，继续保持国内领先地位。中国船舶还积极拓展海洋工程和非船产品，发展多元经营，增强抗风险能力。备受关注的3000米深水半潜式钻井平台在外高桥公司顺利交付，标志着公司在重大海洋工程领域的设计、生产关键技术跃上了新台阶。外高桥造船推出的JU2000E型自升式钻井平台在国际市场上一炮打响。中船澄西通过多年努力，先后成功开发了GE、克里普等世界著名公司和国内大客户的风力发电塔项目，已成为国内生产规模最大的风力发电塔制造公司之一。沪东重机在巩固扩大柴油机配件服务、盾构、GE扩散器、排气缸等非船业务基础上，还通过了国家核安全局的资格评审，获得进军核电应急发电机组市场的“通行证”。

中国船舶重工集团公司2011年科技创新工作也取得了新成效。“大型液化天然气船工程开发”、“深海半潜式钻井平台工程开发”和“自主品牌船用中速柴油机研制”等国家高技术船舶科研重大创新项目取得实质性进展。首台自主品牌6CS21/32船用中速柴油机研制成功，并通过中国船级社型式认可；万箱级集装箱船等一批船舶和海洋工程产品研发成功；自主研发的大型转叶式舵机通过中国船级社检验；国内最大的海洋平台起重机研制成功。公司自主创新能力得到进一步提升，一批重点项目也获得国家支持。“高效节能螺旋桨应用技术研究”、“节能减阻防污涂料应用及评价技术研究”等一批高技术船舶科研专项，以及“城市轨道交通非金属材料制品产业化”、“离心曝气鼓风机开发”等军用技术推广项目获国家批复立项，通过项目实施，形成了一批自主知识产权科技成果，提升了公司的核心竞争力。

中国第一重型机械集团公司技术创新不断推进。一重紧紧围绕能源装备、工业装备、环保装备、装备基础材料等“四大产业”，不断完善技术创新体系建设，建立了“基础科学研究、工程化研究、产业化研究、批量化研究”四位一体的技术创新体系，公司在全国729家企业技术中心2011年排行榜中位居前44名。成功研制了筒节成型机在线喷淋调质、自动翻转等辅助装置，自主设计制造的400吨米锻造操作机投入生产，核电主管道试制成功，海洋工程、海洋风电、煤气化等新产品研发工作不断推进，核电锻件、空心钢锭、曲轴、超超临界转子、铸铁工作辊、铸钢支承辊等产业化课题已迈入正轨。

2011年，中国第二重型机械集团公司加强技术创新，加快产品结构调整步伐。集中力量加强以AP1000三代核电为重点的核电新产品开发，成功获得AP1000核电产品技转文件使用权，率先研制出世界首批示范工程主管道、压力容器支撑及预埋件，顺利启动全套锻件材料的投料。三峡工程升船机齿条通过了专家组鉴定，螺母柱研制取得重大突破，实现了批量化生产。燃气轮机锻件、新型矿渣立磨、风电新机型增速机等新产品开发取得显著成效。围绕煤化工、海洋工程等领域积极寻求技术引进和合作。此外，二重还获批设立“国家能源极端装备虚拟制造重点实验室”。

中国东方电气集团有限公司2011年科技创新能力进一步增强。完成了世界最大的巴西杰瑞75MW贯流式机组、溪洛渡770MW特大型全空冷水轮发电机组、仙游300MW抽水蓄能机组等水电重大项目的自主开发。600MW等级超临界循环流化床锅炉试制完成。自主研制的国内首根核电焊接转子通过国家鉴定，CAP1400 核电机组研发工作取得重要进展。自主研发 1.5MW 直驱永磁风力发电机组，成为国内首家获得 GL 认证的风机制造企业。首台 3MW 双馈式风电机组、2.5MW 直驱型风电机组顺利下线，为进一步开拓风电市场提供了有力的支撑。

中国北方机车车辆工业集团公司加强技术创新体系建设，全面做好产品技术开发，努力突破核心与关键技术，大幅度提升技术创新能力。动车组不断开发新型产品，时速 400 公里高速综合检测列车达到国际先进水平；首列 CRH380C 型动车组完成环线型式试验；首列 CRH380B 高寒车完成厂内调试；成功完成巴西 EMU 项目研制，中国制造电动车组首次进入南美市场。机车优势不断加强，获得准高速客运和大轴重货运机车两个铁道部科研项目；采用北车自主电传动系统的新型八轴电力机车完成设计工作；160km/h 交流传动客运电力机车完成样车组装；HXN3B 型内燃机车研制进入机车组装阶段。货车持续领跑，具有国际领先水平的货车整车疲劳振动试验台主体工程基本结束；成功研制国内载重最大的平车产品——600 吨工矿专用平车；氨气罐车和液化气罐车成功出口法国，中国铁路货车产品首次进入欧洲市场；出口澳大利亚 40 吨轴重矿石车达到了同类产品自重最轻的世界领先水平。城轨车辆在国内首次采用不涂装不锈钢车体技术，开发了北京地铁6 号线车辆；研究钢铝混合车体新技术，开发了用于哈尔滨的国内第一款耐高寒地铁车辆；研究和掌握相关国际标准，完成了巴西 1A 地铁车辆试制。

中国南车集团公司科技投入不断加大。动车组高起点主攻核心技术，通过持续创新集成领先优势，成功构建了高速动车组研发平台；在 CRH380A 创新成果的基础上，时速 500 公里的更高速试验列车应运而生，关键技术已实现自主化和产业化；首创米轨动车组轮盘制动系统，高端成绩动车组首次走出国门，200 多辆高品质成绩动车组出口马来西亚。机车领跑行业前沿，研发的 HXD1 型八轴 9600 千瓦电力机车是迄今世界功率最大的交流传动电力机车，承担了世界最大运量铁路线——中国大秦铁路线总运量的 70%；HXD1B 型六轴 9600 千瓦电力机车是世界上首创单机功率最大的交流传动电力机车；HXD1C 型六轴 7200 千瓦电力机车创造了世界铁路机车研制周期最短的记录；HXN5 型大功率内燃机是世界单机功率最大的内燃机车之一。城轨地铁高端优势明显，中国首台商用中低速磁悬浮列车下线，爬坡能力是同类城轨地铁产品的一倍；中国首列自主知识产权直线电机地铁列车下线，核心技术、关键技术完全实现自主化，国际化率达到90%以上。客车问鼎高端市场，中国南车独家提供的用于青藏铁路的高原客车是中国目前技术含量和制造标准最高的客车产品。货车实现专业化研发，所研制的70吨级通用货车实现了中国铁路通用货车单车载重由60吨级向70吨级的历史性跨越；成功推出中国载重量最大的货车C80，为大秦铁路煤炭年运量突破4亿提供了重要保障。

此外，2011年机械设备制造业中央企业还有多项技术成就对于国际、国内创新领域具有重要的意义，简要概述如表2－16。

表2－16　2011年机械设备制造业中央企业重要创新成就概览

创新企业	创新成就	创新意义
中国航空工业集团公司	中国首款大型民用直升机获得中国民用航空局颁发的型号合格证，即将全面投放市场	13吨的AC313作为亚洲最大吨位的直升机，是世界上第一款获得4500米海拔地区A类适航证的民用直升机
中国兵器工业集团公司	NET260电动轮矿用车正式下线	该产品的研制成功填补了国内空白，标志着中国已具备自主研发高品位、大吨位、低价位电动轮矿用车的能力
东风汽车公司	发电用增压燃气发动机一次性点火成功	该项目开发成功后将填补国产机组在燃气机组领域200～300KW的空白
中国第二重型机械集团公司	世界首件第三代核电AP1000主管道冷段2A弯管一次性弯曲成功	世界范围尚无成功先例，该产品将用于世界首座第三代AP1000核电站
哈尔滨电气集团公司	世界首台AP1000三门核电项目1号机组的两台除氧器顺利产成发运	标志着世界首台AP1000核电项目——三门核电1号机组的除氧系统已全部完成
中国东方电气集团有限公司	高速重载推力轴承试验台建成正式投运	该试验台是目前世界上最先进、转速最高的水轮发电机推力轴承试验台
	中国锅炉行业首套大型水冷壁自动、手动两条涂装生产线顺利通过设备验收并投入试生产阶段	该设备的成功投运填补了国内锅炉行业大型管屏自动涂装作业装备的空白
	一号汽轮机组电动给水泵变频改造工程正式投运	该工程采用的变频调速多功能液力偶合器技术方案开创了国内外发电企业变频调速多功能液力偶合器技术应用的先河

续表

创新企业	创新成就	创新意义
中国东方电气集团有限公司	2台4500吨/日大型低温多效蒸馏海水淡化设备在印度尼西亚西爪哇岛英德拉玛尤电站成功投运	该设备是国内首台具有完全自主知识产权、首次出口国外的大型海水淡化设备，标志着中国的海水淡化研发已经达到国际水平，开创了国内大型低温多效蒸馏海水淡化装置进军国际市场的先河
	中国最高速推力轴承试验台建成并投入使用	标志着中国轴承试验平台跃上一个新水平，可满足大规格、高水平的水轮发电机推力轴承试验的需要
中国机械工业集团有限公司	沈阳市高新技术产业发展计划项目“高性能硅电容压力传感器”顺利通过验收	该项目首次实现智能变送器产品核心传感器的国产化配套，打破国外的技术封锁，填补国内空白
	圆满完成2吨大型真空感应熔炼炉项目	该熔炉是目前国内自主设计制造的最大容量真空感应炉，实现国产真空设备技术上的突破，打破国外大型真空感应炉长期以来对国内市场的垄断
	国家“863”计划重点项目“2000米地质岩心钻探关键技术与装备”通过验收	该装备完成单孔连续取心钻探2706.68米，创国内小口径绳索取心钻探最深纪录
中国南车集团公司	工业传动变频器的试验轧机轧制出第1条合格钢带	这是国内自主品牌变频器在高端工业传动——轧机主传动领域的首次成功应用

资料来源：根据国务院国有资产管理监督委员会网站数据整理

（三）机械设备制造行业自主创新影响因素

1. 产业链需求

机械设备制造业为整个国民经济提供技术装备，具有中间产品多、产业链需求潜力大等特征。长期以来，机械设备制造业为其下游行业提供产品和部件的支持，供给范围覆盖各行各业，很多产品为国家重要的自主研发产品或军工产品提供了关键部件。面对高标准的产业链需求，以一重、北车、一汽为代表的机械设备制造业在动力机械、起重运输机械、化工机械等方面做足努力。仅中国一汽J6重型车获国家专利193项，发明专利15项，软件著作权2项；自投产以来，累计销售8.6万辆，产值208.7亿元，创利税40.9亿元，取得了显著的经济和社会效益。然而产业链需求除了为企业带来积极的牵引力作用外，另一方面也会使行业受到更深的宏观经济政策环境影响。就汽车制造企业而言，2011年国内汽车企业普遍遭遇了陆续退市、消费透支、部分城市限购政策实施、油价上涨等多种不利因素的层层叠加，持续几年的井喷行情渐行渐远。据东风汽车公司2011年年报显示，企业营业收入较上年同比增长8.05%，仅实现缓慢小幅增长，而营业利润甚至负增长27.1%。同时，由于存贷款率和准备金率的上调，我国电力行业普遍出现亏损的情况。作为电力行业的上游企业，哈尔滨电气股份有限公司2011年营业收入284.88亿元，较2010年营业收入291.72亿元减少2.35%。不利的经营状况直接影响到了企业自主创新水平。可见，产业链需求对机械设备制造行业中央企业自主创新影响巨大。[①]

2. 人才战略

自主创新的实现最终要落实于人的创新活动之中。机械设备制造业是技术密集型的行业，因而出色的企业家以及专业知识人才、高技能人才是实现机械设备制造业创新的重要力量。比如“十二五”期间，一汽集团设定了新的人才发展战略，即以核心人才培养与引进为重点，通过“高端引领、整体开发”，建设以一万名高端人才为龙头的三万名专业化、国际化、创新型的核心人才群体，构建支撑一汽集团自主发展的人才金字塔，打造行业最具人才吸引力和竞争力的汽车企业。在这样的人才战略指导下，一汽集团涌现出许多高技术人才，比如一汽大众一线工人金涛经过反复试验，完成“零间隙钎焊补偿法”和“顶盖更换法”两项技术程序，使奥迪A6L整车一次性校检合格率由原来的73%提高到99%，焊缝返修率从8%下降到1%，为公司节约800多万元资金。人才的创新特质对机械设备制造业行业自主创新活动的影响力由此可见一斑。

3. 政策扶持

在机械设备制造业中央企业自主创新活动开展的过程中，自主创新的政策支持力起到了不可忽视的动力作用。自2009年5月国务院公布《装备制造业振兴规划》以来，政府建设的项目在设备招标时便对国产设备进行倾斜，同时从财税、研发、技术引进、进出口、风险补偿等方面对设备制造业企业都进行了扶持和补偿。通过力度强大的政策支持，中央企业机械设备制造也拥有了技术和成本的双重优势或技术同等条件下的成本优势，具备极强的竞争力。2011年，

① 数据资料根据东风汽车、哈尔滨电气2011年年度报告整理。

在国家政策的大力扶植和推动下，机械设备制造业在自主创新方面取得了快速发展，如机床企业关于高等数控机床的研发，船舶制造企业关于大型油轮、自主品牌柴油机的研发，航空制造企业关于飞机发动机等核心部件的设计制造，汽车制造企业关于自主品牌的整车和发动机等关键零部件的研制技术等都取得了进步。国家自主创新政策为机械设备制造业自主创新活动的开展打造良好的政策空间，有力地促进和推动行业自主创新活动的开展。

4. 技术推动

研究开发或科学发现是创新的主要来源，创新是由技术成果引发的一种线性过程，许多根本性创新来自于技术的推动。“十一五”时期，中央企业加强创新责任考核，筹措科技专项基金，逐步建立起科技投入稳定增长的长效机制，科技投入水平连年提高。2009 年，中央企业科技活动经费总额 2633 亿元，2006—2009 年年均增长 28.5%，研究开发经费 1468 亿元，2006—2009 年年均增长 27.9%，均高于同期销售收入、利润增幅。截止到 2010 年，已有近三成的中央企业科技投入占销售收入比重超过 5%，18 家企业科技投入超过 50 亿元，多项创新成果领先国际先进水平。据全国科技经费投入统计公报显示，机械设备制造行业的 R&D 水平尤为突出。以信息技术为代表的高新技术与机械设备制造业相融合，给机械设备制造技术带来深刻的、革命性的变化，信息技术、工业自动化技术、数控加工技术、先进的发电和输配电技术、新材料技术和新型生物、环保装备技术等当代高新技术成果开始广泛应用于机械设备制造业，其高新技术含量已成为市场竞争取胜的关键。

5. 资金保证和装备支持

开展自主创新活动要有足够的创新资金作保障，以满足人员、设备、技术等方面的创新费用支出，维持行业自主创新活动的开展。比如，哈尔滨电气集团每年都会拿出销售收入的 3% ~5% 进行科技研发，2008 年科研投入资金甚至达到 15 亿元。充足的资金保证了核电集团能够跟踪国际先进的技术理念和技术方法，并以一流的技术装备撑起一流的科技水平。哈电集团瞄准世界先进水平，装备了各种科研、试验、加工、检测等主要设备 6000 多台，其中精、大、稀设备千余台。目前集团建有 320 吨转子高速动平衡装置、高水头水力试验台、世界上还在运行的最大的 3000 吨发电机推力轴承试验台、4 兆电子伏特直线加速器、8000 吨油压机、转轮模型制造中心、高精度水力机械通用试验台、重型火电产品型式试验站、长叶片、高水头水力机械、高压绝缘、大型高效清洁煤燃烧锅炉热态、W 型火焰炉膛的冷态模化、低压透平、大型风力发电设备等试验台，能够满足各种实验研究的需要。正是有了这样的基础，才为哈电集团引进技术的消化吸收和再创新创造了条件。从这一角度来看，自主创新资金的投入是机械设备制造业中央企业开展自主创新活动、取得自主创新成果的维持动力所在。

（四）机械设备制造行业自主创新模式与特点

2010 年 12 月，国务院国资委结合中央企业改革发展实际，研究提出中央企业"十二五"发展总思路，其五大战略——转型升级战略、科技创新战略、人才强企战略、国际化经营战略、和谐发展战略，皆为中央企业自主创新指明了方向。同时，我国中央企业的稳定发展也为行业整体自主创新奠定了基础。

1. 设立技术研发中心，完善自主研发体系

企业自主创新重在技术研发，为此，16 家机械设备制造业中央企业均设立了自己的技术科研中心，形成了完整的自主研发体系。例如，中国第一重型机械集团公司按照"构思一代、研发一代、试制一代、生产一代"的思路，构建了一重独有的技术创新体系，即"科学研究层、工程化研究层、产业化研究层、批量化生产层"。科学研究层，主要负责一重新产品、新材料、新工艺所涉及的前瞻性、基础性、共性和难点技术的研究和开发，为产品研发中的加工工艺设计等问题提供基础理论保障，对未来产品的研究形成 3 ~ 5 年的技术储备，其研究成果输出到工程化研究层或者产业化研究层，为工程设计、工艺设计提供解决方案和办法，并解决当期制造过程中出现的基础性或者共性问题；工程化研究层，承接基础科学研究成果或者产品合同进行工程化研究，根据生产需要以及相关的资源基础把承接的研发成果转化为制造技术，形成产品设计图纸、制造工艺、技术规范、技术标准等，并向制造事业部输出；产业化研究层，通过实现产品的产业化获取收益，在生产中出现难以解决的技术难题，委托给能材所、重型装备科学院、天津研发中心、大连设计院等进行攻关，按合同约定支付报酬；批量化生产层，严格执行操作要领书，进行产品的制造工作，按照产业化的要求制造出合格的产品，同时围绕制造环节，开展技术革新、合理化建议等活动。国家级企业技术中心是一重技术创新的主要平台，也是一重技术系统归口管理部门。它的直属单位是技术中心办公室、能源装备材料科学研究所、天津重型装备工程研究有限公司、大连设计研究院、天津 TCE 公司、档案管理部，技术归口管理各子公司的技术工作。完善的创新体系为一重在研发冶金成套设备、核能设备、重型压力容器、大型铸锻件、重型锻压设备等方面提供了强有力的技术支撑，直接成为了企业自主创新的良好平台。

2. 推进人才培养战略，构建优质人才队伍

为推动企业转变发展方式、实现科学发展自主创新提供坚强有效的人才保证和广泛的智力支持，中国16家机械设备制造业央企皆树立了先进的人才理念，建立了自己庞大的人才队伍，这成为了该行业自主创新的又一特点。例如，中国北车股份有限公司坚持“实力、活力、凝聚力”的团队建设目标，努力促进和鼓励员工的发展，致力于建立公平、竞争、激励、高效的用人机制和营造尊重知识、尊重人才、尊重劳动、尊重创造的良好氛围，积极为各类人才提供广阔的事业平台和发展空间。一是拓宽渠道，加大优秀人才和应届高校毕业生的引进力度；二是深化人事人才制度改革，创新和完善人才工作机制；三是加强人才资源能力建设，培养学习型员工，建设学习型企业；四是畅通人才发展渠道，尊重人才成长规律，促进员工在创新实践中不断成长。目前，中国北车股份有限公司在岗员工8万余人，其中各类经营管理和专业技术人员近2万余人，具有高级以上专业技术资格3400人，具有中级专业技术资格6300人，现有技师、高级技师等高技能人才20000余人。此外，公司内拥有享受国务院政府特殊津贴专家172人，国家、省（部）级有突出贡献的中青年专家85人，公司共选拔评审首席专家13人、资深专家49人、专家413人。中国北车股份有限公司通过加强企业领导人员、经营管理人才、专业技术人才和高技能人才队伍建设，努力打造和培养了一支数量充足、结构合理、素质优良的人才队伍，促进了中国北车股份有限公司的持续、快速和健康发展。

3. 建设产学研结合的创新模式，实现共同发展

产学研结合是指企业、高校和科研院所这三个技术创新主体在社会范围内以技术合约为基础，按照“利益共享、风险共担、优势互补、共同发展”的原则，共同开展技术创新活动，以实现“科研—产品—市场—科研”的良性循环，是技术创新的上游、中游、下游的对接与融合。为解决科技与经济的紧密结合问题，1992年国家经委、教委和中科院联合组织实施了产学研联合开发工程。中国通用技术（集团）控股有限责任公司、中国恒天集团公司、中国兵器工业集团公司、中国机械工业集团有限公司、中国北方机车车辆工业集团公司等均采用了产学研结合的创新体系。其中，通用技术集团子公司齐二机床曾与清华大学等单位合作承担了7项重大专项《高档数控机床与基础制造装备》课题；恒天集团与中国科学院、清华大学、东华大学和美国田纳西大学等多家国内外知名科研机构和高校有着密切的合作关系；兵器工业集团与清华大学等7所高校、中科院等8家科研机构长期加强产学研合作，积极构建开放式研发体系，不仅缩短了研制周期，技术成果转化率也明显提升；2011 年 1 月，国机集团与武汉大学签署战略合作协议，在科技创新、科技成果转化、高新技术产业化和人才培养等方面开展广泛合作；2012 年 4 月，中国北车与上海市政府签署《深化战略合作备忘录》，就共同提升我国轨道交通装备研发、制造与服务水平、加快城市轨道交通建设与发展等达成共识，大力推进上海高端装备制造业新发展。通过企业与高校、科研院所开展技术转让，共建技术中心、共同研究开发课题、共建高科技实体等多种形式，大大增强了企业的自主创新能力，促进了科技成果的转化，取得了明显的经济和社会效益。

4. 加强国际合作，促进国际贸易

为增强企业自主创新能力，提高国际竞争力，16 家机械设备制造业中央企业积极开展国际技术合作，通过进行引进国外先进技术消化吸收再创新，使我国企业的技术开发能力和产品技术水平显著提高。如中国航空工业集团公司与法国空客公司、美国波音公司、美国 GE 公司、欧洲直升机公司和巴西航空工业公司均有合作项目；而中国东方电气集团有限公司更与西门子、东芝、三菱重工、日立集团、阿尔斯通等国际知名企业建立了合作关系。此外，自主创新也使我国机械制造业中央企业的产品打入国际市场，产品信誉享誉全球。仅中国北车股份有限公司在过去 10 年中，便出口成交内燃机车 257 台、铁路客车 1450 辆、货车 3597 辆、地铁客车 461 辆，产品出口遍及美国、加拿大、巴西、俄罗斯、英国、法国、德国、澳大利亚、日本、新加坡、马来西亚、印度、伊朗等世界上 40 多个国家和地区。出口澳大利亚 1172 辆货车标志着中国机车车辆整车产品首次打入发达国家市场。澳大利亚 PPP626 辆不锈钢双层客车项目是我国首次为发达国家研制轨道客车，也是本行业出口创汇额度最高的项目。伊朗则是其传统而稳固的市场，仅地铁客车成交量就累计达到 635 辆。

5. 促进信息化建设，提高产出效率

按照国家推进信息化与工业化融合，以先进信息技术带动和提升传统产业发展的战略部署，东方电气和北车等机械设备制造业央企积极推进信息化建设，支撑企业战略发展，不断提升企业核心竞争力。作为入选福布斯亚洲上市企业 50 强并排名第 13 位的中国东方电气集团有限公司，信息化建设是其特色之一。长期以来，东方电气坚持研发信息化，推动企业研发模式创新，大力开展计算机辅助设计 CAD、计算机辅助试验 CAT 和计算机辅助工程分析 CAE，缩短研发周期，降低研发成本，提高研发水平，显著提升企业技术创新能力；坚持制造信息化，推动企业制造模式创新，积极推进装备数字化，推广应用数控技术，大力开展计算机辅助工艺计划 CAPP 和计算机制造 CAM，取得显著成效，提高产品加工的质量，缩短制造周期，降低制造成本；坚持管理信息化，推动企业管理模式创新，通过 KOA 和 ERP 等信息系统的实施，提升协同办公效率，推进集团财务、人力资源、工程管理和生产管理等水平的提高。同样，中国北方机车车辆工业集团公司也制定了信息化建设总体规划，与 IBM 公司合作，提出了"六一三三"信息化建设基本模式，努力实现公司数字化设计、数字化管理、数字化生产、数字化商务的全面集成应用。在时速 350 公里高速动车组项目实施中，基于北车的信息化建设，产品设计周期缩短 30% 以上，工艺管理效率提高 80% 以上，零部件标准化、通用化率提高 20%，产品成本降低 10% 左右，物流运转效率、准时交货率等指标都有显著提升。

（五）机械设备制造行业自主创新评价

中国机械设备制造业中央企业在过去的一年里自主创新，坚持不懈，取得了辉煌的成就。无论是航空设备制造企业、船舶设备制造企业、军事设备制造企业、汽车设备制造企业、重型装备制造企业、发电设备制造企业、纺织设备制造企业还是机车设备制造企业，均加大科技投入，不断努力提升自主创新能力，在各自的领域当中保持技术领先地位。

在国家的高度重视下，大量的科研资金不断涌入，为机械设备制造业的自主创新提供了坚实的基础。行业中 16 家中央企业专门设立科研中心，积极建设产学研的创新模式，实现优势互补，共同发展，建立长期合作联盟；同时重视科技人才的吸纳和培养，引进国外先进技术并进行再创新，开发具有自主知识产权的核心技术，拓展自身技术创新能力。技术的研发，人才的培养，资金的流入，资源的引进，信息的流通，精良的管理，在各种因素的共同促进下，机械设备制造业中央企业在自主创新的道路上不断突破，为行业其他企业的发展树立良好的榜样。

然而我们也应该清楚地认识到，中国机械设备制造企业一直存在关键技术自给率低的问题，固定资产设备投资很大程度上要依靠进口来满足，尤其是一些科技含量高的关键设备仍一定程度上依赖进口。尽管近几年来国家推行自主创新为企业提供了更好的发展环境和更多的自主研发机会，企业自身建立的自主研发模式也初见成效，但机械设备制造行业中央企业自主创新仍任重而道远。

五、通信行业中央企业自主创新

（一）通信行业自主创新背景

1. 通信行业概况

创新（Innovation）就是把生产要素和生产条件的“新组合”引入生产体系，即“建立一种新的生产函数”，其目的是为了获取潜在的利润。通信行业创新是指一切发生在通信行业中的创新行为与创新活动，其目的是提高通信行业技术水平和赢利能力。通信行业创新发生的范畴可以划分为三个层次理解：服务业、制造业以及非营利性的公共部门。通信制造商属于传统的制造业，通信制造商的创新主要是通过改进现有的技术或研发一种新技术，生产出更先进的通信设备，用以满足通信服务的需要。通信运营商属于传统的服务业，通信运营商的创新主要是在现存技术的水平下，开发出符合用户需求的产品或服务，并将其推向市场。除了技术创新以外，服务业的创新更多的是由非技术要素引起的。此外，通信行业的创新还会涉及一些非营利性的公共部门，比如行业管理部门、大学、科研机构等，它们是影响通信行业创新环境的重要因素。

通信行业自身的持续发展仅仅依靠基础设施建设的完善和提升显然无法实现，尤其在传统网络设施更新换代，传统通信业务发展面临瓶颈的同时，通信行业也只有转变传统的发展模式，积极践行创新理念，通过新业务、技术、管理方式等的应用创造出更高的价值，培育和强化核心竞争力，实现持续发展，通信行业是科技创新的重要主体之一。而当前整体上来讲，中国通信业整体创新不足的问题仍较为突出，集中表现为缺乏以创新推动发展的理念和动力，自主创新不够，直接导致通信业对于市场反应迟滞、缺乏活力，大而不强，无法拥有自己的标准、核心技术和知识产权。因此，通信作为当今世界科技发展最活跃的领域之一，中国通信行业特别是国有企业的创新方面已经取得了一系列骄人的成绩，并且切实加快创新步伐，更加积极主动地迎接经济发展、科技进步所带来的机遇和挑战，为通信业的持续健康发展创造条件和机遇。

2. 通信行业自主创新背景

改革开放以来，中国国民经济和社会发展取得了举世瞩目的成就，当前中国正处于全面建设小康社会的关键时期，面临着更加严峻的挑战和压力，依靠不断的创新，发挥创新精神，提高创新能力才能有效解决发展中遇到的各种难点与问题。通信行业作为国民支柱产业，国家明确提出要建设创新型国家，创新和转型成为中国未来较长一段时期内发展的主旋律和推动力。通信行业作为国民经济产业的基础性和先导性行业，是现代服务业的有机组成部分，是推动全社会科技进步和创新的重要载体。

2005年，中共中央《关于制定国民经济和社会发展第十一个五年计划的建议》中提出："把增强自主创新能力作为科学技术发展的战略基点和调整产业结构、转变增长方式的中心环节"。2007年，胡锦涛总书记在十七大报告中再次强调："提高自主创新能力，建设创新型国家。这是国家发展战略的核心，是提高综合国力的关键。要坚持走中国特色自主创新道路，把增强自主创新能力贯彻到现代化建设各个方面。"由此可见，建设创新型国家已经成为中国发展的重要战略方针，并且在相当长的一段时间内逐渐贯彻和深入到社会生活的各行各业、方方面面。国民经济是由各个产业构成的，创新型国家的建设离不开创新型产业的支持，产业创新成为国家创新的重要组成部分。通信产业是社会的技术性产业，是经济的支柱性产业，其发展的好坏快慢直接影响着国家的整体发展水平。根据贝叶思2010年下半年发布的《2009年中国通信运营商及投资市场分析及2010—2014年预测研究报告》，通信产业的发展也已经不可避免的进入创新驱动阶段。受全球经济环境的负面影响，以及通信业技术发展与自身盈利模式发展变化的影响，全球通信业进入了增长瓶颈期。2009年全球通信业收入仅达到了1.65万亿美元，较2008年同比增长仅为1.4%，2009年中国通信业收入为8707.3亿元，较2008年同比仅增长了6.97%，全球及中国通信业的增长速度都达到了近5年来的增长最低点。传统的语音服务收入增长减慢，数据增值服务收入在业务收入中所占比例逐渐变大，并呈现逐年增长的趋势。随着全世界范围内3G网络的建设与应用，通信产业迈入了一个新时期，通信技术、互联网技术和视频技术融合加快，推动了网络融合和业务融合。在这种形势下，通信技术创新成为提升产业竞争力的必要手段。

(二) 通信行业自主创新活动与成就

1. 创新活动

(1) 建设通信创新实验基地。

通信新技术创新实验基地建设能够规范专业实验室的建设与管理，推进实验室体制改革和实验教学改革，促进教学资源共享。在校企合作的途径和形式方面进行有益的探索和实践，积累经验，做到了学校和企业的双赢。在人才培养方面能积极探索满足新世纪经济建设和社会发展对高素质创新性的需求，理论与实践紧密结合；在实验室管理方面建立起一套完整科学实验教学体系和管理办法，采用开放式管理，向学生提供全面的技术指导，改善了教学效果，扩大了受益面。全面培养学生的科学作风，实践技能，综合分析问题，发现问题和解决问题的能力，使学生具有创新和创业精神，具有较强的实践能力。在师资队伍建设方面指导教师可以有机会参与大型实验室建设项目，并从中得到锻炼，教学水平得以提高，通过独立开发实验设备，可以激发广大教师参与教学改革的热情。另外，实验基地的设备先进，管理方法科学，不仅能很好地满足本科生和部分研究生的实验，同时，还可以为学科建设和科研工作提供一个良好的环境。

（2）联合研发推动通信创新。

中国企业已经与外企在通信领域的一系列合作研发项目中取得了丰硕成果。典型的成功案例如下：阿尔卡特朗讯和中国移动宣布签署一个全面的联合谅解备忘录，共同致力于下一代移动通信的创新型发展，其中包括双方在阿尔卡特朗讯 Light Radio 技术领域的进一步合作。阿尔卡特朗讯中国区总裁、上海贝尔总裁华罗鑫和中国移动研究院院长黄晓庆在北京举行的签字仪式上共同签署了该合作协议。双方就本次研究合作将进一步深化其伙伴关系，为双方在以下领域的合作探索确立框架并且双方将共同致力于开发基于中国移动 CRAN 和阿尔卡特朗讯 Light Radio 技术以及新型天线技术的无线网络架构演进；基于虚拟化的核心网络架构演进；开发新替代能源技术实现绿色 ICT。阿尔卡特朗讯首席执行官韦华恩表示，双方签署重要合作协议是两大行业领导者强强联合，阿尔卡特朗讯将通过联合研发，为市场带来全新业务突破。中国移动董事长王建宙表示，与阿尔卡特朗讯贝尔实验室在研发方面的合作，有利于推进网络技术演进，将有助于中国移动扩大移动应用、体验、社交网络服务及全新营收渠道等。

（3）深化信息通信应用的服务。

积极推动通信行业向融合化、集成化、综合信息服务提供商的转化，深化信息应用服务。大力推动通信行业在各个行业领域的生产经营管理、运行方式的深度融合，加速产品和业务的改造和创新，为其提供专门的信息化解决方案，推进各个环节的自动化、智能化，促进传统产业转变发展方式，实现转型升级，通过通信业务的融和发展，助力电子政务的发展完善及四大党政系统电子政务的融合，加快中国电子政务的进程，提高政府公共服务水平和社会经济运行效益；多层次推进信息通信服务在教育、医疗卫生、社会保障等重要民生领域的应用，打造数字化新生活。

2. 创新成就

(1) 具有自主知识产权的移动通信知识 TD－SCDMA 投入商用。

TD－SCDMA 产业创新系统的运行是技术推动机制、需求拉动机制、政府引导机制、协同合作机制共同作用的结果。在不同的发展阶段，不同的运行机制的作用表现会有所不同，如图 2－6 所示。

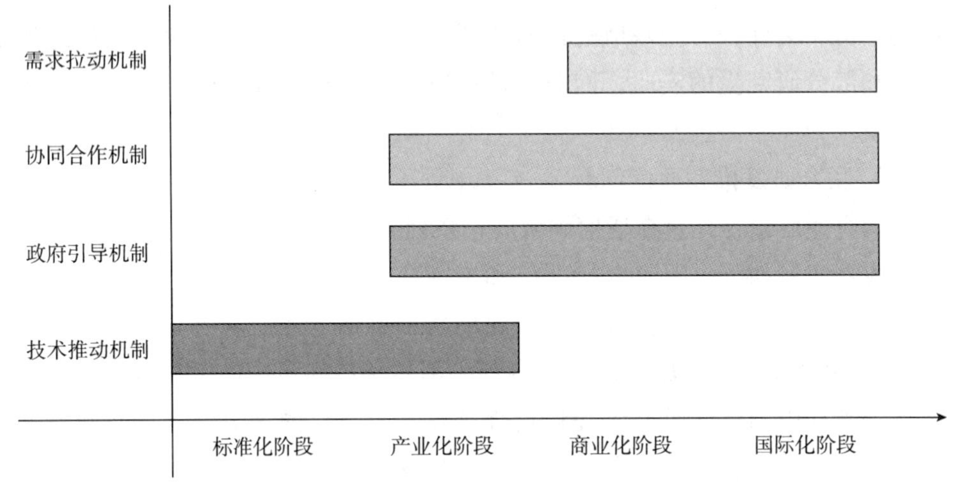

图 2－6　TD－SCDMA 产业创新系统的运行

TD－SCDMA 由中国移动负责运营，目前用户总数持续增长，TD－SCDMA-I'F为中国通信业百年史上第一个拥有自主知识产权的 3G 国际标准，是中国自主创新的重要里程碑，为中国在国际电信市场的大舞台竞技赢得了“话语权”。①作为全球首张 TD－SCDMA 商用网的建设运营者，中国移动在 TD－SCDMA 产业化没有任何国际经验可供参考的情况下，始终将创新作为推动 TD－SCDMA 发展的不竭动力。回顾一年中国移动 TD 发展历程，每一个创新都是一种突破，每一个突破都是一种进步。

在 TD－SCDMA 标准化阶段，主要是技术推动机制起作用。1997 年 4 月，国际电信联盟（ITU）向各国发出了征集 3G 技术标准的征集函，并制定了详细的 IMT 2000 RTT（第三代无线通信标准无线传输技术）形成的时间表和步骤，要求全部提案在 1998 年 6 月 30 日之前提交到国际电联。中国在 SCDMA 技术的

① 娄勤俭．TD－SCDMA 产业发展的几点思考［J］．中国集成电路，2008.

基础上引入时分多址（TDMA）技术，用 TDD 方式做下一代移动通信，并将这项技术命名为 TD-SCDMA。这种技术的优势是不需要对称频段，可以灵活方便地规划使用日益紧张的频谱资源。此外，还可以灵活地设置上下行业务占用时隙，最大限度地利用带宽和系统资源，非常适合未来应用广泛的数据业务需求。在 TD-SCDMA 标准确立以后，政府引导机制也开始发挥主要作用。政府通过出台一系列的产业政策，明确对 TD-SCDMA 标准的支持态度，打消了国内相关厂商的顾虑与迟疑。政府推动成立 TD-SCDMA 产业联盟、TD-SCDMA 技术论坛以及技术专家组等吸引大学、科研机构、企业等主体加入，扩大了产业群体。政府通过组织专项工程推动技术开放，加快了产业化进程；通过开展网络技术试验，促进制造业与运营业的整体发展。在政府的推动作用下，各参与主体开始进行合作创新活动，协同合作机制开会发挥作用。运营业和制造业是 TD-SCDMA 产业链上密不可分的两大环节，是相互促进的上下游关系。在 TD-SCDMA 产业化过程中，中国的运营商、制造商一起参与了 TD-SCDMA 规模网络试验，不仅使制造商的相关技术、产品在真实的应用环境中得到了检验和完善，而且使运营商更加了解这些技术和产品，网络规划运营能力得到了加强和提高。由于运营商、制造商实现了融合互动发展，中国 TD-SCDMA 规模网络试验达到了预期的效果，为正式商用奠定了基础。在商业化的过程中，需求拉动机制的作用变得比较明显。在社会各界的共同努力下，TD-SCDMA 技术逐渐成熟，实现了产业化的成功，但是其能否成功还是要看用户接不接受，有没有足够的市场需求。政府之所以选择中国移动作为 TD-SCDMA 运营商的主要原因，也就是看中了中国移动大量的用户基础和强大的运营能力。为了推动 TD-SCDMA 的市场化，中国移动推出了“三不三新三融合”的创新举措。所谓“三不”是指不换号、不换卡、不登记，是为了客户方便使用 TD-SCDMA。所谓“三新”是指新机制、新标准、新测量，旨在提升 2G 和 3G 的切换效率，使得客户在使用 TD-SCDMA的时候可以很方便地切换到 2G，使用 2G 时候又可以很方便地切换到 TD-SCDMA。所谓“三融合”是指网络融合、业务融合、应用融合，实现 2G 和 TD-SCDMA 的平滑演进。[①]

我国通信行业 3G 技术突破使 3G 用户数量快速增长。据统计，移动电话用户全国用户总数截至2011 年 11 月达到97533.5 万户，其中3G 用户达到11873.2 万户（见表 2-17），隶属于中央企业的中国电信、中国移动、中国联通一直以

① 黄俊．三网融合技术与广电发展概述［J］．数字通信，2011.

追求客户满意为动力，把握好积极创新的方式，在业务、技术、节能减排等方面投入大量的人力、物力，为通信业的快速发展注入源源不断的动力。①

表 2-17 2011 年 11 月电信通信统计资料

单位	电信业务总量		电信主营业务收入		互联网宽带接入用户（万户）		移动电话用户（万户）		其中：3G 用户（万户）	
	到达数（亿元）	增长（%）	到达数（亿元）	增长（%）	到达数	净增	到达数	净增	到达数	净增
全国	10734.1	15.6	9011.5	9.6	15509.3	2880.2	97533.5	11633.2	11873.2	7168.0
北京	396.3	14.7	429.4	8.5	513.8	15.5	2565.0	435.2	427.7	200.9
上海	371.9	9.4	430.6	6.4	532.8	46.1	2579.4	217.8	429.7	229.8

数据来源：2012-1 通信企业管理电信通信资料统计图

（2）电信与广电集团推进三网融合。

目前，网络技术向着融合的方向发展，传统的网络架构已不能适应新的发展趋势，网络融合成为网络发展演进的方向。三网融合是指电信网、计算机网和有线电视网三大网络通过技术改造，能够提供包括语音、数据、图像等综合多媒体的通信业务传播信息的现代通信网。三网融合产业聚集区域分布在广电业、电信业和互联网产业集中的珠三角、长三角、环渤海等区域，已经形成了“东部沿海三大区域集聚”的产业发展空间格局。未来，三网融合真正实现落地，其产业链将催生上万亿元级的市场规模。尽管三网融合一直在推进，但三网融合从 1998 年开始提出，至今已 13 年有余，第一批试点从 2010 年 7 月开始也已历经一年多，中国三网融合尽管在监管、体制、业务等层面上还存在诸多问题有待解决，但是就目前试点城市的表现而言，技术上已经相当成功，这也是中国通信企业之间的创新和探索走出了成功的一大步。

三网融合涉及技术融合、业务融合、行业融合、终端融合及网络融合等多方面的问题。据初步估算，综合考虑互联网协议电视、数字电视、手机电视、网络视频等各种业务系统，骨干网、城域网和接入网等配套网络基础设施以及信息服务平台的建设和运营，三网融合在未来几年可以直接拉动市场规模 1000 亿美元。1998 年《中国电讯产业的发展战略研究报告》拉开了三网融合的序幕。当时，广电部门正在启动有线电视国家级、省级干线网建设。1999 年国务院规

① 工信部. 2011 年电信通信资料统计 [J]. 通信企业管理，2011.

定电信部门和广电部门业务独立，不得交叉开展业务。2001 年的“十五计划”纲要提出三网融合：促进电信、电视、计算机三网融合。2006 年的“十一五规划”纲要再度提出积极推进三网融合。2008 年，国务院办公厅提出推进三网融合，形成较为完整的数字电视产业链。2010 年初，国务院决定加快推进电信网、广播电视网和互联网三网融合，并明确了三网融合的时间表。2010 年 6 月底，三网融合 12 个试点城市名单和试点方案正式公布，三网融合终于进入实质性推进阶段。在政策导向和市场共同推动下，各企业也加快了三网融合的步伐。为了承载三网融合业务，无论是广电运营商还是电信运营商，首要的工作都是升级网络，使网络具有更大的带宽。经过一系列的网络改造，中国宽带水平将得到极大提高。对于视频产业而言，三网融合将带来广阔的市场空间，互动电视、高清电视、体感游戏、信息资讯、三屏互动和定向广告等各种新型视频应用将快速发展。2012 年，中国数字电视用户的规模达到 1.5 亿，IPTV 用户规模达到 3000 万，手机视频用户的规模也将飞速发展。2010 年底，中国电信上海分公司与上海东方传媒集团有限公司决定成立合资公司，共同推进三网融合 IPTV 业务的发展，此次合作是继中国电信武汉分公司与武汉广电成立合资公司之后，中国电信运营企业与广电媒体在三网融合发展道路上的第二次携手，标志着三网融合在业务上合作共赢模式初现雏形。2011 年，广电计划完成有线网络省网整合、跨区域并购和大规模推广三网融合新业务，随着有线网络整合的推进，有线网络运营商的用户将成倍增长。有线网络改造和数字化，对广电设备的改造升级主要集中在电视台前端设备的数字化和客户端设备包括数字机顶盒的数字化。

（3）大唐电信 TD－LTE－A 成功入选国际 4G 通信标准。

大唐通信集团主导提出的 TD－LTE－Advanced 被国际电联接纳为 4G 国际通信标准。与 3G 网络相比，4G 能为用户提供更高速率、更高质量和更加丰富的信息服务，进一步提升通信资源利用率，降低能耗水平。4G 手机在高速移动状态下可达 100Mbps 的速度，整体上可以比 3G 快 50 倍。因此，未来 4G 的商业应用，会有越来越多且功能愈发强大的移动软件和移动应用问世。移动互联网、物联网等业务应用将借助 4G 的到来实现快速发展，使得每个人能够更加自由的享受信息时代的美好生活。

TD－LTE－A 是由中国政府主导、大唐电信集团拥有核心基础专利的第四代移动通信技术，是中国拥有自主知识产权的 TD－SCDMA 3G 国际标准的后续演进。TD－LTE－A 相比于 3G，其技术优势体现在速率、时延和频谱利用率等多个领域，得到了国内外移动通信企业的青睐。业内人士表示，随着TD－LTE－A技术成为4G国际标准，不仅进一步提升了中国在全球移动通信技术领域的国际话语权和国际影响力，也为中国通信企业依托自主通信技术开拓国际市场提供了契机。更加重要的是，TD－LTE－A为中国在未来十年主导全球移动通信产业发展奠定了坚实基础。在此基础上，中国企业能够以无线移动通信为载体，通过发挥示范效应，为进一步落实创新型国家战略，提升国家竞争力均具有十分重要的意义。

作为TD－SCDMA的后续演进，TD－LTE－A的产业化将有利于持续发挥并增强中国本土企业在TD领域的技术优势，大幅提升中国在TD－SCDMA 3G时代培育起来的本土移动通信产业链竞争力和国际影响力，推动中国产业结构调整，加速中国本土企业的转型升级。同时，作为未来全球主流的移动通信技术标准，TD－LTE－A未来的国际化将为中国本土企业带来前所未有的市场商机，将实现中国制造企业由传统的产品输出向拥有自主技术、标准等全产业链输出和资本输出转型，调整中国出口结构，推动中国实现“中国制造”向“中国创造”的转型。

大唐电信集团董事长兼总裁真才基说：“中国自主创新的3G国际标准TD－SCDMA从开始研发到实现商用，为中国在全球移动通信领域掌握国际话语权创造了历史机遇。现在，基于TD的中国主导、大唐提出的4G入选国际标准，这标志着中国从电信大国向电信强国又迈出了一大步，确保中国在全球新一代移动通信产业中保持技术领先，实现技术演进‘自主可控’，意味着中国通信产业从‘中国制造’向‘中国创造’的新腾飞。”①

在2011年国家有关部门公布的2010年发明专利授权量内地企业排行榜中，大唐电信集团旗下中芯国际以372件列第八名、大唐移动以240件列第十名。如果累加起来，大唐电信集团专利数将会排进前三。截至2011年12月底，大唐电信集团累计申请国内外专利超过11500件，其中发明专利占90%，五年之间大唐电信集团的发明专利数翻了近十倍。根据电信研究院公布的数据，大唐移动拥有TD7.3%的专利权。据大唐电信集团董事长、总裁真才基透露，大唐电信集团在全球的知识产权布局也已出现成效。大唐电信集团摸索出的“技术专利化、专利标准化、标准产业化、产业市场化、市场国际化”的技术创新发展之路，已成为支撑大唐电信集团不断开拓创新的“法宝”。

---

① 大唐移动．TD王朝．新经济导刊，2009.

（4）联通创新成就3G时代领先者。

中国联通广东分公司的成功说明中国联通已经在3G时代步入了快速发展的轨道：十大运营成果，500万3G用户，110亿元投资。骄人的数字背后，是广东联通在网络、终端、应用、服务方面的全面创新，以及创新带来的3G市场份额、收入规模和消费者满意度的全面提升。2011年11月28日，广东联通举办了“信息广东，沃领未来”沃3G商用运营成果发布会，发布了沃3G自运营以来的十大成果，内容包括政企战略合作、信息强政助推政务信息化、信息兴业推动产业转型升级、信息惠民助推幸福广东建设、塑造沃3G领先品牌、建设广东高速无线城市群、打造金牌服务体系、引领高速移动互联新生活、打造WCDMA产业链生态圈和履行社会责任、传播主流价值观等。广东联通两年来的WCDMA网络投资超过110亿元，建设各类基站32960个，目前沃3G网络已全面覆盖全省21个地市的市区、所有县城及497个乡镇，全面覆盖省内31条高速及主要公路，覆盖省内395个旅游景点，其中4A以上旅游景点已100%覆盖，在珠三角6个地市开通了HSPA+网络，并相继推出了“红围脖”、“悦TV”、“云雀”等特色应用。目前，广东沃3G用户数突破500万，ARPU高达115元，中高端用户占比超过80%，其中iPhone用户ARPU高达280元。同时，广东联通先后与广东省政府以及全省21个地市政府签订了信息化战略合作协议，并与行业龙头企业展开战略合作，推出数十项行业信息化应用。截至目前，广东联通规划了可在所有行业中规模应用的40个标准化产品，发布了58个行业应用标准化解决方案。获益企业达8万家，服务企业职员以及上下游价值链用户约100万户。[①]

（5）不断增加研发投入，逐步强化创新管理。

在电信运营领域，国际先进电信运营商的研发投入已进入较高水平的稳定期，年研发投入平均超过营收入的1%，其中拥有研发人员近4000人的法国电信研发部，近年平均研发投入占到法国电信集团收入的1.5%（超过6亿欧元）。而国内运营商的研发投入正处于快速增长阶段，中国移动在2005年建立了移动研究院，研发投入从年收入的0.2%逐步提升到2%（超过8亿元）。中国电信拥有北京、上海和广州三大研究院，近期还通过引入海外高端人才，成立了技术创新中心，构建了区域化、系统化和规模化的研发创新体系。其中，中国电信广州研究院作为中国电信三大研发中心之一，拥有52年的光辉创新历史，装

① 数据来源：中国联通广东分公司公布。

备领先，褒奖连连，研发团队近700人，拥有超过1.5万平方米的先进实验室,[①]研究领域涵盖通信网络技术、互联网技术和应用、行业解决方案、IT系统、终端等各领域，并进行全业务产品和平台开发、相关产业与市场研究、新技术新业务的实验与测试等，是中国电信的重要创新力量，有力地支撑企业历经邮电分拆、电信重组、主实分离、全业务运营等各个不同的发展阶段，为中国电信乃至国家邮电事业的转型发展作出了卓越的贡献。

同时，通信行业中央企业还逐步强化创新管理，推进企业自主创新。例如，中国普天集团提出了两个“三位一体”的管理思路，强调了中国普天“做实、做强、做优”的战略发展目标。在此目标下，中国普天下属企业东方通信股份有限公司（以下简称“东方通信”）提出了“产业做强、管理做实、服务做优”的发展举措，不断增强公司的核心竞争能力，以便在激烈的市场竞争环境中取得有利的地位。“产业做强”要求企业的手机、系统、智能卡、自动柜员机等主导产业要在两个方面做强：一是自主研发能力，二是市场销售能力。东方通信按照中国普天提出的产业规划、组织架构调整，投资指导原则“三位一体”的产业运作要求，不断向既定的目标迈进。“管理做实是东方通信着手解决的一个问题。要有效解决管理存在的问题，根本在于解决人的问题，而其中最重要的又在于企业中高层管理者的问题。实行全面预算管理、关键事项考核和经营者业绩薪酬激励的“三位一体”管理模式，这样可以从机制上引导和约束管理者的行为，从而提高管理的水平和管理者的素质，其成功的关键是要执行到位，真正落到实处。“服务做优”是电信设备制造商的发展方向，市场的发展要求企业实现从产品型企业向服务型企业的过渡。东方通信不断贴近用户和市场，建立和推广星级服务体系，来统一打造自己的服务网络。

（三）通信行业自主创新影响要素

1. 政府层面：鼓励通信行业的创新

通信行业的创新事关国民经济和社会发展的可持续性，同时在经济高度开放的条件下和市场中存在着“后来者劣势”的问题，推动通信行业的创新，尤其是技术自主创新，不仅仅是企业自身的努力，也有国家政策导向的因素。

（1）政策和机制的支持。

在国家政策中，可以说每一项政策的变动对企业竞争力的分析都有极为敏

---

① 蔡康．移动互联网时代通信企业创新价值的思考［J］．中国新通信，2011.

感的影响。如果从影响企业创新的角度来分析对企业竞争力的影响作用，税收政策是目前对企业竞争力有显著影响的政策。这就要求国家政府在制定创新政策时候充分发挥税收的杠杆作用，激励企业创新的发展。与此同时，应该进一步调整各项与企业有关的政策，并注意政策的稳定性对企业创新有着不可忽视的影响力。因此，制定各项政策或改革时，应尽量保持各项政策的稳定性，以便企业发展处于一个稳定的政策环境，有利于企业创新的实施。政府从政策和机制建设上支持通信行业的创新。在政策体制方面形成鼓励和扶持通信行业创新工作的长效机制，同时通过各种具体措施，如进一步加大政府采购自主创新产品力度，充分调动和提升通信市场主体的自主创新热情和积极性，并最终促成相互促进与发展的技术业务创新模式的形成与完善，提升中国通信业的创新能力和水平。

（2）为通信行业的创新提供良好的行业氛围。

政府可以在国家系统内预见和协助制定国际和区域经营标准，在国家舞台上为国内通信企业的自主创新营造和谐氛围。从国际比较和实证分析可知，政府在通信企业自主创新中具有重要的作用，但提高通信企业自主创新能力的决定性因素在于企业本身。因此，从政府视角而言，应创造优良的环境，出台鼓励通信企业自主创新的政策，并加大对通信企业研发的投入来推动通信企业自主创新能力的提高。目前，中国出台的中长期科技规划纲要，对通信企业自主创新研发费用投入有了更多更深层次内容的激励措施，日的是激发通信企业白主创新的内在动力，但关键在于政府相关部门对这些政策的解读和落实。另外，除了政府推动外，还需要通信企业自主创新意识的培育和提高。政府理顺通信行业管理机制，提升政府人员通信专业领域的素质，进一步抓好通信市场规范和管理工作，同时提高有关产业创新支持政策的宣传力度，为通信行业的创新提供良好的行业氛围、软环境建设以及服务体系建设。

（3）提升通信行业的创新水平和质量。

政府指导通信领域企业集团的组建，帮助打造并形成一批具有国际竞争力水准的优秀企业，参与国际市场的竞争，并通过密切的产业链，各环节的相互配合，发挥产业的整体积极效应，提升了中国通信行业的创新水平和质量。

（4）政府为企业间构建沟通交流平台。

政府积极构建一个最佳的沟通交流平台，如通信业务创新论坛、通信行业创新交流会等，通过不同形式让通信市场各主体、产业链的各环节以更加开放的心态进行研发、应用、推广、服务等创新方面的经验交流，实现共同合作，相互促进，推动了通信行业的创新发展。

2. 企业层面：加大创新力度

（1）建立创新文化观念。

作为通信市场主体，不论是通信运营商还是设备制造商，各通信企业都结合自身特点，把握国家方针政策的精神与实质，高度重视创新的意义。尤其是在跨国企业从市场、人才、品牌等各方面对中国通信企业造成巨大压力情况下，中国通信企业建立与之相适应的文化观念、竞争意识、市场意识、创新意识、风险意识，积极探索，真正形成和强化企业的创新能力和核心创新优势，在日益激烈的市场竞争中占据有利地位。

（2）管理创新。

管理是指组织中的管理者，通过计划、组织、激励、领导、控制等手段，结合人力、物力、财力、信息等资源，以期高效地达到组织目标的过程。随着垄断的打破和产权制度改革，通信企业逐渐实现企业化运作，管理对于通信企业的影响逐渐显现出来。因此，管理创新是电信产业创新的重要支撑。管理创新是指根据现代企业经营管理的客观规律和科学原理，对企业生产要素和各项职能在质和量上做出新的组合，以创造一种更有效的资源整合方式。正是管理创新，创造出持久的核心竞争力。通信企业的管理创新通常也只是一些管理方面的一般性、通用性的变化，只有在个别情况下才体现出一定的特殊性。

（3）产业价值链。

中国通信企业改变了单一或相对独立创新的初级阶段，通过企业之间、不同技术之间及不同产品之间的相互合作，形成一个完整的相互依赖的产业价值链，提高了中国通信企业自主创新的层次。如可通过产业联盟的优势和平台，形成了以企业为主体、产学研相结合的创新体系，在分散企业创新风险的同时，提升了企业创新能力及创新成果的快速转化。另外，加强了创新管理，形成持续创新的良好企业文化氛围。

（4）顺应行业发展的趋势。

通信行业抓住信息化与工业化“两化”融合、构建下一代互联网、推进物联网建设及宽带建设的市场机遇，顺应行业发展的趋势，坚持服务于经济社会发展、服务民生的原则，顺应行业发展的趋势，推动生产性和民生性的新兴业态的培育发展及壮大，加强新业务的研发推广与应用，丰富通信服务的覆盖范围与深度，提升服务层次。在生产性新兴业态的培育方面，着重把握移动电子商务的发展；在民生性新兴产业的培育方面，积极适应消费者消费结构与模式的调整与变化，鼓励网络出版、手机媒体等新兴网络服务。尤其是针对移动互联网业务，不论是生产性还是生活性方面的业务，都进一步转变当前单一的赢利模式，深度挖掘数据，细分市场、细分客户群，并由此针对特定客户群体，提供定制化的增值服务业务或高端业务，创新消费热点，提高了市场竞争力。

3. 市场层面：推动市场经济

（1）完全竞争的市场结构对企业创新行为的影响。

就企业创新能力的而言，在完全竞争的市场结构条件下，由于该市场的企业很多，每个企业对产品的供给影响甚微，企业面临着水平的市场需求曲线。供给厂商这时没有市场势力，缺乏产品定价的能力，是市场价格水平的接受者，只能够获得正常利润。由于没有超额利润，这时企业进行创新活动的能力很弱。而且，由于企业规模较小，对竞争性小的企业来说，即使能够获得少量利润，面对企业创新时的不确定性，研究与开发支出也是非常昂贵了，而且它是一个消耗资本、时间的过程，小企业或许不能等待推迟的报酬，因为它们没有足够的财力。更没有能力把这个高风险投资分摊在许多企业创新项目里，进而以达到分散企业创新行为风险目的。所以，完全竞争企业创新能力很弱。

（2）寡头、垄断竞争市场结构对通信企业创新行为的影响。

就通信企业创新能力的而言，寡头和垄断竞争是介于完全垄断、完全竞争二者之间的不完全竞争市场结构。寡头和垄断竞争中的通信企业既不像在完全垄断市场中通信企业是市场价格制定者，也不像完全竞争市场中通信企业是价格接受者，而是价格寻求者和影响者。寡头和垄断竞争市场中的通信企业之间生产、销售是有差别的产品，这些产品相互之间是可替代的但又不是完全可替代的（也就是需求的交叉弹性是大于零，但小于无穷大）。由于产品有差别，通信企业的需求曲线向右下方倾斜，通信企业数量比完全竞争的通信企业数量少，再加之通信企业进出行业时有一定进入或沉淀成本等因素，这就使得该行业中的每个企业具有一定的市场势力。通信企业具有的市场势力的大小取决于它的产品区别于其他厂商产品方面（包括主、客观方面）是否获得成功。拥有一定的市场势力也就意味着通信企业具有一定的产品定价能力，一定的获利能力。所以，一般来说，不完全竞争的寡头、垄断竞争型通信企业具备了从事研究与开发等通信企业创新活动的能力。

（3）技术创新是市场需求拉动和科技推动共同作用的复杂过程。

这种创新的诱因在于通过创新可适应市场需求变化，扩大市场规模，提高市场份额和市场竞争力，保持和提高企业的利润和市场地位。创新的技术难度、技术机会取决于原产品或原系统接近技术范式、技术轨道极限的程度，或取决于创立新范式、新轨道的可能性及市场需求变化的大小。创新成本则取决于技术难度、技术系统或产品变化的程度等，创新主动力指创新主体主动从事技术创新活动的推动力量，它包括对创新可能带来的高额风险垄断利润的追求。创新活动是通过打破均衡，获得暂时垄断地位追求高额风险利润的，这正是风险的报酬和垄断的收益。尽管高额创新利润收入是暂时的，很快就会被对手和仿效者们的竞争消除，但创新主体可投入新的创新活动，去追求新的高额风险垄断利润。

（四）通信行业自主创新模式与特点

1. 制度创新

由于产业自然垄断的特殊属性以及对于国家社会经济的重要地位，通信产业过去处于政府严格管制和垄断经营的状态。随着 AT&T 分拆，放松管制已经成为全世界通信业的必然趋势。放松管制的主要目标，即竞争、创新、创造性和更多选择。因此，制度创新是通信产业创新的重要保障。通信制度创新是指在现有的生产和生活环境条件下，通过创设新的、更能有效激励人们行为的制度、规范体系来实现产业的持续发展和变革的创新。制度创新的实质就是生产关系的变革，要求不断完善适应现代化生产力和社会主义市场经济发展需要的生产关系条件，创造一个人尽其才、物尽其用的发展环境。政府是制度创新的主要行为者，政府通过制定国家信息产业发展战略、方针政策和总体规划，依法对通信与信息服务市场进行监管，实行必要的经营许可制度，进行服务质量监督，保证公开竞争，保证普遍服务，维护国家和用户利益，制定通信网之间互联互通办法和结算标准并监督执行，等等。①

通信行业的创新事关国民经济和社会发展的可持续性，同时在经济高度开放的条件下和市场中存在着“后来者劣势”的问题，推动通信行业的创新，尤其是技术自主创新，单纯地依靠企业的力量是远远不足的，更需要国家的全面支持。政府要从政策和机制建设上支持通信行业的创新。在政策体制方面形成鼓励和扶持通信行业创新工作的长效机制，同时通过各种具体措施，如进一步加大政府采购自主创新产品力度，充分调动和提升通信市场主体的自主创新热情和积极性，并最终促成相互促进与发展的技术业务创新模式的形成与完善，

① 施恋林，朱春艳．创新成就 3G 时代领先者［J］．通信企业管理，2012.

提升中国通信业的创新能力和水平。

2. 建立创新文化观念

作为通信市场的重要主体，各通信企业，不论是通信运营商还是设备制造商，都在结合自身特点，把握国家方针政策的精神与实质，高度重视创新的意义。尤其是在跨国企业从市场、人才、品牌等各方面对中国通信企业造成巨大压力的情况，中国通信企业特别是国有企业要做好带头作用，建立与之相适应的文化观念、竞争意识、市场意识、创新意识、风险意识，积极探索，真正形成和强化企业的创新能力和核心创新优势，在日益激烈的市场竞争中占据有利地位。

3. 企业管理和业务创新

企业管理和业务创新与其他方面的创新相比较，因顾客对通信业务有着更为直接的接触，所以在通信行业创新中具有不可替代的重要地位。通信行业在结合行业自身发展的同时，更加关注市场、用户关注的热点与焦点，继续加强对用户需求的分析，准确进行市场定位，通过业务创新，调整和优化产品结构，满足多元化、个性化的服务需求，真正建立起与中国社会主义市场经济相适应的业务创新系统。同时在业务创新方面，实现产业链上下游之间的有机协调，不断发挥产业链合力，提升整体的自主创新能力，推进行业的可持续发展。在推动中国信息化、工业化建设、丰富百姓文化娱乐生活方面发挥更为积极的作用。

4. 通信企业的创新主体作用

在强化创新意识与理念的同时，通信企业以实质行动代替表面的口号，准确创新定位，增加研发投入，要将企业的创新能力进一步落实到企业生产经营的各个环节中，强化“基于客户需求”的创新导向，实现关键技术领域的突破，调整产品结构、推进先进技术与产业的紧密结合，践行绿色低碳的发展模式，充分发挥了通信企业创新主体的作用。

5. 产业价值链呈现网络化

传统的通信产业价值链非常简单明了，仅仅存在着三个环节：设备提供商、通信运营商和最终用户。伴随着互联网的进一步发展，网络在人们生活中的不可或缺性越来越强。通信增值业务的发展，政策的进一步明朗及市场的开放，技术上的突破，竞争范围的扩大，消费者需求的明确化及细分化，吸引其他行业或机构加入到整个通信产业价值链中，形成了通信产业价值链中的异业联盟，促使通信产业涉及的领域越来越广。此时，通信产业不能够再被简单地理解为传统的线性结构价值链，而是陷入了一种结构更为复杂的、包含多个产业的价值网络，如图2－7所示。链上的每一个结点紧密联系、互相作用，创造出比单一企业更大的协同效应。通信运营商凭借自身的客户资源以及网络系统等当之无愧是整个价值链的中心环节和核心企业，希望能够整合上下游企业的资源，以便实现整体价值和自身价值的最大化。价值链中的其他环节都有各自的工作中心和利益取向，主要通过运营商的网络资源向用户提供各具特色的增值业务或应用，寻觅着新的利润增值空间。政府作为监管者，为各类企业的公平竞争搭建平台，维护市场秩序，引导产业发展。[①]

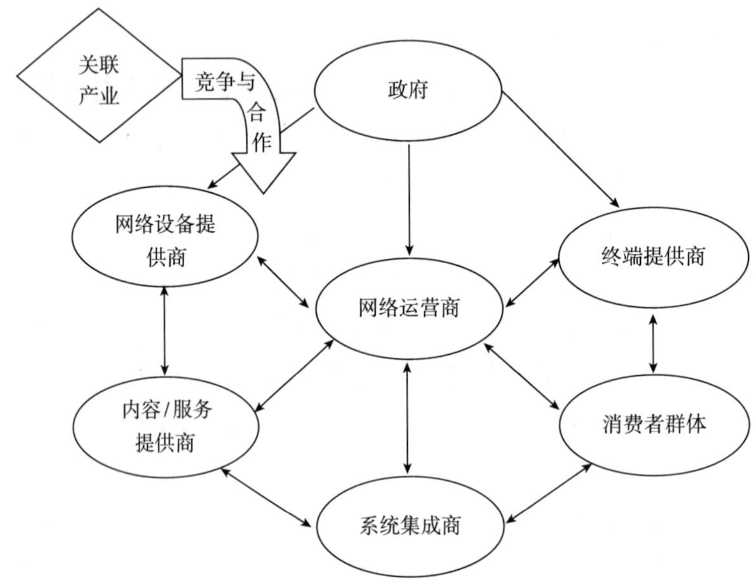

图2－7　通信产业价值链示意图

（五）通信行业自主创新评价

针对中国通信业当前存在整体创新不足的问题，中国通信企业切实加快创新步伐，在创新主体方面，政府鼓励通信行业的创新、企业加大创新力度，在创新内容方面，积极推动网络创新、业务创新，以及业务与技术创新的统一；在创新积极因素方面，做到创新以人为本，更加重视通信业的人才工作。人才是推进企业自主创新的关键。鼓励通信行业的发展，制定中长期人才规划，加

---

① 周晨. 中国移动快速跻身世界一流企业行列［N］. 科技日报，2011.

强人才开发和培训，加速人才引进和培养；鼓励有条件的企业与大专院校建立定向人才培养机制，鼓励通信企业开展招才引智。吸引创新型人才到企业工作；积极开展有利于自主创新的对外合作方式，通过与科研单位、大专院校的合作，既加快技术研发成果，也有利于企业自主创新人才的培养，为自主创新奠定坚实的人才基础。加大技术创新机构的建设力度。鼓励有条件的企业建立技术创新机构；引导和支持企业与科研机构、大专院校建立创新机构，降低研发成本，分散研发风险；引导鼓励对国外研发机构的兼并，国际金融危机使一些掌握尖端技术的国外企业面临破产。乡镇企业、中小企业通过收购获得核心技术并加以消化吸收再创新，是提高自主创新能力的一条捷径。不断完善扶持政策，为鼓励企业自主创新，国家在科技投入、税收激励、政府采购、知识产权、科技人才等方面制定了一系列扶持政策。落实国家激励企业自主创新的各项政策，并根据新的情况制定促进企业自主创新的政策措施。优化企业的创新环境，需不断完善服务体系，促进各类技术服务机构发展，健全企业技术创新服务体系；引导创新服务机构完善知识产权保护和专利申报服务，帮助企业解决技术难题，积极推动采用先进技术改行提升传统产业。促进科技成果产业化，通过加快自主创新，提高国家通信企业的发展，为中国通信行业做出贡献。

六、航空运输业中央企业自主创新

(一) 航空运输业自主创新背景

1. 航空运输业概况

航空运输指的是使用飞机、直升机及其他航空器运送人员、货物、邮件的一种运输方式，具有快速、机动的特点，是现代旅客运输，尤其是远程旅客运输的重要方式，为国际贸易中的贵重物品、鲜活货物和精密仪器运输所不可缺。

中国航空运输业的发展始于1929年，专业航空始于1930年。中华人民共和国成立后，特别是1978年以来中国航空运输在改革中迅速发展，现已拥有300多条航线，航线总长达50多万公里（不包括中国台湾，下同）。其中，国内航线260多条，通航百余城市，形成以北京为中心辐射至全国各省、自治区、直辖市的国内航空干线网。在国际航线方面，中国已与40多个国家签订了通航协定，同许多国家和地区的航空公司建立了业务联系。北京、上海、广州、昆明、大连、厦门等国际机场已架起了通往30多个国家的“空中桥梁”。此外，内地还有14个城市开辟了至香港地区的航班或包机飞行。自1978年以来，中国民航完成的运输总周转量和运输旅客量，每年分别递增23%和20%。1990年分别达8亿吨公里和230亿人公里。目前，中国在航空运输业投资设立的中央企业共有三家，分别为中国航空集团公司、中国东方航空集团公司以及中国南方航空集团公司。

中国航空集团公司是以中国国际航空公司为主体，联合中国航空总公司和中国西南航空公司等企业，组建的特大型国有航空运输集团公司，是经国务院批准、国家授权的投资机构和国家控股公司，于2002年10月11日正式成立。中国航空集团公司的发展目标是，建设具有国际竞争力的航空运输产业集团。目前，中国航空集团公司共有包括国家唯一载旗航空公司——中国国际航空股份有限公司在内的直属企业8家，三级以上企业108家。经过不断的深化改革发展，集团已初步形成以核心产业为主导、以高相关产业和延伸产业为协同的综合性产业集团。其经营业务涵盖航空客运、航空货运及物流两大核心产业，涉及飞机维修、航空配餐、航空货站、地面服务、机场服务、航空传媒六大高相关产业，以及金融服务、航空旅游、工程建设、信息网络四大延伸服务产业[①]。

中国东方航空集团公司（简称“东航集团”）成立于2002年10月，总部设在上海。东航集团以原东方航空集团公司为主体，兼并中国西北航空公司、联合云南航空公司组建而成，是中国三大航空运输集团之一，是隶属国务院国有资产监督管理委员会管理的中央企业。东航集团经营业务包括：公共航空运输、通用航空业务及与航空运输相关产品的生产和销售（含免税品）；航空器材及设备的维修、航空客货及地面代理、飞机租赁、航空培训与咨询等业务以及国家批准经营的其他业务。东航集团旗下共有20家控股投资公司，经过几年来的调整优化和资源整合，基本形成以航空运输核心主业为支撑，以航空食品、进出口、金融期货、传媒广告、旅游票务、酒店管理、机场投资等业务为辅助的航空运输服务体系。截至2010年6月，东航集团资产总额为1018亿人民币，员工6.4万人，拥有运输飞机338架，通用航空飞机18架，通航点152个，国内外航线570条。2011年6月21日，东航正式加入天合联盟。东航集团的发展定位为：以航空运输主业为核心，高相关业务多元化协同发展，生产经营和资本经营并举。[②]

中国南方航空集团公司成立于2002年10月11日，是以中国南方航空（集团）公司为主体，联合新疆航空公司、中国北方航空公司组建而成的大型国有航空运输集团，是国务院国资委直接管理的三大骨干航空集团之一，主营航空运输业务，兼营航空客货代理、进出口贸易、金融理财、建设开发、传媒广告等相关产业。南航集团现有员工7万多人，运营总资产达1500多亿人民币。2011年，南航集团共完成旅客运输量8067.7万人次，位居亚洲第一、全球第三。实现营业收入932.5亿元，完成利润总额67.8亿元，实现EVA增加值18亿元。南航集团是中国运输飞机最多、航线网络最发达、年客运量最大的航空公司。目前，南航经营包括波音777、747、757、737，空客A380、330、300、321、320、319在内的客货运输机、直升机440余架，机队规模居世界前六。2011年9月，世界最大的飞机空客A380加盟南航机队。航线网络以广州、北京为中心枢纽，密集覆盖国内150多个通航点，全面辐射欧美澳非洲，航线数量660多条，每天有接近2000个航班穿梭于世界各地。通过与天合联盟成员密切合作，航线网络通达全球926个目的地，连接173个国家和地区，到达全球各主

① 数据来自于国航集团门户网站：http://www.airchinagroup.com.

② 数据来自于东航集团门户网站：http://www.ceairgroup.com/contents/4/1.html.

要城市。截至2011年12月，南航已累计安全飞行898万小时，连续保证了211个月的空防安全，安全运输旅客已累计超过6亿人次，安全管理水平在国内、国际均处于领先地位。①

2. 航空运输行业自主创新背景

2011年，中国经济发展进入到“十二五”阶段。航空运输业在自身谋求发展创新的同时，也面临着来自行业内部和外部的巨大竞争。2011年运输业界的最大事件便是中国高铁的正式投入运营。这一事件给中国的航空运输业带来了不小的震动，有数据显示，开通高铁的城市其航空运输业客运量有一定程度的下降。

据调查，中国高端的商务出境旅客市场大部分由欧美等大型航空公司垄断，而以旅游、留学、探亲为目的出境旅客则多数经由国内各城市流向首尔、香港、新加坡、曼谷等地分流转机。这意味着尽管在现有的交通方式中民航的国际化优势更为明显，但是中国民航发展国际化程度还有待提高，尤其是为顺应经济发展的驱使，大部分国际航线都集中在北京、上海、广州等少数机场，其他航空枢纽的建设基本还处于起步阶段，未来还有一段很长的路要走。

面对这样那样的竞争压力，中国航空运输企业试图从改善服务质量、优化安全保障以及其他方面入手进行创新活动，通过提高行业整体实力来应对当今的形势。航空运输行业的自身优势在于可以提供其他运输方式难以达到的服务质量，所以该行业的创新也相应的以服务创新和战略性创新为主。例如，中国航空运输行业在安全保障方面投入了大量人力物力，并一直致力于一套机制健全、信息通畅、运行高效的空中运行管理、空管设备管理及气象服务体系，还有一支经过专业训练的机场安检和值机队伍来持续保障安全。总结而言，在后经济危机的时代背景下，中国航空运输企业的创新面临着来自市场和能源等方面巨大的压力，但同时也随着高科技的应用和电子系统的日渐完善而有了更多创新的契机，未来航空运输业也将以服务创新、产品创新以及战略创新为主导，在继续借鉴国外先进经验的基础上稳步前进。

（二）航空运输业自主创新活动与成就

1. 航空运输行业自主创新活动

2011年是世界共同面对后金融危机时代的一年，经济的衰退，物价的上涨

① 数据来自于南航集团门户网站：http://www.csair.cn.

等经济因素使得作为经济的“晴雨表”的航空运输业也发生了一些变革与创新。这一年中国航空运输企业的创新的活动依旧以服务创新和产品创新为主，主要创新活动集中在以下几个方面：

（1）运输客/货机队的结构优化与创新。

为了改善整体运输效率，三家中央企业进行了不同程度的机队结构优化，国航集团与东航集团通过出售、退租老旧飞机，引进新飞机，进一步优化公司的机队结构，在购买飞机的融资方式上也有所创新。

首先，引进新型号飞机，退租老旧飞机。三家中央企业分别通过不同的创新举措，加快了机队结构调整，通过处置老旧飞机，进一步优化机队结构，完善服务质量。国航集团于2011年共引进飞机58架，退出B757－200、B737－300等老旧飞机19架。截至2011年底，集团共有飞机432架，平均机龄6.77年。东航于2011年完成了购买及融资性租赁飞机共24架，包括17架A320型飞机、2架A321型飞机、2架A332、2架B737－700型飞机、1架B737－800型飞机；经营性租赁飞机共4架，包括2架B737－800型飞机、2架B777F型飞机；处置飞机9架，包括退租4架MD11F型飞机、2架CRJ200和出售3架B767飞机；[①] 下属子公司中货航购买长城航资产，新增3架B747型经营型租赁飞机。截至2011年12月31日，东航共拥有和运营377架飞机，客机358架，货机19架。[②] 值得一提的是，南航在2011年成功引进并运营A380飞机，成为中国航空业唯一运营A380飞机的航空公司。这一重大创新举措，有效地提升了南航集团的市场品位、社会影响力和品牌知名度。

其次，调整运力投放结构，加大对国际航线的投入。三家中央企业通过运力结构的调整，有效地改善了收益，巩固了市场地位。国航集团在日本地震后，及时调减日本航线运力投入；新开通北京至米兰、杜塞尔多夫等航线，加密北京至洛杉矶班次，经过创新后，新开航线经营效果良好。2011年，为顺应国际航空运输需求形势，东航增开了上海至罗马、汉堡、夏威夷、迪拜，昆明至马累等多条国际航线，上海至湛江、西安至沈阳、昆明至银川等9条国内航线；加密了上海至悉尼、墨尔本、沈阳、重庆，西安至新加坡、深圳、万象，西安至昆明等多条国际国内航线的航班密度。东航根据运输市场的需求，加大了在上海、西安和昆明等核心市场、重点市场的运力投放，通过新开和加密国际航线，

① 数据来自于中国国际航空股份有限公司2011年年度报告。

② 数据来自于中国东方航空股份有限公司2011年年度报告。

增加平均航距以及加强淡旺季运力调配，努力提高飞机日利用率。在日本地震后，东航及时将日本航线运力转投国内热门航线，避免了在日本航线上的进一步损失。2011 年，南航先后开通广州直飞奥克兰、温哥华、珀斯等国际航线，加密广州至悉尼、墨尔本、洛杉矶等国际航线，国际和地区航班数量快速增加，国际航线座公里投入比例大幅提高。南航正通过调整运力结构方面的创新，在向着建设国际化规模网络型航空公司的目标不断迈进。

（2）产品结构的优化与创新。

航空运输行业的三家中央企业在产品优化方面的创新主要体现在航线的设计与新的航空运输产品的研发方面。同时，中央企业通过产品创新途径丰富国际航线销售产品，增进与其他国家国际旅游产品的业务合作，推进企业产品的国际化进程。

为稳步提升盈利能力，国航集团积极拓展重点营销渠道，完善贵宾会员里程兑换座位保障机制，推出季节性浮动运价产品，常旅客贡献收入同比增长 17%。

东航集团的产品创新方向集中于培养产品直销团队客源，努力提升国际航线经营能力；努力推动“长三角”市场一体化，重点发展空铁联运产品；继续深化东上联（东航集团、上海航空有限公司、中国联合航空有限公司）一体化运作，推进营销业务整合，实现优势产品资源互补等活动。同时，东航积极与上海铁路局合作，将到达虹桥机场的国际、地区航线与前往长三角区域城市高铁班次相衔接，还率先推出了空铁联运产品“空铁通”。

（3）服务质量的优化与创新。

三家中央企业在改善服务质量方面一直进行着不懈的努力，创新举措层出不穷，致力于提升整体服务水平，为旅客提供全流程、高品质、个性化的服务。同时三家企业还通过引进新的国外评价标准，努力提升自身服务水平，与国际先进水平接轨。

国航在 2011 年更加注重大客户开发和维系，提高核心客户管理效率，使得全球、星盟协议等高价值客户的贡献比例不断提升，大客户收入同比增长 36%；与此同时，国航集团稳步推进电子商务平台建设，电子商务收入贡献同比增长 53%；升级软硬件产品，加强精细化收益管理，头等及公务舱客座率提升，收入同比增长 17%。国航针对国际客运市场低迷的实际情况，根据枢纽和航线网络规划，持续动态优化运力投放结构并使之与服务水平提升程度相配合。在提升服务水平方面，国航集团引进 4 架更为安全、环保、舒适、高效的 B777－300ER 宽体飞机，升级改造部分客舱和休息室设施，整合服务热线，改版公司门户网站，同时国航在国内首家提供部分航线空中无线局域网服务。

2011 年 6 月 21 日，东航正式加入天合联盟。为了更好地改善和优化服务质量，目前东航集团与天合联盟内 14 家成员签订了常旅客及休息室协议，与 12 家成员航空公司签有代码共享协议，在 95 个航点 111 条航线上开始实施。通过与联盟其他成员公司的航线网络的衔接，通过这项服务，东航旅客可通过一票到底、行李直挂和无缝隙中转到达世界 173 个国家的 926 个目的地，享用天合联盟遍及全球超过 490 间贵宾休息室。[①] 同时，东航借助 SkyTrax 和 Skyteam 项目，努力提升服务品质，改善硬件设施；建立了统一的客户数据库，制定高端旅客服务管理系统和服务程序，推动服务向个性化定制转变；同时，东航为旅客提供了差异化增值服务，创新服务产品，在昆山建立了城市航站楼，在上海周边城市设立客户服务中心。

2011 年，南航开展了“品牌服务创新年”活动，并以推行 SKYTRAX 四星认证为契机，全面开展对标，加快推进服务的标准化、精准化和国际化；改进服务流程，加大服务方面的投入，重点改善了头等舱和商务舱的休息环境；严格整治航班延误，与各相关单位通力合作，有效提高本公司的航班正常率。

（4）战略合作方面的创新。

在战略合作方面，国航集团全面加强战略协同。继续加强与国泰航空的战略合作伙伴关系，双方联合组建的货运合资公司已于 2011 年 3 月 18 日正式成立，并以新的运营管控模式开始运营。国航集团还与深圳航空在市场营销、机务、信息和集中采购等多个业务领域展开深入合作。成立了以公务专、包机飞行为主要业务的北京航空有限责任公司。不断增强区域市场影响力，参股西藏航空，组建成立大连航空有限责任公司。目前，国航集团的内部协同效应显著，深航业绩大幅提升。

2011 年，东航完成了三家货运航空公司（中国货运航空有限公司、上海国际货运航空有限公司、长城航空有限公司）的重组，成立了新中货航。新中货航通过整合客户资源，优化运力投放，调整航线布局，加强销售管控等一系列措施，加强了业务整合。同时，新中货航大力推进货物产品结构调整，广泛开展战略合作，开辟沪港货运快线，启动国内早航班快件项目，开发特货运

① 数据来自于中国东方航空股份有限公司 2011 年年度报告。

输产品等手段来增加货运收入来源。这也是东航集团战略上的一次重大创新尝试。

(5)航空运输枢纽与基础网络建设方面的创新。

国航集团在2011年转移营运投入，力求通过新的投入途径改善货运业绩。自上年二季度以来，货运市场需求持续放缓趋势延续至今。国航货运业务投入同比减少2.9%，产出同比下降6.4%；载运率79.2%，同比下降3个百分点。面对严峻的经营形势，国航努力开展“网络营销、客户营销、产品营销”，积极开发客户，提高专业服务水平。重点加强上海货运枢纽建设，加强枢纽航站中转保障能力。根据市场情况加快运力调整，新开上海（浦东）至香港等航线，减投部分效益不佳的长航线，增投短途航线，将全货机转移至上海。这些措施有效地改善了货运经营，减少了亏损。

2011年，受全球经济下滑、欧美消费疲软以及日本地震等因素影响，国际航空运输市场需求放缓，但国内航空市场由于中国国内经济的稳定发展依然保持旺盛需求。2011年，东航通过增加运力投放，优化航线结构，新开通航点，增加航班密度等方式，稳步推进上海、西安、昆明三大枢纽建设，上海浦东机场已形成了相对完整的早、中、晚，“三进三出”的航班波，在25个以上国内城市实现双向衔接国际航线；西安枢纽已经初步构建了“三进三出”的航班波；昆明枢纽规划已经完成，中转衔接机会同比大幅提高。同时，东航正在筹建上海、西安和昆明的枢纽保障中心，以进一步提升在三大枢纽市场的保障能力。2011年，东航以管理提升、产品创新、资源整合等为抓手，推动信息化建设的各项工作：完成了东上（东方航空公司、上海航空有限公司）运控信息系统、机务信息系统、呼叫中心及常旅客系统等一系列系统的整合；建立了客户服务管理系统，并在离岗、呼叫中心和移动客舱等3个接触点实现了个性化信息的推送；实现东上联（东方航空公司、上海航空有限公司和中国联合航空有限公司）的官网三合为一，同时加快了海外网站的建设，目前全球网已经覆盖北美洲、澳洲、欧洲和亚太地区。

2011年，南航大力推进枢纽建设，枢纽集中度不断上升，枢纽效应逐步显现，特别是广州枢纽的知名度和竞争力明显提升。南航的中转保障和销售能力有效提升，中转的旅客人数和中转销售收入大幅提升。对于航空安全管理，南航严格进行规范化管理，加强安全管理体系建设，充分发挥安全管理体系的预警功能，及时有效地规避安全风险，取得了历史上最好的安全业绩，安全品质显著提升。

（6）拓展融资方式并开拓新市场。

东航于2011年积极开展成本优化项目，降低单位成本；严格预算管理，实施全过程控制，全方位、多角度地控制成本；持续优化航路结构，全面推广飞行节油；合理调整债务结构，增加汇兑收益；拓展融资方式，通过在香港发行25亿元三年期人民币债券，减少了集团的财务费用。

2011年，面对民航市场增速放缓以及货运市场低迷等不利因素，南航积极加强营销与合作，通过抢抓市场机遇，加强高端营销，发展常客会员，提升渠道管控等方式，持续提升客运经营品质，报告期内公司客座率、座公里收入以及平均票价等指标均持续增长。面对严峻的货运整体形势，南航积极开拓货运市场，有效减少货运亏损。

2. 航空运输行业自主创新成就

（1）运力结构调整创新使收益水平有明显提高。

国航于2011年进行了明显的运力结构调整，国内航线投入可用座公里994.02亿，同比增加17.82%；实现收入客公里826.76亿，同比增长21.87%；运送旅客5939.15万人次，同比增长18.34%；客座率达到83.17%，同比提升2.77个百分点；收益水平同比提高7.25%至0.74元。2011年，国航集团在国际进一步加强了客运经营，国际航线投入可用座公里452.99亿，同比增加9.21%；实现收入客公里357.24亿，同比增长7.58%。客座率同比小幅下降1.2个百分点，收益水平为0.59元，与上年持平。

2011年东航集团每周经营定期航班约11216班次，实现客运量1008.95亿客公里，同比增长8.31%；运输旅客6872.5万人次，同比增长5.84%，客座率为78.89%，同比增长0.91个百分点，飞机平均日利用率为9.8小时，同比增长0.1个小时。2011年货邮周转量44.21亿吨公里，同比增长2.60%；运输货邮14.43亿公斤，同比减少1.49%；载运率为61.81%，同比增长1.44个百分点。

2011年，南航共完成运输总周转量144.61亿吨公里，同比增长10.4%；实现旅客运输量8067.7万人次，同比增长5.5%；实现货邮运输量113.51万吨，同比增长1.6%；平均客座率为81%，同比提高1.8个百分点，平均载运率为69.5%，同比上升1.0个百分点。具体情况如下表2－18所示：

表 2-18 航空运输业中央企业运力结构调整前后运量对比表

国航	国内投入可用座公里(亿)	国内收入客公里(亿)	国内运送旅客(万)	国内客座率	国内收益水平	国际投入可用座公里	国际收入客公里(亿)
2010	843.68	678.40	5018.72	80.00%	0.69	414.79	332.07
2011	994.02	826.76	5939.15	83.17%	0.74	452.99	357.24
同比增长	17.82%	21.87%	18.34%	2.77%	7.25%	9.21%	7.58%
东航	客运量(亿客公里)	运输旅客(万人次)	客座率	平均日利用率(小时)	货邮周转量(亿吨公里)	运输货邮(亿公斤)	载运率
2010	931.54	6493.29	78.18%	9.7	43.09	14.65	60.93%
2011	1008.9	6872.5	78.89%	9.8	44.21	14.43	61.81%
同比增长	8.31%	5.84%	0.91%	0.1%	2.60%	-1.49%	1.44%
南航	运输总周转量(亿吨公里)	运输旅客(万人次)	货邮运输量(万吨)	平均客座率	平均载运率		
2010	130.99	7647.11	111.72	79.20%	68.50%		
2011	144.61	8067.7	113.51	81%	69.50%		
同比增长	10.40%	5.50%	1.60%	1.80%	1.00%		

注:表格根据各公司 2011 年年报整理

(2)借鉴国外先进经验使服务质量显著提升。

国航在 2011 年更加注重通过改善服务质量进行对大客户的进一步开发和维系,通过提高服务水平来提升核心客户管理效率,最终使得全球、星盟协议等高价值客户的贡献比例不断提升,大客户收入同比增长 36%;与此同时,国航集团稳步推进电子商务平台建设,电子商务收入贡献同比增长 53%;升级软硬件产品,加强精细化收益管理,头等及公务舱客座率提升,收入同比增长 17%。SKYTRAX 授予国航服务四星级认证,服务管理体系(CSM)全球首家通过英国 BSI 公司评审。同时服务上的创新,也使得南航在 2011 年荣膺"SKYTRAX 四星航空公司",并荣获 SKYTRAX 年度"全球最大进步航空公司奖"①。

(3)安全管理体系基础网络建设使事故明显减少。

在安全管理方面,东航集团建设了完善的安全管理体系(SMS),并持续投入资金以求提升 SMS 运行质量,努力夯实安全系统管理水平,确保集团 2011 年度内的飞行安全、空防安全和地面安全。2011 年,东航获得民航局颁发的"飞

① 数据来自于中国国际航空股份有限公司 2011 年年度报告。

行安全五星奖”。

2011 年南航集团推行了基础网络安全建设方面的创新，累计共完成运输飞行 150.7 万小时，同比增加 115.78 万小时，连续保证了 146 个月的飞行安全和 210 个月的空防安全，继续保持中国航空公司最好的安全纪录，并首次实现零公司责任事故征候、零人为原因事故征候的“双零”佳绩[①]。

（三）航空运输业中央企业创新的影响因素

就中国航空运输业的形势而言，影响央企创新的主要因素有以下几点，现分为政府、市场及企业本身三方面进行讨论：

1. 政府方面影响因素

（1）中国综合国力的逐步提升。

软实力或服务能力，航空运输业在中国是服务业的重要组成部分，也是中国综合国力的重要标志之一。综合国力同样也决定着中国航空运输业的发展。航空运输业作为基础服务行业，事关国计民生以及经济发展，需要大量的人力、物力以及科技研发投入。中国的航空运输业除了受科技因素制约外，也受国家的经济能力与承受力制约。中国近年来经济发展一直较快，物质水平的提升，刺激了大批国民前往外国旅游的需求，同时，邮政和物流业务的逐步发展，航空运输也成为了新的选择。入世十年，中国处在各项服务标准向国际化标准转轨的时期，为了改善航空运输业的整体服务质量，三家企业也通过购买新型飞机等措施改善服务质量，庞大的支出更加需要中国的经济实力作为后盾。

（2）相关行业政策与法规的不断完善。

政策和法规指的是政府建立的，由法律、税收、财政和政府采购等行政手段构造起来的政策和法律环境。这种环境对央企的创新起到了一定的推动作用。由于政策的引导，央企创新的方向和积极性也随之发生着改变，航空运输产业关系着国民的出行安全和国计民生，在交易进行的过程中，需要国家提供完善的法律法规来维持有序的市场交易与公平竞争，同时，这也为航空运输产业的发展提供了创新动力与创新规则。这里的政策与法规不仅指中国颁布的政策与法规，因为航空运输行业的特殊性，各国乃至全球性的法规对行业皆有影响。

（3）国家对资源的整体调控。

航空运输产业得以维系，本质上离不开能源。作为行业发展的关键因素，

---

① 数据来自于中国南方航空股份有限公司 2011 年年度报告。

航空运输业的创新同样需要物质资源作支撑。油价因素是航空运输企业不得不考虑的重要影响因素。航油为航空运输企业的主要营业成本之一，因此企业的业绩受航油价格波动的影响较大。国外航油价格主要受全球市场供求情况影响，而国内航油价格则受国家发展与改革委员会及民航局等政府机关的监管。近年来，航空运输企业一般选择通过征收燃油附加费、优化航路降低油耗、加强成本控制等措施来缓解航油价格上涨带来的运营成本压力。

2. 市场方面影响因素

（1）日趋多样化的顾客需求。

随着经济的发展，人们在出行的舒适性及其他方面有了更多的需求，而在货运方面，网络购物的发展，物流公司和快递公司的崛起也为航空运输的发展创造了客观条件。央企的创新同样也要由市场的需求来推动。而需求推动创新的同时，也会创造出新的需求，这样的循环导致了市场需求成为了央企创新的持续性动力。

（2）竞争日趋激烈的市场环境。

2011 年，中国航空运输业面临的市场环境十分复杂，呈现出国内客运较快增长、国际客运持续低迷、航空货运大幅回落等特点。航空运输业的市场竞争来自于内外两方面。对内而言，由于 2011 年中国大力发展高铁运输行业，高铁分流等因素使与其处于竞争对手位置的航空运输业受到极大影响。另一方面，随着其他航空公司，如海航和其他小型航空公司的逐步发展，为整个航空运输业市场创造了复杂竞争环境，也变相促使了央企的进一步创新。

对外而言，由于航空运输业的特殊性质，其与国际形势的联系也较为紧密。在当今中国积极加强与国外联系，发展经济全球化的时刻，航空运输业的同步发展也势在必行，这样才能更好地与中国对外经济发展配套。同时，燃油价格高企、内外竞争加剧给经营带来了更大压力。受发达经济体主权债务危机不断加深以及新兴经济体经济增速放缓等因素影响，世界经济艰难复苏。这一切变化都需要中国航空运输业随之变革创新以顺应复杂多变的国际形势，对央企的创新有着一定的促进作用。

（3）市场要素的价格波动。

2011 年，国际航空市场受发达经济体复苏缓慢、部分地区政治形势紧张以及日本地震等突发事件影响增长缓慢，航空货运市场也受到冲击而陷入低迷。受益于中国经济的平稳较快增长和居民消费需求的不断提升，国内民航客运需求仍然保持增长，但与 2010 年相比增速已有所放缓。航油价格持续高位震荡也加剧了航空运输企业的经营压力。

3. 企业自身影响因素

（1）航空运输基础技术研究的深入。

基础研究是技术创新的一个重要部分。“基础研究—应用研究—开发研究—技术创新”是典型的链式反应，这也恰好说明了基础研究的重要性。基础研究分为两类，一类是对科学知识自身系统内部规律的研究，另一类是面向国民经济和社会发展的巨大需求进行的研究。近年来，中国对各行各业自主研发的技术提升愈发重视，随着航空运输业的逐步发展，中央企业对自身技术的提高也显得越来越重视。技术可以直接带来效益，同时也是企业文化软实力的重要组成部分。航空运输业作为典型的服务行业，只有借助航空运输技术的研究为踏板，才能更好地实施产品和服务的创新，为客户带来更良好的体验。

（2）逐步健全的企业组织制度和结构。

与创新有关的企业组织制度包括研发机构，人力资源开发和相关激励制度等。国航在建设客户网络的过程中，加入了星盟平台并将其加以积极利用，深入挖掘客户资源，同时推进组织和结构的一体化，不断深化与汉莎航空、美国联合航空公司等星盟合作伙伴的合作，提升联盟贡献收入，拓宽了自己的业务路线。2011 年，星盟合作收入 23 亿元，同比增长 6.9%。当然，作为国企，虽然可以得到国家多项政策的保护，但在企业制度上也有一定的政企不分的局限性，同其他民营企业相比灵活性也较差。这是在企业组织制度方面对创新有所制约的部分。

（3）具代表性的企业家精神和领导力。

中央企业的领导人是否关注行业未来的发展，制定发展策略的时候应具有前瞻性。例如：在援疆工作的会谈中，中国东方航空集团公司（以下简称东航集团）总经理、中国东方航空股份有限公司董事长刘邵勇积极响应中央号召，为支持援疆工作作出了表率，今后将继续积极促进双方合作发展。提出东航将把阿克苏地区提出的建议及时向有关部门和领导汇报，推进双方合作共赢。也提出了东航集团将继续做好服务和配合工作，促进阿克苏地区与内地经济发达地区的沟通联系、与世界的沟通联系，早日实现跨越式发展和长治久安。2011 年，国航正式获得国际权威服务评级机构 Skytrax 的四星级航空公司认证。6 月 29 日，国航董事长孔栋召开提升服务员工动员大会，提出要推出新的服务举措，并邀请服务质量社会监督员，力争把国航的服务提高到一个新水平。他提出，国航已经把服务提升纳入“十二五”发展规划，上升到战略发展的高度来重点对待，将努力把握好服务与安全、服务与市场、服务与创新的关系。在发展环境充满挑战、市场成熟程度不断提高、航空多样性可选择性加大的压力下，通过高端、高效的服务和独具特色、不断创新的产品，保持服务的高标准、高品质，最终赢得客户，赢得市场。

（4）先进企业战略与企业文化。

企业战略是对企业各种战略的统称，企业战略与企业创新战略是否匹配，或者企业创新在企业战略中处于何种地位，决定着企业创新的动力大小。而企业文化对企业创新更是起着重要的精神推动作用。国航集团本着谋求多元化发展的企业战略，成立了以国内国际公务专包机飞行等为主的北京航空有限责任公司，公务机托管与对外销售业务能力得到拓展。合资设立大连航空，成功参股西藏航空，进一步完善了公司在东北、西藏的市场布局和资源布局，为公司发挥在区域市场的控制力搭建了平台。与深圳航空的协同效应逐步显现。通过协调时刻调整运力投入，公司在华南市场的影响力得到加强，市场份额进一步提高。深化与深圳航空的营销合作，航线网络价值有效提升。此外，在机务、信息和集中采购等方面也展开了合作。全年因协同效应增加收入近 16 亿元。这些都是先进的企业战略和企业文化在起作用。

（5）企业受外部利益驱动不够。

利益的驱动是企业创新的主要动力。企业对创新利益追求的过程，事实上就是创新利益目标的实现过程。在目前的形式下，航空运输业本身也面临着行业其他竞争者的压力，尽管作为中央企业来说，成本控制方面其与民营企业存在着差距，但是也需要盈利目标的驱使，企业才有创新的动力。而央企多数受到国家政策的多方面保护，在市场竞争的过程中处于特殊的“超然地位”。受利益的驱动力明显不够。

（四）航空运输业央企创新的模式和特点

1. 航空运输业央企自主创新模式

航空运输企业的创新过程中涉及了诸多因素，这些因素在组合，配置方式以及结构上的差异，构成了创新的不同模式。结合后金融危机的特殊时代背景和日趋激烈的市场竞争状况，航空运输企业分别选择了大致统一的创新模式，即市场需求预测与政策型创新模式：作为中央企业，航空运输企业有着比一般民营企业更为复杂的特性。其中需求预测主要指民众出行的需求、旅游业的需求以及货运需求，政策主要包括政策要求和政策优惠两方面，政策要求包括以行政命令形式要求的前沿研究，而优惠政策指在评估形势后对航空运输项目评估后形成的财政拨款以及央企相应的税收，政策优惠等。创新模式的基础首先归结于市场需求，在激烈的市场竞争下能否适应市场变化，适应顾客的需求变化。

（1）航空运输企业多采用以需求拉动、按需求调控的创新模式。

这一点在创新的投入产出等方面有着明显的体现。新时期中国航空运输业服务质量亟待提升，从而投入了许多精力在服务质量方面的改善与创新上。以国航为例，2011 年，国航最大的创新举措是构建了贯穿航空旅客服务链的服务管理体系（CSM），围绕电子商务、客舱服务设施设备、休息室服务等开展服务提升创新，试图改善旅客服务体验。主要落实事项包括：整合公司服务热线，统一服务界面；改版对外门户网站，完善网站的服务功能。引进更舒适的 B777 - 300ER 新机型，完成了 13 架 A330 - 200 飞机的客舱服务设施升级改造。建立不正常航班信息传递平台，初步实现航班信息内部无缝隙传递。增加餐饮投入，缩短餐食更新周期，丰富娱乐节目，推出便携式娱乐设备，在国内首家试运行空中无线局域网服务。整体服务品质明显改善，旅客满意度稳步提升。国航已于年内通过国际权威服务评级机构 Skytrax 评审，获得四星资质。同时，由于国际航线的需求加大，国航集团继续深化和扩大了与国泰航空的合作，双方在内地香港航线上的市场竞争力获得提升。与国泰航空共同组建的国货航于 2011 年 3 月 18 日正式成立。新的合资公司将充分融合双方的运营管理经验，优势互补，着力于把国航打造成为“进出中国客户首选货运航空公司”。

（2）中央企业创新还采用了“上行下效”的模式。

这种创新模式主要由国家或母公司等上级部门制定创新的大概方向，提供适当的创新技术条件，由具体的部门实施创新过程。由于中央企业结构和地位的特殊性，中央企业对企业技术创新的组织建设的完善是中央企业创新的主体也是核心。企业在确定产品创新战略以后，接着需要为实际战略提供组织，根据它所选定的基本目标，对组织内部各种构成要素及其相互关系提出明确要求，并选择与之相适应的控制方式，即组织结构。常见的组织结构形式有：职能式结构，产品式结构和矩阵式结构等。

（3）中央企业创新还选择了各项创新互动调整的创新模式。

在航空运输业，这种模式以各不同部门间信息的及时共享为主要基础。正如前文提到的服务创新、产品创新及技术创新三者进行动态的结合，并根据彼此的实际情况相互调整。随着现代化技术在航空运输领域的逐步应用，航空公司、机场、空管也在三位一体的逐步协调。2011 年，各大航空公司致力于电子信息服务平台的建设，与国际接轨，如今已经建立起一套航班信息共享和统一发布机制，使航空公司、机场、空管及相关保障单位能及时交换信息，提高航班保障能力和应对航班延误等突发状况的能力。通过对旅客的良好服务进一步提升民航运输的形象，从而吸引更多的旅客选择航空运输服务。另一方面，逐步改进机场地面处理流程，节约地面花费时间。例如，换登机牌，托运及安检过程的时间可以通过改善信息服务系统加以缩短，或者尽量安排更多的执机柜台为旅客服务等方面进一步发展和创新。

（4）中央企业还选择了建立战略联盟，完善航空网络布局的模式。

三家中央企业在建设航空网络时，无一例外地选择环绕一线城市的二线城市和三线城市为主进行航空枢纽的建设，从而逐步缩小包围圈，完善环渤海、长三角和珠三角等三大区域内的航空网络布局，起到了避免激烈的市场竞争的作用。建立航空枢纽的同时，三家中央企业选择了与高铁运输网络接轨进行协同运输的战略，同时加强了中部地区网络布局，形成了一套完整的运输体系。

2. 航空运输行业自主创新特点

（1）航空运输企业创新的保障主体不同。

企业创新的重要性决定了创新保障的重要性。与其他行业的创新保障体系相比，航空运输领域的创新有着共性与个性。一般行业的创新保障主体以主管部门为主，而航空运输企业的创新保障主体以需求部门为主，一切以需求为导向，相比其他大多数央企来说更加市场化。

（2）航空运输企业创新的经费保障更为充足。

航空运输业务的蓬勃发展，导致了企业创新能力保障事项中经费或资金的保障主体呈现多元化驱使。但是作为央企，政府实际上成为企业创新经费投入中最主要的保障主体。因为航空运输企业的创新所需经费数额巨大，其发展又关系着国计民生，所以需要政府从政策上和资金上加以扶持。

（3）航空运输企业创新的动力十分充足。

经济活动的展开，总是需要一定的动力来推进。在很多情况下，央企的创新并不是因为其他原因，而恰恰是因为动力不足。航空运输业事关国计民生、各方各面，又以需求拉动为主要创新模式，在旅游业和货运业以及对外交流需求愈发扩张的基础上看，其动力十分充足。促使航空运输企业进行创新的要素来自于很多方面。例如，国际航空标准中的一些与环保相关条例的出台，促使航空运输企业在环保方面进行创新以符合国际标准的要求。国航秉承“绿色营运、可持续发展”的理念，有效管理运营过程对环境产生的不利影响，致力于提高能效、降低排放、节约资源等领域的持续改进。建立了多层次的节能减排组织管理体系，采取多种措施不断提高燃油效率，加强对污染物的回收处理，开展各种旨在提高员工环保意识的宣传培训活动。2011 年，国航在中国首次实施现役飞机使用航空生物燃油试飞，践行低碳发展的环保之路，获得圆满成功。

（五）航空运输业中央企业创新能力评价

综上所述，三家航空运输行业中央企业的创新能力相比之前都有了一定的提高。由于选取的三家中央企业无论在企业规模上还是业务量上都处于中国航空运输企业的前列，它们创新能力的提升也代表了中国航空运输业整体创新能力的提升。从总体的营业额数据来看三家公司主营业务收入除南航外都有小幅度的提升，这些提升与三家中央企业一直致力于创新是分不开的。从前面的分析也可以看到，中央企业在航空运输业方面的创新已经全面开展。通过三家企业进行的一系列创新举措，增强了中国航空运输业整体的国际竞争力，提高了航空运输业务的处理效率和服务质量，从而进一步推动中国航空运输业的发展。

2011 年中国在航空运输领域方面的创新开始将发展重点逐步转向同国际化接轨上来，同时着力提升服务质量和电子信息系统技术等方面。当然，在国际化的过程中，中国适当借鉴了国外已有的先进航空管理经验，并引进了相应的国外指标评价体系。如东航借助 SkyTrax 和 Skyteam 项目改善硬件设施；建立了统一的客户数据库，并推行了 SKYTRAX 四星认证体系，目的就是加快推进服务的标准化、精准化和国际化。同时，在全球提倡环保推行低碳理念的基础上，三家央企都力求实现真正的绿色飞行；依托科技手段推动绿色环保创新，尽力保护生态环境，维护自然和谐，打造资源节约型和环境友好型企业。

经过对几家中央企业创新活动的总结，可以看出其创新活动的特点主要表现在：第一，企业资金投入大多数还是被机队结构的调整即新飞机的购买，以及企业战略性的调整所占用，但对产品和服务的创新投入比例相比前几年已有明显提升；第二，在吸取国外先进经验的基础上，服务性的创新理念有所加强，但相对于吸纳性创新，三家中央企业原创性的创新略少。大多数的创新理念是从西方国家引进的，与中国地广人多的实际国情结合的创新活动略显不足。第三，在调整企业结构方面以及融资手段创新明显增多。这方面的影响多来自于国家政策的调整以及新的金融融资并购手段的不断产生，从而刺激了航空运输产业在这方面的创新活动。第四，在枢纽建设和航线调整方面的创新活动存在较强的地域性，虽然中国航空运输方面的需求确实是以大城市及沿海城市为主导，但是对于中小城市及二线城市的航空枢纽建设也应该考虑并加以改善。这样才能有效改善行业整体的水平。第五，内力和外力同时推动创新，成功化压力为动力。2011 年中国航空业面临着来自高铁的竞争和燃油价格上调等诸多方面的压力，但是这些都没有阻碍三家中央企业持续追求创新的脚步，反而成为了其创新的动力。内部产生的创新集中在产品和服务方面，而外部创新则更多靠国家政策和国内外经济形势推动。只是中央企业内部由于受体制等方面的限制，内在的创新冲动稍显不足。第六，前文提到中央企业一直在环保方面和履行社会责任方面进行创新举措，但总体的创新趋势仍是以市场需求为导向的。同时追求盈利的创新多，而用于防范航空风险，提高运输安全水平方面的创新较少，在以后的创新策略制定时可以对这方面加以关注。

以三家航空运输中央企业的经营状况和创新举措来看，中国航空运输业的创新能力可以说是初具规模，并且由于运输行业的性质，三家中央企业的创新举措主要集中在产品和服务创新方面。相信随着中国航空运输市场逐步完成与世界的接轨，随着航空运输业相关科学技术和电子技术的不断发展以及中央企业制度改革的层层推进，中国航空运输业的创新能力水平将持续稳步上升，并达到真正意义上的技术性自主创新。

七、水运行业中央企业自主创新

（一）水运行业自主创新背景

1. 水运行业概况

2011 年，在国民经济总体获得较快增长的状况下，国内水路运输基本上延续了 2010 年的增长趋势，1～11 月，规模以上港口完成内贸货物吞吐量 57.97 亿吨，同比增长 15.0%，增速较 2010 年微减 0.9 个百分点；沿海规模以上港口完成内贸货物吞吐量 33.37 亿吨，同比增长 15.3%，增速较 2010 年微减 0.3 个百分点。同时，沿海散货船队规模呈现加速增长态势。2009 年、2010 年沿海万吨级以上干散货运力增速均超过 20%，尽管 2011 年增速较前两年有所放缓，但也保持在 10%～15%。运力增长幅度较大，使得国内散货运力供过于求的态势更加严重。沿海散货运输市场行情总体下行，运价有短暂提升，但总体来看还是跌多涨少的态势。截至 12 月 23 日，上海航运交易所发布中国沿海（散货）综合运价指数年平均值为 1372.04 点，同比下跌 5.7%。[①] 水运企业在高涨的成本和低廉运费双重压力下，上半年还能维持保本或者微利的水平，下半年则普遍呈现亏损状态。

2. 水运行业自主创新背景

进入 21 世纪以来，伴随着国民经济的迅猛发展，我国水运行在“十二五”科技与信息化发展规划的指导下，落实相关资源，总体能力和创新实力都大大增强。我国水运工程科技研发项目中有 200 多项成果获得了国家和省部级科技进步奖；内河水运技术和基础性技术取得了重要进展；信息化技术取得更加广泛的应用和实施。

我国水运行业经过发展，的确取得了突破性的进步。但是也必须清醒认识到，水运行业创新能力与水平尚不足以应对更多未来的机遇和挑战，如何在更复杂的环境下使得水运取得长足发展，这就要求水运行业自身在技术、管理、工艺等各个方面要有新的突破。突破要依靠整体创新能力，水运行业要坚持以科学发展观为指导，认真贯彻落实全国科技大会精神，积极响应党和国家的号召，依靠创新提升行业竞争能力，突出竞争优势与核心竞争能力。在贯彻落实

① 数据来源：2011—2012 年水运形势分析报告。

“十一五”科技与信息化发展规划的基础上，按照国家、国务院国资委的要求，根据行业自身发展的需求，确定“十二五”科技与信息化发展规划的制定，切实落实相关资源，拟定科技发展战略，不断提高自主创新能力。并积极承担国家计划支撑项目，获得国家资金支持，密切结合行业实际，不断增强技术创新能力、科研项目组织能力、可持续发展能力。

（二）水运行业自主创新活动与成就

1. 创新活动

（1）沿海大型专业化码头建设成套技术初步形成。

围绕煤炭、原油、集装箱、矿石等为代表的大型现代专业化码头的建设，在地基处理、水工结构、水工及疏浚技术、装卸工艺等方面都取得了重大技术创新，初步形成了大型专业化码头建设成套技术。同时，创新开发半圆型沉箱导堤结构、插入式大圆筒结构、大型桩式柔性靠船结构、插入式箱筒型基础结构及施工工艺等，解决了复杂自然条件建港技术问题，为自然环境复杂的港口建设提供了保证；结合我国实际，成功开发了多种有效的地基处理方法，其中真空预压法、爆炸挤淤法都处于世界领先地位；大型专业化码头装卸技术不断出新，船时效率有效提高；成功研发了水下基床抛石整平机械化施工工艺、大型沉箱出运、海上远距离拖运和安放工艺、疏浚与吹填施工新工艺等，大大提高了施工的质量以及效率，满足了国家重点工程建设的需要。

（2）航道整治技术日趋成熟。

近年来，通过对重要水道的综合整治，改善航道通航条件，提高通航能力。新材料的广泛应用为航道整治工程奠定了坚实基础；同时数字信息导航技术也大大提高了航道整治的技术水平和科技含量。

（3）内河水运工程技术取得重大进展。

内河通航建筑物技术创新成绩显著。三峡船闸采用四区段惯性输水系统，船闸单级运行的设计水头达到45.2m，标志着我国在高坝通航技术方面取得重要突破。在通航建筑物的平面布置、水工结构和船闸输水型式等方面也有许多创新；内河大水位差码头建设获得新进展，开创性地采用了高桩梁板直立式码头结构，装潢工艺方面采用了岸边集装箱起重机，内河码头建设技术趋于多样化。内河港口机械装备种类逐渐多样，性能与质量都不断提高。特别是针对内河大水位差码头推出了双悬臂桥式起重机、轻型轮胎龙门吊、浮式装卸桥和新型缆车等一系列新型、高效的装卸设备，大大提高了内河港口的作业效率，促进了内河航运的发展；初步形成了山区河流航道整治成套技术，为长江上游泸渝段、西南水运出海通道中线、赤水河河口段等航道治理提供了技术支持，在平原河流的航道整治方面开发了新型固化材料和多种生态型护坡结构。

（4）信息化技术、实验模拟技术得到广泛应用。

广泛应用沿海港口电子数据交换系统、大型专业化散货码头装卸自动化控制系统、船闸自动控制系统、集装箱智能化生产管理系统；开展内河数字化航道示范工程，数字化内河航道建设取得初步进展；港口、航道建设已开始采用卫星定位、遥感、智能化动态监控、工程管理信息化等技术。同时数学、物理模型以及两种模型的结合使用为水运技术做出了突出贡献，在长期数值模拟的基础上取得了很多技术上的突破、实现了一系列创新。

（5）水运工程标准体系更加完善，基础性研究取得重大进展。

水运工程建设技术标准体系得到逐步完善。水运工程建设技术标准体系先后进行 3 次修订，基本满足工程建设在不同时期与阶段的需要。同时新材料应用研究得到进步与实际应用；抗盐污染高性能混凝土的应用水工建筑物在海洋环境下使用年限达到 50 年以上；钢结构防腐、土工织物、模袋混凝土等新材料的广泛应用，使得工程质量提高，施工进度加快，同时降低工程成本。

2. 创新成就

（1）中国外运长航集团有限公司。

一是第三方物流协同平台。“第三方物流协同平台”采用螺旋上升的方式逐步实施企业间组织协同的机制、企业与客户协同的机制、企业与供应商（航空公司，机场，海关，商检，税务，银行）协同的机制以及企业与社会中小第三方物流企业协同的机制，为不同背景、不同需求、不同信息化水平的物流协同参与者提供物流信息、协同共享服务和物流业务流程协同服务，实现基于 RFID 的海关监管仓库的管理，基于无线智能终端的物流操作信息的采集，基于影像技术的物流运单的管理，基于 Portal 的企业信息门户和面向大客户的物流项目门户，社会化网络 SNS 对于物流客户服务的前瞻性探索，物流业务管控体系及 KPI 的建设等。

二是依靠创新节能。“十五”以来，水运行业大力开展以节能降耗增效为主攻方向的科技创新。围绕节能降耗开展创新工作，先后就“船用柴油机掺烧重质燃油关键技术”、“256TEU 集装箱船全烧重质油技术”、“库区游船机桨匹配及运行参数优化”、“库区拖轮加装导流管节能改造技术”、“内河船舶轴带发电机”等专题立项开展研究，依靠创新技术降低能耗。并对取得的科研成果进行转化和推广，对船舶进行掺烧及节能技改。值得一提的是，由中国外运长航自主研发的“适应库区变化，建立川江流域航运新模式”等三项节能新技术2008年被交通运输部评为“交通行业首批节能示范项目”并在全行业推广，为促进水运行业节能减排发挥了示范和引领作用。

三是江海直达顶推船队成套技术。名为“洋山港集装箱疏运江海顶推船队关键技术”的课题研究，是为洋山港集装箱水路集疏运提供全套解决方案而组建的项目。该项目也被列为上海市科技兴市重大科技项目，得到上海市在资金、税费、贷款利率等方面的优待和支持。在科研院所和船公司的合作下，江海顶推船队关键技术研究取得成功，洋山港集装箱疏运江海顶推船队已经投入营运，并取得了良好的经济和社会效益。该项技术具有完全自主知识产权并已获得国家专利。

四是内河码头集装箱指挥调度系统。将流程重组与信息科技应用相结合，开发出“内河码头集装箱指挥调度系统”。该系统针对内河码头规模小、业务多样灵活以及快速反应的特点，使用了无线网络、手持终端、车载终端等先进技术和手段替代了传统的对讲机和纸张等手段，实现作业信息采集和处理的实时性和准确性，配合计算机辅助集装箱堆场的优化运算，使得内河码头的作业和管理取得突破，信息处理能力可达到与大型专业的一类集装箱码头相同的水平。内河集装箱指挥调度系统所应用的信息系统和技术手段在内河码头中处于领先地位，在应用的便捷性、信息处理质量、决策智能化等方面都得到体现。①

（2）中国远洋运输（集团）总公司。

在2011年全国科技大会上，中远集团荣获“‘十一五’国家科技计划优秀执行团队”荣誉称号，表明中远的重大科研项目组织、管理能力有了显著提升，为集团“十二五”科技创新打下了良好的开端、奠定了坚实的基础。2011年中远集团紧抓“十二五”开始之年的契机，围绕集团制定的“2020”发展战略和“十二五”规划，密切结合企业实际，在海工领域、全程供应链集成示范等方面积极申报国家项目，不断加大科研投入力度。取得多项专利和计算机软件著作权，见表2－19。

---

① 资料来源：中国外运长航集团有限公司网站 http://www.sinotrans－csc.coml.

表 2-19　中国远洋运输专利及计算机软件著作权

专　利	单索双瓣液压遥控抓斗 一种仿真柴油机 集装箱运输汽车的专用支架 油轮货轮加热自动测控装置 一种远洋船舶智能通信控制系统 远洋船舶航行态势遥控遥测系统 低温流体装卸臂紧急脱离阀 低温流体装卸臂 一种多功能吊杠
计算机软件著作权	远洋船舶及货物运输在线动态监控系统 船舶数据分析展示软件 基于海事通信卫星的船位主动调取软件 全球海洋气象信息自动处理系统软件 数据解析与存储系统 船舶安全航行态势分析系统 岸基船舶监控指挥系统 船舶风险预警检测系统 国际理货管理信息系统 V1.0 城市级物流综合管理平台系统 V1.0 中远 CoShare 海运生产综合管理系统 V2.0 中远手机 OA（Push OA）移动办公系统 V1.0 Coshare 协同办公平台 OA Plus 系统 V1.0 企业全面风险管理信息平台软件 V1.0 CoShare 可持续发展信息管理系统 V1.0 中燃安全教育系统 V1.0 COSCO MARINER V2003-3.0 S-PDI］V1.0 RFID 仓库管理 V1.0 S-OEI V1.0 EDI 平台 V1.0.0 中远资讯 WEB 应用开发需求管理软件 V1.0

资料来源：中国远洋运输（集团）总公司网 http://www.cosco.com/cn/about/rd.jsp? leftnav=/1/9

“十一五”期间中远集团不断加大科研投入的力度，围绕经营创新、管理创新、服务创新、技术创新开展创新型企业建设。中远集团的自主创新能力得到不断提高，先后承担了国家“十一五”科技支撑计划项目和其他国家项目，并获得国家资金支持，通过吸收创新与自主创新相结合的方式，获得了一批具有自主知识产权的成果。在 2011 年全国科技大会上，中远集团荣获“‘十一五’国家科技计划优秀执行团队”荣誉称号。

表 2-20　2006—2011 年中国远洋运输获奖情况

2011 年	国家科技进步奖一等奖	深海高稳性圆筒型钻探储油平台的关键设计与制造技术
2010 年	中国航海科学技术奖二等奖	飞机大部件跨洋运输技术开发
2009 年	中国航海科学技术奖二等奖	Inmarsat-F 站模拟操作器研制
2008 年	中国航海科学技术奖二等奖	《船舶修理技术标准》的研究与制定
2008 年	中国航海科学技术奖一等奖	中远集运船舶全球动态监控系统
2008 年	中国标准创新贡献奖三等奖	GB/T19945-2005 水上安全监督常用术语
2007 年	中国造船工程学会科学技术奖二等奖	30 万吨浮船坞设计与建造
2007 年	中国航海科学技术奖三等奖	大件货物滚装上下船辅助决策系统
2007 年	中国航海科学技术奖三等奖	水运企业船舶运输生产统计体系的研究
2006 年	中国航海科学技术奖三等奖	电子定时、旋流喷雾式汽缸油注入新技术应用研究与推广
2006 年	中国航海科学技术奖三等奖	《COSCOQM-Ⅰ型 5446TEU 第五代集装箱船全功能轮机模拟器》的研究与开发

资料来源：中国远洋运输（集团）总公司网 http://www.cosco.com/cn/about/rd.jsp? leftnav=/1/9

（三）水运行业自主创新影响要素

1. 政府要素

（1）政策支持。

政策支持对一个行业的影响重大，意义深远，对于水运行业的创新来说，政策支持必不可少。国务院在 2011 年 1 月 21 日以国发〔2011〕2 号文件出台了《国务院关于加快长江等内河水运发展的意见》，对我国内河水运未来发展提出明确目标和部署，也有许多涉及创新层面的意见与建议。其指导思想中指出要"深入落实贯彻科学发展观，进一步解放思想……坚持深化改革，加强统筹规划，强化科学管理，加大投入和建设力度，推进节能减排和技术进步，切实提升内河水运的质量效益和现代化水平……"。在主要原则中也指出"……坚持深化改革，创新体制机制，加强有关部门的协调，充分发挥地方各级人民政府和社会各方面发展内河水运的积极性。坚持科技创新，加强先进适用技术和装备的研发和应用，推进内河水运产业升级和可持续发展。"该意见将对水运行业的创新动力与创新水平产生重要影响，不但起到了导向意见的作用，也在政策上明确了对各项投入的支持，使得水运行业创新在支撑下取得更多更新的成果。

（2）政府在创新中的主导作用。

各级政府在鼓励行业企业创新中一直扮演着不可忽视的角色，制定和实施扶持政策、加强宏观调度与管理。并组织领导，对关乎国家民生以及长远利益的创新研究给予重点支持。在前期规划方面，交通部编制完成了《全国沿海港口布局规划》《全国内河航道与港口布局规划》《公路水路交通科技“十一五”发展规划》《公路水路交通信息化“十一五”发展规划》等一系列宏观性的行业规划，为行业企业创新提供了更加具有前瞻性、科学性的指导。同时为加快资源节约型、环境友好型的建设，提高可持续发展能力，交通部近年来先后颁布实施了《水运工程建设标准体系表》等，明确了技术创新的指导方针、总体目标、重点任务和保障措施，为水运创新创造了有利条件；在建设方面，及时组织专家将创新技术加以总结与提炼，并修订水运工程建设技术标准，为行业企业创新提供了技术支持与参考，给予水运建设有力的指导；在资金方面，在国家财政部等有关部委的支持下，每年给予创新企业行业以资金支持和鼓励，以优待政策鼓励水运行业创新发展，水运的技术创新工作开拓了新的资金渠道。

（3）投入的影响。

在现代社会，对创新给予支持是各国政府对创新的一种有力鼓励政策，但目前我国整体对创新的投入以及创新技术的推广应用与发达国家相比存在明显的不足与差距，这样就导致水运行业创新动力不足，还有应用推广速度慢导致行业内部共享机制发展缓慢，不利于行业间开展创新交流与共同进步。同时还应看到人才培养投入机制的不足。虽然我国目前已有一批先进的水运工程建设成功，但水运行业多年没有出现院士这样具备超高素质的人才，而创新恰恰要依赖这样的人才才能取得长足进步与突破，这类人才的匮乏使得高尖端技术无法在水运行业得到实施、传播和应用；而水运建设任务繁重，即使是骨干技术人才投入也存在明显不足。这些投入的不足共同制约了水运行业创新的速度与能力。

2. 市场要素

（1）水运建设市场需求是创新的直接动力。

进入 21 世纪以来，为满足大型深水港建设、复杂河口出海航道治理、智能交通、节能环保等新的需求，研究开发的沿海大型专业化码头建设成套技术初步形成，有力地推动了水运工程建设的技术发展。事实证明，创新要以国家民生和国家长远利益以及人民群众的切实需求为出发点，以市场需求为直接动力，才能不断取得创新成功，水运行业才能不断取得新成绩新发展。

（2）燃油成本的上升。

燃油价格大幅上涨，导致船用燃油价格跟随趋势同步一路飙升，这样大大提高了水运行业的营运成本。船用燃油价格的上涨，导致了燃油在水运企业经营成本中所占的比重逐渐提高，同时随着运力逐渐趋向于饱和状态，水运市场竞争日渐激烈。而燃油成本的上升将使得水运企业财务运营成本上升，利润空间随之缩小，不利于企业自身发展的同时也将会严重制约创新资金与人才等各方面的投入，导致创新成本占企业各项投入的比重不断上升，结果就是创新成本随之逐渐提高。而创新成本的提高将对水运行业企业的创新动力产生严重的阻碍作用，为创新带来更大的难题。

（3）行业部分技术标准滞后。

对任何一个行业来说，规范、标准的制定是非常重要的基础性工作，水运行业也不例外。但是目前水运行业的部分技术标准已跟不上时代发展与行业创新的要求，存在着滞后的现象，这种现象不但不利于新技术、新工艺的研究开发，也不利于促进科技成果在水运行业内的宣传推广以及广泛应用，造成水运行业技术创新与应用都受到限制。同时部分技术标准滞后的现象也在一定程度上体现了激励机制的缺乏，不利于企业在创新方面的共同研发与合作。所以应尽快建立适应目前行业发展的新标准，加快创新成果在水运建设中的应用，才能使得水运行业的创新取得更加明显的进步与发展。

3. 企业要素

“十二五”期间内河水运将实施一系列重大航道、港口、枢纽建设项目，为科技创新提供良好平台。在项日中可以充分依托水运行业建设的实际，研究开发出与项目配套以及适应未来发展战略需要的新材料、新工艺和新技术，并加快研发新材料、新工艺和新技术的应用与推广。比如在长江口深水航道治理、长江中游碍航浅滩整治、中西部河流高坝通航施工等项目上，企业已经积累了比较丰富的资料、经验和运作技巧，可以充分利用这些有利条件进行更深层次的消化、吸收和再创造，为创新提供更加有力的依托。同时应该看到，在目前一些已经完成的科研项目还没有取得进一步的推广和应用，所以企业要加强对新项目和新成果的重视程度，并加强在这方面的人才与经费投入，可以购买专利并加派人才学习最前沿的技术与成果，进行吸纳再创新来完善和增强企业自身的创新能力。所以企业在加强科自身技创新力度与投入的同时，要重视科技成果在行业内企业间的推广与应用，并在学习与被学习中不断改进和优化，进一步再创新。

（四）水运行业自主创新模式与特点

1. 构建创新动力体系

在政府制定的发展战略与计划的指导下，围绕创新需求，通过优化管理服务基础体系的方法，来构建和完善创新的管理服务体系。积极研究基础建设和重大技术开发过程中遇到的各项难题，用以全面的配套策略和激励措施来完善创新机制，使水运行业内企业成为创新的真正主体；充分发挥骨干人才在创新中的积极作用，同时充分发挥企业在人才、技术和资金等各个方面存在的优势，形成集设计、科研、建设、工艺等要素于一体的优势，积极攻克企业存在的重大创新技术和行业共需的创新技术难题，使企业不但成为创新主体，还成为创新成果的应用和推广主体。同时大力推进国家和行业认为重点的水运工程创新，以获得政策支持，使得水运企业成为拥有自主品牌以及国际竞争力的优秀企业；坚持人才发展战略，注重人才的持续培养和继续教育，特别注重技术人员的挖掘和培养，鼓励企业员工积极参与创新活动，为人才培养与创新活动提供持续不间断的人才支持，营造良好的企业人才凝聚机制，培养和吸引大批优秀人才，使企业成为真正优秀的人才聚集地。

2. 建设创新研发中心和服务平台

在资源与环境节约友好型技术，深水港口内河航道建设技术、信息智能化技术以及交通运输一体化技术方面，建设形成具有若干优势，同时兼具创新水平突出、服务全国或者服务地区的水运行业技术研发中心来巩固与推广以上各项技术；以水运行业创新与科技信息技术集成资源，以共享和推广为目的，建设成智能化、信息化、数字化的共享服务平台，为水运行业以及与水运相关的行业，甚至为全社会提供便捷易得、内容丰富、准确及时、资料齐全的科研创新共享服务。

3. 开发创新关键技术

注重大型、智能、信息化港口机械设备以及建设工艺的创新，在加强集装箱、大宗散货装卸等技术研发的同时，也同样注重与其他货物在集装、运输、卸货技术要求存在差异的特种货物装卸的技术创新。在注重沿海大型码头装备高效化、大型化的建设创新同时，也不忘注重根据中小码头经济灵活的特点，进行与之特点相适应的装备与工艺技术创新。在尽力提高效率和降低成本的同时，注重装备与工艺的节能、环保等方面的技术创新，尤其是在港口生产过程中的节能减排和减少港口污染的技术，用以得到全面完善的环保工艺和创新；

完善内河航运发展，根据我国内河航道存在的实际状况，以技术等方面的创新来促进水资源的合理开发和利用。研究以水运为主的流域综合利用技术，同时研究扩大内河通航能力的措施。在节地、节能、改善环境研究方面取得技术突破，总结并推广经验，建设环境友好型、资源节约型的水运工程，注重水运工程环境保护关键技术的研究，开发出环境污染“零”排放技术等；沿海大型专业化码头建设成套关键技术的开发研究已初见成效，针对我国沿海港口码头吨级结构仍欠合理、吞吐能力仍显不足、主要港口航道仍不能完全适应船舶大型化需求的现状，继续加大沿海大型专业化码头建设成套技术研究和开发的力度，重点研究在风暴潮、波浪、水流等复杂环境下港口及航道减淤防冲措施、大型开敞式码头泊稳条件、船舶靠离泊及航行的安全控制措施、超大型码头和外海防护建筑物新型结构、老码头改造技术、沿海深水航道和大江、大河出海航道选线的重大原则与方法，以及邮轮、游艇码头的设计标准等；同时抓好内河水运建设，加强渠化河流通航建筑物及航道治理关键技术研究。开展航道整治建筑物新结构、新材料研究，航道生态护岸、船舶大型化和航行速度提高引起船行波对护岸影响研究，以及长江黄金水道治理关键技术研究等；进一步开展空间信息应用技术、全球定位系统、遥感技术、智能化监控等技术在港口建设以及航道治理施工中的应用研究等；在水运工程建设、管理中广泛应用对提升信息技术、通信技术有利的创新技术，不断提高水运工程智能信息化程度，实现港口及高等级航道的数字化，促进港口与其他运输方式、政府监管部门、工商企业、物流服务企业之间的信息融合和同步共享，逐步实现实时、可靠、便捷的信息交互。拓展港口功能，增强港口服务能力，促进港口运输能力加速融入现代物流体系。重点开发智能航运系统、内河综合信息服务系统、数字化港口系统、现代物流管理系统等，提高水运工程的建设、运行和养护水平；以信息化全面推进水运工程勘测、设计手段的创新，在勘测、规划、设计、施工中，应用信息化技术、计算机辅助设计系统、地理信息系统、全球定位系统、遥感技术等，实现方案优化、并行设计、协同设计、智能设计和虚拟设计等技术要求；最后是重点研究环保耐久型混凝土技术，研究不同混凝土在外海环境下的失效过程和结构寿命预测技术，建立水运工程结构多参数健康评价体系和耐久性预警系统，开发针对不同条件的结构修复材料和施工工艺，拓宽创新领域，提高创新能力，提升创新水平。

（五）水运行业自主创新评价

进入21世纪以来，我国水运行业中央企业的技术创新工作取得了较大成就，基本形成了沿海大型专业化码头建设成套技术，攻克了大型深水航道建设部分关键技术，基本掌握了大型、高效港口机械装备核心技术，内河水运工程技术和基础性技术研究均取得重要进展，信息化技术得到了广泛应用和提升。

但创新仍存在不足，所以要认清形势、把握机遇、明确目标，以创新为动力，继续大力发展内河航运，不断开拓海洋运输，加快推进水运行业创新步伐，为经济社会服务以及国家民生提供更好服务和有力保障。水运工程技术创新就是要全面落实科学发展观，坚持“需求引导、科学统筹、重点突破、全面推进”的方针，积极响应环境友好型、资源节约型社会的号召，使水运成为富有创新活力、具有创新动力和拥有创新实力的行业，努力打造具有创新活力与动力的创新体系，努力造就一支数量充足、技术过硬、素质优良、具有创新意识以及整齐的技术创新人才队伍，使水运行业自主创新能力显著增强，突破工程建设中一批关键技术。同时要不断提升创新理念，在国家政策指导下促进行业发展；确保创新投入，优化创新资源配置。注重要加强协调配合，发挥行业整体竞争优势，形成创新的巨大合力，不断提升行业整体创新水平。

八、建筑施工行业中央企业自主创新

(一) 建筑施工行业自主创新背景

1. 建筑施工行业概况

建筑行业与工业并称为中国第二产业，是中国国民经济二十大行业之一，在国民生产总值中占有较大比重。处于工业化阶段的建筑业的产值保持较快的增长速度，截止到2010年，从业人员达到4043万人，建筑业总产值达到9.5万亿，同比增速达到24%，排名世界第一。建筑行业是经济经常化较早的行业，因此进入壁垒较低，导致很多市场参与者在较低水平进行竞争，2010年建筑业企业个数达到70061家，前50家建筑企业市场占有率仅为26%。从发达国家的经验来看，城市化率到达一定数值后，建筑业在GDP中的占比率会持续增长。目前中国城市化率已经接近50%，随着城市化进程的推进，建筑业占GDP比会持续上升。①

2. 建筑施工行业自主创新背景

随着加快转变经济发展方式、推动产业结构优化升级成为“十二五”规划期间中国经济的发展主题，创新逐渐被看做建筑施工企业升级的新动力。同时，在贯彻落实科学发展观、构建社会主义和谐社会的大背景下，以低能耗、低污染、低排放为基础的低碳经济模式成为创新的另一动力，从建筑施工业的角度来说，必须加快低碳模式发展，降低能源消耗，实现节能减排，才能使行业与企业的竞争优势不断突出。但在建筑施工行业的创新越来越受到重视的同时，也应看到行业内创新仍存在很多不足问题，比如创新没有足够的推动力，投入不足；自主创新能力有待提高；现阶段，中国建筑施工业高素质的技术与管理人才少；施工的机械化程度与发达国家相比有一定的差距；自主技术发明较少的同时应用推广也并不广泛等。因此，面对激烈的竞争，如何做好创新，成为建筑施工行业与企业的重大命题。

① 数据来源：建筑施工行业研究报告，2011.

（二）建筑施工行业自主创新活动与成就

1. 创新活动

（1）建筑施工技术创新。

近年来，中国的装饰施工技术已经接近先进水平。随着企业创新意识的不断增强，通过分析国内市场的需求以及走出国门学习国外成熟的先进工艺技术并吸收改造，中国建筑装饰施工技术接近国际水平的新工艺技术。比如：背栓系列、石材干挂技术、组合式单体幕墙技术、点式幕墙技术、金属幕墙技术、微晶玻璃与陶瓷复合技术、木制品部品集成技术、石材毛面铺设整体研磨等技术已经可以代表中国装饰施工技术的前沿工艺。

如免漆饰面工艺与环保油漆的应用，消除了现场油漆作业多带来的化学污染等负面作用。免漆饰面出现后，施工现场不再使用传统的油漆作业，可见作业与生产方式的变革直接体现施工水平的不断提升与发展。同时环保油漆的使用，不但使施工人员的健康得到了保障，做到安全施工，也避免了因为油漆携带的有害气体阻碍工程竣工后及早投入使用造成的影响，为业主的健康提供了保证。再比如连接和固定是装饰施工过程中无法回避的最基本的问题，伴随着各种高性能黏结剂的出现，在施工中彻底改进了传统的钉销连接紧固方式，这样保证了使用强度这种最基本的要求，也使得连接更加稳固，因此高性能新黏结的应用消除了传统连接紧固方式的弊病。

防水施工技术也是建筑施工技术创新中的一个重要环节。比如防水混凝土结构，是指因本身的密实性而具有一定防水能力的整体式混凝土或钢筋混凝土结构，有承重、抗渗和维护等功能。而防水材料的新发展更是为防水施工技术提供了强大助力，现在已经发展出高分子卷材、新型防水涂料、密封膏等高效弹性防水作业材料。

（2）安全生产管理理念创新。

安全生产是指使生产过程处于避免人身伤害、设备损坏及其他不可接受的损害风险（危险）的状态，用更通俗的话说，也就是说安全生产即保障人的健康和安全，杜绝安全事故。由于建筑工程产品和施工技术的特殊性，决定了其安全生产管理难度很大。而随着中国最近几年建筑施工工程规模的不断扩大，安全生产成为企业管理中的头等大事，更是施工质量和效益的前提，无时不刻不关系着企业的生存和发展，因此安全生产显得十分重要。建筑施工行业的安全生产管理理念创新主要通过管理体系的创新、管理方式的创新、企业制度创新、管理手段创新以及建设现代安全文化体系等方式，通过进行建筑施工过程中的安全分析，分清轻重缓急，研究出防范风险的措施和管理办法，提出遏制或者将伤害降到最低的技术手段与管理理念，将企业的安全生产与技术创新相结合。同时利用安全文化的创新，使员工在心理、思想和行为上形成自我安全和保护意识，保证施工过程中的安全生产，创造安全环境氛围。

(3) 绿色建筑施工创新。

随着时代的进步，可持续发展成为各国工业与经济发展的口号，对于建筑施工行业来说更是如此，因此绿色建筑施工是未来建筑施工行业必不可少的环节。中国是一个发展中国家，经济快速增长，尤其是作为国民经济二十大行业之一的建筑行业发展更加迅速。但发展的同时，建筑施工行业也面临着相当严峻的资源、环境与生态问题，因此大力推行绿色技术、实现建筑施工业的可持续发展已经成为发展的必然趋势。在建筑施工的能源管理方面，注重节约能源，减少污染，保护环境，具体措施比如在选择工艺和设备时，优先采用技术成熟、能源消耗低、污染小的工艺与设备，并对设备进行定期的维护与保养，保证设备在低能源消耗的状态下保持正常运转；以清洁能源代替污染大的能源，减少污染与消耗；在施工过程中的污染防治方面，主要是对施工泥浆的控制，污染防治一是通过施工泥浆本身的工艺提升，二是通过人工作业及时固结泥浆，以避免泥浆流出施工现场造成周边环境、道路以及市区等地的污染；还有施工扬尘是施工现场比较容易发生的问题，针对扬尘，采用设置围档、实施淋水降尘、场内道路硬化、垃圾封闭、使用清洁燃料等措施进行控制，防止扬尘扩散；施工噪声也是一种为人带来很多不便的污染，建筑施工噪声主要来源就是建筑施工中的建筑机械作业以及运输车辆，建筑施工噪声发生在施工期间，因此措施包括从严审批夜间施工，选用低噪音设备和机械，对噪音进行及时监测等；最后是固体废物的处理办法，实际上，建筑垃圾中有很大部分以回收利用作为主要处理途径，用这种办法减少对周围环境的污染以及资源的不合理占用。绿色建筑施工的创新包括很多方面，最终的目的都是保护环境，实现建筑施工行业和经济的可持续发展，通过不同方面提升建筑施工行业的竞争力。

2. 创新成就

(1) 中国中铁股份有限公司。

中国中铁股份有限公司认真贯彻落实国家“科教兴国”方针，坚持“科技是第一生产力”的指导思想，参照建筑施工行业市场状况，不断完善“大科技”

格局。在充分发挥自身具备的科技优势的同时，加强科技攻关，大力推进科技进步，积极推广新技术、新材料、新工艺、新设备的广泛应用，科技投入和科研项目逐年不断增长。

表 2－21　中铁股份有限公司“八五”至“十一五”科研项目情况

“八五”期间	高墩大跨桥梁设计和施工 高地应力高瓦斯地层破碎隧道设计和施工 膨胀土路基设计和施工
“九五”期间	针对秦岭特大隧道的修建技术、大跨度桥梁结构修建技术、铁路提速工程、秦沈客运专线、高速铁路设计和施工准备工作等 多项科研成果获得铁道部和国家科技进步奖
“十五”期间	初步形成具有自主知识产权的中国式无碴轨道技术 自主研制 900 吨级箱梁架桥机等设备 高原冻土施工在路基、桥梁、铺架、隧道等方面开展了广泛的研究 自主研制开发 70 米跨度和重量达 2015 吨的简支箱梁及起升重量达 2500 吨的“小天鹅”号起重船 研究设计我国第一座单洞双层隧道 自主开发研制跨座式单轨 PC 轨道梁运架设备 自主开发架空刚性悬挂系统 自主研制 600 吨、900 吨架桥机、KTY4000 型大型工程钻机和 500 米长轨铺轨机 研究开发具有自主知识产权的高锰钢与钢轨焊接中间介质
“十一五”期间	高速铁路无砟轨道修建技术 取得盾构/TBM 研发和盾构/TBM 制造产业化方面具有自主知识产权的成果 大型钢结构整体提升综合施工技术的研究及运用 开发研制一系列软件，初步实现勘测设计一体化 开发采用专用软件，在工程管理、行政管理、财务管理、投标报价等工作中得到了广泛应用，逐步开展办公自动化、网络化的研究

资料来源：中国中铁 2011 年报

2011 年，中国中铁股份有限公司依靠科技进步，大量采用新技术、新工艺、新材料、新设备，公司新投入研究与开发费用约为 97 亿元。通过国家级工法评审 38 项，新增国家级认定企业技术中心 2 个，已达 6 个，新增博士后工作站 2 个，已达 6 个，有效专利授权 519 项，其中发明专利 146 项。[①]

① 数据来源：中国中铁 2011 年度报告。

表 2-22　中国中铁 2011 年获奖情况

获奖名称	数量
建筑工程鲁班奖	16
国家优质工程奖	6
土木工程詹天佑奖	5
火车头优质工程	54
国家优秀工程勘察设计奖	11
国家科技进步奖	5

资料来源：中国中铁 2011 年度报告

(2) 中国建筑。

中国建筑具备有效全面的科技研发体系，如图 2-8。

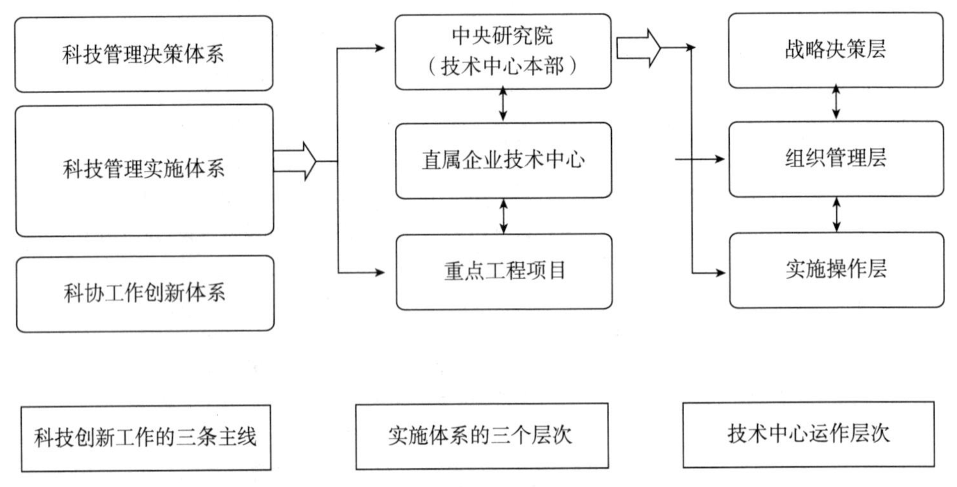

图 2-8　中国建筑科技研发体系

资料来源：中国建筑 2011 年度报告

2011 年，中国建筑承担或参与各类国家课题 21 项、承担或参与地方财政经费支持课题 23 个，研究方向主要为国家大力发展的绿色建筑技术、节能减排技术、新型建筑材料开发、高效施工设备开发等。

中国建筑重视绿色建筑技术的发展，注重可持续发展，从 20 世纪 80 年代末参加中国政府与英国建设署合作的建筑节能项目开始。中国建筑在建筑工程绿色设计、施工及建材开发等方面，做了许多研究创新。

表 2-23 中国建筑绿色建筑技术创新项目

绿色施工管理	2005 年 6 月编制颁布《施工现场环境控制规程》 2010 年由中国建筑编制的国家标准《建筑工程绿色施工评价标准》于 2011 年 10 月 1 日起正式实施 中建八局编制批准实施《绿色施工管理标准》和《建筑工程绿色施工评价标准》 中建一局率先在全国建筑行业编制了企业标准《绿色建筑施工管理标准》 中建一局主编北京地区标准《绿色施工管理规程》
绿色技术研究	高层配筋砌块砌体结构体系 南方新型结构体系复合保温隔热结构设计技术 轻钢结构节能住宅综合技术研究 清水饰面混凝土施工 TCC 建筑保温模板体系 建筑加固施工工艺技术研究 玻璃幕墙光伏发电综合技术 传热系数检测技术 普通混凝土和沥青混凝土透水路面技术
绿色建材开发	普通高性能混凝土 超流态化（SUF）微细粉 光触媒材料 绝热反射膜（ISRF）

资料来源：中国建筑公司网站 http://www.cscec.com/tabid/104/Default.aspx

2011 年，中国建筑获得受理专利 1004 项、授权专利 738 项；获国家科学技术进步一等奖 1 项、国家科学技术发明二等奖 1 项；完成主编国家标准 2 项、行业标准 6 项。相关工艺技术以规范、标准的形式推广至全国，为我国建筑行业的科技创新做出了突出的贡献。①

（3）中国铁建股份有限公司。

中国铁建股份有限公司科技创新平台建设取得突破：中铁十二局有限公司技术中心通过国家级企业技术中心认定，实现国家级创新平台零的突破。全年科技投入达 84.7 亿元，列入国家重大科研项目 3 项，新增省部级科研项目 22 项。

① 数据来源：中国建筑 2011 年度报告。

表 2-24 中国铁建 2011 年获奖情况

获奖名称	数量
国家科技进步二等奖	2
省部级科技进步奖	126
全国优秀工程勘察设计奖	3
全国优秀工程勘察设计行业奖	8
国家优质工程奖	15
中国建筑工程鲁班奖	7

资料来源：中国铁建股份有限公司 2011 年度报告

50 个质量管理小组获得全国工程建设优秀质量奖。发明专利 57 项，国家级工法 42 项。科技创新为中国铁建股份有限公司发展提供了有力支撑，举世瞩目的京沪高铁、广深港高铁、狮子洋隧道、鱼洞长江大桥等一大批标志性重点难点工程项目已建成通车①。

(4) 其他创新。

①基坑逆作法施工技术。

逆作法施工主要目的是为了在施工期间时防止建筑物坍塌，是支撑底板在封底之前能够承受自身的重量和它上部重量的支柱。施工方法是，首先从建筑物地下室的轴线或周围施工地下连续墙或其他支护结构出发，在建筑物里面找到一个合适的位置打下一个支柱，以此来帮助建筑物承受压力。此技术有利于工程的顺利进行，减少因支撑力不够而引起的事故和危险。

②倾斜钢结构超大悬臂钢结构工程施工技术。

此技术首先要保证结构施工计算的正确性，其次确保施工误差调整的可控性。倾斜钢结构、超大悬臂钢结构各项施工方案在实施前就运用 SAP、ANSYS、CAD 等技术进行了大量的结构施工虚拟仿真计算分析，以论证、比较、判定施工方案的先进性和可操作性，同时确定了为控制、调整钢构件的位置和标高安装误差而采取的施工措施，并且力求这些措施简单方便、误差调整快捷易行。中央电视台新台址主楼钢结构工程施工主要应用的就是该技术。

③多层面超大面积钢筋混凝土地面无缝施工技术。

多层面超大面积钢筋混凝土地面无缝施工技术是在传统的留置后浇带和伸

① 数据来源：中国铁建股份有限公司 2011 年度报告。

缩缝的基础上发展而来的新型施工技术，它突破规范要求，是指在地面混凝土施工中不设置伸缩缝和后浇带，利用施工缝将地面按一定尺寸分为若干块，相邻块间隔浇筑，待先浇筑混凝土经过较大的收缩变形后，再将地面连接浇筑成一个整体。工程中多层面超大面积钢筋混凝土地面无缝施工技术突破了规范要求“室内地面的水泥混凝土垫层，应设置纵向缩缝和横向缩缝，纵向缩缝间距不得大于6m，横向缩缝不得大于12m”；“垫层底板长度超过60m时应设置后浇带，间距30～40m，带宽1000mm”的规定。长沙卷烟厂联合工业厂房的建设过程中应用了该技术。

④建筑节能、绿色施工技术。

“外墙外保温”技术，是采用粘贴聚苯板，面层用玻纤网格布聚酯水泥砂浆抹灰的工艺，另外还有少数工程采用将聚苯板直接放在大模板内（外侧）与墙体混凝土同时浇筑连成一体的工艺（有锚固钢筋连接聚苯板）；也有将预制保温装饰板直接固定在外墙面上；还有将聚苯板等直接浇筑在墙体混凝土中形成夹心保温墙。最近在框架结构中还直接使用保温砌块，取消了保温层。但是，外墙保温技术迄今还在摸索阶段，尚未找到满意的工艺。在奥运工程的带动下，目前中国正在向绿色施工和绿色建筑进军，重视节能、节水、节地、节材和环保工作，积极使用可再生的材料资源和控制在施工中抽排地下水资源等。

以中国建筑为例，该企业对建筑工程绿色设计、施工及建材开发等方面，做了许多卓有成效的工作：比如南方新型结构体系复合保温隔热结构设计技术、轻钢结构节能住宅综合技术研究、可提高抗冻性和耐久性，表面不作抹灰、喷涂、干挂等装饰的清水饰面混凝土施工、用保温板代替模板的方法，加强保温板与结构层的连接，简化外墙保温施工的工艺，有效地降低工程成本的TCC建筑保温模板体系、玻璃幕墙光伏发电综合技术、现场准确检测建筑工程热工性能指标的传热系数检测技术等；在绿色建材方面，中国建筑也做了大量工作，如普通高性能混凝土、具有提高混凝土的抗渗性，抗侵蚀性和抗碳化能力，有效保护钢筋的超流态化（SUF）微细粉、具有隔热保温、反射光能、隔湿、隔声、抗老化和抗压等优点的绝热反射膜（ISRF）。

（三）建筑施工行业自主创新影响要素

1. 政府要素

（1）政策支持。

“十二五”规划将节能减排放在重要位置，而此项规定恰好契合建筑施工行业绿色施工技术创新的要求。在水利工程与房屋建筑等建筑施工工程中，为了实现国民经济大环境的可持续发展，节能、减排、防污染显得尤其重要，因此绿色建筑施工的创新符合“十二五”规划要求。政策成为建筑施工行业技术创新的导向与建议。

（2）对自主知识产权重视程度不够。

对技术创新来说，自主知识产权是保护与激励企业创新的一项重要措施。但是目前，中国仍然存在着很多侵犯知识产权的现象，缺乏自己特有创新技术的企业会将具备创新能力的企业得出的成果进行照搬照抄，导致行业内跟风现象严重。加上监管力度不严，使得企业这种行为更加肆虐，即使这种行为被发现，但是惩处力度也不够强，这些因素都使得建筑行业企业创新的积极性大大受挫。

2. 市场要素

（1）城市化进程不断推进，房产行业持续发展。

城市化与房产行业同建筑施工行业息息相关，很容易成正比例方向波动。目前中国城市化率已经接近50%，仍有很大发展空间，随着城市化率的不断上升，建筑施工行业发挥余地更大，为建筑施工行业与企业发展提供了空间与机会，但是相应的竞争力加大，创新成为建筑行业在强度竞争中脱颖而出的直接动力。而房产业即使在政策导向作用下有趋冷的意向，但随着城市化的发展仍然前景可观，仍需要建筑行业与企业的创新技术满足人类越来越高的居住要求，同时用以缓解地少楼多的困境。因此建筑施工业在城市化进程不断推进、房产行业持续发展的背景下，未来占GDP比重将仍将不断上升。而想要抓住机遇，就要将创新进行到底，才能维持建筑施工行业的持续竞争力。

（2）城轨地铁进入快速发展期。

目前中国已经有28个城市的地铁规划计划获得国务院批准，而从中国地理环境来看，城轨地铁建设发挥空间很大，进入了快速发展时期。随着城市居住环境的大大改变，为了尽量降低对城市交通与市民正常生活的影响，城轨地铁建设需要先进管理思想与技术支持来满足现状，而传统的施工技艺显然已经无法满足城轨地铁建设的高科技要求，因此创新成为建筑施工行业的必要选择，以此来维持自身的竞争优势，提高城轨地铁的施工质量与效率。

3. 企业要素

目前，建筑施工领域行业分工大体上划分为勘查、设计、监理、施工等，因此企业职能界限划分比较分散，除了少数大型总承包商或者专业承包商可以同时具备全部上述专业分工的技术与设备之外，绝大多数施工企业仅仅在施工过程中承担某一项或者某几项分工作业，并没有独自承担全部项目施工作业的能力。而如果对施工来说重要的各项工艺无法实现整合统一作业，那么就无法在同一企业内部进行技术或者管理等方面的创新，这样建筑施工企业的创新动力与能力就处于不利地位，不仅因为无法整合合作而加大了技术创新的成本，同时也压抑了建筑施工领域进行技术创新的积极性。由于技术成果具有保密性的特点，它的分享性比较差，很容易造成一家企业独守一项技术而固步自封的状态。甚至在发生有些招标单位要求投标人共享其专有技术的状况，而因为企业之间缺乏技术开发合作与共享创新理念研究的机制和动力而无法实现，这样也降低了整个行业创新的积极性。而建筑施工是一项开放性的活动，在施工过程中前后各项环节关系密切，很多时候如果前一项环节推出创新，而后一个环节无法作出相应创新以同步的话很可能出现技术无法配套的情况，导致工程受阻，难以协调，这就更增加了整个建筑施工行业创新的难度。

（四）建筑施工行业自主创新模式与特点

建筑施工行业创新模式的选择针对本行业的特点，以经济效益和技术创新的研发、应用以及推广为目的。建筑施工企业有意识地进行长期技术积累，采用创新战略，并以此为基础逐步增强行业自主创新能力。

1. 适度引进先进技术

建筑施工企业通过引用国外或建设部推广的最新技术成果，挖掘本企业现有的技术潜力，提炼引进技术的精髓并保留适合本企业发展的部分，在及时把握住市场机会的前提下，实施研究开发，不但研究技术，还研究开发技术的方法，得到适应本企业的创新成果，使企业创新能力迅速提高。

2. 注重人才培养

人才是创新的源泉，所以建筑施工企业都十分注重人才的培训与再教育，更加注重建立自己的人才储备体系。如国家人事部于 2001 年 12 月 11 日批准设立的中国铁路工程总公司博士后科研工作站，旨在充分发挥博士后制度在科学技术研究、人才培养和科技创新能力等方面的优势，培养高层次技术和管理创新人才，完善企业创新体系，提高创新能力，带动创新的推广与进步，用以保持企业长期竞争优势。截至 2011 年新增博士后工作站 2 个，已达 6 个。

3. 管理思想和机制创新

首先，管理者创新思想观念要进行不断的更新，只有管理理念与思想更新，才能为建筑行业企业与行业创新营造良好的环境。其次，建立项目经理责任制，责任制度创新是管理创新的重要组成部分。具体实施办法是项目经理要在项目中负第一责任，上对企业负责，下对施工作业层负责，对外对业主负责，对内对施工过程中的所有工作负责，成为施工各个环节的协调者和管理者。同时形成相应的项目管理人激励机制，保证项目经理的稳定性，使其能够真正履行职责。这两项创新是其他创新的有力支撑。

（五）建筑施工行业自主创新评价

创新对建筑施工业来说是提升竞争力、实现可持续发展的重要环节，有着必不可少的作用，也是中国建筑施工业自身不断发展和完善的源动力。建筑施工业创新技术与创新思路体系的建立，不但要充分借鉴融合国内外建筑施工行业最新的理念、技术、管理方式等创新与研究的经验，还要积极吸取世界各国先进的建筑施工技术措施和方法，并结合本行业企业的具体现状，加以吸收借鉴、应用和推广。相信在不远的将来，中国建筑施工业的创新能力必能提升到一个更高的层次，取得更好的成绩，进而有效地提升中国建筑施工行业的技术应用水平和应用效率，并可以提升行业整体科技含量，为国民经济作出更大的贡献。不过在现阶段，中国建筑施工行业对一些创新理论的了解还不是很深入，同时创新措施和方法的应用还不是很熟练。面对这些问题，建筑施工行业依然要继续不断地深化改革创新意识，提高创新能力，加强创新建设。无论是政策导向还是技术经济发展，建筑施工行业都应以高新技术及其产业化为主导，充分挖掘创新潜力、充分发挥自主创新能力，利用更多的新方法和新理念为建筑施工业的发展提供源源不断的动力。

九、国防工业中央企业自主创新

（一）国防工业自主创新背景

1. 国防工业体系概况

国防工业是研制、生产军事装备的部门的总称。它包括枪炮、弹药、坦克、装甲车辆、工程机具、军用飞机、军用舰艇、军用电子设备、火箭和导弹、核武器、军用航天器以及其他军事装备等工业企业的部门。国防工业是国防经济的核心，是国防力量的重要组成部分。建国六十余年来，中国的国防工业形成了以核、航空航天、船舶、兵器、军事电子等行业领域为主体，冶金、机械、化工、有色金属等多个行业相配套的门类齐全、具备相当规模和实力的完整国防工业体系。“十一五”以来，国防科技工业坚持任务能力结合型建设思路，以保障重大工程任务为重点，以增强持续发展能力为目标，以先进的信息技术和装备为基础，有效加强先进军工核心能力建设，武器装备的研究、设计、生产、试验能力和水平显著增强。2001 年，军工全行业实现了扭亏为盈，提前实现了国务院确定的脱困目标。2010 年，军工经济总收入突破 1.3 万亿元大关，创历史新高。军工全行业的工业总产值、工业增加值、利润总额和人均收入快速增长。2011 年，中航工业、中船重工、兵器工业、兵器装备、中国电科等 5 家军工集团进入世界 500 强。

2. 国防工业自主创新背景

自主创新能力是国家竞争力的核心。国防科技工业的发展涉及国家安全和国际战略地位，这就决定了国防科技发展必然是一个高强度、持续的自主创新过程。胡锦涛总书记指出：“历史和现实经验表明，最先进的武器是买不来的，军工核心技术是买不来的，创新能力也是买不来的，必须依靠自力更生、自主发展。”经过几十年进行了一系列的改革和调整，无论是产业规模、技术水平还是产业结构，还不能适应我军双重任务和未来信息化战争的需要。应该看到，中国现阶段国防工业自主创新能力还不够强，在当今新军事变革加速推进，高技术迅猛发展和产业结构优化升级的大环境下，中国的国防工业必须加快自主创新。

增强国防工业自主创新能力，关键是强化企业在技术创新中的地位。国务院国资委直属的十家国防工业中央企业是国家自主创新建设的中流砥柱，也是国防工业的自主创新的主要承担者和实践者。因此中央企业的自主创新，企业的创新能力的大小一定程度上决定了国防工业的自主创新的水平高低。目前这十家中央企业不断适应国民经济和社会发展的新要求，注重提升综合实力和转变经济发展方式，加快企业结构调整和自主创新体系建设，积极探索军工经济可持续发展的新途径。通过这些改革，军工企业经济规模和经济效益大幅提升，涌现了长安、嘉陵等一批全国知名企业，军工经济全面、协调、可持续发展的能力和后劲不断增强。这为国防工业企业的自主创新建设奠定了坚实的基础。

（二）国防工业自主创新活动与成就

1. 创新活动

（1）以产业基地为龙头，加快科研机构和产业园区建设。

信息时代的军事变革，首先表现为武器装备由机械化向信息化的发展，国防科技创新是信息时代军事变革的前提。科技创新动力源自持续不断的国防研发投入，没有投入作保障，创新犹如没有“发动机”的航船，终将搁浅海滩。2011 年，国防工业中央企业高度重视对自主创新科研活动，加大科研经费的投入力度，保障科研机构的建设。

2011 年 11 月，由中国运载火箭技术研究院所属航天材料及工艺研究所和庆元县共同组建的中国航天碳材料产业基地在庆云县举行了投产仪式。中国航天碳材料生产基地项目拥有国际先进的碳材料核心加工工艺和成型技术，填补了中国碳纤维复合材料及工艺领域的空白；生产太阳能光伏电池用热场材料、核级石墨板材、石墨吸收球、人工韧带以及碳刹车盘等产品，广泛应用于新能源、交通运输、生物医疗、节能环保等领域。项目建设规划分二期进行，计划 2015 年完工。全部新项目生产线建设达产后，年可实现销售收入 100 亿元、利润 25 亿元，5 年内将成为国内领先、国际先进的超大型碳纤维复合材料研发和生产基地。项目一期工程厂房建筑面积约 5500 平方米，主要安装约 50 台套左右的用于热场碳材料复合成型的一些关键设备，包括化学气相沉积炉、高温石墨化炉、碳化炉、压力浸渍罐、热压成型机、轨道干燥箱等，这些设备的选型主要依靠国产为主，大型成型设备代表了国内相关行业的最高工艺水平和碳材料成型技术的国际先进水平。

作为国际核电建造知名企业集团和全球唯一一家近三十年来从未间断过核电工程建造的大型企业，近年来，中国核建集团公司积极贯彻国家对中央企业“做强做优，培育具有国际竞争力的世界一流企业”和“海外战略”等要求，不断加大科技研发工作力度。2011 年 10 月，国际原子能机构核电建设国际培训中心在北京顺义揭牌。这一培训中心由中国核建集团公司所属中核二三公司具体负责建设和组织开展培训任务，是国际原子能机构目前在全球范围内设立的唯一核电建设国际化培训机构，将为国际原子能机构及其成员国培养一流的核电建设高级管理人才。国际原子能机构核电建设国际培训中心建有国际会议中心、视频会议室、实际操作培训中心等各种专业化的设施，可组织开展包括理论知识培训、现场影子培训和实际操作培训等在内的各种专业化的培训，每年可进行 2 ~ 3 次百人级规模培训。随着这一培训中心的建成和启用，必将为国际核电建造技术的交流合作和中国核能建造技术的发展提供有力的支撑促进，必将为中国核建集团公司实施“走出去”战略搭建起更加便捷高效的桥梁。

（2）加快转变企业管理工作方法，多方位助推自主创新建设。

企业经济效益的提高离不开管理工作水平的提高，而自主创新建设是一个全方位的系统工程，同样离不开创新的管理工作方法和信息化管理手段。许多国防工业中央企业及其下属企业大力推进现代企业制度建设，推动管理的系统化和信息化、促进管理创新。

在建立现代企业制度方面，2011 年 4 月兵器装备集团宣布成立董事会，由 9 位董事组成，其中外部董事 5 位，非外部董事 4 位，这是军工集团首家成立的董事会。按照国务院国资委的具体部署，兵器装备集团开展试点相关工作。在广泛调研的基础上，结合公司实际，研究把握军工集团董事会运作的规律与特性，致力于探索建设规范董事会的新模式、新路径、新方法。同时制定了一系列规章制度，建设规范董事会，实现经营权和决策权有效分离，“各司其责、相互制衡、决策高效、执行有力、有效监督”的现代企业运行新机制日趋完善，奠定了兵装持续发展的体制基础。兵装集团规范董事会建设取得的成果，必将为其他国防工业企业探索企业创新管理模式起到十分重要的作用。

在管理系统信息化方面，中核集团首套核电生产管理信息系统（简称 EAM 项目）第一阶段完成，成功上线。EAM 项目建立初衷是希望能够在方家山核电项目未来的生产运行过程中，全面实现生产业务与经营业务的集约化、信息化管理。作为核电行业信息化建设的焦点，这个项目承担着中核集团核电板块流程再造和标准化建设的重大责任。在中核集团公司核电专业化改革过程中，该项目被中核核电有限公司选定为标准化、信息化建设的第一个突破口。他们希望通过依托 EAM 项目建设，分步实现福清核电和方家山核电生产管理流程和生产管理信息系统的标准化。其他核电新项目的生产管理信息系统将在此基础上推广。如今，EAM项目已经开始了第二阶段的系统开发，项目部正努力在2012年8月能够实现第二阶段的上线。届时，一套完整的电厂管理系统将全新亮相。可以预见，致力于节约成本和精细化管理的EAM项目，将在中核集团核电专业化改革的进程中增添浓重一笔。

（3）密切与高等院校、科研机构的合作，实现产学研联动促进自主创新。

国防工业具有耗资巨大，系统复杂，保密性强，技术上处于“高、精、尖”领先地位等特点，因此更加需要国防工业中央企业同高等院校和科研机构进行密切的合作，实现三方联动的局面，促进科技成果的转化。2011年国防工业中央企业积极构建产业技术创新战略联盟，促进产学研紧密结合；加快建设面向企业的技术创新服务平台，强化开放共享；聚集创新资源，进一步推进创新型中央企业建设。

2011年9月，国家核电技术研发中心在清华大学200号昌平基地举行国核能源实验室启用仪式。国核能源实验室是国家核电技术研发中心与清华大学共建的，以国家重大专项科研任务为重点内容的综合性实验室。建成后，该实验室将装备具有世界一流水准的大型试验设备，为包括非能动堆芯冷却系统试验在内的若干项试验提供研发载体，并力争建设成为具有全球影响力的、以产学研为特色的创新、交流与合作平台。

2011年4月，中国航天科工集团公司以及所属二院、三院、航天信息股份有限公司分别与北京市多个部门签署协议，就启动北京航天产业园建设、推进中关村国家自主示范区核心区建设、联手推动科研和产业化开发进行全面合作。此次签约标志着航天高科技产业与北京市社会经济建设的融合即将迈上一个新台阶。根据协议，由中国航天科工二院、三院在顺义临空国际高技术产业基地建设北京航天产业园。产业园一期建筑计划于2012年底完成，2015年前项目投资总额约111亿元，预计完成销售收入200亿元。产业园区包括九大产业分区：平安城市及应急装备区、物联网应用区、数控和工业自动化区、雷达与工业辐照设备区、无人机装备区、电力装备区、电力在线检测设备区、机电设备集成制造区、微波成像检测设备与节能控制器区。双方将努力把北京航天产业园打造成国家战略性新兴产业示范基地、新一代航天高科技产业化基地、国家级自主创新示范基地和国家级人才培养平台。航天科工将以此为契机，按照“大防务、大安全、大融合、大发展”理念，充分发挥航天高科技优势，大力推进北京航天产业园、航天信息园的建设以及重点项目的科学研究和产业化开发工作，积极投身北京市平安城市和科技强警建设，并探索更多形式、更广领域、更深层次的交流与合作，为首都的经济社会发展作出应有的贡献。[①]

（4）实施人才强企战略，打造高素质人才队伍。

人才是企业的生存之基、发展之本，是企业在激烈的市场竞争中最为宝贵的资源。在中央企业自主创新过程中，创新型人才更是提升企业自主创新能力的主导力量。因此许多国防工业中央企业都高度重视人才工作，始终坚持人才是第一资源的理念，大力实施人才强企战略，以培育高层次人才为重点，统筹推进各类人才队伍建设。

2011 年，兵装集团大力实施“人才强企”战略，深入推进人力资源管理机制领先工程、优秀企业家培养工程、科技领军人才开发工程、技能领军人才开发工程、海外高层次人才引进工程、教育培训工程、人力资源管理基础建设工程、总部员工能力素质提升工程等重大人才工程，人才工作成效显著。同时还建立了 8 个博士后工作站、6 个国家高技能人才培养示范基地、1 个院士工作站；拥有国家级突出贡献专家 18 名，各种科技、技能带头人 400 多名，形成梯次结构合理、专业结构配套的创新人才队伍。

从建立伊始，中国电科就提出了要加快建设一支开拓创新、团结拼搏、严谨诚信、能打硬仗、适应现代市场经济和信息化发展要求的复合型人才队伍的战略构想。近几年来，中国电科大力实施“科技领军人才培养工程”、“高级经营管理人才培养工程”等重点人才工程；以推进“三项制度”改革为突破口，完善选人用人机制、考核评价机制和激励约束机制；以打造院士、首席专家、学科带头人、总师的科技人才金字塔体系为抓手，加强专家骨干队伍和科技创新团队建设；以硕士、博士培养和博士后流动站、工作站建设为基础，充分发挥内部资源优势，促进人才快速成长。2011 年中国电科制定颁布《中国电科首席科学家和首席专家管理办法》，推进“长师分设”，建立起独立于行政之外的以两院院士、首席科学家、首席专家、高级专家和专家为梯度的高层次专业技术领军人才职业发展通道，评选出第一批首席科学家 4 名，首席专家 16 名。正是有这支历经磨炼的科技大军，精于业务、勇于攻关、敢于创新，为中国电科的发展提供了强有力的人才保证。自成立以来，中国电科在党组领导下，开拓创新、务求实效，以集团公司发展战略和未来发展需求为导向，加强规划部署，创新体制机制，将内部培养与外部引进相结合，走出了一条快速培养各类人才

---

① 国务院国资委网站. 2011 - 04 - 07, http://www.sasac.gov.cn/n1180/n1226/n2410/n314244/13385372.html.

队伍之路。在人才培养方面，中国电科以高层次人才为重点，结合重大工程项目和重大产业发展，着力培育和打造专家骨干队伍和科技创新团队。近年来，中国电科任命型号研制及重大军工建设项目领导人员347人次，培养国家级科技人才487人，国家级创新团队8个，造就了一批业内知名度高、有突出影响力、有一定话语权的领军人物。在人才引进方面，中国电科结合产业发展，以“核高基”等国家科技重大专项为契机，大力引进具有领军能力的高水平人才和团队。中国电科从外部引进优秀经营管理团队，以新的管理理念，大力推进科技创新，紧紧抓住全球监控产品市场从模拟化向数字发展转换的契机，实现了10年增值8000倍的奇迹，成为国内领先、国际一流的视频监控产品供应商。

2. 自主创新成就

（1）发明专利、授权专利等自主创新成果不断涌现。

2011年，国防工业中央企业持续重视自主创新成果的研发，通过加大对科研经费的投入、发挥人才资源的先导作用，在发明专利、创新专利等自主知识产权领域成果斐然。截至2011年底，国防工业的十家中央企业集团均入选国家级创新型（试点）企业名单。根据中国知识产权网的统计，2011年国防工业在专利、发明的申请数量如表2-25。

表2-25　2011年国防工业类中央企业申请专利数量

国防工业中央企业	发明专利	实用新型	外观设计	申请专利总数
中国航天科技集团公司	81	27	2	110
中国航天科工集团公司	21	17	2	40
中国航空工业集团公司	128	51		179
中国船舶重工集团公司	10	8		18
中国船舶工业集团公司	6			6
中国兵器装备集团公司	492	263	89	
中国兵器工业集团公司	35	15	4	54
中国核工业集团公司	19	18		37
中国核工业建设集团公司	18	15		33
中国电子科技集团公司	266	133	11	410

资料来源：根据中国知识产权网（www.cnipr.com）申请专利数据整理所得

从表2-25可以看出，国防工业中央企业在自主知识产权申请方面取得突出的成绩，申请专利总数接近1000项，特别是以中国电科、航天科技、中航工业、兵装集团等企业的表现尤为出色，申请专利总数超过了100项。

2011年，在国家发改委、科技部等部门牵头的国家认定企业技术中心评比中，兵装集团旗下的长安汽车在729家企业中脱颖而出，以90.9高分夺得汽车行业第一名。长安汽车每年科研投入占销售收入的4.5%以上，按照国际标准建立涵盖碰撞安全、NVH、节油技术等14个领域的先进试验室（场）。比如：累计投入超过1亿元，建成国内最大的国家重点整车消声试验室；投入14亿元，建设中国西部最大汽车综合试验场等。长安汽车构建了“五国九地、各有侧重”24小时不间断全球研发格局。而长安汽车有10名专家入选国家“千人计划”，居中国汽车行业之首。目前，长安汽车已掌握了世界公认的汽车领域286项核心技术中的262项，承担了国家重大科技专项及“863”计划等项目39项，牵头和参与建立国家和行业标准15项，截至2010年底，累计申请各级专利4940项，其中发明专利394项，平均每天申请专利3项。

（2）主持或参与国家重点工程项目，填补多项领域内空白。

作为中国国防科技工业的中坚力量，中国航天科工集团公司依托55年发展根基，集聚强大的航天技术优势，多项技术产品为天宫一号的成功发射、精准入轨提供了有力技术支撑。

2011年7月，“蛟龙号”载人潜水器创下5188米下潜记录，这一海试成功实现了中国深海装备技术的跨越式发展。“蛟龙号”的研制工作历经6年，由中船重工集团公司702所、701所牵头主持，会同中科院沈阳自动化所、中科院声学所等100家科研机构和企业联合攻关。它是中国自行设计、拥有自主知识产权的第一台深海载人潜水器，形成了标志性的四大技术特点：具有针对作业目标稳定的悬停定位能力；具有先进的水声通信；海底微地形地貌探测能力；配备多种高性能作业工具，能够在特殊条件下完成复杂任务。“蛟龙号”的成果研制和下潜标志着中国继美、法、俄、日之后成为世界上第五个掌握3500米以上大深度载人深潜技术的国家，中国具备了在全球70%以上海洋深处作业的能力，进一步提升了中国在深海技术领域的国际影响力，增强了中国海洋科技界走向深海的信心。

作为中国船舶工业的领军企业之一，近年来，中船集团剑指高端，立足自主创新，不断加大科技投入，优化现有能力，引领市场需求，在海洋工程等领域取得了新的突破。2011年，中船集团在海洋工程装备建造领域接连取得突破，为做强转型奠定了坚实基础。中国自主建造的世界最先进的第六代3000米深水半潜式钻井平台“海洋石油981”号于2010年年底建造完工，并投入使用。先后交付了亚洲首艘新一代 12 缆物探船“海洋石油 720 号”、全球首艘集钻井、水上工程、勘探功能于一体的 3000 米深海勘察船“海洋石油 708”号等一系列重点海工装备，并成功承接了国内首个拥有完全自主知识产权并将完整建造的 2+2 艘钻井船项目，在这一领域实现了多项突破。特别是“海洋石油 981”号的交付，标志着中国深水油气资源勘采和大型海工装备建造能力跨入了世界先进行列，填补了中国长久以来在深水钻井特大型装备领域的空白。

（3）在军用领域和民用领域研制了一批具备自主知识产权的新产品。

在军用领域，国防工业中央企业发挥传统优势、积极推动自主创新、研发了许多具有自主知识产权的军事装备，有效地保障了国防和军队现代化建设。

由中国成都飞机设计研究所设计、中国航空工业集团公司下属成都飞机工业公司制造的“第四代歼击机/战斗机”——歼-20 于 2011 年 1 月 11 日在成都实现首飞。歼 20 包含着众多技术创新点：将升力体边条翼鸭式布局、可调节式 DSI 进气道、全动式垂直尾翼、大迎角飞行非常规气动力控制装置、隐身性能等新技术融入飞机之中。中国航天科工集团下属二院 203 所主持研制了北斗二代导航卫星系统的核心部件重要分系统。在研制过程中，真正实现了技术国内自主化，元器件国产化率达到 100%，彻底破除了西方的技术封锁，为卫星提供了可靠的高精度频率基准，保证了卫星的定位精度和测速精度。

在民用领域，国防工业中央企业将创新的军事技术同民用领域相结合，满足了对民用高科技领域的产品需求。

兵器工业集团坚持走技术相关的军民融合发展道路，大力推进军工技术的民用化、产业化，分别培育发展了一大批关系国计民生的高新技术民品。在重型装备领域，依托火炮身管加工技术研制开发的 3.6 万吨黑色金属垂直挤压机，实现了中国大口径厚壁无缝钢管挤压机设计制造及应用工艺的重大跨越，打破了西方国家对高端挤压技术的封锁。解决了中国核电、石化等领域高端材料的供应难题，而且每年可为国家节约上百亿元。在精细化工领域，发挥军品火炸药技术优势，积极进军聚氨酯等精细化工产业，成为国内首家拥有 10 万吨和 20 万吨 TDI 规模化生产技术自主知识产权的企业，和巴斯夫等国际化工巨头同台共舞。在光电信息领域，突破和掌握了具有自主知识产权的 OLED 微型显示器工程化技术，获授权专利 11 项，其中发明专利 4 项，填补了国内 OLED 微型显示器批量生产的空白，带动了中国 OLED 产业链及相关消费类电子产品的发展。[①]

① 新华网. 中国兵器工业集团：一家军工企业的责任和抱负，2012-02-24.

在中国兵器装备集团公司下属天威集团的“一种三裂解传动整流变压器的制造方法”项目获得了兵装集团技术发明一等奖。天威集团 2011 年度参评的项目涵盖变压器、风力发电和太阳能电池技术领域，全部达到国内行业领先水平，填补了国内多项技术空白，其中两个项目位居国际领先水平。天威集团自主创新的突出特点是全领域推进，由输变电一枝独秀拓展为输变电、太阳能、风电齐头并进。在获奖成果中，既有“超高压并联电抗器”、“±800kV 直流换流变压器”、“220kV 单相铁路牵引变压器”等变压器领域的创新成果，又有“低接触电阻、低浓度发射区高效多晶硅电池”等太阳能领域的创新成果，还有“1.5MW 双馈式风力发电机组”等风电领域创新成果。近年来，天威紧紧围绕生产经营实际需要强化创新，攻克难关，实现突破，企业创新成果层出不穷，已经成为中国输变电和新能源行业最具创新能力、掌握核心技术最全面的企业之一。

（4）多方位开展国际合作，积极开拓国际市场。

作为尖端科技的代表，航天领域的合作，不仅能够实现共赢，更能为彼此提供重要的交流契机。中国航天科技集团公司实施“走出去”战略，与诸多国外用户在产品研发、系统建设、卫星应用、资源共享、人员交流、载人航天等领域进行全方位、多层次的合作，积极实现利用空间技术造福人类的目标。

2011 年 7 月，由中国航天科技集团公司五院总装与环境工程部为俄罗斯研制的 GVU－600 空间环模器项目顺利通过俄方验收并正式交付。这是中国航天首次向世界航天强国出口系统级航天产品项目并取得圆满成功。中方团队在俄方海关通关不畅、现场土建交叉施工等众多不利条件的形势下，创新设计、优化管理，21 个月内高质量地完成含 8 个分系统的复杂项目，创造了同类项目研制周期的奇迹。经检验，该项目系统功能和性能指标均达到或优于合同要求，产品质量和项目组织管理获俄方高度赞赏。[①] 该项目的交付标志着中国航天国际合作取得了又一新突破，集团公司的国际化发展迈出了新一步，书写了中俄航天合作模式的新篇章。这标志着中方在此领域的技术水平和组织管理能力已经达到了国际领先水平。该项目的交付将进一步加深中俄双方的互信，为后续长期合作奠定坚实基础。

2011 年的宇航发射，“高强密度”是最大亮点。在宇航发射任务中，中国对

---

① 国务院国资委网站. 航天科技研制的 GVU－600 空间环模器首次出口俄罗斯，2011－07－25.

外商业发射成绩不菲，在卫星发射方面，成功进行了巴基斯坦通信卫星1R、W3C卫星、尼日利亚通信卫星1R等3次商业发射，实施了2次通信卫星在轨交付，为巴基斯坦、尼日利亚用户提交了2颗国产通信卫星，商业版图不仅成功延伸到亚非拉，而且为欧洲通信卫星组织首次提供了发射服务。除了圆满执行商业发射任务外，2011年中国航天在国际市场的拓展方面同样成绩斐然。据统计，2011年中国航天科技集团公司所属中国长城工业总公司签署了委内瑞拉遥感卫星合同、白俄罗斯通信卫星项目合同和印度尼西亚通信卫星框架合同，承揽了土库曼斯坦通信卫星、卢森堡小卫星搭载发射等发射服务项目。根据这些合同，中国的遥感卫星出口将实现零突破，中国航天科技集团公司整星在轨交付业务也将首次拓展到欧洲市场。

（三）国防工业自主创新影响要素

1. 国家宏观层面因素

从经费投入方面，近年来，为了维护国家主权、安全和发展利益，适应中国特色军事变革的需要，中国政府在社会经济快速发展、财政收入稳定增长的基础上，保持国防费的合理适度增长。从2007年至2011年，中国年度国防军费依次为3554.91亿元、4177.69亿元、4806.86亿元、5185.77亿元和6011亿元。[①] 2007—2011年中国的国防军费开支逐年增加，尤其是近两年来，保持着两位数的快速增长。以不变比例计算，国防军费开支用于国防科技活动的经费总额也在不断增加。国防经费开支的增长是国防工业中央企业自主创新投入的可靠物质保障。

从宏观政策角度来看，国务院、国务院国资委等部门相继出台了许多鼓励扶持国防工业中央企业的自主创新指导意见和优惠政策，这既为军工企业自主创新活动提供了目标导向，也为企业未来自主创新能力建设塑造了良好的政策软环境。

2006年国务院正式发布了关于实施《国家中长期科学和技术发展规划纲要(2006—2020年)》若干配套政策的通知。配套政策中有许多都与企业技术创新直接相关。配套政策从财政、税收上对进行自主创新活动的企业提供了重要的保障。配套政策中明确规定了“在满足采购需求的条件下，优先采购自主创新产品”。系统配套的创新政策将为企业的自主创新创造良好的外部政策环境，也

① 资料来源：根据2007—2012年全国人大预算执行情况报告整理所得。

将成为企业自主创新的强大动力。2010年，国务院颁布了《国家中长期人才发展规划纲要（2010—2020)》，这是中国第一个中长期人才发展规划，也是当前和今后一个时期全国人才工作的指导性文件。在“人才规划”的指导下，以创新人才、青年英才开发、企业经营管理人才素质提升等重大人才工程为主线，国家加大对人才引进和培养的政策支持力度，加大对科研经费、科研机构的投入力度。《人才规划》的制定并实施，是贯彻落实科学发展观、更好实施人才强国战略的重大举措，是中央企业在激烈的市场竞争中赢得主动的战略选择，特别是对于国防工业这种高度依赖高水平创新型人才才能得以发展行业而言，具有十分重要的意义。

2. 企业微观层面因素

（1）完备的自主研发体系。

中国兵装集团公司旗下的长安汽车以科技创新引领自主品牌发展，形成了以汽车工程研究总院为核心的自主开发研发体系的不断完善，自主开发能力大幅度提高，自主开发产品规划的制订和产品谱系也日益完善。长安汽车自主研发已形成重庆、上海、北京、欧洲、日本、江西、英国、美国的一个全球研发体系。与上海交大、北理工等国内8大高校建立“产学研”研发模式。近年来，长安逐步在产品开发的造型与总布置、结构设计与性能开发、仿真分析、样车制作与工艺、试验开发评估、新能源等多个方面建立起支撑产品开发的核心能力。拥有国内领先的汽车造型及总布置设计、结构设计与性能开发、仿真分析、样车样机试制、试验验证与评价、项目管理等方面的研发能力，实现24小时全球协同设计。已建成混合动力试验室、零部件冲击试验室等设验室，拥有关重精设备90余台套，覆盖强度、底盘、电器、发动机等国际公认的12个试验领域。2009年，国家发改委等五部委联合评估，长安汽车研发实力获评优秀等级，位居中国汽车行业第一，2011年，长安汽车再次以90.9得分的“优秀”等级，排名汽车行业第一。并获国际级创新型企业称号。

（2）人才队伍建设是重要保障。

国防人才是一种特殊的人才，他们从事的事业是与国家民族的命运紧密联系在一起的。企业对于人才培养的责任更为重大，因为人才生存和发展的直接环境是企业。因此国防工业中央企业都加大培养和吸收人才的力度，特别重视人才队伍的建设。

为了深入贯彻落实国家人才工作会议和中央企业科技人才工作会议精神，不断提升科技创新能力和核心竞争力，兵器工业集团大力实施“人才强企”战略，深入推进“人力资源管理机制领先工程、优秀企业家培养工程、科技领军人才开发工程、技能领军人才开发工程、海外高层次人才引进工程、教育培训工程、人力资源管理基础建设工程、总部员工能力素质提升”等重大人才工程，人才工作成效显著。建立了8个博士后工作站，6个国家高技能人才培养示范基地、1个院士工作站；拥有国家级突出贡献专家18名，各种科技、技能带头人400多名，形成题词结构合理、专业结构配套的创新人才队伍。截止到2011年6月，兵器工业集团已累计引进急需的海外高层次人才93名，10人进入国家“千人计划”，居中央企业首位。

在海外人才引进上，中国兵器工业集团吉林东光公司积极聘请专家团队主攻CCD航相机在线实时高速拼接记录处理系统项目，取得突破性进展。通过与外聘博士合作开发在线实时高速拼接记录处理技术，企业能够尽快掌握航相机实时存储和机上拼接的关键技术，对CCD航相机图像传输的实时性将有所突破，为企业研发高端的CCD航相机产品实现技术储备；通过选派有一定技术能力的人员与外聘专家进行高端开发，也为企业培养出一批图像处理方面的高级研发人才。此次外聘专家进行技术合作，是东光公司引进海外高层人才的第一步，今后将进一步加大引进力度，吸引和支持海外高层次人才回国创业，为他们发挥作用提供广阔的发展空间和事业平台。①

（3）有效的激励保障制度和管理体系。

激励机制与约束机制是企业技术创新的动力机制，相对完善的激励机制和约束机制是企业技术创新活动的健康发展的重要保证。激励机制是企业技术创新动力机制的主导部分，要最大限度地激发企业内部动力，关键是要建立并强化企业技术创新激励机制。同时只有健全和硬化技术创新的约束机制，企业技术创新机制才能有效运转。

中国航天科技集团自成立以来坚持以改革为动力，以机制创新为核心，着力营造有利于优秀人才脱颖而出的环境和条件，建立有利于挖掘人的潜力、激发人的活力、开发人的智力、培养人的创造力的有效机制。一方面，集团公司积极推进薪酬分配制度改革，不断完善分配激励机制。始终坚持效率优先、兼顾公平的原则，积极探索按生产要素和按贡献参与分配的实现形式和办法，建立起岗位工资为主体、薪酬与工作业绩紧密联系、鼓励人才创新创造的分配制

① 国务院国资委网站. 兵工集团吉林东光公司外聘专家开发高科技取得突破性进展，2011-05-19.

度和激励机制。在所属企业单位全面实行了岗位系数工资制，所属事业单位实施了岗位绩效工资制。对主要成员单位的负责人实施年薪考核，初步构建了科学考核的责任体系，以经营业绩考核结果为依据，合理确定成员单位负责人薪酬水平。同时，规范上市公司经营者经营业绩考核，加强上市公司经营者薪酬管理，调动经营者积极性、创造性，提高公司经济效益。依法为各类人才建立养老、失业、工伤、医疗等社会保险，积极推进企业年金、补充医疗保险等工作，解决人才后顾之忧。在人才资源管理上，集团公司有组织、有计划地开展了人力资源政策法规和制度建设，先后制定了许多涉及人才选拔、培养、吸引与使用等管理规定和办法，初步建立起了具有航天特色的市场化的选拔录用机制、科学化的考核评价机制、职业化的人才培训机制、规范化的监督约束机制，形成了适应航天发展需要的人才管理规章制度体系，为实现人才开发与管理的规范化、制度化和法制化打下了良好的基础，为各类人才的成长创造了良好的政策环境。

航天科工积极探索与企业改革发展要求相适应的人力资源管理方式，努力推进人事制度改革，不断创新人才工作机制，初步形成了科学规范、系统完善的人力资源开发管理体系。具体表现在：建立健全公开选拔、竞争上岗的选用工作机制；建立健全覆盖多方位、多层次的考核评价机制；建立健全业绩导向、结构多元的激励保障机制；建立健全资源互补、逐级开发的培养工作机制。伴随中国航天事业的发展，航天科工多措并举，打造了一支素质好、能力强、水平高、结构合理的人才队伍，涌现出一大批高素质领军人才，现拥有“两弹一星”功勋奖章获得者 1 人、两院院士 10 人，先后有 168 人被评为国家级专家、“百千万人才工程”国家级人选、中国青年科技奖获得者、中华技能大奖获得者等各类国家级杰出人才，有 1599 人享受国务院政府特殊津贴，并拥有一大批省部级各类人才。

（四）国防工业中央企业自主创新模式与特点

1. 以国家重大科技工程项目为依托，带动企业创新研发

2011 年 11 月 3 日，“神舟八号”和“天宫一号”完成首次交会对接，这使得中国成为继美国、俄罗斯之后世界上第三个掌握空间交会对接技术的国家。交会对接任务的圆满成功是中国航天人智慧和汗水的结晶，同时也体现着许多国防工业中央企业雄厚的自主创新实力。

中国兵器工业集团新华公司为航天工程研制的除臭罐、防毒面具等专业产品为对接做出了积极贡献。作为中国唯一军品保留科研、生产能力的防化器材专业生产企业，新华公司产品已多次应用于“神五”、“神六”、“神七”以及系列运输飞船等航天工程中。此次航天任务中使用到的除臭罐产品是神舟系列飞船“环控生保”分系统的重要组成部分，用于净化密闭舱内空气的清洁和卫生。其中的大型除臭罐应用于“天宫一号”目标飞行器中，中型除臭罐用在“神八”航天器中，小型除臭罐应用于“天宫一号”目标飞行器的轨道实验舱体内。航天员用防毒面具安装于目标飞行器的实验舱，用于航天员在飞行器发生意外火灾事故实施灭火操作时佩戴，以避免火灾引发的有毒有害气体，对航天员呼吸系统及面部造成伤害，保障航天员生命安全和身体健康。

作为中国国防科技工业的中坚力量，中国航天科工集团公司依托55年发展根基，集聚强大的航天技术优势，多项技术产品为天宫一号的成功发射、精准入轨提供了有力技术支撑。航天科工九院研制的环控生保、医监医保产品及相关设备，气体流量调节装置、航天服温控调节装置等作为环境控制及生命保护分系统产品，能在航天员的飞行中对航天员的身体状况进行实施监控。航天科工所属航天测控公司研发的应用于天宫一号等航天器测试的自动判读软件以此来代替航天器专家的部分数据判读工作。不仅缓解了中国航天器专家人员不足的矛盾，而且极大地减轻了航天器专家的数据判读负担，提高了数据判读的准确性，提升了航天器潜在故障发现能力。梅岭厂科研团队经过复型设计，自主创新，打破封锁，在不到一年的时间里，攻克多项技术难关，成功研制出中国第一台航天服专用电池。经使用验证，梅岭厂生产的航天服电池性能比国外同类产品高出10%以上，属世界领先水平，填补了国内空白。该项目荣获国防科技进步二等奖。航天精工充分利用中国航天科工标准紧固件研究检测中心的技术优势，组织一批技术水平高、经验丰富、吃苦耐劳的中青年专家、技术人员及技术顾问成立了课题组进行技术攻关。参与研制任务的技术人员成功地解决了一系列技术难题，如钛合金的镦制成型及成型模具设计、钛合金的热处理、钛合金紧固件精密加工等关键技术难题，填补了国内空白，部分产品成功替代了进口，打破了欧美国家对中国的技术和产品封锁，为生产出高质量的新型航天紧固件提供了坚强的技术保障。

2. 完善科技创新工作激励约束机制

激励机制与约束机制是企业技术创新的动力机制，只有尽快建立相对完善的激励机制和约束机制，才能保证企业技术创新活动的健康发展。激励机制是企业技术创新动力机制的主导部分，构成企业内部动力因素是多方面的，主要包括：经济利润驱动力、企业社会价值驱动力、经营管理者成就驱动力、创新人员社会价值驱动力等等。要最大限度地激发企业内部动力，关键是要建立并强化企业技术创新激励机制。同时只有健全和硬化技术创新的约束机制，企业技术创新机制才能有效运转。

中国航天科工二院206所顶层设计、系统实施了创新力提升工程，建立了由薪酬激励、成就激励、机会激励、精神激励共同构成的创新激励机制，经过近两年的推广实施，提升了全员的创新意识和潜力，以“天网”低空慢速小目标拦截系统、高层楼宇灭火系统等一大批军民融合式创新项目取得重大突破，形成了自主创新与任务螺旋上升发展的创新态势。在技术创新工作中，该所加大了对各专业委员会和专业师的创新指标要求，在明确目标、职责的同时，加大了对创新指标完成情况的考核激励政策，提出了硬约束、好保证、强激励政策。在2010年修订的《206所技术创新工作管理办法》中，补充了科技委领导、专业委员会、专业室和专业师在技术创新工作中的绩效奖惩办法，将技术创新作为业绩责任书的重要任务，将创新项目按照型号要求纳入型号综合调度系统实施强计划管理，年终严格实施考核奖惩，使得技术创新工作职责有要求、过程有细则、奖惩有办法。此外，该所还建立了以创新为导向的薪酬分配制度。实施了8M结构工资薪酬制度，修改了《人员绩效考核办法》《岗位津贴管理办法》和《外聘人员薪酬管理办法》，执行了新的工时考核发放规则，减少了福利性收入比例，加大了创新性奖励比例。在年终绩效考核中，加大了技术创新、管理创新、市场创新的权重比例，部门和个人的“创新性绩效目标分值”占到整个考核分值的30%，激发了全员将技术创新作为核心任务来认真对待的工作热情。

3. 拓展国际市场，促进经营模式、业务模式的创新

中国航天科技集团积极开拓国际市场，注重全面发展，实现了集团业务模式上的创新。不仅产品链延伸至“天上地下”，业务模式也实现从单一产品到产品组合再到系统建设的转变。在2011年商业航天的持续发展中，中国航天延伸了产业链条，在遥感卫星、导航系统、深空探测、空间环境模拟器及地面系统建设等方面取得突破，长征二号丁运载火箭也将首次进入国际市场。同时，集团公司积极构建新的市场格局，除为亚非拉提供服务外，还注重与新兴国家、发达国家合作，逐步向成熟高端市场扩展。迄今为止，中国航天先后进行了33次国际商业发射，发射了39颗商业卫星，完成了6次搭载服务，实施了4次国产卫星在轨交付。日益崛起的中国航天，正以良好的市场声誉和一流的品牌形象，让国际同行为之瞩目。

中航工业按照只有合作伙伴、没有竞争对手的理念，在世界航空工业领域进行广泛合作与交流。与空客的合作包括转包生产、成立合资公司、建立工程中心和制造中心、A320总装线、A320机翼总装线以及年度高层交流机制；与波音的合作包括转包生产、工程合作、合资公司以及高层领导定期进行战略与管理层面的交流机制；与欧洲直升机公司的合作包括共同开发研制Z15/EC175直升机、HC120直升机；与GE的合作项目包括转包生产、合资企业、CF34-10A项目；与巴西航空工业公司的合作包括建立合资公司与转包生产。2011年1月，中航工业集团与美国通用电气（GE）公司旗下的航空集团在美国芝加哥签署协议，组建新的合资公司——中航-通用电气民用航电系统有限公司。该合资公司是合作双方以50:50的平等比例共同组建的。该项目是中国航空工业历史上最大的合资项目。这个项目也被评为2011年度中国国防工业十大新闻之一。

4. 向管理要效益，推进精益化生产运营管理模式

为了全面推进精益管理工作，2011年上半年，中核集团地矿事业部针对天然铀生产因素复杂多变、管理粗放等特点制定了《天然铀精益生产实施方案》，开展“四优化”活动，即优化劳动组织、优化生产工艺、优化经济技术指标、优化流程管理，进一步强化天然铀生产管理。在实施方案中，明确规定了2011年天然铀精益生产的目标——天然铀生产采掘工效提高4%，贫化率降低1~2个百分点，水冶浸出率、回收率提高0.5个百分点，矿石产能提升3%，水冶金属产能提高2%，生产成本节约2000万元。为了贯彻落实精益化管理，地矿事业部成立了专门的天然铀精益生产管理领导小组，建立生产信息交流平台。同时，对天然铀的生产和技术管理进行全面梳理，深入分析存在的问题，提出了各天然铀生产企业开展精益生产管理的具体措施和要求。在建立健全生产技术管理规章制度的基础上，加强了生产计划执行力度和考核。通过优化劳动组织，精简机关后勤队伍，充实一线操作工和井下采掘作业人员，提高采掘和水冶生产效率；加强井下采掘作业管理，严格按采场设计进行矿体回采，井下采掘作业严格执行领导带班下井制度，技术人员及时研究和解决生产中出现的难题；优化技术经济指标，采掘作业和水冶生产开展对标工作，加大技术攻关，提高工艺技术水平；加强在役矿山储量管理，建立储量台账，切实掌握铀矿山储量保有情况；加强设备的维护和维修，提高设备利用率，确保设备完好率；规范和加强物流管理，实行集中采购和分级管理，优化物流采购程序和渠道，减少中间环节，降低采购成本。截至2011年11月底，中核集团天然铀产量完成了年度计划的94%，同比增长了7%，预计全年天然铀金属产量可超额完成3.2%，水冶金属浸出率、回收率提高0.8个百分点。同时，生产运行成本大幅降低，预计全年节约生产成本超过2000万元，其中仅物资采购一项就节约了近600万元。这是中核集团地矿事业部上半年来，对天然铀生产实施精益管理后取得了显著成效。

2011年，中国兵器装备集团公司积极转变安全管理模式，由传统的点式管理转变为以风险预控为核心的科学体系管理，建立了职业健康安全管理体系和本质安全标准化管理与评价体系，搭建起了安全管理体系的框架。在“落实”上，按照“依法合规、持续改进”方针，落实各级各类人员安全生产责任、落实程序文件规定，落实制度要求，狠抓“双基”建设，按体系要求，规范每个员工安全生产行为，规范每个班组安全管理工作，认真贯彻落实《班组安全管理标准化实施细则》，加强全员安全教育培训，打造“安全生产优秀班组”和“星级班组”，以“零事故班组”保公司“零事故目标”，全面提升公司安全管理水平。同时注重调整组织结构，提升工作质量。兵装集团公司参考质量管理体系和CSPS管理模式，成立专职安全管理体系办公室，全面牵头策划两体系的实施与运行，确保体系能持续、有效实施，真正为公司安全管理服务。

（五）国防工业自主创新评价

从上面对2011年国防工业中央企业自主创新建设的分析可以看出，国防工业取得了丰硕成果但也存在着一些不足之处。一是现代化国防科研体系初步形成：2011年军工企业技术创新能力显著增强，国防科研基础设施建设得到大幅度改造升级，军工技术基础保障能力显著提高，形成了较为完备的总体设计、系统集成、专业化协作和社会化配套的现代化国防科研体系。二是多项技术武器装备完成设计定型和定型试验，一批新型装备陆续完成研制并装备部队。军民结合高技术产业发展迅速，在材料，信息、化工、生物、光机电等领域形成了一批新兴产业，军民结合高新技术的先导和辐射作用在国民经济发展中日益显现。三是自主知识产权硕果累累：2011年国防工业类中央企业取得了一大批有自主知识产权的国防科研成果。2000年以来，获得国防科学技术将500多项、科学技术奖150余项，载人航天、嫦娥计划等项目多次获得国家科学技术进步奖，发明专利数量大幅度增加。

但是，国防工业中央企业在自主创新企业上还存在许多不足之处。从总体上看，与发达国家相比，中国的国防科技工业自主创新能力还不够强。科技工作长期以来主要跟随型号研制需要，在基础性可言和关键技术的超前发展方面投入有限，导致缺乏一些拥有自主知识产权的核心技术。装备研发总体水平不高，在军工关键材料、关键元器件、动力技术等方面存在瓶颈。军工科研体系主要以满足武器装备的发展需求为取向，尚未完全形成适应军民结合高技术产业发展的科技支撑和创新体系。

第三篇

中央企业自主创新典型模式与案例

一、宝钢：领跑“蓝领创新”时代

“每一块钢铁里，都隐藏着一个国家兴衰的秘密。”安德鲁·卡内基的传记作者 W. 克拉斯曾这样说。

宝钢集团有限公司（以下简称“宝钢”）的 33 年，承载了中国钢铁业实现现代化和先进化的所有梦想。宝钢的发展历程，从一个侧面也体现了中国改革开放艰辛的探索和稳步推进的历史进程。原国资委主任李荣融曾指出，宝钢 30 多年的改革发展之路，是中国特色国有企业改革发展道路的典型代表，在引进消化基础上不断推进自主技术创新，企业创新能力稳步提升。作为国家首批创新型企业，宝钢技术创新工作得到国家和社会的广泛认可。

（一）从无到有 25 年跨入世界 500 强

宝钢的历史可以追溯到 1978 年 12 月 23 日。当时为改变中国钢铁工业的面貌、缩短与世界先进水平的差距，新中国成立以来规模最大的钢铁联合企业——上海宝山钢铁厂成立。

宝钢的建设，打破了中国钢铁企业此前的一系列固有模式。当时国内既有的鞍山钢铁集团等传统钢厂，要么是依矿山、煤炭资源而建，要么就在市区，因此单纯是宝钢的选址问题，就曾引起业界的质疑。在围绕要不要建宝钢争议纷纷的 1979 年，邓小平在当年 9 月份的一次会议上高瞻远瞩地说“历史将证明，建设宝钢是正确的”，事实也证明了邓小平的话。宝钢投产第一年就实现了保本微利。之后，又实现了利税连年大幅度增长。投产 10 年后，按国家统计口径计算：国家在宝钢的原始资本增值了 1.2 倍。三期工程建成投产后，宝钢人曾自豪地算过一笔账：已上交一个宝钢，还掉一个宝钢，又新建了一个宝钢。作为一家为中国改革开放“打下第一桩”的钢铁联合企业，宝钢用 20 年时间建成了我国第一个千万吨级特大型现代化钢铁联合企业，用 25 年时间跨入世界 500 强行列，实现了我国钢铁工业的历史性跨越。

33 年过去了，当年的钢铁厂经历了新建、扩建、重组、改造等种种历练，成为中国钢铁业的领袖，并跻身世界钢铁巨头行列。现在的宝钢以钢铁为核心主业，围绕钢铁供应链、技术链、资源利用链发展六大相关多元产业，提高公司钢铁产业链的竞争力，已形成普碳钢、不锈钢、特钢三大产品系列。宝钢坚持“精品 + 服务”的研发模式，形成技术领先优势。精品来自于技术创新和对市场需求的正确判断，服务来自于对市场经济的真正理解和坚持数年的持续投入。宝钢生产的高技术含量、高附加值钢铁精品，广泛应用于汽车、家电、石油化工、机械制造、能源交通、建筑装潢、金属制品、航天航空、核电、电子仪表等行业，支撑了国民经济和国家重大工程的材料需求。

图3-1　宝钢产品研发与技术服务体系

从2003年到2011年，宝钢连续8年进入世界500强，2009年被评为“全球最受尊敬企业”，成为中国内地唯一获得此称号的企业。2011年，宝钢集团有限公司完成营业收入3133亿元，利润总额187亿元，获得专利申请授权1558件，新产品销售额达437.52亿元。宝钢技术中心是首批国家级企业技术中心，历年排名处于行业前列，获得“国家认定企业技术中心成就奖”；入选“中国企业自主创新TOP100（工业）”前3强；2011年，获工业领域最高奖项“中国工业大奖”。这份“宝钢答卷”体现了宝钢的核心竞争力和宝钢全体员工良好的综合素质。日渐强大的背后是深谋远虑，钢铁业已进入微利时代，国内钢铁行业同质化竞争日趋激烈，而宝钢的盈利仍独占鳌头。这么高含金量的经营业绩背后到底隐藏着怎样的秘密？

2011年4月28日，宝钢荣获我国工业领域“中国工业大奖”的最高奖项。大奖评审委员会在对宝钢的评价是“32年来，宝钢始终以做大做强钢铁工业为使命，实施高起点引进、高水平创新、高效益管理的发展战略，建成世界一流的钢铁精品基地和钢铁新工艺、新技术、新材料基地，具备与世界一流钢铁企业抗衡的实力。宝钢作为钢铁行业自主创新的‘领军’企业，通过二次创新和自主集成创新，形成了具有宝钢特色的技术创新体系，进入了世界先进行列。”的确，32年的持续创新，成就了优秀的宝钢，也为宝钢赢得了崇高的荣誉。一句话浓缩了宝钢30余年来走过的发展道路，宝钢自主创新不仅有先进的工业装备，更涌现出一群勇于创新的一线职工。“职工是企业力量之基、活力之源!”宝钢集团董事长徐乐江说，宝钢式创新最大特色是“蓝领创新”。

（二）“蓝领创新”：宝钢创新之源

数据，常常能为我们揭示一些有意思的现象：近3年来，宝钢职工共申请专利4178件，平均每天产生4件专利，48%由一线工人创造；平均每天产生企业技术秘密6件，40%由一线工人完成；在授权的2841件专利中，70%来自群众性的职工经济技术创新活动，62%的职工专利得到实施推广；近年来，宝钢股份每年创造专利超过1000件，其中1/3以上是由操作工人创造的；有2名国家“当代工人发明家”、11名“上海工人发明家”、15名“宝钢发明家”，全国有10位工人获国家科技进步二等奖，其中有3位来自宝钢；宝钢拥有职工经济技术创新小组7985个，累计有69359人次参加了创新小组活动……

宝钢的创新不仅依靠几个突出的员工，更重视团队的建设。从普通“蓝领”向拥有技术专长的“深蓝”发展，进而达到“更深的蓝”，不仅是时代和宝钢对一线工人的要求，更是宝钢工人自己的成长目标。如果说，这是宝钢技术创新呈现燎原之势的“果”，那么，普通工人也“给力”的“因”是什么呢？“机器不能代替人，中国工人在任何时代都是有力量的，关键在于怎样激发他们的创造力。”上海市人大常委会副主任、市总工会主席钟燕群认为，宝钢“蓝领创新”，就是现代企业制度下如何依靠职工的最好诠释。在宝钢，“蓝领创新”已成为一种企业文化，宝钢“蓝领创新”背后，有着一套完整的体系支撑。

1. 人人创新——职工创新的根本动力

宝钢集团董事长徐乐江说：“一线职工身上蕴藏着巨大的创造潜力，我们就是要把这些潜力激发出来，让职工立足本职岗位创新，他们的工艺创新和合理化建议一般都不是实验室里的技术员能够想到的。”多年来，遵循“要善于学习，更要善于创新”的原则，历任领导班子都把技术创新视为宝钢发展的根本动力，视为依靠员工办企业的重要载体，搭建舞台、创造条件，在激励机制上全力支撑，让创新意识成为每一个宝钢人的DNA。

宝钢坚持把职工和企业共同发展作为核心价值观，率先提出管理人员和技术人员“双通道”发展模式，为一线职工设置技能专家和首席操作岗位，打开了普通工人职业发展的通道；通过多维度、纵深化、长效性的职业生涯设计和立体培训。无论是从工程师到高级工程师，还是从技师到高级技师、技能专家，都享受同等待遇，让宝钢全体职工都能有岗位成才的机会，在企业发展中感受到实现自我价值的喜悦，让普通蓝领看到自身的宝贵价值。岗位创新已经成为宝钢的一种文化、一种氛围，一种根基。宝钢用了只占全钢铁行业7%的产能，却创造了行业27%的利润，在应对国际金融危机的背景下，实现了保持同行业绩最优的目标，利润总额在全球钢铁企业中排名第二。

宝钢技能专家、“发明达人”孔利明进厂时是一名初中生，在企业培养和自身努力下，坚持开展技术革新，创新领域从本行业延伸到其他技术领域。“对我来说，企业就是家，家也是工作场地。”在孔利明家里，他指着各种专业的仪器、电路板告诉记者。20多年来，他为自己的“家庭实验室”投入了30多万元，每年都花2000多元订阅多种专业期刊，他的许多发明都是家中试验后再移植到施工现场。翻开孔利明的发明创造记录能看到这样一组数字：累计解决生产现场疑难杂症406项、完成科研39项、工艺改善297项、获得国家专利201项、创造经济效益8700多万元。2011年，他发明的《钢厂货运码头安全节能综合技术》荣获法国巴黎109届国际发明展金奖。“我的大学在宝钢”这是孔利明的肺腑之言。在宝钢的创新氛围下，一个普通工人不仅实现了人生价值，更带动了一大群人跟上时代的步伐。在宝钢，类似“孔利明式”的发明家、创新家如今已经不是个案，一大批创新型员工如同雨后春笋般涌现出来。

在创新文化的熏陶下，宝钢“蓝领”个个成为自我管理、自觉工作、自发进取、自主创新、自动协同的自主型职工。于是，在宝钢，“创新，人人都可以”。

2. 共同发展——职工创新的活力之源

“在宝钢这个舞台上，员工是主角，领导是搭台的。要把这个舞台搭好，让员工在舞台上尽情地表现自己，这样企业就会兴旺发达。”这是宝钢集团公司总经理何文波在第二届宝钢员工创新活动日上的一段话。

宝钢基本制度设计是“一切以人为本”，对每个职工信任，所有岗位都是开放型的，实行自主管理，做好自己工作后任何人都可以“管闲事”。不锈钢事业部炼铁厂高级点检员卢江海在生产一线工作十几年，平时就喜欢“管闲事”。他的专利和技术秘密都是“从现场来，到现场去”。2011年一年内，卢江海提出13条合理化建议，创造26项实用专利、4项发明专利，荣登宝钢股份合理化建议积分排行榜榜首，被同事誉为“金点子大王”。卢江海就是宝钢文化、制度和体系的众多受益者之一。

“一流”两个字，作为宝钢的基因性文化，时刻鼓励着每一位职工以“一流”的标准立人、立事、立业。对职工，宝钢提出的要求是最简单、最实在的：今天比昨天做得好，自己比别人做得好。多年来，宝钢组织的跨厂际、同工序对标劳动竞赛、最佳实践者等活动，不断标榜的就是一个个普通岗位上的普通职工。只要做了一件比别人好一点、比自己昨天好一点的事，就成为创新。“产品缺陷频发点、设备故障频发点，降低劳动强度、降低能源消耗等，对我们生产型企业来说，都是创新的源头。”曾获得两届全国发明金奖的创新能手、宝钢股份冷轧厂设备点检员高玉强说。

2006年，宝钢金属宝翼制罐公司为了缓解原材料价格上涨所带来的成本压力，职工自发创新，使每个钢罐的白底涂耗量降低了0.06克，相当于节约米粒大小的涂料，但对于年产量在6.4亿罐的企业来说，可降低涂料成本50万元。现在“米粒”精神已在宝钢广为传承，只要是通过创新发明能为企业节约成本的，即便其价值只有米粒般大小，职工们也会愿意去尝试。一线职工提出了大量降本增效的好点子，小到一块抹布、一件工器具的使用，处处自觉为企业节能挖潜。这些小“米粒”集腋成裘，每年为宝钢节约的成本数以百万元计。

职工之所以能够在平凡岗位上开动脑筋，主动为企业降本，积极为企业创新，关键在于“职工与企业追求共同利益”，形成一种价值观和企业文化，这也是“蓝领创新”的根本动力。长期研究职工创新的上海市总工会副主席杜仁伟说：“宝钢‘蓝领创新’的探索具有时代意义。”

3. 联合攻关——职工创新的有力保证

宝钢自上而下积极为职工参与创新活动创造条件、提供支撑。宝钢通过组建子公司层面的职工创新工作室、创新小组，搭建创新活动基地的形式，开展团队创新，解决生产经营活动中的突出问题。使职工在标准化作业基础上留有创新的空间，对于重点和难点问题，实施跨专业、跨岗位、跨区域的联合攻关。这些举措为员工搭建了一个知识共享、经验交流、方法培训的平台，使职工经济技术创新活动走向跨岗位、跨区域、跨专业的协同创新。

（1）职工经济技术创新小组促进职工跨组织团队创新。

宝钢建立以开放性岗位责任制为基础，职工创新小组为团队组成的基层创新活动组织，宝钢建立了以高技能人才为带头人，职工经济技术创新小组为职工跨岗位、跨厂际持续改进，为宝钢岗位创新，搭建了平台。

2008年10月，宝钢首批以工人名字命名的创新工作室在宝钢不锈钢分公司成立。这是宝钢不锈钢分公司培养现场创新型领军人物，带动群众性技术创新活动的一项重大举措。

与国内外顶尖企业相比，宝钢不锈钢分公司一线员工的创新水平还有待提高，创新积极性和能力也有很大的潜力可挖。为此，宝钢不锈钢分公司专门出台了《群众性经济技术创新活动工作制度》，规定在技术创新、发明创造上有独创性见解，在合理化建议、技改活动中提出建议数量多，拥有专利、技术秘密、先进操作法等数量名列前茅的员工，均可通过报批程序，以创新者个人名字命名创新工作室和创新工作小组。首批命名的创新工作室和创新工作小组共6个，领衔者均来自一线。宝钢炼铁厂的储滨是高级技师，拥有发明专利、技术秘密、先进操作法15项，曾获上海市职工技术创新能手和上海市杰出技术能手称号；宝钢冷轧厂的设备高级点检员张洪利拥有发明专利11项，曾获第五届全国专利发明展两项金奖、一项铜奖。

宝钢创新工作室和创新工作小组定位于“人才培养，成果孵化，效益助推”，以现场为土壤，以市场为导向，以用户为目标开展创新活动。除了安排专门的活动场所、配备电脑等硬件设备外，宝钢不锈钢分公司还聘用孔利明、韩明明、王军等宝钢基层创新能手为创新工作室和小组的专家导师，每年进行两次以上的现场指导，结合项目推进和重点工作不定期开展咨询和培训。宝钢不锈钢分公司还和首批创新工作室和创新工作小组签订了年度目标任务书，重点落在“出人才，出成果，出效益和为现场解决实际问题上”。

基本制度尊重创新，开放性的岗位为创新拓展了空间，而职工创新工作室的建立，又带出了更多创新人。由孔利明等358名技能业务专家组成的员工创新活动指导志愿者团队，以及以工人发明家命名的“创新工作室”，吸引了更多职工进入创新领域。宝钢股份冷轧厂设备点检员高玉强创新工作室，一年内帮助51位职工实现岗位创新“零突破”。

（2）建立员工创新活动基地开展跨厂际交流。

宝钢建立了集团公司层面的职工创新活动基地，为职工岗位创新搭建平台，为开展跨厂际交流与合作、创新成果推介与转化提供支撑。

2008年，宝钢在人才开发院建立了“宝钢员工创新活动基地”，并面向全体员工开放。基地具有自主性、开放性和服务性特点，主要发挥导师功能、信息功能、学习功能、中试功能、转化功能等，各单位依托“员工创新活动基地”，深化本单位的职工经济技术创新活动，加快专利实施，开展跨厂际交流，使该基地成为员工创意思维和创新实验的“孵化器”、推进现场持续改进的“加油站”和公司职工经济技术创新活动的“助推器”。2009年策划组织开展“创新论坛”、“创新成果发布”、“创新沙龙”、“专题研究班”等46项次活动，吸引更多职工参与职工经济技术创新活动。

由358名技能业务专家组成的员工创新活动指导志愿者团队，利用“工人发明家创新工作室”等载体，为各单位创新活动积极分子打开了与专家沟通交流的渠道。公司级志愿者与100个基层单位的创新小组签订了对口指导协议，100名公司级志愿者与厂部级志愿者签订了“结对牵手”协议，实现了基地与现场的对接和联动。

在2009年5月19日举行的首个员工创新活动日上，宝钢股份冷轧厂许健勇的“冷轧带钢板型控制技术”、能环部陈阿威的“动力设备专利技术”和热轧厂幸利军的“热轧操作工艺优化与先进操作法”成为首批推介项目。不锈钢事业部热轧厂的金永江从创新志愿者幸利军推介的卷取控制技术中，找到了改善现场的灵感。整改实施后，他所在的热轧厂的塔形封锁量明显下降。

员工创新活动基地让广大员工得益匪浅，而志愿者也乐在其中。技能专家吉志勇说：“创新给我带来了快乐，我想与更多的人分享创新的快乐。”首席操作员杨磊的愿望是“让更多的员工变个体创新为团队创新”。技能专家金国平已经帮助多位员工建立了课题方向，他的“一键式飞包”功能在集团内部得到了推广和移植。

4. 创新平台——职工创新的重要媒介

“技术领先”是构建宝钢新一轮竞争优势的第一要素。企业整体技术创新能力的提升，与完善的知识管理、共享的文化氛围密不可分。

2010年，宝钢股份制定了知识管理6年建设规划，提出在规划期内将建设一套以“技术积累—传承—共享—创新”为核心内容的业务管理流程，形成宝钢特色的知识管理体系。2010年12月31日，宝钢知识管理和技术共享平台正式上线运行。平台依托搜索引擎技术，以知识库、专家库、标杆库、项目社区和学习区为核心内容，以知识采集、知识审核、知识维护、知识发布、技术答疑、全文检索、知识订阅、知识推送、知识地图等为主要功能，界面友好、安全可控，将技术信息转化成了具有“知识身份”标签，可有序流动的显性知识，为建立全集团知识管理体系提供了技术支撑。

知识管理和技术共享平台一上线便备受员工追捧。冷轧薄板厂生产技术室主任工程师李秀军兴奋地说：“共享平台可以快速定位并查找所需知识，为完善员工知识结构、加快技术创新步伐搭建了最好的平台。”

知识管理能否创造出应有的价值，取决于员工的认可度和支持度。宝钢冷轧厂设备管理师区域工程师宋铁燕，自技术共享平台试运行以来，上传了500多份有价值的资料，有机组设备手册、典型故障案例分析等等。宋铁燕工作10多年来，参与了多个冷轧项目的开工建设，积累了很多专业知识和经验。技术共享平台不仅让她的“宝贝”有了安身之处，还可以借助平台的相互提问、专家答疑等强大功能，获取知识，寻求帮助，甚至可以利用平台随时申请攻关项目，自由组建技术团队。“目前，我已经参加了冷轧厂两支技术团队，感觉创新的空间一下子变大了！”宋铁燕说。

随着知识管理和技术共享平台的不断完善，相信“创新，人人都可以”将在宝钢成为一种可能，甚至必然。

5. 持续改进——职工创新的实践之路

宝钢历来重视职工的首创精神，提出“开放式、自主集成创新”的思路，建立了全员技术创新三大体系：研究开发体系、自主集成体系、持续改进体系，并形成了较完备的运行机制。三者有机互动，使得从科研人员到普通一线“蓝领”，每个职工都有机会参与创新。职工经济技术创新在持续改进和自主集成两个体系中大展拳脚。

其中的持续改进体系，作为企业技术创新的基础，实现了产品质量、制造成本、用户服务、管理水平的不断提高和优化，并在此过程中揭示和解决工艺、装备在设计制造中存有的缺陷，不仅创造实用性技术，而且为运营管理提供可靠性基础，为企业产品、工艺、技术、管理、服务创新提供强有力的基础支撑，实现了产品质量、制造成本、用户服务、运营管理的不断优化提高，从根基上支撑“宝钢制造”与众不同，世界一流。

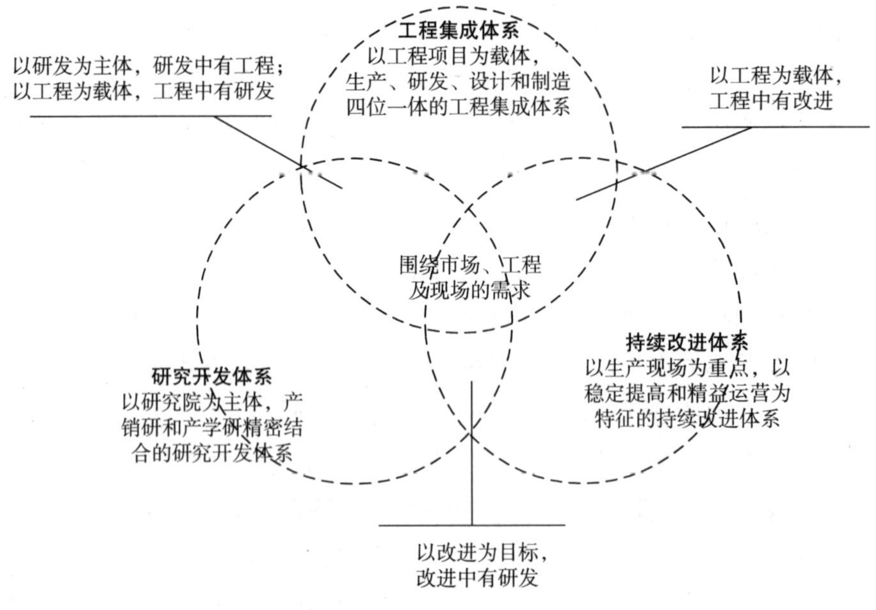

图 3－2　宝钢技术创新体系

“持续改进”是宝钢数以万计的职工经济技术创新成果的创造之路。近年来，宝钢先后有1100余个职工创新项目在国际、国内发明展中获奖，并已拥有11名“上海工人发明家”、15名“宝钢工人发明家”。还建立职工创新工作室66个，并形成了一支以358名高技能人才为主体的创新指导志愿者队伍。

6. 配套创新制度——职工创新的有力保障

（1）各种激励措施。

宝钢格外注重完善各项激励措施，将创新成果分类设定激励渠道，建立了系统、完整的评价激励体系。宝钢的创新奖励种类丰富，职工创新激励从合理化建议提出奖10元，到技术创新重大成果奖100万元，形成由低到高的系列。职工可先到宝钢股份职工科技创新平台BES系统中申报合理化建议。经审核，价值重大的可继续申请专利，再由技术专家团队把关、筛选、推荐。平台上的各项创新成果都与考核、收入挂钩。职工申报专利，受理奖1000元，授权再奖1000元，如果是发明专利则奖励4000元。合理化建议奖励30元至50元不等，如果为企业带来效益，会形成奖励系数，可连续5年累计收入。对于贡献卓著的技能专家、工人发明家实行“年薪制”。目前，宝钢已经有40多名一线职工，因为善于创新，领上了50万的高额年薪。薪酬制度充分体现对人才和创新的尊重。

除了物质奖励，宝钢也十分重视精神激励。建立了“首席师制度”、“技能专家制度”、“按创新者命名的先进操作法制度”等。此外，宝钢每年评选“十佳合理化建议”、“十佳个人”、“曾乐奖”①、优秀JK小组、优秀职工创新小组；每两年评选“宝钢工人发明家”，组织职工创新成果参加国内、国际发明展等。

2011年，在国内钢铁行业同质化竞争日趋激烈的情况下，宝钢以占国内行业6%的产量，创出了行业30%的利润。其背后，也要归功于宝钢对于现场创新的奖励，每一个员工都可以在这个由低到高的体系中，找到各自创新的坐标点。

（2）揭榜制。

“人人是创新之人”，宝钢的创新理念已深入到每个员工，创新已经由“激情创新”变成员工的“创新激情”，成为员工自觉的行动。一项项鼓励创新的举

① 曾乐曾任宝钢工程指挥部副总工程师。在宝钢生产建设期间，他创建了我国第一个精密焊接实验室，试制出20多种填补国内空白的精密焊接用品，推动了我国精密焊接技术飞速发展，被誉为一代“焊神”。他爱岗敬业、无私奉献、不断进取、勇于创新的精神一直感召和激励着宝钢员工。为了传承和弘扬曾乐精神，宝钢创立了曾乐奖、曾乐创新奖和曾乐敬业奖。

措、机制也在普通员工手上诞生。比如“揭榜制”由宝钢三热轧分厂探索实施，以招榜的形式解决生产中的重点、难点问题，普通员工也能“挑大梁”承担创新重任。对敢于揭榜并实施课题的员工，分厂赋予他们充分的自主权，动用一切力量提供支撑，对有突破性成果的课题进行奖励。三热轧分厂的倪春华就是第一个“吃螃蟹”的人。当第一个课题“点状压入缺陷问题”招榜出来时，倪春华正好前期也在跟踪一些现场数据，问题渐趋明朗，倪春华大胆揭榜。揭榜后，作为课题负责人，倪春华铆足了劲，带领大家不断摸索，与技术人员频繁沟通交流，终于找出了缺陷产生的根源，并在一个半月内完成课题，使缺陷得到有效控制。“揭榜制”在宝钢只是众多“蓝领创新”一个体现。

（3）创新成果的保障及评价

宝钢在中央企业中率先颁布实施《知识产权战略蓝本》，系统构建了知识产权创造、防御、进攻体系，形成了特色的知识产权管理模式，见图 3－3。不断加强标准与知识产权的结合，实现标准与知识产权的良性互动，加快新技术的标准化速度，发挥标准的引领作用，提高了宝钢在行业标准方面的话语权。

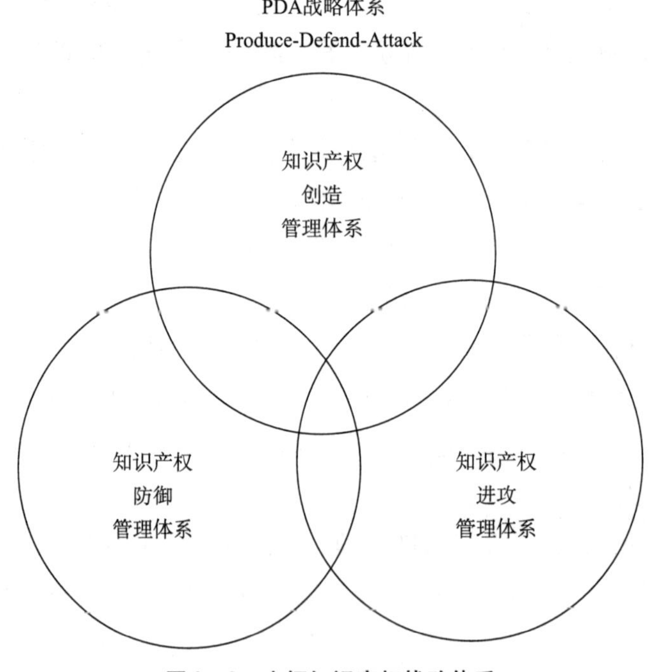

图 3－3　宝钢知识产权战略体系

宝钢立足企业发展战略和职工创新的实际需求，制定了《合理化建议、自主管理及技术改进管理办法》《科技成果管理办法》《技术秘密管理办法》《宝钢技能专家管理办法》和《先进操作法申报评审办法》等一系列管理制度，将职工经济技术创新活动纳入专业化管理，成为企业管理的重要内容，使职工创新得到了落实。

宝钢实行“职工岗位创新累计里程制”（俗称“铁马制”），将专利、技术秘密及其在内部实施和技术贸易中创造的价值，按照不同权重系数进行积分排序，使知识产权成为衡量职工经济技术创新能力和贡献度的一把尺子。

宝钢建立了层级制、矩阵式的岗位创新运作体系，推进职工岗位创新。宝钢每年制定技术创新计划，将目标自上而下分解下达到生产单元，指标纳入领导人员绩效考核。

宝钢职工创新领导小组负责审议、评价职工创新发展规划、相关制度和活动绩效，各单位职工创新领导小组负责制定本单位职工创新管理办法和工作计划。同时，全体职工立足岗位，积极参与创新，形成了上下联动机制。各职能管理和技术部门则发挥管理、技术优势，支撑职工岗位创新。

（三）“蓝领创新”成就“宝钢模式”

在宝钢，这种“滚雪球”式的职工经济技术创新活动构成了自主创新的基础。近年来，宝钢坚持企业是创新主体、职工是创新灵魂的理念，坚持职工岗位创新与企业自主创新的结合，职工创新活动的开放性、自主性与层次性、多样性的结合，职工创新成果的科学评估与多元激励的结合，着力打造创新型人才的“宝钢模式”，职工的自主创新能力成为企业强大的竞争力。

国家创新的主体是企业，企业创新的主体是职工。“十二五”之初，我国新一轮经济建设中亟需“新时代的工人力量”。有人说，随着时代的变迁，中国制造企业越来越现代化，曾经辉煌的中国工人已经“风光不再”；也有人说，全球化大工业背景下，流水线作业只能让工人定位为“操作者”。而宝钢却长期坚持将工人作为创新主体，将岗位作为“蓝领创新”的最好舞台，让“千万双手动起来，千万个脑袋转起来”，激情演绎了一曲饱含时代意义的“咱们工人有力量”。

二、大唐电信：从制定国际标准到实现产业链共荣

2011年度中关村十大系列评选榜单在北京揭晓，中国大唐集团公司（以下简称“大唐电信”）成功入选“2011中关村十大卓越品牌”。入选原因是公司为我国第一个具有自主知识产权的第三代移动通信（3G）国际标准TD-SCDMA（时分复用同步码分多址系统技术）（以下简称“TD”）的提出者和拥有者，占有国内TD三分之一的市场份额。在TD之前，中国企业从来没有过国际标准竞争和国际标准产业化、市场化的成功经验。作为电子信息产品生产大国，我国长期处于全球产业链低端，产品附加值低。为改变这一现状，大唐电信凭借自身技术优势，从核心技术研发和国际标准入手，探索“轻型工业化”发展模式，主导实现TD-LTE-Advanced（以下简称“TD-LTE-A”）标准从实验样机到规模组网商用的科技成果产业化转化，完成产业链布局，完成产业化和全球市场化，实现了“正向式创新”的胜利。

TD不仅是我国第一个具有完全自主知识产权、系统性的国际标准，而且实现了我国百年电信史上“零的突破”，初步确立了我国在无线移动通信标准领域的话语权，使得无线移动通信成为我国目前少数具有国际竞争力的高技术领域之一。TD从国际标准到产业市场化的发展过程，是中国企业首次在高科技领域进行系统性创新的探索实践。以大唐为主提出的、我国具有自主知识产权的TD-LTE-A，于2010年10月在国际电联无线通信部门会议上，被确定进入4G国际标准，标志着我国从电信大国向电信强国又迈出了一大步，意味着我国通信产业从“中国制造”向“中国创造”的新腾飞。

（一）十年努力为TD赢得话语权

20世纪80年代，我国通信产业从标准、技术到设备全部依赖进口，第一代（1G）和第二代移动通信（2G）系统的研发远远落后于发达国家。据统计，当时国内企业仅占据了国内2G移动通信市场不到20%的市场份额，移动通信产业主要由欧美企业垄断，标准也由欧美企业制定。2000年，国产手机、基站、移动交换机在国内市场占有率分为5%、4%和9%，外资企业占有了通信市场的大部分市场，这其中原因就在于1G和2G的通信技术标准都把持在外国企业手里。没有自主的核心技术，大块市场只好拱手让人，如果不能掌握核心技术标准，自主通信产业就有可能在新一轮全球产业格局调整中处于劣势，甚至被淘汰。

为改变中国在移动通信领域的落后状况，大唐电信集团从10年前开始专注于TD的研发和产业化。由于产业投入周期的行业特性，大唐电信集团在此期间遭遇了巨大的经营压力，但大唐始终不屈不挠，成功推动我国拥有自主知识产权的TD标准成为三大3G移动通信国际标准之一。在产业化实施过程中，我国首次突破了芯片、仪表等产业链薄弱环节，历史上第一次打造了完整的我国本土移动通信产业链。从技术追随到标准的“零突破”到标准引领，大唐电信集团书写了中国百年电信史上一个又一个传奇。

1. “零的突破”

2000年，由大唐电信集团自主研发的TD标准被国际电联正式采纳，成为与欧洲提出的WCDMA和美国提出的CDMA2000并列的三大国际主流3G标准之一，实现了中国百年电信史上通信系统标准“零的突破”，也是发展中国家首次完整地提出自己的标准并被接受为国际三大主流标准之一。这一足以改写通信历史的标志事件，使中国带着属于自己的知识产权的技术，在九年后走入了众望所归的3G时代。2007年，时任国务院副总理的曾培炎将TD国际标准与杂交水稻、“神舟”系列飞船并称为我国自主创新的三大标志性成果。

在移动通信的1G时代，中国连当时手机的皮套都要进口，到了2G时代，成套设备和终端都是进口的。终于到了2000年，由大唐电信集团代表中国提出了3G的中国标准，并成功入选成世界标准。至此，中国的通信产业由追随转向齐头并进，成为移动通信技术和标准的输出国。

2. 在TD联盟中的领军角色

在TD的产业化进程中，2002年无疑是个标志性的年份。这一年的2月，大唐电信集团组建成立了大唐移动，专注于TD的产业化。为改变被动局面，这一年的10月，以大唐电信集团等八家国内企业为核心，成立了“TD-SCDMA产业联盟”。

2006年的规模化商用测试结果证明：TD主要通信性能指标已达到或超过其他同类标准商用初期的水平。同年11月，大唐移动正式对外发布基于TD-HSDPA单载波的商用版本产品。

自2007年4月份开始，TD扩大规模网络实验网率先在国内10城市开始建设，把这一自主创新技术正式带入了3G圈。

2009年1月7日，对于大唐电信集团和中国通信产业来说，都是一个值得纪念的日子。这一天，中国3G牌照正式发放。这标志着中国不仅有能力提出移动通信国际标准，也有能力推动自主技术成功实现产业化。TD作为国家力推的国际移动通信标准，其能否成功产业化和商用，关乎到围绕该技术标准所形成的产业链上下游企业的生存，也关乎着我国科技界建设创新型国家的信心。

3. 布局 LTE

基于 TD 的基础，大唐在 2005 年 6 月的 3GPP 工作组会议上提交了针对 TD 后续演进的技术提案，经过多方讨论和努力，终于在 2005 年 11 月的 3GPP 工作组会议（首尔）上正式通过，奠定了 TD 后续演进技术标准的基础。

2007 年，TD－LTE 的标准化工作取得实质性进展，核心规范地制定工作进展与 FDD 的标准化工作同步进行；此外，TD－LTE 还在 LTE－TDD 模式的融合、引入智能天线技术等方面取得实质进展。

在 TD－LTE 被国际广泛关注和认可、众企业也开始发力 LTE 之际，拥有 TD－LTE 核心知识产权的大唐于 2008 年率先开发出首款 TD－LTE 样机，并携手中国移动率先进行了 TD－LTE 业务演示。当时，大唐的 TD－LTE 无线数据传输下行速率已经可达 100Mbit/s，上行速率达到 50Mbit/s，达到了第四代移动通信（下称“4G”）的理论标准。

2011 年，大唐电信继续主导推动 TD－LTE－A 入选 4G 国际标准，实现从 3G 到 4G 的领先地位。

如果把争夺移动通信产业发展制高点的过程比作一场长跑比赛的话，那么，2012 年 1 月 18 日，“中国创造”的 TD－LTE－A 被国际电信联盟确定成为 4G 国际标准，正式成为两大 4G 国际标准之一，首次与国外标准并驾齐驱、两分天下，则是我国在移动通信标准这一行业的最高领域实现的从“追赶”到“引领”的重大跨越。

4. 实施国际化战略

过去的 20 年中，我国国内制造业用于出口的电子通信产品大多属于来料加工型，让 TD 实现“走出去”，对中国制造业将产生深远的影响。因为它所输出的，不仅仅是“中国创造”，而是真正实现我国从传统的产品型出口转向技术型出口，从低附加值产业逐渐向高附加值产业的转型。

在国际合作上，2007 年也可以看作是 TD 开发海外战场的初始年。2 月，韩国 SK 电讯和中国大唐电信集团在北京共同设立了“TD－SCDMA 联合业务开发中心”。在国家发改委的推动下，大唐移动与中兴通讯共同承建了 SK 电讯在韩国首都首尔附近的京畿道盆塘地区的 TD 试验网。紧接着在 2008 年，大唐与 SK 电讯合作的 TD 试验网络就升级到了 HSDPA。

除此之外，大唐移动在香港建立“TD－SCDMA 业务应用体验中心”，并与日本 NTTdocoma、西班牙电信、沃达丰等国际电信运营巨头广泛交流业务开发与网络运营的经验，将 TD 介绍给国际电信运营商，促进了 TD 国际化。

目前，由大唐承建的 TD 试验网络在东南亚、拉美及欧洲地区纷纷落地。

很多发达国家运营商对 TD－LTE 技术也表现出了浓厚的兴趣。TD－LTE 是 TD 技术的演进版本，TD－LTE 的发展，一改此前 TD 推广初期专注技术研发的方式，从标准制定的产业起步阶段就开始重视海外推广工作，目的就是希望能够获得更多运营商的支持与认可。特别是，大唐作为 TD－LTE 产业化核心主导企业，也是最坚定的支持者，已经围绕 TD－LTE 产业在关键的核心芯片、仪器仪表、系统设备等高端环节进行布局，一些 TD－LTE 业务产品处于国际领先水平。

5. 占据产业链高端

企业利润的高低，关键是它在产业链上所处的位置。今天的国际竞争已经不单单是企业和产品的竞争，而是产业链的竞争，特别是产业链上关键环节的竞争力如何，将决定一个企业和一个产业的未来。过去，中国国内产业附加值低，企业主要依靠低成本和大规模的电子制造能力参与竞争，事实上，任何一家企业都不可能覆盖无线移动通信的所有环节，而在 TD 产业化之路上，大唐电信集团选择了无线移动通信技术和标准、集成电路制造等高端环节的布局。

1G、2G 时代，国内企业仅占据了国内移动通信市场不到 20% 的市场份额，3G 时代以大唐电信集团为代表的国内企业几乎占据 TD 市场约 90% 的市场份额。目前，大唐电信集团已成为 TD 市场主流供应商，国内 TD3G 手机芯片 60% 都由大唐提供，实现了技术优势向市场优势的转变。2011 年，真才基带领大唐电信集团继续沿着 TD 产业链高端环节进行布局，大唐联芯科技年出货量突破 1000 万片，初步完成“无芯”到“有芯”的转型，牢牢占据了芯片设计高端环节；通过中芯国际，获得最先进的集成电路工艺技术和制造水平，实现无线移动通信与集成电路制造业的互动，解决了 TD 及 4G 后续发展所需要的集成电路工艺，有效增强了国有经济对关系国家安全和国民经济命脉的集成电路产业的控制力。

“十二五”开局之年，大唐电信集团已形成无线移动通信、集成电路设计与制造、特种通信、先导产业及金融服务五大业务板块，并在战略性新兴产业领域实现产业布局。以 TD 为基础推动“三网融合”和物联网发展已经成为产业界的共识。真才基透露，“大唐电信集团已经全力在 RFID、GSM 工业模块、3G 终端模块、3G 工业模块、TD 网络终端设备、无线宽带等领域做好技术储备，我们的产品可以覆盖物联网产业链的各个环节，同时，我们已经在水利、煤炭、油田、电力等行业形成有竞争力的解决方案。”

目前，围绕无线移动通信、集成电路设计与制造、特种通信三大主要产业，大唐电信在物联网、TD 产业发展基金、增值业务孵化、IT 销售渠道等方面不断开拓发展，是 TD 设备主流供应商，也是全球领先的 TD－LTE 设备供应商。作为 3G 国际标准 TD 的提出者、核心技术拥有者、产业化的推动者，大唐电信科技产业集团以其对 TD 技术充分而系统的研发与探索，提升了中国在信息通信领域的自主创新能力与国家竞争力，打破了欧美企业对移动通信领域的垄断格局，打造了一条以我国企业为主体的完整的移动通信产业链，实践了全新的“中国创造”发展模式，并在我国移动通信产业升级和结构调整中发挥重要作用，成为了我国无线移动通信科技自主创新的主力军和践行创新型国家战略的典范。

（二）走“创新产业化”之路

在通信产业领域内，谁掌握核心技术标准，谁就掌握竞争的制高点；谁掌握产业发展的主动权，谁就掌控市场竞争的主导权。在 TD 从国际标准到实现产业市场化的发展过程中，作为标准提出者、核心专利拥有者和产业化推动者，大唐电信集团成功探索出一条以核心技术为基础、以产业转化为主线、以协同升级为导向，具备系统整合技术创新优势、资源要素优势以及制度协同优势的自主创新技术产业化发展之路，在极大提升企业自身核心竞争力的同时，还带领国内企业占据 80% 以上 TD 市场份额，实现了我国通信业的历史性突破，为我国掌握移动通信产业国际话语权奠定了坚实基础。

1. 通过“五化”道路，占据创新产业链高端

“在过去的十年，也就是本世纪的前十年，特别是‘十一五’期间，大唐电信科技产业集团通过技术标准化、标准专利化、专利产品化、产品市场化、市场国际化的‘五化’道路，从正向式创新，从国际标准确立，最后实现了产业领导地位，占据了产业链的高端环节，实现了我们对这些产业的高端布局。”大唐电信董事长真才基在 2011 中国自主创新年会上发言说。

在 TD 从国际标准到成功实现商用的发展过程中，作为标准的提出者、核心专利拥有者和产业化推动者，大唐电信集团成功探索出一条以核心技术为基础、以产业转化为主线、以协同升级为导向，整合系统技术创新优势、资源要素优势以及制度协调优势的自主创新技术产业化科学发展之路，成功将技术创新优势转化为市场竞争优势，实现了技术创新价值最大化，力争为中国高科技领域

的科技创新进行更多的有益探索，积累更多宝贵经验。

在“技术专利化”环节，注重知识产权管理与研发活动的密切配合，通过思想观念对接、组织保障与统筹规划等举措，摆脱了单纯的知识产权保护，树立了技术专利的经营理念，创造出财富规模效益，将核心技术突破向知识产权专利进行转化；在“专利标准化”环节，采用“压强原则”和“互动与博弈原则”，以增强在国际标准竞争中的话语权；同时，通过专利和标准的一体化管理，在累积3G标准专利技术过程中，实现部分专利技术在4G标准体系中的有效性，以强调专利标准的继承性；在“标准产业化”环节，大唐倡导成立了“TD－SCDMA”产业联盟，并以自身核心技术优势为依托，打造出中国完整且自主可控的TD产业链并在其中发挥着核心作用。同时，通过内外部优势资源的重组与整合，以及与产业链上下游全球一流跨国公司间的合作，完成了TD产业价值链高端布局，实现了对TD产业链关键环节的占据。此外，大唐电信集团还通过促进创新技术与我国大规模低成本电子制造资源（中国制造）的结合，实现了自身“轻型产业化”，从而实践了“中国创造”的发展模式；在“产业市场化”环节，大唐电信集团一方面积极完善以市场化为导向的管理体系，通过创新知识产权的产品形态，探索知识产权商业模式；另一方面，深入了解客户需求，将客户需求融入技术产品开发与配套服务中，不断拓宽产品线与业务，有力促进了TD的市场化。另外，通过与国内外知名厂商的紧密合作，大唐电信集团在共同推动TD产业市场化进程的同时，还有效提高了企业的市场竞争能力，确立了市场竞争优势，成功获取价值回报；在“市场国际化”环节，目前，大唐电信正在探索市场国际化的道路，希望把TD有关技术推广运用到更多国家。TD－LTE－A在4G时代的发展，将引领中国企业国际竞争力得到新一轮的提升。在TD之前，中国企业从来没有过国际标准竞争和国际标准产业化、市场化的成功经验。TD从国际标准到产业市场化的发展过程，是中国企业首次在高科技领域进行系统性创新的探索实践。大唐电信集团作为TD－LTE－A发展的重要主导力量，将在核心技术研发、国际标准制定、产业关键环节突破、产业化与市场化突破方面发挥更加积极的作用，成为我国高科技企业坚持自主创新，持续引领国际标准与产业发展突破的典范，成为高科技中央企业“走出去”，促进产业升级与产业国际竞争力提升的典范。

2. 通过开放式创新，带动全产业链创新

TD产业化是一个漫长而又艰辛的过程，但TD产业化完全可以依靠我国最先进的、大规模低成本的制造能力和制造资源来实现。只有动员更多有实力的企业和科研机构加入TD产业，才能将这个产业做大做强。推动TD产业链不断完善的过程中，大唐电信集团承担起了产业发展的重任，以自身的自主创新和辐射力量，为TD阵营的企业提供技术帮助和服务。

在此过程中，大唐电信集团持续加大科技创新投入，并相继与国家开发银行、中国建设银行、华夏银行、中国进出口银行、上海浦东发展银行等金融机构签订战略合作协议，为TD后续技术研发和产业化奠定了资金基础，实现了资金链对TD产业链的覆盖，有力支撑企业的创新工作和产业的规模化。

大唐电信集团结合国家技术创新体系，围绕企业发展战略，开放合作，建立起了"产学研用"相结合的技术创新平台，积极承担并参与国家16个重大专项中涉及移动通信领域的全部三个重大专项，建设并拥有两个国家级重点实验室：无线移动通信国家重点实验室和新一代移动通信系统与技术国家工程实验室，承担着国家电子信息产业调整与振兴规划中的两项重大工程，并与国内在无线移动通信领域具有雄厚实力的20余家高校、院所进行战略合作，构造了以企业为主体，覆盖产学研用的、完整的技术创新体系。通过与国内30多家高校院所建立战略合作，打造以企业为主体、产学研用相结合的技术创新体系，带动地方与中小企业科技创新能力提升。积极布局信息通信产业链高端环节，全面参与新一代信息技术领域的物联网、三网融合等战略性新兴产业的发展，充分发挥中央企业在科技创新与产业发展方面的引领带动作用。

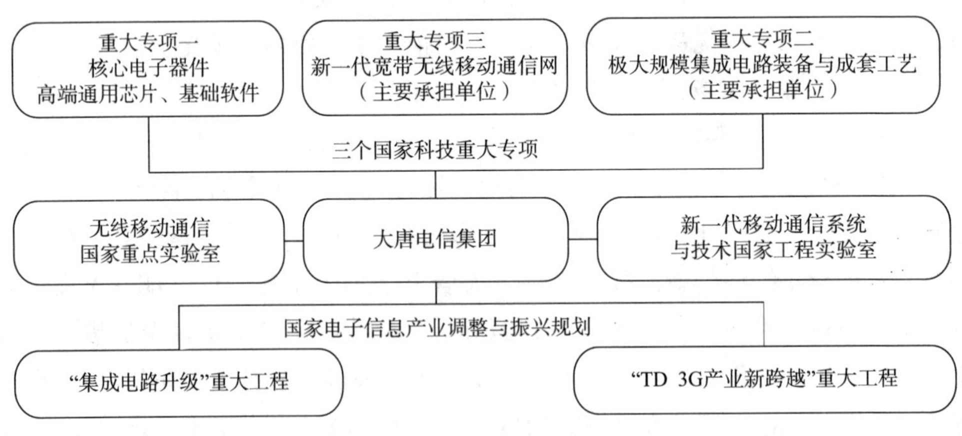

图3-4 大唐电信集团承担国家科技重大项目与重大工程

为了产业更好地发展，2002年10月，大唐电信集团与华为、联想、中兴、中电、中国普天等知名通信企业发起成立"TD-SCDMA产业联盟"。如今，TD产业联盟已拥有90家成员企业，覆盖了从芯片、软件、手机平台、终端，到系统设备、仪器仪表上下游的全部产业链。TD 产业联盟的成立，有效加速了产业链上各环节企业产业化的进程，促进了 TD 产业的快速健康发展。同时，大唐电信集团还与国内 20 余家高校、院所进行战略合作，构造了以企业为主体、覆盖产学研用的、完整的技术创新体系。2010 年，大唐电信集团与复旦大学、上海交通大学、同济大学、北京邮电大学、浙江大学、清华大学长三角研究院、南京邮电大学等高校和院所就无线移动通信、集成电路、物联网等开展战略合作。

在推动 TD 发展的实际战略方面，大唐已建立起以 TD 技术标准为主线，开放式的合作为主体、产学研用相结合的科技创新体系，与中小企业共同提升研发创新能力。这一体系不仅使大唐电信集团自身科技创新实力不断增强，并进一步辐射带动我国移动通信企业创新能力的提升，促使民族通信产业在 TD 技术的产业化竞争中取得主导性的优势。

大唐电信集团自 2006 年以来，加大了与其他企业的合作力度，开放国家级实验室，让社会上的终端企业免费参与测试，吸引了国内数百家 TD 终端企业、200 多家 TD 产业上下游企业加入进来，同时推动了国内企业从末端和低成本的中国制造领域，进入到核心芯片和核心技术领域。借助 2009 年 TD 规模商用的契机，大唐电信集团带动我国国内数百家中小企业共同发展，有效地确保了我国通信制造企业的持续发展，并带动软件、娱乐、物流等产业的发展。在 TD 市场上，大唐等本土企业占据了 80% 以上的市场份额，扭转了我国电信市场长期以来依靠进口的竞争格局。在金融危机背景下，大唐电信集团不仅实现了自身的发展，还带动了其他企业共同发展，从而为实现“保增长、调结构、扩内需”发挥了重要的作用。

3. 通过知识产权辐射，推动创新产业链成熟

作为第三代移动通信国际标准 TD 的提出者和拥有者，大唐电信继续并主导推动 TD – LTE – A 入选 4G 国际标准，实现从 3G 的追赶到 4G 的领先，并在相关技术领域从基础专利到外围专利进行严密布局。

没有技术的专利化、专利化的标准化，产业化应用便无从谈起。无论是研发还是产业化，大唐电信集团都秉持着“开放”的理念，将知识产权辐射给产业链各个环节的厂商，从而有效地推动了产业环境建设和产业链的成熟，也加快了产业发展和产品商用速度。2000 年 TD 标准成为世界标准之后，大唐电信的发展站在了一个新的起点上。10 年来，大唐电信利用这个契机，对相关技术进行完善，并逐步市场化运用。在这个过程中，集团对知识产权的认识逐渐加深。

“最初我们申请专利是为了保护，并不是为了运用。我们申请与 TD – SCD-

MA 标准相关的专利，如果国外公司也要做 TD－SCDMA 标准时，我们可以与之形成交叉许可，既能减少专利许可费，也可以避免大量的专利纠纷。从 2008 年开始，随着企业的发展，我们逐渐意识到要把专利申请的目的由保护上升到运用。目前，我们在知识产权的有形回报以及无形回报方面进行了有益的探索。在履行央企的社会责任的同时获得经济效益。”大唐电信科技集团副总裁杨毅刚表示。

2011 年 3 月 28 日，国家知识产权局公布了 2010 年发明专利授权量内地企业排行榜，大唐电信集团旗下中芯国际以 372 件列第八名、大唐移动以 240 件列第十名。一件件专利的获得是大唐电信集团对核心技术的一个个突破，在提出 3G 标准后，大唐电信集团的专利基本集中在无线移动通信与集成电路领域，专利的压倒优势不仅使大唐电信集团引领着 TD 成为被 3GPP 接受的 3G 国际标准，成为消费者广泛认可的中国 3G 市场移动品牌，更保障了大唐电信集团在 TDD 领域的全球领先地位。这些标准化的专利促进了整个 TD 产业迅速发展。

实现技术突破后，大唐电信坚持开放合作，共享技术成果，发挥中央企业的行业引领和产业集聚作用。拥有自主知识产权的 TD 使我国通信业再无需向国外厂商缴纳高额的专利费，为我国通信业直接或间接带来巨大经济利益。据德意志银行测算，TD 用户发展到 1 亿元时，将为我国通信产业节省超过 10 亿美元的专利费支出，而且随着用户规模的扩张，节省的专利费将随之递增。

北京首家企业知识产权教育基地在大唐电信科技产业集团揭牌成立。据介绍，企业知识产权教育基地具有三大特点：第一是注重实务操作培训，将邀请国内外知识产权优势企业的知识产权专职管理人员现身说法，言传身教，启发学员快速掌握知识产权实务技能。第二是以公益性培训为主，根据中关村管委会和市知识产权局的工作安排，有计划地组织开展系列知识产权公益培训，也可以根据企业的个性化需求组织开展有针对性的收费培训。第三是以短期培训为主，根据企业知识产权管理人员的实际需求，主要开展三至五天的短期培训，待今后条件成熟也可以开展知识产权学历教育培训。

4. 打通创新技术产业化链条，促进产业升级

核心技术的自主创新，获得产业关键环节的自有知识产权，是整个产业创新价值实现的基点，但创新的真正门槛是创新技术产业化，很多技术成果其实最后都是关在实验室，没能走出去成功地商业化。具体到通信行业，长期以来，我国企业一直存在着“转化难”、“样机主义”等问题。大唐电信集团在持续推动技术创新的基础上，成功实现了系统性的管理创新，推动企业从技术创新型向产业经营型转变，有力增强了企业的核心竞争力，历史性地打造了完整的民族移动通信产业链，推动实现我国移动通信市场竞争格局的转变，并且为促进我国移动通信产业结构调整与升级，提升我国信息通信产业国际竞争力，推动我国经济发展方式转变做出积极的贡献。

大唐在打造一条以我国企业为主体的完整移动通信产业链的同时，具有自主知识产权的创新技术也在我国工业企业中产生了前所未有的溢出效应。今天的国际竞争已经不单单是企业和产品的竞争，而是产业链的竞争。选择产业链的特定环节，将决定一个企业和一个产业的未来。TD 产业化的创新之路，关键在于带动产业链核心竞争力的整体提升，只有单一企业的竞争力转移为有组织的产业竞争力，我国的企业才能真正占据全球价值链的高端。在真才基的眼中，我国产业链核心竞争力的提升路径已渐渐清晰。

据统计，在 TD 终端市场，截至 2011 年 7 月，累计 TD 终端产品达 630 款，其中手机达到 317 款。随着通信产业的技术变革，TD 作为中国自主研发的核心技术无疑扮演着至关重要的领导角色。在 TD 芯片市场，目前已经形成由大唐联芯、展讯等为主导，高通等国际厂商已经进入或正在进入的格局，TD 终端芯片出货量超过 7000 万片。“现在，我们不仅能够自己设计手机芯片，还能实现手机芯片在国内的生产，这是我国通信设备产业很大的进步，我们过去从来没有人能站到产业链高端，具备实现从元器件到系统设备和手机芯片的全套产业化能力。”真才基说。大唐电信集团探索 TD 产业发展的过程，不仅是企业自身发展的有效路径，更是中央企业所承担的行业责任。截至 2011 年底，我国 TD 制式 3G 用户数量预计将接近 5000 万人，稳居国内三大 3G 标准用户数量的第一位。如此高的市场占有率大大促进了中国通信产业整体升级，并实现了包括系统设备厂家和手机厂家在内的 200 多家上下游企业的共同崛起。

通过竞争国际标准，进而占据产业高端环节，促进创新技术成功转化，并带动管理创新与制度创新，这个过程说起来容易，做起来却很难。TD 作为一项国家力推的国际通信标准，它的成功商业化不仅仅关系着围绕这个标准而建立起来的整条产业链上各大企业的生死，更是我国建设创新型国家的一次有益尝试。基于在 TD 国际标准产业运作和开发管理领域的宝贵积累和丰硕成果，大唐电信集团申报的《TD - SCDMA 国际标准的产业化开发管理》项目获颁 2010 年第十六届全国“企业管理现代化创新成果一等奖”，中国企业家联合会、中国企业家协会商务副理事长胡新欣代表全国企业管理现代化创新成果审定委员会对本届成果进行点评时特别指出，大唐电信集团“高端定位的战略思维和技术成果市场化的商业智慧，已给中国企业家带来了深刻启示”。

（三）让TD飞得更高、更快、更远

大唐电信TD的国际标准及其产业化之路，是响应国家“提高自主创新能力，建设创新型国家”号召，实践“技术创新工程作为推进自主创新、提升产业核心竞争力、加快转变经济发展方式”的典范。多年来，大唐电信集团在国务院国资委领导下，始终坚持贯彻落实科学发展观，不断依靠科技进步，大力提升企业自主创新能力，把我国制造的成本优势与大唐电信集团的创新优势相结合，走出了一条从低端产业链走向高端产业链，从中国制造走向中国创造的科学发展之路。

TD的发展关乎国家产业的整体产业链竞争水平，更影响到诸多战略性新兴产业共同技术进步，今天的第三代移动通信已经可以与家居、绿色和环保相结合，4G对未来新能源利用，尤其是城市的节能、环保、生态领域都会有所贡献，在家居应用方面也会发挥更多的作用。大唐电信集团在3G时代探索出的“正向式创新”，也将有力地促进未来4G及战略性新兴产业的发展。

战略性新兴产业的特征就是智能化，掌握核心技术成为产业健康发展的关键。大唐的TD产业化和普及应用，还有一个重要的意义。随着世界经济格局和竞争形势的不断变化，一些企业原有的经济增长模式受到了巨大的挑战，“对于中国来说，也许我们在技术上取得某些突破是可能的，而许多人，包括国际专家都认为，中国实现产业化能力更差，对于这一点我们之前可能缺乏认识。”清华大学经管学院教授吴贵生表示，目前开放的市场条件下，中国企业面临着前所未有的世界难题，即如何利用自身优势与国际企业竞争。而在TD国际标准产业和市场化发展过程中，大唐电信集团基于深入分析全球移动通信产业价值链，充分利用大规模、低成本的“中国制造”优势的“轻型工业化”发展道路，更是值得其他企业借鉴。大唐电信通过建立产业联盟、通过共享技术资源，团结产业上下游共同打造产业链，为我国探索创造新型产业提供了很好的经验。同时，我们也可以看到，通过密切分工合作，我国企业正占据产业链的关键环节和高端环节，TD产业的发展强有力地提升了我国移动通信制造业整体竞争能力。大唐电信的“正向式创新”为经济增长提供了一个新的典型范本，企业也许可以改变目前的“中国制造”模式，尝试“中国创造”引领下的内生式增长模式。

面对新的形势和新的发展阶段，大唐电信集团将围绕科学发展和“做强做

优”的主线，把握战略性新兴产业发展机遇，科学制定企业“十二五”发展战略，更加强调企业盈利能力的提升，更加突出商业模式的创新和国内外市场的突破，努力将大唐电信集团建设成为拥有自主知识产权、具有综合创新能力和国际竞争力的大型高科技现代中央企业。大唐电信的未来正如企业使命愿景所言：做信息通信价值创造者，以领先的技术、产品和服务，创造自由自在、无垠无限的通信世界，帮助人们突破信息交流的障碍，体验更便捷、更灵动、更时尚、更个性的沟通乐趣，实现思想与心灵的自由交融。

三、航天科技：把创新的旗帜插上太空

有人曾把电子技术发展的相对滞后称为中国航天的“软肋”。发达国家亦在此领域对我国层层封锁，限制出口先进的技术和产品，希望藉此维护其在太空中的霸权。要让电子技术成为中国航天发展最强劲的推动力，中国航天人立下誓言，并用响当当的成绩一步步使其变为现实。

中国航天科技集团公司（下称“航天科技集团”）成立于1999年7月1日，是在我国战略高技术领域拥有自主知识产权和著名品牌、创新能力突出、核心竞争力强的国有特大型高科技企业。以载人航天的探月工程，北斗二代导航、新一代运载火箭系统的研发为代表，航天科技集团始终以满足国家对航天技术和产品的现实需要为目标，以融合系统科学理念的技术创新平台为支撑，以原始创新、集成创新、产品创新、军民融合创新为重点，以自主创新为己任，以国际航天最高水平为标准，全面推进航天技术创新工作，攻克了一个又一个国际宇航界公认的难题，取得了显著成绩，确保了集团公司承担的一系列国家重大航天专项任务圆满完成，使我国航天技术的发展跃上了一个新的台阶。

（一）“十一五”铸辉煌，“十二五”写新篇

航天科技集团以掌握具有自主知识产权的关键核心技术为目标，制定了航天核心技术计划，取得了数百项标志性成果，有力地推动了以载人航天和月球探测工程为代表的国家重大航天科技专项的立项研制。集团公司成立以来，共获得了国家级科技进步奖43项，其中：特等奖3项，一等奖9项，二等奖27项；专利申请数量从1999年的19件上升到2009年的1780件，特别是专利申请中发明专利比例高达80.7%，位居军工集团之首。

“十一五”期间，中国航天科技集团自主创新能力显著增强，在国防科技发展和航天武器装备建设、促进经济社会发展和科技进步等方面取得了突出成绩，圆满完成了各项技术创新任务，为建设航天科技工业新体系奠定了坚实的基础，为建设创新型国家作出了突出贡献，技术创新成果得到国家高度认可。“十一五”期间，航天科技集团共获得国家和部级科学技术奖500余项，其中，获国家最高科学技术奖1项、特等奖1项、一等奖6项、二等奖10项，国防科学技术特等奖4项、一等奖37项，全军武器装备科学技术一等奖8项。2006年，作为唯一一家军工企业，集团公司被列入国家首批创新型企业试点单位，并在

2008 年获得了“创新型企业”称号。2007 年，集团公司获得了国家首次设立的“中国工业大奖”。2009 年、2010 年，集团公司连续两届被国务院国有资产监督管理委员会授予任期考核“业绩优秀企业”称号和“科技创新特别奖”。在“十二五”开局之年，又新获国家科学技术进步奖 3 项。集团公司专利申请量连续 3 年突破千件，其中天宫一号和神舟八号对接机构和地面试验系统获得 15 项国家专利。“十一五”期间，中国航天科技集团从一年只进行几次发射到 2010 年发射 15 箭 20 星，实现历史性突破。

五年来，集团公司载人航天与探月工程筑就了我国航天事业新的里程碑，实现了航天员首次出舱活动，圆满完成了嫦娥一号、嫦娥二号卫星绕月探测任务，载人航天三期工程以及后续探月二期、三期工程已获批立项。北斗卫星导航定位系统一期工程实现了高频度发射和初步组网，实现了区域无源高精度定位技术的重大突破。新一代运载火箭已经转入初样研制阶段。“核高基”专项工程的实施，提升了核心器件、高端芯片、基础软件的自主保障能力和应用水平，一批成果已在航天型号中得到了应用。经过五年努力，集团公司已初步建成支撑宇航系统、导弹武器系统、航天技术应用产业和航天服务四大主业发展，涵盖应用基础研究、应用研究开发、产品设计制造全过程的创新体系，圆满完成第一阶段建设目标，获得国家首批创新型企业称号。

在“十二五”开局之年，集团公司全年共完成 19 次宇航发射，再创历史新高。当前，集团公司正在加快构建航天科技工业新体系，加速发展四大主业，积极推进国内外交流与合作，致力创新，勇于开拓，全力铸造国际一流大型航天企业集团，努力为国家现代化建设和人类和平利用空间的伟大事业作出新的贡献。

2011 年必定是载入中国航天史册的一年。9 月 29 日晚，长征二号 FT1 运载火箭将“天宫一号”目标飞行器送入预定轨道。短短 32 天后，长征二号 FY8 运载火箭托举“神舟八号”飞船进入太空。两枚长征二号 F 运载火箭准时点火，其入轨精度之高创造了我国运载火箭新纪录。用航天人的话说，就像打靶连中两个“十环”。在举世瞩目的“神舟八号”与“天宫一号”先后两次成功完成太空对接后，国家知识产权局专门举行了“神舟八号”和“天宫一号”航天交会对接技术中国专利证书颁发仪式。该项对接技术是航天科技集团广大科技人员历时 16 年攻关成功的我国航天史上最复杂的空间机电一体化产品。这不仅标志着我国继俄罗斯、美国之后，成为第三个独立掌握载人航天器空间交会对接技术的国家，也标志着我国科技工作者将创新的旗帜插入太空，用自己的智慧把使命与责任写进浩瀚的太空。为我国今后开展更大规模的空间探索奠定了扎实的技术基础。

（二）两个“十环”铸辉煌

作为中国航天事业的主导力量，中国航天科技集团公司承担了八大系统①中的载人飞船系统、运载火箭系统、空间实验室系统三大核心关键系统的研制工作，这些都是决定成败的关键系统，也是标志着航天发展水平、最具创新活力的领域。早在交会对接任务正式立项之前，中国航天科技集团公司就已经启动了首次交会对接任务的论证工作。经过16年的技术攻关，航天科技集团承担的三大系统突破了对接机构等关键技术。在此次载人航天工程首次交会对接任务中，中国航天科技集团公司九院共提供各类产品600余台（套），涉及惯性导航、计算机与微电子、遥测遥控、基础元器件多个领域。不仅如此，把创新放在第一位的航天人在多个领域大胆开拓，多项技术得到首次应用，多项产品更加成熟可靠，为飞行试验的成功立下汗马功劳。

1. “天宫一号”攻克三大技术难题

作为载人航天飞行任务中的“新成员”，“天宫一号”目标飞行器成为首次交会对接任务中的亮点。“天宫一号”重约8.5吨，此次任务的主要使命是圆满完成交会对接任务，并携带有效载荷开展科学试验。据航天科技集团相关专家介绍，由于此次任务的特殊性，“天宫一号”的研制要攻克三大难关：一是在轨工作时间长对飞行器高可靠性提出严峻挑战。“天宫一号”将创我国载人飞行器的服役纪录。在两年的服役期内，“天宫一号”要相继完成三次交会对接任务，即要分别与“神舟八号”、“神舟九号”和“神舟十号”进行对接；二是诸多新技术将在此次载人航天飞行任务中接受检验。以电源分系统为例，其特点迥异于前7次飞行。本次任务将100伏高压供电体引入其中，将极大地提高飞行器用电效率；此外，半刚性太阳能帆板将有助于为“天宫一号”目标飞行器“减重”，为今后大型空间飞行器开展大型空间试验打下技术基础；三是作为目前国内在研型号里重量最大、体积最大的飞行器，“天宫一号”将给运载火箭系统在整流罩设计等方面带来新的适应性难题，此次飞行任务将会验证大型飞行器对运载系统的多项适应性改进新技术。

---

① 中国航天八大系统为：航天员系统、空间应用系统、载人飞船系统、运载火箭系统、发射场系统、测控通信系统、着陆场系统和空间实验室系统。

2. “神八”首上对接机构

执行此次交会对接任务的神舟八号飞船，虽然没有承担载人任务，但是要想在太空中实现完美对接也并非易事。这就不得不提到“神八”上的核心部件——对接机构。

据航天科技集团相关专家介绍，“神八”与“天宫一号”的对接过程，就如同太空中两列没有铁轨的高速运转的列车实现首尾相接。对接后，“天宫一号”要在两个飞行器之间建立能供航天员通过的气密通道，此外还要实现与“神八”电、气、液的共通，收到“对得上，分得开”的效果。这对对接控制和对接机构提出了较高要求。

“‘神八’与‘天宫一号’的对接，就宛如在太空中穿针引线，这将对飞行控制和对接结构提出严格要求。”负责人表示，为了完美上演“穿针引线”大戏，此次天宫一号采用了全新的测量设备，让350公里轨道上的“神八”与“天宫一号”的一切“行踪”尽在掌握。

3. “长二F”大变身

在首次交会对接任务中，已经圆满执行过7次任务的“长二F”火箭再次两度执行飞行任务。针对“神舟八号”和“天宫一号”两次发射任务的特点，设计人员将执行首次交会对接任务的运载火箭进行了重新设计，并取名叫“改进型长征二号F运载火箭”。

据航天科技集团相关火箭专家介绍，针对两次飞行任务的特点，该火箭有两种状态，即：执行“神舟八号”任务的载人状态的火箭和执行“天宫一号”的非载人状态的火箭。

相比于之前的“长二F”火箭，两种状态共同的改进之处是：将“长二F”火箭的“惯性平台+捷联惯性组合”模式中的惯性平台取消，换为捷联惯性组合，构成“双捷联”惯导系统。

载人状态和非载人状态的火箭主要区别在于逃逸系统的设计。执行“神舟八号”发射的载人状态的火箭逃逸系统没有变化，“尽管‘神八’上没有航天员，但是我们没有降低对火箭的要求，按照载人的标准来进行严格设计和质量要求。”航天科技集团有关火箭专家说。

执行“天宫一号”发射的非载人状态的火箭取消了逃逸塔和原整流罩，全新研制了我国首次采用的冯·卡门曲线的新整流罩。该技术减少了火箭飞行过程中的阻力干扰，减少了火箭飞行过程中对“天宫一号”的颠簸，降低了飞行器可能在飞行过程中的受损几率。

“十环”的背后，是常人难以想象的艰辛付出。从历时5年的研制准备到产品生产和测试，研制队伍承担着高密度、高强度的任务，始终严格履行试验计划，严格控制执行过程，用最快速度解决问题，各项研制计划均超前完成。出厂前，两枚火箭共完成50余项质量专项评审，确保高质量完成发射任务。在载人航天领域，航天科技集团先后攻克火箭控制与高精度发射，飞船总体技术，制导、导航控制技术，空间交会与对接，组合体控制与管理等国际宇航界公认的难题，20余项技术达到国际先进水平。

（三）自主创新：抢占航天科技发展的制高点

为了建设创新型国家、加快我国航天科技发展，推进我国由航天大国向航天强国迈进，满足国民经济建设和国防建设的需求，航天科技集团确定了“构建航天科技工业新体系，建设国际一流大型航天企业集团”的发展战略，并通过创新文化、创新机制、创新载体等多种形式，积极发动广大职工群众投身到经济技术创新创效中来，推动了航天事业又好又快发展。

1. 质量文化建设确保航天发射万无一失

中国航天科技集团公司的质量文化是企业文化的重要组成部分，是航天科技工业多年来质量管理成功经验和失败教训总结提炼的结晶，是确保高质量地完成航天型号任务的精神法宝，是支撑集团公司四大主业全面、快速、健康发展的无形资产。

中国航天创新文化，建筑在中国航天科技工业50多年坚持自主创新和改革发展的文化积淀之上，面对新形势、新任务、新发展、新挑战，不断探索后形成的，有关自主创新能力建设的价值观念、行为规范的总和，是促进科技进步和管理变革的重要推动力。从20世纪50年代形成的“三严”作风，到60年代周恩来总理提出的“十六字方针”，再到新时期的“严慎细实”工作作风以及我们当前倡导的“零缺陷”理念，充分表明我国航天科技工业独特质量文化的精髓是一脉相承和与时俱进的。

早在20世纪60年代，周恩来同志就提出了“严肃认真，周到细致，稳妥可靠，万无一失”的十六字方针。2003年，集团公司在《质量文化建设纲要》（2003—2005）中，将“十六字方针”作为质量管理的指导思想，提炼“质量是政治，质量是生命，质量是效益”的质量观和“严、慎、细、实”的企业作风，形成了集团公司的质量理念、质量价值观、质量方针和质量行为准则，初步形成了集团公司的质量文化体系。“十六字方针”是针对航天产品技术复杂、系统性强、质量与可靠性要求高等特点提出的，在当前我们承担的一系列重大航天工程中，这些特点更加突出。因此，“十六字方针”仍然具有重大的现实指导意义，是质量文化的灵魂。

近年来，航天科技集团提出了“零缺陷、零疑点、零故障”的“三零”要求——即通过“零缺陷”的质量意识、“零疑点”的工作标准，来实现飞行的“零故障”，明确提出将“零缺陷——第一次就把事情做对、做好”作为集团公司的质量座右铭。“零缺陷”理念，体现了航天质量文化一脉相承、与时俱进的品质。“零缺陷”理念是“十六字方针”涵义的细化和延伸。其内涵有三个层次。一是追求各项工作第一次就做对、做好；二是力求产品实现过程中各环节、各零部件、各项操作全面优质、准确无误；三是要求型号研制大型地面试验、飞行试验等任务圆满完成。“零缺陷”理念是航天质量文化的核心和精髓，它强调高标准、高要求，坚持以人为本，不断培养和提升航天人的质量文化素养。每一个岗位人员都以“零缺陷”为目标，力求型号研制、生产和服务的各环节、各零部件、各项操作全面优质、准确无误，保证型号研制大型地面试验、飞行试验等任务的圆满完成。

万无一失不只是要停留在口头上为了做到万无一失，研究院提出了“十个杜绝”，即杜绝单点模式识别和控制不到位；杜绝测试项目不覆盖；杜绝状态失控；杜绝过程控制不量化；杜绝关键重要产品成功包络分析不全；杜绝测试数据分析对比不足；杜绝质量问题归零不及时、不彻底；杜绝研制和总装测试发生重复性、低层次和人为责任质量问题；杜绝发射场质量问题；杜绝飞行过程中质量问题。这种杜绝，是向我们的已知和未知做挑战，特别是向未知做挑战，不仅是已知里好好执行来杜绝测试不覆盖，而且是在未知里通过蛛丝马迹、通过逻辑推理、通过深入寻找规律去认识、总结、归纳新的测试方法，从而达到确保成功的目的。此外，研究院的专家还对火箭采取数据包络法，关键件、重要件确定，拧紧力矩分析，多媒体记录等方法，为保证火箭的产品质量提供现代化的科学分析手段。“数据包”的使用，是航天科技质量管理中的一项创新。对于任何一件产品，从原材料、元器件、生产过程，到最终性能都进行一系列实验，获得的数据全部储存下来，从而实现100%可追溯，做到整个系统100%可靠。

以国家型号任务牵引创新是航天科技集团创新文化形成的又一大特色。集团公司创新文化建设紧紧依靠国家重点型号的推进，深化创新理念，推进创新机制建设，并以此为重点和基础，拓展具有航天特色的创新文化。高度政治责任感使命感驱动、高成功目标的追求、高度自主原创精神的倡导、高复杂系统集成下的协同、高层次的全员智能开发、高风险下的坚韧执著、高度的奉献精神，都使创新文化深度融入职工文化中，有效激发了广大职工的事业心和责任感。

2. 班组建设打牢创新发展基础

航天科技集团第一研究院曾培育了中国第一、世界知名、在国际高科技产业具有自主知识产权的长征运载火箭品牌，铸就了发射第一颗人造地球卫星、载人航天和“嫦娥奔月”中国航天三大里程碑，为国家和民族振兴、为维护国家安全和引领中国航天事业发展做出了卓越贡献。从这里成长起来的余梦伦班组、高凤林班组都是具有新时代特征的创新型班组，都是为推进中国航天事业全身心投入、立足岗位做奉献的典范。

班组是从事科研生产和经营管理的基层组织单元，是集团公司完成各项任务的主力，是集团公司核心竞争力的基础，更是航天事业发展的基石。加强班组建设，对于把集团公司的班组建设成为管理规范、开拓创新、创先争优、团结和谐的基层组织，对于把班组长培养成为政治强、业务精、理念新、会管理的基层管理者，对于建设具有一流职业素养、一流业务技能、一流工作作风、一流岗位业绩的职工队伍具有十分重要的意义。

航天科技集团把7700多个班组的建设作为重中之重来抓，专门建立课题，并形成课题论文《建班组就是建企业，抓班组就是抓管理》；在印发《集团公司班组建设指导意见》的基础上出台了《集团公司“六好班组”评选管理办法》；按照科学性、系统性、规范性的要求，不断把集团公司的班组逐步建设成为“基础管理好、任务完成好、质量安全好、成本控制好、攻关创新好、团队建设好”的“六好”班组；通过中央企业班组长岗位管理能力资格认证远程培训和出国培训等方式把班组长逐步培养成为思想素质高、业务能力强、管理水平高、创新意识强、群众威信高的企业基层管理者；把班组成员培养成为爱岗敬业、忠实履职、不断学习、勇于进取的劳动者。

在班组建设中，航天科技集团结合实际，注重实效，形成特色，初步建立了以人为本、立足岗位、全面创建、规范提高的管理架构，逐步形成了具有航天特色的班组文化，创造了一些富有创新意义的班组工作经验。“余梦伦班组”就是其中一个代表，这是我国第一个以院士名字命名的高科技创新型班组。余梦伦本人是中国科学院院士、全国劳动模范。“余梦伦班组”在航天重大工程项目实施中获得50多项省部级以上技术成果，先后荣获全国工人先锋号、中央企业红旗班组标杆、国防邮电工会创新示范班组等多项荣誉称号。“余梦伦班组”秉承“质量第一、专业领先、技术民主、人才立组”的班组建设方针，大力弘扬航天“三大精神”，坚持岗位练兵、推进技术革新、加强科学管理、完善制度建设，探索并形成了一套具有科研类班组特色的班组目标管理法、班组育人法和班组创新法等班组建设方法，有力地促进了科研任务的圆满完成和人才队伍的培养，为航天事业发展做出了积极贡献。

据统计，航天科技集团以班组为单位设立的职工创新项目超过70%，取得了一大批创新成果，如集团五院502所博士团队近年来完成了数百项科研攻关任务，先后申报专利104项，为中国空间技术发展做出了重要贡献。近两年，集团公司共设立职工创新项目3000多个，职工创新成果达1.2万余个。

3. 人才迅速成长保证创新的可持续发展

航天是当今世界最具挑战性和广泛带动性的高科技领域之一，是一个国家经济社会发展和科技进步的重要推动力量，也是实现富国强军的战略基石。要承担起富国强军的历史使命，完成构建创新型、开放型、融合型的航天科技工业新体系的重要任务，实现铸造国际一流大型航天企业集团的宏伟目标，推动从航天大国向航天强国的迈进，就必须吸引培养造就一大批能够跻身世界科技前沿的战略科学家和科技领军人才，在更大范围、更广领域和更高层次上，构建人才高地，占领人才竞争的制高点。

（1）为航天领军人才搭建成长快梯。

领军人才是集团公司高层次人才队伍的重要组成部分，是引领和推动航天事业发展的中坚力量。集团公司要担负起富国强军、建设创新型国家的神圣使命，要构建航天科技工业新体系，建设国际一流大型航天企业集团，必须努力培养和造就一批具有世界眼光、战略思维和创新能力的领军人才，必须把领军人才培训工作作为一项长期的战略任务抓好抓实。

2011年12月16日，在中共中央、国务院、中央军委隆重庆祝“天宫一号”与“神舟八号”交会对接任务圆满成功表彰大会上，中国航天科技集团公司74名同志受到隆重表彰，这仅仅是集团公司领军人才培养累累硕果的一个代表。随着一系列重大航天工程的相继实施和顺利完成，集团公司一大批领军人才脱颖而出。正是这样一批以领军人才为代表的优秀人才队伍为中国航天事业的腾飞立下了赫赫战功。航天事业的繁荣、集团公司的发展始终离不开领军人才的支撑。几年来，集团公司围绕构建航天科技工业新体系，坚持高端引领，突出航天特色，扎实推进领军人才培训工作，着力建设航天领军人才队伍，取得了明显成效。

集团公司党组和各级党委高度重视，紧紧围绕发展战略和中心工作，对标国际一流企业，把领军人才培训作为人才强企战略的重要组成部分，作为打造企业核心竞争优势的重要手段，坚持定期研究，着力推进，不断强化培训工作的基础性、先导性和战略性地位。集团公司《"十二五"人才规划》明确要启动实施"科技领军人才培养计划"，刚刚下发的《进一步加强和改进培训教育工作实施意见》也明确提出，要以培养具有国际化视野、专业化水平和职业化素养的领军人才为重点，以能力建设为核心，把领军人才培训的普遍性要求与组织发展、岗位要求和个人需要相结合，整体推进领军人才培训工作。

针对领军人才大多理工专业背景深，技术管理能力强，但理论素养、领导能力和战略层次有待提高的特点，集团公司坚持"干什么学什么，缺什么补什么"，开展了全覆盖、多形式的培训工作，有效提升了领军人才的综合素质和能力。三年来，累计培训领军人才 9000 多人次。

为适应集团公司国际化发展战略需要，航天科技集团积极拓展境外培训进修渠道，围绕现代企业经营管理、战略管理、市场化经营等主题，开展科研院所长等经营管理骨干境外培训，开阔了视野，拓宽了思路，提高了运用国际规则经营企业的能力。特别是利用国家公派和单位公派等渠道，积极选拔领军人才赴外留学进修。近年来共选派 400 余名型号"两总"和拔尖专业人才赴国际空间大学、法宇航、英国萨瑞大学等国外知名院校和科研机构开展中长期进修，学习跟踪前沿技术，掌握先进理念方法，汲取有益做法经验。此外，每年还引进 300 多名外国专家到集团公司进行学术技术交流。通过"走出去"和"请进来"，有效提高了领军人才国际交流合作与参与国际竞争的能力。

为摸准领军人才培训需求，掌握领军人才培训工作规律，人力资源部针对其中的重点和难点问题，积极倡导思考问题、研究问题，有针对性地开展了航天高层次人才成长规律研究、企业家成长规律研究、高级经营管理人员培训教育针对性实效性问题研究等课题研究工作。经过对领军人才成长和培训内在规律的深入思考和系统总结，不断更新理念、提高认识，为科学确立培训内容、方法和途径，推动领军人才培训工作创新奠定了扎实基础。

为提高领军人才培训的针对性和实效性，从 2010 年开始，人力资源部即着手研究建立领军人才领导力模型，对 30 位院所厂长进行了行为事件访谈，并发放了 100 多份调研问卷，还组织多次专家座谈，采取量化分析和质性研究相结合的方法构建了航天科研院所长领导力模型，形成了《航天科研院所长 ASE 领导力模型研究报告》和《航天科研院所长领导力现状及培训需求调研报告》的研究成果，确定了航天领军人才战略思考、科学决策、全球视野、创新思维、引领变革、授权分权等六个方面需重点提升的能力要素项。

（2）重大工程是造就人才的熔炉。

创新型人才需要在攻坚克难、自主创新的工程实践中锻炼成长。具有国家战略意义的航天重大工程，既是难度极高的硬任务，也是自主创新的大舞台。集团公司始终把完成航天重大工程作为培养造就拔尖人才的熔炉，在推进航天工程研制的实践中培育创新型科技人才。在重大型号项目立项前尽早配备研制队伍，保证队伍建设和型号研制同步推进、同步发展。为使人才队伍的能力建设更具专业性、针对性和科学性，集团公司将人才队伍重组细分为领导干部、出资人代表、科技人才、技能人才和管理人才等五支队伍并实施分层分类差异化管理。按照型号每推进一个阶段，人才就要跟进一批、储备一批的思路，坚持做到人才发展战略与集团公司发展通盘考虑、同时部署，人才队伍建设的目标与集团公司的总体发展战略相适应、相配套、相衔接。通过事业吸引人，岗位造就人，感情凝聚人，政策激励人，倾心为人才营造干事、创业的环境，让年轻人才在重大项目和重点工程中经受锻炼，吸引培养造就了一支技术精、作风硬、善攻关、朝气蓬勃的航天科技人才队伍。

一是搭建起了工程实践平台，用航天事业吸引集聚优秀人才。航天事业是我国科技发展和国防建设的重要力量，是跨领域、多学科集成的系统工程，需要大批高层次优秀人才来支撑。航天科技集团承担着以载人航天、月球探测、新一代运载火箭和高新武器装备等为代表的 80 多项航天型号工程任务。集团公司始终坚持把这些重大工程任务作为人才施展才华、报效祖国的实践平台，吸引集聚了一大批优秀人才。2003 年以来，集团公司共引进了 1000 多名博士生、9100 多名硕士生以及 200 多名海外高层次人才。

二是实施重大工程人才接力计划，着力培养年轻领军人才。集团公司有意识、有计划地安排德才兼备、基础扎实的年轻骨干参加重大工程的研制，在工程实施中注重尽早识别和发现人才。同时，集团公司还按照工程每推进一个阶段，人才就要跟进一批、储备一批的思路，实施人才接力计划。对于专业水平高、发展潜力大、创新能力强的优秀人才，集团公司打破年龄和资历限制，及时把他们推举到型号总设计师、总指挥的岗位上担当重任，在实践锻炼中加速成长。集团公司现有的 300 多名正副总设计师、总指挥中，45 岁以下的占 60%；载人航天工程的正副主任设计师的平均年龄仅 38 岁；月球探测工程设计师队伍中，35 岁以下高达 70%，青年技术骨干孙泽洲同志担任探月二期工程探测器系统总设计师时，年仅 37 岁。

三是依托航天技术发展，带动高层次创新型人才成长。为满足航天技术发展需要，集团公司每年投入近 20 亿元用于技术研发和创新活动，开展航天关键核心技术研究；建成了 7 个国家级工程技术中心、30 个重点专业研发中心、11 个国防科技重点实验室和 13 个国防科技创新团队；积极与清华大学、上海交大、哈工大等 30 多所国内知名高校开展产、学、研合作，借助高校的人才优势和学科优势搭建开放式的技术创新平台，开展应用基础和前沿技术研究。依托航天技术发展，集团公司带动了一批高层次创新型人才的成长。

集团公司现有 6.6 万专业技术人员，其中博士学历 1600 多人，硕士学历 13000 多人，拥有两院院士 33 名，国家级专家 101 名，有中央直接联系的专家 140 多人，共有 2100 多人享受政府特殊津贴。2011 年 1 月，孙家栋院士荣膺国家最高科学技术奖。今天的航天科技集团，以宇航系统、导弹武器系统、航天技术应用产业和航天服务业为四大主业。从业人员 15 万余人。其中中国工程院、中国科学院院士 31 名，国家级专家 34 名，“百千万人才工程”国家级人选 68 名，“中华技能大奖”获得者 8 名，“全国技术能手”92 名，高层次人才在中央企业中名列前茅。

（3）激发创新型人才的创新活力。

创新型人才需要强有力的政策措施去引导、良好的环境氛围来呵护。集团公司着眼于激发创新型人才的创新活力和创造激情，不失时机地推出有利于创新型人才成长成才的政策措施，营造鼓励创新创造的环境，努力形成有利于创新型人才脱颖而出的氛围。

一是拓宽发展通道，鼓励成长成才。为鼓励科技人员在学术上发展、技术上进步，集团公司建立了设计师、研究师和工艺师等专业技术队伍，在原有专业技术职称的基础上设置了分层分类的技术职务发展序列，明确了技术主管、主任师、总师等 7 个技术职务等级。

同时，集团公司以 27 个航天主体专业为基础，建立了集团公司、院和厂所三级学术技术带头人队伍，搭建起了人才成长进步的阶梯，让技术人才沿着适合自己的路径发展。导弹控制技术专家包为民同志既有较强的管理能力，又具有扎实的专业功底，考虑到技术工作的需要，集团公司有意识地帮助他立足专业发展，他在年仅 40 岁时就开始担任某重点型号总设计师，45 岁便当选中科院院士。

二是健全激励机制，激发创新活力。集团公司建立了突出创新型人才岗位价值和能力业绩、具有市场竞争力的收入分配机制，建立了载人航天和高新工程等骨干人才津贴，并向一线科技人才倾斜，稳定和激励了一大批技术骨干。此外，集团公司还对取得突出成绩的技术人员，实行政治荣誉、物质奖励、推举专家、培训深造、职称评聘的“五优先”政策，有效地调动了他们扎根一线、献身航天的积极性和创造性。

集团公司现有14位全国人大代表和政协委员中，有11位是科技专家；获得“航天奖”这一代表集团公司最高荣誉的人员中，有80%来自科研生产一线。

三是凝聚精神动力，培育航天文化。集团公司坚持把航天精神、“两弹一星”精神和载人航天精神作为鼓励和引导人才成长的核心价值理念。通过把党组织建到型号试验队、在重大发射任务前举行隆重的出征仪式和面对国旗的签名仪式等活动，引导科技人才以成功报效祖国、以卓越铸就辉煌。同时注重做好创新型人才的思想指导、文化引导和心理疏导，关心他们的工作生活，及时解除他们的后顾之忧。

（4）持续提升人才队伍创新素质。

创新型人才需要以坚实的理论基础、系统的专业知识和严谨务实的科学作风为基础。集团公司从航天技术的高端性和前沿性的特点出发，对科技人员的能力作风培养进行系统谋划和精心安排，集中优势资源组织实施，坚持不懈地提升人才队伍的创新素质。

注重知识更新，强化专业能力。集团公司将科技人才细分为型号“两总”、预研、设计、工艺等12大类，针对不同岗位的特点和要求，明确了对各类人员进行培训的重点内容、具体要求和培训时限。集团公司突出了新理论、新知识、新技术和新方法的培训，坚持培训的多领域、多层次和全覆盖，通过前沿知识、专业技术、典型案例和航天系统工程理论等的学习，增强科技人才系统思考、技术掌控和科技创新的能力，每年培训6万人次以上。

培养科学作风，提升职业素养。集团公司注重发挥专家群体的导师作用，积极实施航天人才科学作风培养工程，组织院士专家深入科研院所的70多个重点课题组，通过技术研讨、专业培训、团队学习、集智攻关等方式，帮助年轻人掌握分析和解决复杂技术问题的思路和方法，指导他们探索攻关路径，创新研究思路，培养他们求真务实的科学态度和严慎细实的工作作风，使他们不仅在技术上接好班，而且在作风上接好班。

加强交流合作，拓宽创新视野。集团公司通过组织形式多样的国内外学术和技术交流活动，定期举办专家论坛、学术报告会，为创新型人才搭建平台，达到相互交流、共同提高的目的。同时，集团公司还大力加强国际交流，每年引进300多名外国专家到集团公司进行技术交流，选派2000多名技术骨干到国外高校和科研机构学习考察，对创新型人才学习前沿技术、开阔全球视野、提升创新素质起到了积极的促进作用。

4. 与国家知识产权局合作加强知识产权战略

"十一五"期间，集团公司将知识产权作为一项战略性任务大力推进，建立了完善的知识产权工作体系，发布实施了集团公司知识产权战略。2011年，集团公司还获得国家知识产权局颁发的中国专利金奖，成为第二批全国企事业知识产权示范创建单位。

"创新才有未来，合作方能共赢。"在刚刚成功实施的我国首次空间交会对接任务中，集团公司又突破了六项具有国际先进水平的载人航天技术。与国家知识产权局进行战略合作就是要推进中国航天技术达到国际一流水平，使集团公司的知识产权工作迈上一个新台阶，推动我国从航天大国向航天强国迈进。双方进行全面合作的主要内容有：共同探索大型中央企业及军工集团知识产权管理新模式，发挥国家知识产权局的专业与资源优势，指导帮助集团公司实施知识产权战略；集团公司在国家知识产权局部署的各项工作中，发挥航天科技创新优势和产业优势，及时报送有关工作经验和阶段性成果等信息，推动知识产权专业人才、管理人才、专员与一线技术骨干人才的"十百千知识产权人才工程"等，为促进国家知识产权战略纲要的实施和创新型国家建设作贡献。双方在今后的合作中，加强沟通、加强内部交流；立足企业自身发展需要，进一步探索知识产权工作新模式，强化企业的知识产权转化运用能力；及时总结合作典型经验，为完善央企知识产权工作提供宝贵借鉴。

全面实施集团公司知识产权战略后，知识产权工作进一步加强，专利申请量持续上升，连续四年突破千件，受到了国务院国资委的表扬，被国家知识产权局批准成为全国企事业知识产权示范创建单位。截至2010年底，集团公司共申请专利8093件，专利授权1876件。"十一五"专利申请和专利授权总量分别是"十五"的14.1倍和2.9倍。目前，集团公司共获得六项中国专利优秀奖，已通过PCT提出国际专利申请15项；通过自行实施、许可、转让、作价入股等方式，将知识产权转化为现实生产力，实现其社会经济价值，累计创收近5亿元。

（四）总结经验，再创辉煌

我国航天事业取得辉煌成就的传家宝，一是始终坚持自主创新，二是对人才的重视和培养。

创新是航天高科技企业核心价值观中的重要组成部分。航天科技集团公司成立十年来，在邓小平理论、"三个代表"重要思想、科学发展观的指引下，集团党组和集团公司坚持依靠全体职工走自主创新之路，经济规模和经济实力大幅提升、航天重大科技工程取得一系列重大突破、自主创新成果显著。首次探月工程的圆满完成，实现了中国人"嫦娥奔月"的梦想，标志着我国跨入世界上为数不多的具有深空探测能力国家的行列。天宫一号遨游太空、神八成功实现对接再次证明，站立起来的中国人民已经昂首于世界民族之林。这是全体航天人的追求，也是全国人民的骄傲。结合中国航天的实践，全国政协委员、中国航天科技集团公司运载火箭技术研究院党委书记梁小虹对自主创新深有感触，"中国航天虽然年轻，但是我们已经能够在世界的航天舞台有一定的话语权，究其根本，就是因为自主创新。"航天科技集团公司的企业使命是"创人类航天文明，铸民族科技丰碑"；核心价值观是"以国为重，以人为本，以质取信，以新图强"；企业精神"自信自强、无私无畏、敢想敢为、尽善尽美"也充分体现了中国航天人在科技进步、生产管理中不断创新的大无畏精神。

人才的高度决定事业的高度。无论国家创新还是企业创新，都不能靠某个人、某个部门的单打独斗，而是要靠一个团队的整体协作和配合。整体创新表现在班组里就是从班长到组员的全方位参与和互动。但是，能形成这一状态的前提，就是职工必须提高自身创新能力。有了创新能力，班组创新才有内容、有精彩。而中国运载火箭事业能够健康、飞速地发展，实现整体创新就是原因之一。多年来，集团公司党组始终高度重视人才队伍建设工作，坚持人才资源是第一资源和人才工作先行的理念，大力实施人才强企战略，把科技领军人才培养作为人才队伍建设的核心内容和战略任务长抓不懈，把通过实施国家重大工程和重点任务培养造就科技领军人才作为工作的重中之重。据统计，人才的成长一般需要10年左右的时间，而在集团公司只要3~5年的时间。这得益于集团公司的人才培养工程。

辨明方位，方可把握发展大势。此刻，我们要清醒地看到，在应对高强密度发射与多型号并行研制、引领航天技术长远可持续发展、重大产业化项目发展的顶层谋划和产业布局等方面，我们与航天强国相比还存在差距；我们更该充满信心地看到，在实现富国强军、建设创新型国家、建设航天强国的伟大进程中，集团公司还将发挥出更加坚强的战略安全基石和中流砥柱作用。“十二五”期间，集团公司将按照国务院国资委提出的“做强做优中央企业、培育具有国际竞争力的世界一流企业”的目标，加速战略转型升级，积极应对新一轮科技革命的技术发展趋势，以科学发展观为指导，按照系统工程理念，统筹推进技术创新体系建设，促进集团公司又好又快发展。

四、中国南车：从“技术跟随”到“技术跨越”

“一车飞驰山水间，千里武广半日还”——“和谐号”首次亮相武广线就刷新了铁路高速运行的世界纪录。中国高铁创造的“中国速度”是嫁接式创新的典型案例，从“技术引进、消化、吸收、再创新”经历的时间不超过10年。2008年4月，我国首列时速350公里的CRH3“和谐号”动车组下线时，外界的质疑之声还不绝于耳。2010年9月，当中国南车再次以时速416.6公里的速度刷新了世界铁路运营纪录时，外界只能是惊叹了。

随着2007年4月18日中国铁路第六次大提速的实施，动车组开进了老百姓的日常生活，“火车”这一传统的交通工具已迈进高速时代。中国已经成为继日本、法国、德国后第4个能够独立研发制造时速300公里动车组的国家。人们发现，中国速度正在超越世界速度。中国南车正是这一速度的推动者。作为中国最大的轨道交通装备综合制造商，由中央企业中国南车集团整体改制重组，并于2008年8月实现沪港两地同步上市的中国南车股份有限公司（以下简称“中国南车”），正驰骋于企业发展的快车道上。

（一）中国南车：高速前行跻身全球业内三强

中国南车是经国务院同意，国务院国有资产监督管理委员会批准，由中国南车集团公司联合北京铁工经贸公司共同发起设立的股份有限公司，成立于2007年12月28日，2008年8月实现A+H股上市，现有17家全资及控股子公司，分布在全国10个省市，员工近9万人，是中国轨道交通装备制造行业最大的企业之一。目前公司注册资本118.4亿元，总部设在北京。中国南车主要从事铁路机车、客车、货车、动车组、城轨地铁车辆及重要零部件的研发、制造、销售、修理、租赁，和轨道交通装备专有技术延伸产业，以及相关技术服务，信息咨询，实业投资与管理，进出口等业务，产品和技术处于国内领先水平，高速动车组、大功率机车、城轨车辆等产品达到或接近国际先进水平，在国际上享有较高的知名度。

在以赵小刚为董事长的高管团队的带领下，中国南车立足科学发展，着力改革创新，狠抓技术进步，完善体制机制，在多个领域取得了突破。有关数据显示，中国南车的销售收入从2001年的120亿元逐年攀升，2008年达到358亿元，跻身全球业内三强。总资产由2001年的188亿元，增长到2008年的455亿元。在2008中国企业500强中排名第152位，在2008中国机械500强中排名第21位，在中国轨道交通装备制造企业中排名第一。利润总额由2001年的5882万元，提升到2008年的13.8亿元。“中国南车”成为全球同行业享负盛名的品牌。

进入世界同业三强，是南车的目标和动力。而南车集团为此所做出的努力，下面的时间表是最好的证明：

2006年7月，我国首列时速200~250公里动车组在南车四方股份公司下线。

2006年11月8日，我国首台“和谐型”八轴大功率交流传动电力机车在南车株机公司下线。

2007年8月末，南车四方股份公司第56列时速200~250公里动车组上线运营。

2007年9月下旬，我国首列时速300公里动车组在南车四方股份公司完成车体组装，整车也于年底下线。这是在消化吸收时速200公里动车组技术基础上的自主创新成果，其国产化率将达到80%以上。

2008年6月，时速300公里及以上动车组在京津城际铁路顺利完成各项型式试验，即将在北京奥运会前夕投入运营；南车集团自主研发的时速350~400公里动车组和六轴大功率电力机车已经全面启动。

表3-1 动车研发历程

型号	特点
CRH1	由青岛四方-庞巴迪-鲍尔铁路运输设备有限公司生产，设计时速在200公里以上
CRH2	南车四方机车车辆公司引进日本川崎重工的技术，以日本新干线列车为原型，设计时速在200公里以上
CRH3	采用德国的技术，设计时速在300公里以上
CRH5	联合阿尔斯通生产，国产化率达75%，设计时速在200公里以上

在中国近8万公里铁道线上奔驰的机车、客车、货车，有半数出自中国南车；备受关注的高速动车组，80%是中国南车制造。在中国乃至世界先进轨道交通装备制造领域，中国南车都名列其中。目前，中国南车已拥有铁路机车、客车、货车、动车组、城轨地铁车辆及相关零部件自主开发、规模制造、规范服务的完整体系。

从引进国外的动车组技术到完全自主研制新一代高速列车，中国南车只用了短短4年时间。能在如此短的时间取得如此快的技术进步，这与中国南车在技术上和装备上的投入有着很大的关系。即每花1元钱引入技术，中国南车都要投入3元钱进行消化吸收。围绕技术创新能力和技术装备水平的提升，中国南车已投资约70亿元用于技术改造、技术进步、产业升级和设备更新，上市募集资金中的90%用于主业能力提升。

目前，中国南车已具备铁路机车、客车、货车、动车组、城轨地铁车辆及相关零部件自主开发、规模制造、规范服务的完整体系。公司拥有中国最大的电力机车研发制造基地，全球技术领先的高速动车组研发制造基地，行业领先的大功率内燃机车及柴油机研发制造基地，国内高档客车研制的领先企业，全球领先的铁路货车研发制造基地，三家城轨车辆国产化定点企业，是中国最大的城轨地铁车辆制造商。同时，南车利用轨道交通装备专有技术，积极开发并成功扩展延伸产品市场，包括电动汽车、风力发电设备、汽车配件、船用曲轴和柴油机、大功率半导体元件、工程机械等。

2008年中国南车被授予国家技术创新型试点企业，如图3－5所示，中国南车拥有变流技术国家工程中心、高速列车系统集成国家工程实验室、动车组和机车牵引与控制国家重点实验室、高速动车组总成国家工程技术研究中心等4个国家级研发与实验机构、6个国家认定企业技术中心、7个经国家实验室认可委员会认可的检测实验中心、6个博士后工作站，并在美国成立了我国轨道交通装备制造行业第一个海外工业电力电子研发中心，在英国成立了功率半导体研发中心。中国南车下属11家子公司获得了国家高新技术企业的认定，有力地提升了南车技术创新体系建设水准。中国南车下属多家企业建立了省级认定技术中心、工程技术研究中心、重点实验室等创新机构。

公司的技术研发和制造水平已达到世界同行业先进水平，主要产品向着“先进、成熟、经济、适用、可靠”的技术目标不断迈进，不仅满足中国轨道交通运输的需要，而且实现批量出口。目前，中国南车以高速动车组、大功率机车为代表的一批具有自主知识产权的高性能产品技术已经达到国际领先水平，企业综合实力跨入世界轨道交通装备制造业前列。

面对新时期轨道交通运输业的机遇与挑战，力图创新的中国南车积极适应经济全球化的发展要求，将资源配置、市场开拓、技术创新、用户服务向世界延伸，以更加开放的胸襟与视野，在合作共赢中加快中国轨道交通装备的现代化进程，以一流的技术生产一流的产品，向用户提供最有价值的绿色产品，努力打造最具社会责任的行业先锋和国际化的跨国公司。

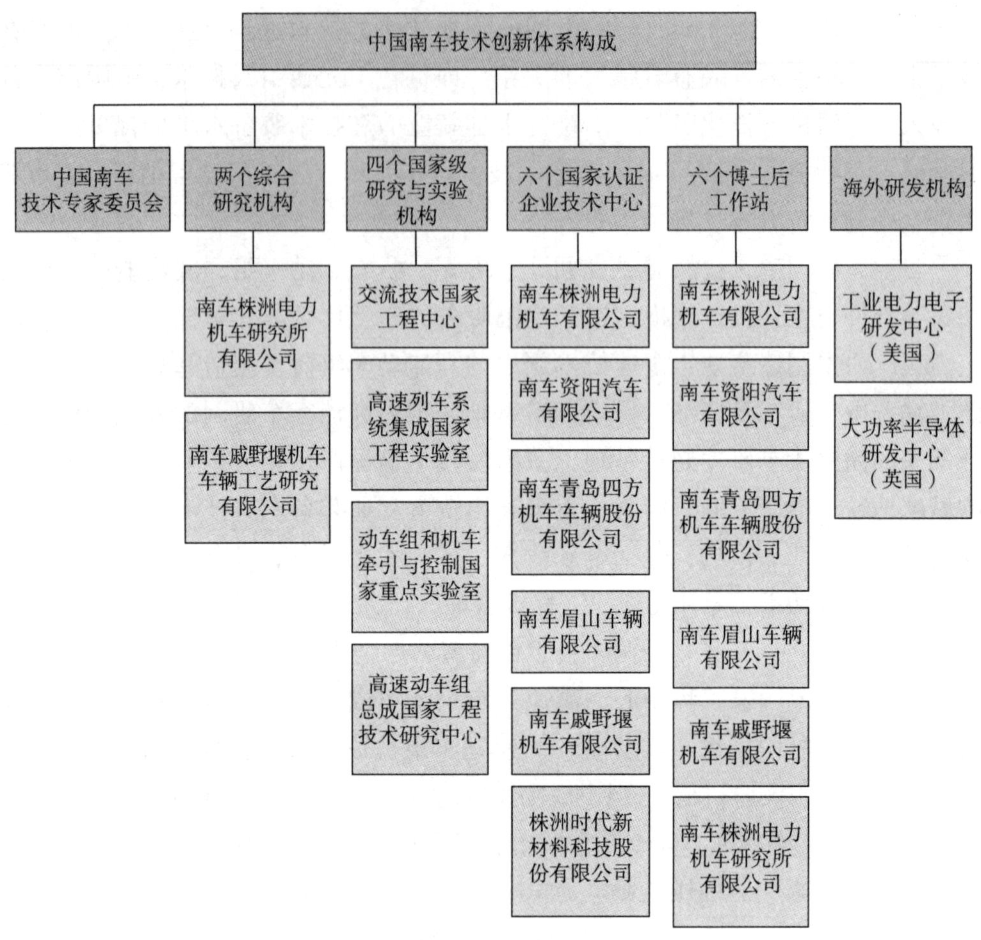

图 3－5　中国南车创新体系

(二) 南车蝶变之路：从“技术引进”到“自主创新”

中国最大的电力机车研发制造基地、高速动车组研发制造基地、大功率内燃机车及柴油机研发制造基地、国内高档客车研发制造基地、亚洲最大的铁路货车研发制造基地、三家城轨车辆国产化定点企业、中国最大的城轨地铁车辆制造企业……一系列光环成就了当今的中国南车。

短短五年的成立时间，中国南车集团在创新发展中迸发出的活力引人瞩目。是什么让它在“十一五”期间保持了年均 15% 的增长？又是什么让它为中国铁路历次大提速提供了主力装备，在中国高速铁路技术的发展中始终走在行业的前列？我们从中国南车集团致力于成为“国内一流、国际知名，具有国际竞争力的轨道交通装备企业”的不懈追求中得到诠释——这就是中国南车集团生生不息的“创新文化”。

“十一五”期间，中国南车抓住国家振兴重大装备制造业和铁路跨越式发展的良好机遇，以中国铁路加大路网建设，加快推进铁路装备现代化为契机，按照国务院确定的铁路运输装备“引进先进技术、联合设计生产、打造中国品牌”的总体要求，立足自主创新和技术引进消化吸收再创新相结合，通过系统引进国外先进技术，实施消化吸收和再创新等工作，探索出了一条适合企业发展和市场需求的自主创新道路。

1. 1∶3 的开放式创新模式

用仅仅三四年的时间，中国南车走完国外企业二三十年走过的历程。从制造型企业向创新型企业转变，从本土化企业向世界级企业转变，中国南车展示出中国企业在引进并消化技术和创新管理模式的超常发展速度。这一切，源自中国南车的一种技术创新发展模式。

中国南车集团党委书记郑昌泓提出：“技术创新是增强企业核心竞争力的关键，中国南车必须以掌握核心技术作为立身之本。”对于南车的决策层而言，首先需要把握的是如何拥有核心技术。通过技术引进，进行开放式创新，来迅速缩短与世界先进水平的差距，是南车发挥后发优势与国际接轨的捷径之一。

然而仅仅是简单的“拿来主义”，会不会“让出了市场，却没有换来技术”。对于这个问题，中国南车集团总经理赵小刚有深刻的见解。他说，在技术引进过程中注意把握三个关系：一是引进技术和合资合作的关系。在合资合作中牢牢把握企业的控制权，不能丧失自己的品牌和市场。二是引进技术与消化吸收的关系。引进技术，不能光引进组装线，把企业变成一个单纯装配厂，而核心技术仍掌握在他人手里。引进技术关键在于消化吸收，进行技术引进的配套投入。三是引进技术与自主创新的关系。引进技术后，要快速建立基础的研发平台、制造平台和产学研联合开发平台，给自主创新预留空间。事实上，技术可以引进，技术创新能力却要靠自己培育，只有具备了这种创新能力，先进技术才真正能为我所有、为我所用。

在南车人心中，有一个特殊的比例1∶3，1 倍的技术引进投入要配上 3 倍的消化吸收再创新投入。因为南车人明白，自主创新能力不足，核心技术受制于人，企业就无法实现快速健康可持续的发展。正是因为引进消化吸收再创新，推动了中国南车的集成创新和原始创新。如今，高速动车组的总成、车体、转向架、牵引电机、牵引变压器、列车网络控制和制动系统等九大关键技术，均在南车内部实现国产化，整车国产化率超过 75%。

所有高速动车组都配备了中国南车自主研发的“黑匣子”，不仅能记录列车的运行过程和故障信息，更具备“纠错功能”。一旦发现司机驾驶不当，火车发生故障等危及列车安全的问题时，“黑匣子”会提醒司机，必要时会自动紧急停车或减速，真正做到动车组的“和谐”运行。

2007年8月18日，铁道部与中国南车集团旗下的株洲电力机车有限公司签订了总金额近300亿元的1200台六轴大功率交流传动电力机车购销协议，并正式签订了其中500台购销合同。这成为我国铁路迄今最大的一笔机车采购协议项目。对于中国南车，它代表的不仅是技术创新能力的证明，它更是自主创新模式的成功。

此外，具有自主知识产权的16辆长大编组座车动车组和世界首创的卧铺动车组于2011年陆续下线，完全由中国自主化的时速350公里至400公里高速列车研制也已在南车全面启动。“技术的突破和创新就像一场比赛，需要巨大的斗志和毅力。”中国南车股份有限公司总工程师张新宁表情凝重，“我们时刻准备着与世界级企业赛跑。”

2. 灵活的研发投入机制

中国南车紧跟国际行业发展新趋势、不断适应国家及行业科技发展政策的变化，制订和修理企业中长期科技发展规划，确定企业长远发展目标，分析并采取了切实可行的措施保障各项科技发展目标的全面实现。同时，为不断提升中国南车自主创新能力，通过加强科技研发项目管理，加大科技创新经费投入，促进科技创新多出成果。按照“十一五”确定的目标，中国南车下属科研型企业、新造企业、修理企业的科技经费投入占年度企业销售收入的比例将分别达到8%、4%、2%的目标。

（1）加强科技研发项目管理。

中国南车为规范科技研发项目管理，夯实技术管理基础，制订了《中国南车股份有限公司科技研发项目管理办法》《中国南车集团公司科技费用预算管理办法》《中国南车集团公司科技统计规则》《中国南车科技成果奖励管理办法》等一系列管理规章，通过培训、研讨、交流等形式，完善科技研发项目立项申报、项目评审、项目经费预算、项目实施控制、项目验收、项目成果审定等阶段的管理要求，不断提升科技研发项目管理水平。

（2）积极抓好科技研发项目立项和成果申报。

如表3-2所示，2006年中国南车申报并获得铁道部科研开发计划立项7项、国家其他部委立项5项，中国南车科技立项90项，组织审定科技成果18

项；获得国家科技进步奖1项、省级科技进步奖5项、市级科技奖8项。

2007年中国南车获得铁道部科研开发计划项目15项、国家其他部委项目12项。中国南车安排科技立项104项，组织完成科技成果审定5项；获得国家科技进步奖1项、省部级科技进步奖21项、市级科技奖15项。

2008年中国南车申报并获得铁道部科研开发计划立项16项、国家其他部委立项18项，中国南车科技立项88项。中国南车研制的青藏铁路客车项目随同《青藏铁路工程》项目获2008年度国家科技进步特等奖，9600kW电力机车项目随同《大秦铁路重载运输成套技术与应用》获2008年国家科技进步一等奖。

中国南车组织推荐《CRH2型高速动车组转向架》项目获得2009年度国家科学技术进步一等奖。

表3-2　2006—2008年中国南车科研立项及成果获奖情况　　单位：项

项目 年份	获铁道部立项	获其他部委立项	南车内部立项	获国家科技进步奖	获省级科技进步奖	获市级科技进步奖
2008	16	18	88	2		
2007	15	12	104	1	21	15
2006	7	5	90	1	5	8

数据来源：中国南车集团公司网站

（3）确保科技研发经费投入持续增长。

中国南车一直以来高度重视科技创新工作，以加大科技投入确保科技创新多出成果、快出成果、出大成果，科技经费投入比例多年也保持快速持续增长，并提前将科技经费纳入预算管理和统筹。2007年、2008年和2009年中国南车投入科技经费分别为11.6亿元、21.9亿元、26.3亿元，为科研项目的顺利推进提供了重要保障。

3.“三步走策略”打造国际先进技术平台

2004年，国务院确定了“引进先进技术、联合设计生产、打造中国品牌”的总体要求，铁道部决定组织实施以引进消化吸收再创新为主要模式的中国铁路技术装备现代化工程，迅速缩小我国铁路装备与发达国家的技术差距。中国南车决心抓住这一契机，确立了掌握具有国际先进水平的高速动车组、大功率机车等高端产品技术的发展目标。

动车组和大功率机车的设计制造是一项复杂的系统工程。据统计，每列动车组的零部件达70余万个2万多种，每台大功率机车的零部件也有上万种。中国南车集团为此采取了三步走策略，打造了一个具有国际先进水平的技术平台。

第一步，建立完整的技术文件体系。通过对引进产品总体技术性能、参数、结构、主要系统、配件性能的系统认知，实现技术文件系统全面升级。据统计，仅时速200公里动车组就转化设计图纸7000余张、设计资料200余套。

第二步，在产品设计手段和方法上与国际接轨。建立一流的三维数字设计和验证平台、CAD/CAM一体化作业和协作平台，以及产品数据管理系统（PDMS），全面采用PRO/E、ANSYS等国际先进的设计和分析软件。

第三步，充分整合和集中现有的优势技术资源。依托南车变流技术国家工程中心和3家国家认定技术中心、4个博士后工作站、6个获得国家实验认可、委员会认可的检测实验中心等科研机构，与国内著名研究院所、高等院校开展合作，采取产学研用大联合的形式，对重点难点项目开展技术攻关。

其实，引进本身就是一个再创新的过程。我国铁路无论是在轨道制式、线路条件还是自然环境上，都决定了原封不动地照搬国外现成技术根本行不通。于是，在技术平台打造成功的基础上，南车技术人员结合我国特定的铁路运营条件，对动车组和大功率机车进行了大量的技术改进和自主创新。在动车组项目中就有很多原始创新成分，轮轨关系、弓网关系、车体外形、车内设计上的适应性创新共计80余项，满足了中国铁路的“个性需求”。

在这一基础上，南车集团现在成功掌握了系统集成、转向架、车体、牵引系统、制动系统等动车组和大功率机车的九大关键技术，也具备了自主研发和批量生产能力。

4. 构建国际标准制造体系

铁道部曾经指出，引进消化吸收的目的是再创新，而结合自身特点构建完善制造体系也是再创新的内容之一。有了国际一流的技术，如何按照国际标准生产出国际一流的产品？南车集团将突破口放在制造工艺的标准化和优化上。

南车株机公司在大功率电力机车制造过程中，原原本本地学习国际先进制造工艺技术，分三步实施打造优秀制造体系计划。第一步对公司原有工艺文件全面升级；第二步以点带面推行标准化作业；第三步在手工工序和装配工序上全面推行精细化作业。

南车四方股份公司在制造工艺的消化吸收上，工艺技术人员、检验人员和操作人员不仅全面消化了合作方的制造工艺技术，还在铝合金车体焊接、转向架构焊接等关键工序上，根据国内原材料的实际情况进行了工艺创新。

具体生产过程中，南车也十分注重细节上的把握。

在按国际标准生产时速200公里动车组的25kv特高压作业中，其每一步规范操作都有影像记录，工艺文件甚至连非导电体表面的擦洗材料、擦洗方向、次数、烘干时间都有明确具体的要求。在八轴大功率电力机车生产中，技术人员提出了许多切实可行的制造工艺改进方案，他们经过300多次锻造试验和200多炉次热处理试验，1000多次理化检测，生产出完全符合国际标准的国外车轴替代产品。南车真正做到了“精益制造”。

此外，中国南车集团近年来投资数十亿元用于技术改造和制造基地建设，使得电力机车和动车组的生产能力位居世界前列。以南车四方股份公司为例，他们以技术引进项目为依托，投资9亿多元实施工业化改造，新增厂房及基础设施15万平方米，新增设备2100台（套），新增工装、计量检测器具380台（套），关键设备及工艺装备达到国际先进水平，具备了一流制造基地条件。经过系统改造，公司初步形成了日产铝合金车体2.5辆、不锈钢车体1.5辆，月产动车组6列，年产转向架3000个的生产能力，制造能力和制造水平大幅度提升。

目前，南车高速动车组、大功率机车、青藏高原机车和客车、70吨级新型重载货车、大秦线载重80吨货车、40吨轴重货车、时速160公里集装箱专用车、北京1号线地铁列车、上海1号线具有自主知识产权地铁列车等一批产品已处于或接近世界先进水平。

在2007年4月18日实施的全国铁路第六次大提速中，由中国南车集团制造的47列时速200~250公里动车组上线运营，占到上线动车组的九成以上，再次成为大提速标志性的新型主力装备。这也证明了其新型机车车辆的质量水平完全经受住了实际运营的考验，进一步验证了产品制造体系的有效性。

5. 改革重组提升核心竞争力

“改革是企业永恒的主题，改革之路只有起点没有终点。”南车集团总经理赵小刚说。

中国南车有六家企业具有长达百年的历史，既传承了良好传统，又背负着历史包袱。通过新中国成立以来的自力更生、艰苦创业，中国南车内部具备配套完整的产业链，小而全、大而全、冗员多、效益低也在子企业中不同程度地存在。随着市场环境的变化，这些传统国企的特征，一度成为南车迈向现代化的制约因素。企业是一个生命体，需要保持新陈代谢，如同凤凰涅槃一样，在关键时机有效蜕变，始终保持无限活力。针对冗员多、包袱重的状况，南车提出“做强先瘦身”的思路，推进主辅分离辅业改制。

中国南车决策层在不同场合一致强调，轨道交通装备制造业是做强做大的支柱，对于结构调整、产业整合，大家有着相同的认识和决心。在决策层和整个管理团队的推动下，中国南车针对过去那种“主业不大、辅业不强、重复布局、资源分散”的状况，按照“主机产品集约化、重大零部件专业化、一般零部件市场化、后勤辅助社会化”的思路，不断推进企业重组和业务整合，优化产业和产品结构，形成整体合力，取得了良好的发展业绩。

2005 年底，一个跨越四省、涉及五厂、整合长江流域货车业务资源的大胆设想在中国南车酝酿形成。在铁道部的大力支持下，中国南车以现代化大生产理念，整合各方优势，科学确定新的产品结构布局和定位，令相关各企业在整车制造、整车修理、关键部件上形成专业分工、规模生产，从而构筑了具有中国南车特色的“长江框架”。

观市场大势，通过整合提升竞争力似乎是水到渠成之举。但知易行难，最考验智慧的还是如何整合的问题。正如赵小刚总经理所言：“整合不是简单的搬迁，也不是一个简单的物理整合，而是一个有机的融合。”整合不是将企业简单的打包，企业重组的实践经验证明，人心的整合更难于企业的整合。南车集团公司货车企业分布地域跨度大，背景不同，文化各异，如何将分散在原来 5 厂的人心整合到一家公司，更是难上加难。南车集团决策者独辟蹊径：从 5 厂中选拔中青年管理骨干，送到管理院校集体培训；同时，组织大批员工到国外先进企业培训，集中上课学习，现场观摩演练，与外方员工进行面对面的直接交流。南车以整合人心构建南车和谐企业文化，为南车改革创新、又好又快发展奠定了基础。

2007 年 11 月，新组建的南车长江车辆有限公司在武汉正式运营，一个具有年新造货车 1.1 万辆、修理货车 1.7 万辆和出口配件 4 万吨能力的亚洲最大规模的货车研发制造基地正在形成，标志着中国南车在机车、客车、货车方面的竞争优势全面提升。

从货车产业整合之初，南车集团的决策者就“跳出整合看整合”，站在高起点上谋篇布局。新成立的长江公司打破原有 5 厂管理格局，建立全新的现代管理制度，形成新的经营管理体系和发展机制。公司采用“总分型”的公司结构，长江公司总部为独立法人，承担公司的全部法律和民事责任。公司下设株洲、铜陵、常州 3 个分公司和武汉分部，按分公司进行管理。

2007 年，中国南车启动了集团成立以来最重要的一次改革，整合集团最优质的经营资产整体重组成立了中国南车股份有限公司。2008 年 5 月 28 日，由中国南车投资26亿元建设的戚墅堰机车车辆工艺研究所有限公司科技成果产业化基地正式奠基，由中国南车投资20亿元建设的南车戚墅堰大功率内燃机车和南车长江车辆常州基地项目也随后奠基。这正是中国南车调整产品结构、加快重组整合的一项重要战略举措。

（三）目标即动力：力争世界500强

“处在这一特殊的行业，决定了中国南车必须主动承担更多的责任，”赵小刚这样认为，“不仅要做强做大，要成为建设创新型国家的主力，还要在国际分工中赢得更多的话语权、占据更有利的位置。”

竞争力是南车的生存与发展之本。中国南车凭着创新、超越的企业精神，遵循突出主业、突出管理、突出效益的思路，专注于企业核心竞争力的提升，坚持走一条大刀阔斧的改革之路。借助现代企业制度和顺畅的融资渠道，中国南车将加快资本“走出去”步伐，加速迈向世界同业三强，成为一个具有国际竞争力的世界级强企。

早在2003年，南车的电力机车产量就已位居世界第一；2004年，南车的内燃机车产量也排到世界第二，仅次于美国通用电气；到2007年，南车的铁路电力机车、内燃机车、客车、货车、高速动车组产量已全部进入全球前五强。然而，大并不等于强。在南车的词典里，“做强”总是放在“做大”的前面，而“强”的涵义是“代表国家实力的核心竞争力”，强在内在的能力，而非外在的规模。2011年，伴随着“十二五”的开锣，南车目前已跻身业内的世界三强，目标是到2012年销售额超过1000亿元，成为世界第一；到2015年希望销售突破1500亿元，力争进入世界五百强。

中国南车集团，正怀着振兴民族工业的信心，立足铁路，面向全国，走向世界……

五、国药集团：重组整合构建创新平台

中国医药集团是由国务院国资委直接管理的中国最大的医药健康产业集团，以预防治疗和诊断护理等健康相关产品的分销、零售、研发及生产为主业。中国医药集团成立于1998年，由中国医药（集团）公司、中国医药工业公司、中国医药对外贸易总公司、中国医疗器械工业公司4家企业联合组建而成。2003年中国药材集团进入集团、2009年集团与中国生物技术集团公司联合重组、2010年上海医药工业研究院、中国出国人员服务总公司进入集团。目前集团旗下拥有十家全资或控股子公司，国药控股一家H股上市公司及国药股份、天坛生物、现代制药、一致药业四家A股上市公司。

中国医药集团在国内拥有一流的医药及疫苗、血液制品生产企业、高水平的科研设计院所、覆盖全国的营销网络、大规模的药材种植基地及全国第一的医药会展，产业链完整。2003年至2011年中国医药集团营业收入年平均增幅33%，利润总额年平均增幅44%，总资产年平均增幅35%。国药集团的发展目标是，“十二五”期间，建成涵盖医药行业全产业链的，具有行业带动力和国际竞争力的大型医药健康产业集团，成为进入世界500强的第一家中国医药健康企业。

（一）高速扩张，做大做强

医药行业是高技术、高风险、高投入、高回报的产业，也是产业化高度集中的行业。Henderson对20世纪90年代中期世界范围内25%的新药研究的调查显示，大型制药公司在进行研究方面更有优势，大型制药公司进行的研究项目比小型制药公司的效率更高。它们可以更有效地利用外部资源规模经济和所积累的内部知识资本，专业化和优势化互补，从而产生生产、营销和研发上的规模效益，企业通过并购对药厂的资产进行补充和调整，达到最佳规模经济的要求，使得经营成本最小化，规模经济使大型制药公司在成本相同的情况下更具专业化。

2010年，卫生部等三部委联合发布的《关于加快医药行业结构调整的指导意见》，明确了行业整合方向以及调整组织结构的具体目标。对于中国医药行业并购的现状和机会，大中华区著名创业投资与私募股权研究机构清科研究中心发布的《2010年中国医药行业并购机会剖析专题》认为：政策性组合拳的推动，

已成为推动医药行业大整合的历史性机遇。面对企业做大做强、行业集中度明显提高的发展趋势，国药集团的表现无疑最引人注目。近两年来其并购之举令人目不暇接。

2010 年 4 月 24 日，国药控股收购美罗药业下属商业流通资产和业务；6 月国药控股进驻南昌，成立国药控股江西有限公司；7 月国药控股郑州九瑞正式更名为国药控股河南股份有限公司；8 月国药集团西北医药有限公司渭南分公司开业；11 月国药控股出资并购南京国盛药业有限公司全部股份，出资并购国盛药业在南京国盛连锁投资的 60% 股权，并进驻黑龙江，成立国药控股黑龙江有限公司；12 月，国药控股在江苏并购的常州、盐城等 5 家分公司同日揭牌。2011 年，国药集团兼并重组步伐丝毫没有放缓。1 月 6 日，国药控股惠州有限公司开业；2 月 27 日，中南地区最大的现代医药物流中心之一的国药控股湖南物流中心落成；4 月 17 日，国药控股与乐仁堂医药集团共同投资组建的“国药乐仁堂医药有限公司”在石家庄成立。

数据显示，截至 2010 年 12 月，国药控股经营网络覆盖全国 30 个省、直辖市、自治区的 133 个地级以上城市，占全国地级以上城市的 40%。不仅如此，2010 年末，国药控股医药有限公司在全国已建立了 30 个省级配送中心、50 个省级配送中心和 1200 个配送点。完成全国布局只是第一步。随着新医改的推进，尤其是基本药物制度的建立，“十二五”期间，国药集团在商业领域的重点任务之一，就是在全国布局的基础上，将网络向地市级，甚至县级市场延伸，将网络做深做透。此外，则是致力于提高整个网络的运营质量，将集团运行体系、财务管理模式，自上而下贯穿到整个网络。

从长期看，并购后的合作无疑会有效刺激创新活动。并购不仅可以节约开发投入、降低投资风险，还可以利用现成的科技人员和设备、缩短投资回收期，产生规模经济，国药集团正是利用企业的重组整合并购来构建企业的创新平台，把更多的资金投入到新产品的研究和开发，新市场的开辟上来。

2010 年 12 月 24 日，从国家食品药品监督管理局传来消息：由设在国药集团下属中国生物技术集团公司的新型疫苗国家工程中心研究开发的 EV71 型灭活疫苗（手足口病肠病毒 71 型）灭活疫苗，获得临床研究批件，即将进入临床观察阶段。这是我国疫苗研究领域的一项重大突破，也是重组后新国药集团获得的第一个具有自主知识产权的一类新药临床批件。

目前 EV71 疫苗技术已处于国际先进水平，国内和国外的医药企业还没有一家宣布研发成功手足口疫苗，而国药集团之所以可以在短时间内推出具有自主知识产权的手足口病疫苗因为从并购重组中获得了强大的研发能力，并对集团各企业的资源和优势，进行了最佳整合。中国医药集团在新药创制、疫苗的高效表达和分离纯化、多价多联疫苗研制等关键技术领域，已经掌握了一大批具有自主知识产权的核心技术，打破了发达国家的技术垄断和封锁。

从 2009 年第三季度，国药集团开始大规模实施并购重组战略，通过并购重组，国药集团有效地降低了研发，生产，流通，经营等各项成本。重组后，国药集团的营业收入实现快速上升。仅 2010 年，国药集团以全年实现营业收入 886 亿元，同比增长 30%，实现利润 44 亿元，同比增长 31%；2011 年，中国医药集团实现营业收入超过 1200 亿元。目前已拥有覆盖全国 31 个省、自治区、直辖市的医药流通配送网络和与国际水平接轨的 30 个配送中心及生产基地。

未来医药企业并购重组将进一步提速。一方面是医药企业出于改变原有单一经营和业务模式的考虑，可以使医药企业的业务结构更加健康，发展前景更具可持续性；另一方面，是由于近年来制药成本不断上升，以及医改大背景下，基础药物价格逐渐降低所致。

在今后几年，国药集团兼并重组步伐丝毫不会放缓。因为通过并购重组，可以将不同企业的渠道、研发、制药等优势整合在一起，有效应对成本上升对医药企业带来的影响。流通企业可以将市场需求迅速反馈给研发企业；另一方面，研发企业的新产品也可以迅速生产和销售，这将有效缓解企业压力。

（二）积极探索，勇于创新

1. 完善“突出核心，灵活应变”的创新经营机制

当前，医药市场竞争异常激烈。企业为了在激烈的竞争中求生存谋发展，就要千方百计控制成本，提高质量，增加品种，扩大销售，这就要求企业创建新的组织结构，运用新的服务和销售模式，采取新的管理策略和程序，使管理组织能够灵活应变。

近年来，国药集团不断创新经营模式，适应市场发展，创造了骄人业绩。国药股份上市后，国药集团又进行改制重组，引进了民营资本，组建了国药控股有限公司（简称国药控股）。这是一次跨所有制、跨地区的合作，是第一家中央企业和民营企业的合作。国药控股成立后，坚持以药品分销为核心，建立自主品牌生产基地，以网络带动科研成果的产业化、市场化、规模化。凭借全国一体化的资金、物流、信息平台，全力构建具有核心竞争优势的战略体系，医药商业一体化运作取得了较大突破，营销网络扩张速度加快。国药控股目前已

经成为中国药品分销第一品牌，为集团的发展做出了突出贡献。

自 2004 年起，国药集团瞄准了医药物流业态，并迅速布局，医药物流的快速发展成为了新的经济增长点。国药集团物流具有多仓运营、冷链循环验证和严格的疫苗质量控制流程等特色。其在北京、上海、天津、广州和沈阳等地建有区域物流中心与配送中心体系。各大区域物流中心共拥有近 10 万平方米的库房，120 辆运输车辆，公司网络覆盖全国 300 多个城市，服务于 2000 家商业客户、3000 家医院及诊所，是中国医药物流网络覆盖最全的企业。下一步，国药集团还将在合肥、长沙、太原、成都、西安等地筹建大型医药物流中心，为布局全国医药市场提供重要支撑。

2. 建立“人尽其才，事得其人”的创新管理体制

国药集团通过重新组合各种新的生产要素（包括非技术要素），更有效地进行资源整合，其中包括管理方法、管理工具及管理模式的创新。

在内部管理方面，国药集团推行了全面预算管理，经济运行质量和效益稳步提高。国药集团推行全面预算管理，经过几年的实践，全面预算管理在集团得到了普及和贯彻，并取得了良好的成效，全面预算已成为集团总公司控制和调节子公司生产经营活动及加强管理的有效手段。集团总公司成立以来实行适度集中的财务管理，在二级或三级子公司实行财务集中核算，集中使用和管理资金，并试行向社会公开招聘二级子公司财务总监和财务总监轮岗制，从而提高了财务管理的水平。为加强内部审计，国药集团充实了上下结合的专业人员队伍，建立健全了各项内审制度，坚持事前、事中、事后适时审计制度，保证了经济管理质量。国药集团还加强了风险控制，管理不仅管结果，也管过程，从事后管理到事中管理，将风险控制关口提前。在运营管理方面，国药集团开发了运营分析管理数据库，可以监控整个集团前一天 80% 的业务发生情况，目前正在向实时监控发展。此外，国药集团还进行了工业系统数据库建设和经济运行预警系统建设，大大提高了集团的经营管控能力和风险控制能力。在由过去的部门管理过渡到现在的流程管理的过程中，国药集团的服务职能逐渐转变为管控职能，组织架构扁平化，从而加强了对子公司的管控力度，缩小了层级，减少了环节，提高了效率，建立了规范科学的长效管理机制。

3. 以“关爱生命，呵护健康”引导创新文化建设

如果没有支持创新的文化，创造力和创新就像种植在布满岩石贫瘠工地上的幼苗。它们几乎不可能发芽，也不会成长。

企业核心竞争力植根于良好的企业文化。由于旗下子公司众多，国药集团成立之初，即导入了CI企业形象系统，设计了统一的标识，各子公司以大局为重，舍弃了使用多年的公司原标识，统一使用和宣传集团形象。同时，国药集团将“关爱生命、呵护健康”确定为共同的企业理念，从而保证整个集团在业务整合进程中，更好地发挥企业文化在观念引领、精神支持和行为保障等方面的作用，进一步激发广大员工的责任意识、主动精神和创造活力。

国药集团旗下子公司在各自的经营业务中不断将这种企业文化创新和发展。2008年9月16日，在国药控股召开的企业文化建设研讨会上，公司有关领导指出，要在分销业务整合中发挥企业文化的保障作用。一要抓好企业核心价值观的培育、转化，促进和保障业务整合的顺利推进，要把价值观认同转化为具体行动，人人为实现公司宏伟目标做出应有贡献。二要与公司转型、业务整合相适应，不断深化、丰富企业文化内涵，要积极主动地顺应业务整合、重组带来的新变化。三要不断创新载体，激发员工的创造性、积极性、主动性，在坚持集团理念和企业文化整体性、统一性的前提下，结合各业态、各子公司的实际，积极培育和创造富有特色的企业文化。

在建设企业文化的过程中，国药集团坚持以人为本，关心员工成长，广泛开展丰富多彩的活动，让员工与企业一道成长，荣辱与共，共同奋斗。

有什么样的企业文化，就有什么样的企业素质。国药集团的成员企业大都有50年的历史，长期以来承载着保障社会公共卫生安全和人民生命健康的使命。国药集团继承了几十年的光荣传统，又将这种优秀文化发扬光大。在2003年防治非典和2008年抗震救灾过程中，国药集团全力以赴，圆满完成了中央医药储备调拨任务。在保障国家公共卫生安全和人民群众生命健康方面，国药集团始终站在党和国家这个大局上，积极教育引导员工继承和发扬20世纪60年代抢救61个中毒的阶级兄弟、70年代唐山大地震和90年代特大洪灾急供药械的优良传统，增强国有企业的政治责任感，坚守在企业利益和社会责任发生冲突时，把社会责任放在第一位的原则，为国有医药企业赢得了良好信誉。

4. “产学研一体化”促进技术创新

高新技术是现代医药发展的核心，中国医药集团高度重视技术创新和研发工作。中国医药集团总公司四川抗菌素工业研究所、重庆医药设计院、武汉医药设计院、北京华邈中药工程技术开发中心、北京生物制品研究所、长春生物制品研究所、成都生物制品研究所、兰州生物制品研究所、上海生物制品研究所、武汉生物制品研究所，以及北京天坛生物制品股份有限公司等企业是医药行业举足轻重、具有广泛影响的科研设计和产品研发中心。不仅如此国药集团还与国内很多高校联合，共建“创新药物开发”科技创新平台，重点围绕创新药物的发现与转化等领域开展合作研究，联合申报国家级重点（工程）实验室和重大科研项目，联合开展若干新药研发项目等，并充分发挥各自优势，联合培养高层次、复合型、应用型人才。这种产学研一体化的发展方式，使得国药集团的创新能力不断提升。国药集团新产品的开发和研制比国内同类企业更具有竞争力。

为了提高自主创新能力，中国医药集团把产学研一体化科技创新平台与其他四大平台（现代物流分销一体化平台、国际经营一体化平台、医疗健康产业平台、高效管控与融合协同一体化平台）有机结合起来，全面建设，力图通过创新平台与其他四大平台协同运作，促进集团核心竞争力的提高和核心业务的全面发展，进而实现规模效益，推动业绩高速增长。

5. 打造“国药 Sinopharm”品牌

在“关爱生命，呵护健康”企业理念的感召下，中国医药集团积极履行中央企业的政治责任、社会责任和经济责任，树立了良好的社会形象和品牌形象。“国药 Sinopharm”品牌已在国内市场上产生重要影响，其他一些业态品牌和产品品牌也已成为国内知名品牌。

中国医药集团制定品牌战略的总体思路是将集团现有的国内知名品牌统一在“国药 Sinopharm”的大品牌下，积极扩大各品牌在国际市场上的影响力，到2015年，使“国药”成为国际知名品牌。重视各业务板块子品牌建设，在“十二五”期间，使“国药控股”、“国药中生”、“国药研究总院”、“国药工业”、“国药药材”、“国药器械”、“国药国际”、“国药励展”、“国药工程”、“国药国大”等均成为知名品牌。

在市场营销和品牌推广中，他们努力找准品牌定位，彰显中央企业医药健康产业平台的优势和医药行业龙头地位的市场号召力，既体现对消费者需求的满足，又体现出与竞争对手的差异，逐渐赋予国药品牌的情感属性。

6. 整合“三大板块”，成就医药航母

国药集团未来的发展规划和策略，除了在医药分销领域继续向地、县扩张完善网络，做好并购后的整合和集团内部业务板块整合，做实做深做透分销物流一体化运营平台建设和集团高效管控和融合服务一体化平台以外，目前国药集团将重点发展工业和科研板块业务，整合发展生物板块，为集团长远发展和实现世界500强的目标夯实基础。

工业与科研：重点发展。

国药集团将下一步发展的重点逐渐转移到工业和科研上来，希望在规模化的基础上形成良性发展的态势，培育更多的过亿品种，从真正意义上实现产业结构调整。医工总院国内首屈一指的强大科研开发实力、国家的支持和国药集团强大的资金背景，将为国药工业的发展注入源源不断的动力。

生物板块：目标国际前三。

作为国药集团的另一重要业务板块，生物制品业务的整合已基本到位。进军生物制药国际前三是国药集团未来的目标。为促进生物制品板块业务快速发展，国药中生快速实施了一系列重要举措：统一品牌、统一销售、统一渠道、统一价格、统一科研、统一规划安排新生产基地布局和建设等，这些措施将彻底整合国药中生集团旗下 6 大生物制品所和天坛生物的资源和业务，各个所的产品线、今后的发展重点等将各有侧重，避免了在市场上的同业竞争。

流通配送：集团最为重要的业务板块。

2010 年，国药集团医药流通配送业务核心平台国药控股实现了除西藏以外全国 29 个省市的医药分销网络布局。在这一年，国药控股新设新疆、福建、贵州、黑龙江、甘肃、重庆、河北、江西、内蒙古、吉林等省级公司，分销网络覆盖了全国 133 个城市（包括直辖市、省会城市和其他地级市），占全国 333 个地级市以上城市的 40%。通过一系列的并购，目前，在东北和华北地区，国药控股的药品分销业务规模已排名第一。

国药集团下一步的目标是把这个网络做全面提高其运营质量。一方面是继续把网络做深，使其下沉到地、县级市场。这项工作目前已经开始，有的地方已经达到县，所采用的策略仍将是“并购 + 合作”。另一方面是做好并入企业的业务整合。在这方面也没有什么问题，已经有成熟的流程和模式，由财务、人力资源、信息化等部门组成的整合团队衔接得非常好。

随着医药商业、制造业、科研各个业务板块在高速扩张后逐渐整合到位，国药集团已逐步从快速扩张期过渡到整合发展期。国药集团不仅要成为能打大仗、堪当大任的国家“正规军”，而且还要成为能参与国际竞争的“王牌军”，打造成真正具有国际竞争力的、让国家和人民放心的企业。

（三）创新引领未来

从国药集团的发展可以得知，首先，企业并购重组为企业创新提供平台。企业购并会产生双重效应：一个是企业通过购并可以提高其市场占有率，从而使企业提高控制市场的能力，促进垄断竞争性的市场结构。这是企业购并的垄断竞争效应。二是企业通过购并实现规模经济可以使长期平均成本降低。这是企业购并的规模经济效应。国药集团一路狂奔，左手资本，右手收购。以前的国药集团，80%以上的收入来自医药流通领域，这是其最强的板块，但是血液和生物制品的生产却一直是其短板。重组中生集团后，不仅工业上的短板得以弥补，而且生物制品业务也成为国药集团继中药、医疗器械、医药进出口等七大业务板块之后的第八个业务板块。中生集团在科研和生物制品方面具有无可比拟的行业优势，这种优势正好弥补了国药集团打造科、工、贸一体化方面存在的诸多缺失。此次重组使国药集团医药全产业链的梦想初具雏形。但是在研发方面，国药集团似乎仍有欠缺，于是，中央企业中唯一的医药科研院所上海医工院又被国药集团纳于麾下。这是国药集团打造央企医药平台的重要一步，也意味着医药中央企业“5变3”终成现实。国药集团重组中出服，旨在利用中出服的国际资源提升自己在国际化经营中的核心竞争力。至此，在国药集团现有的版图中，已经拥有国药控股的商业网络、中生集团的生物资源优势、上海医工院的科研资源、中出服的国际平台，可以说，现在的国药集团，已经在各个医药产业链上占据了制高点。

其次，并购双方企业是否能够有效整合直接影响着并购活动的成败。一项成功的并购能够实现企业之间的资源合理、高效的配置，促使企业规模迅速扩大，带来协同效应、规模效应，达到企业盈利最大化的目标。国药集团自重组后，其并购重点似乎放在了基层医药资源上，因此被业内认为是只注重面上的覆盖，而不重视兼并重组的资产是否优质。但是这样的战略举措，国药可能有自己的考虑。先进行面上的覆盖，之后再统一进行升级改造，国药集团按照中国医药集团“以贸做大、以工做强、以科做优”的战略，全力推进集团五大平台——现代物流分销一体化平台、产学研一体化科技创新平台、国际经营一体化平台、医疗健康产业平台、高效管控与融合协同一体化平台的建设，依托集团五大平台协同运作，促进集团十一个核心业务——医药现代物流分销、医药零售、生物制品、化学制药、现代中药、诊断试剂与化学试剂、科学仪器与医疗器械、医药科研与工程设计、医药国际经营与海外实业、医药会展与传媒、医疗健康产业的全面发展，构成了一个完整的中央企业医药健康产业平台，实现了规模效益，推动业绩高速增长。国药集团通过高速扩张，已成为中国规模最大、综合实力最强的医药健康产业集团。2012年，国药集团销售额计划达到1600亿元，成为中国医药行业的领军者，并成功进入世界500强。

最后，经营创新是实现企业战略的保证与手段，是统帅企业一切经营活动与营销工作的灵魂。医药行业又是对创新要求较高的行业，企业唯有不断创新，才能最大限度地获取利润。国药集团通过建立“中国医药集团科学技术委员会”、“中国医药工业研究总院”、“产学研联盟”三位一体的科技管理创新体制，整合和完善科技创新资源，已初步打造了国内一流的医药创新基地，基本建立了涵盖医药行业全产业链的技术创新体系，为其相关产业的快速发展和转型升级提供了强有力的科技支撑。此外，中国医药集团还构建打造了一个完整的中央企业医药健康产业平台，有力促进了其核心业务的全面发展，真正实现了规模效益和经营业绩的跨越式发展，极大提高了我国医药行业生产经营水平和管理服务水平。

中国医药集团总公司在开展创新活动方面的有益探索对其他业务范围涵盖所属行业全产业链的大中型企业集团具有很好的参考价值和借鉴意义。

六、一汽集团：解放 J6 彰显自主研发力量

一汽是中国汽车工业的摇篮。1956 年 7 月，中国自己生产的第一辆汽车——解放牌卡车在长春第一汽车制造厂投产下线，结束了中国不能造汽车的历史，开始了中国汽车工业的新纪元。作为中国汽车长子的一汽解放卡车见证了新中国汽车工业从无到有、从弱到强的辉煌历史。半个多世纪的风雨征程，一汽解放经历风光无限的荣耀，也有止步不前的阵痛，最终走向了自主创新的道路。特别是在改革开放 30 年来，它坚守民族品牌，开放合作，自主发展，产品设计、制造和营销达到了世界先进水平，走出了一条独特的商用车发展道路，使中国卡车傲世全雄，在全球市场大放光彩。今天，解放品牌已经发展到了第六代产品，累计生产了 400 多万辆各型产品，并出口到世界近百个国家和地区。

“解放”的发展历程就是一部中国汽车自主品牌发展的历史。历经 50 年的风风雨雨、50 年的艰苦奋斗，“解放”始终坚持自主品牌，高举自主创新的大旗，走出了一条自主研发的创新之路。

（一）56 年创新拼搏，一汽重卡傲视群雄

熟悉中国汽车史的人们依然记得，若时光倒转回 56 年前，新中国自己制造的第一辆汽车——解放 CA10 卡车在长春第一汽车制造厂驶出厂区，为新中国的汽车工业书写下崭新篇章。56 年的百舸争流，中国一汽的历史就是新中国汽车人自力更生、自主创新的历史，一汽解放作为其中的典型代表，记录着中国汽车工业从无到有、从弱到强的每一次传奇。

解放代表着一种精神，在那段激情燃烧的岁月里，解放车与中华英雄儿女奋战在各条战线上，为民族的崛起、祖国的富强书写了数不尽的光辉篇章。乘着改革的春风，在新时期，解放继续履行着自己神圣的使命，作为中国一汽品牌重要的组成部分，为中国现代化建设贡献自己的力量。

1986 年 9 月 29 日，第二代解放 CA141 卡车，驶下一汽的总装配线，标志着一汽解放完成“垂直换代”，中国一汽开始“第二次创业”。几乎是在解放 CA141 投产的同时期，随着中国现代化建设步伐的不断加快，中国商用车市场迈进了激烈竞争的新阶段。国内外各大卡车制造企业，你争我夺，力图抢占这块价值连城的“高地”。在此后的 20 多年中，解放狠抓产品品质，打造出让用

户满意的放心产品，同时顺应国际发展趋势，在产品研发上刻苦攻关，完成了多项国际领先的研发成果，深刻诠释着解放的品牌精神，那就是自力更生，不断突破，做中国重卡行业的领军“人物”，向世界领先技术看齐。

经过不断努力，解放迅速攻占市场，成为国内卡车市场当之无愧的“领头羊”。解放并不满足在国内市场独占鳌头，随着解放 J5、J6 等新型产品不俗的市场表现，解放更是得到了世界的认可，成为全球著名的重卡制造商之一，完成了从国内市场向国际市场的大幅跨越，成为中国重卡的骄傲。

纵观一汽解放的发展历程，在产品持续更新换代与不断涌现科技成果的背后，贯穿始终的是一汽解放强大的自主研发体系与持续创新能力。从 2003 年开始，遵从加快重型化进程的发展目标，解放重卡不断结出丰硕成果。依托自主创新的竞争优势，解放完成了从中重型卡车向重型卡车的转变，产品结构调整取得突破。

2003 年，解放拥有自主产权、具有国际先进水平的解放奥威 CA6DL 柴油发动机下线；2004 年 7 月，有“重卡英雄”之称的奥威系列重卡投放市场，上市仅 4 个月就销售 5000 辆的成绩标志着解放重卡时代的到来；2005 年，解放 J6H 6×4 牵引车亮相上海国际车展，显示了解放在重卡领域完备的研发体系，高效的研发流程和持续增强的自主创新能力；2006 年 12 月，一汽自主研发的解放 CA6DN1 -46E3 重型柴油机正式投产，推动了解放重卡全面升级；2007 年 7 月 15 日，第 6 代高端重卡 J6 隆重下线，作为中国民族汽车工业的又一个里程碑，代表了中国卡车行业最高的自主研发水平，标志着一汽解放具备了与世界著名卡车品牌同台竞技的实力；2008 年 9 月，解放 J6 高端车型在德国汉诺威商用车博览会上亮相，赢得了国际客户与媒体的关注，展示了中国民族汽车工业的风采。2009 年解放“J6”荣获“中国汽车工业科学技术奖特等奖，2010 年，解放“J6”登上了国家科技最高领奖台。解放系列产品具备了与国际品牌相抗衡的开发水平和技术实力。

解放 J6 获得了 2010 年度国家科学技术进步奖一等奖后，用户大宗订单采购成为解放 J6 销售的一大亮点：黑龙江省幸运星物流公司一次性采购 195 辆解放 J6 卡车；2011 年 2 月 15 日，一汽又把 70 辆解放 J6 交付给锦州港用户。

表 3-3　近 5 年内一汽解放主要创新成果及意义

年份	创新内容	创新意义
2011 年	“高品质 J6 重型车及重型柴油机自主研发与技术创新”项目获得 2010 年度国家科学技术进步奖一等奖	J6 重型车自投产以来，累计销售 8.6 万辆，产值 208.7 亿元、利税 40.9 亿元
	一汽无锡油泵油嘴研究所高压直喷泵系列化开发成果荣获中国机械工业科技一等奖	该技术取得了多项发明专利，形成了全新的自主开发设计理念：整体结构强化理念、先缓后急喷油速率设计理念、大升程小柱塞直径设计理念
	中国一汽三款具有自主核心高技术的 CA3GA10、CA4GA13TD、CA4DH1 发动机在技术中心发动机楼成功点火	标志着一汽低碳节能技术取得了新的成果，“蓝途战略”开启了新的征程
	解放 J6 第 10 万辆暨“55 周年纪念版”上市交车仪式在长春汽博会隆重举行	整车采用单层车架、前后双片簧、440 轻量化后桥、米其林 315 真空胎、铝合金轮辋，车重仅为 8.7 吨，达到国内最轻，节油效果提升 8～10 升/百公里，所有高端配置可更好满足国内高端物流运输市场的需求
2010 年	一汽通用解放 501 系列轻卡全国同步上市	解放 501 产品采用一次性锻压工字型前桥、优化板簧、局部双层大梁车架，提高了车辆的承载性以及可靠性；货箱优化处理，使货箱内部尺寸和容积更大；创新性超低重心底盘在不改变离地高度的前提下使车辆在高速重载行驶时更加稳定自如。解放 501 系列轻卡匹配了高品质、高节能、高效率自主发动机产品，全方位满足用户要求
	10 辆解放 J6 自主共轨轿车运输车交付用户使用，标志着一汽在电控共轨燃油喷射系统的研究开发和产业化建设方面取得了又一项巨大进展	该车型匹配的自主电控共轨系统，是一汽完全自主研发的具有国际同类先进技术水平的产品。在自主共轨系统中，一汽首创采用电控单体泵 EUP 作为共轨系统高压油泵，系统成本低于国外产品 30% 以上，提升了自主品牌的溢价能力
	解放 J6 奥威 6DM（11L）系列重卡全国投放	解放 J6 装配的奥威 CA6DM（11L）发动机，为国内首家采用顶置凸轮轴四气门结构，节油性能遥遥领先。整机 B10 寿命达到了国际水平的 100 万公里，配套成熟电控共轨系统，确保高性能、低油耗、低排放
	一汽城市主战消防车在北京车展发布	一汽城市主战消防车是一汽完全自主研发的具有国际先进水平的全新车型。整车拥有动力强劲、视野宽阔、驾驶室宽敞、通讯设备齐全、操作方便等优势，代表了国内消防车技术水平的全面提升。该车满载 15 吨时 0 到 60km/h 加速时间仅为 15 秒；大中冷器、散热器的应用保证发动机长时间全负荷工作的冷却能力；前盘后毂式制动器，加大摩擦片直径及制动调整臂长度，更有效地减短制动距离，为驾驶安全提供保障

续表

年份	创新内容	创新意义
2010年	一汽专用小学生校车亮相北京车展	该车是根据小学生的生理特点和行为特征开发的专用校车，整车采用发动机前置式的凸头结构，对安全和舒适进行了特殊强化。整车动力系统采用先进的DEUTZ四缸电控发动机和成熟的六挡变速器，并根据典型的使用工况，进行了针对性标定，充分发挥整车的动力性与经济性。优良的人机工程布置，精细的内外装饰，充分营造舒适的驾乘空间
	解放混合动力商用车底盘、解放J5P天然气牵引车、解放J5M电动洒水车等一汽新能源商用车亮相北京车展	混合动力商用车底盘采用双电机强混合构型及336V锂电池系统，具备纯电动、发动机Start/Stop、滑行制动能量回收、发动机工作点优化等功能；J5P天然气牵引车采用自主设计开发的三气瓶模块并创造性地应用了三气瓶液位显示切换模块，具备行驶里程超长，绿色环保以及低耗节能等多项优点；J5M电动洒水车以电能为动力来源，零污染排放
	一汽通用解放501新产品在长春举行了上市仪式	解放501自2010年1月在广东东莞正式上市以来，经过一汽技术中心、美国通用专家以及南北两个基地员工的共同努力，该产品在质量、性能、产能等方面得到较大提高，用户反应良好，并且在以长春为中心的北方市场销量增长速度较快
	一汽技术中心和锡柴联合设计的CA6DN1-50E5发动机在锡柴完成试制装车	CA6DN1-50E5发动机作为解放J6最高端动力，功率达到500马力，排放达到国V水平，采用SCR技术路线、BOSCH新一代电控共轨系统。延续了锡柴机优良的经济性、长寿命和高可靠性等特点
	中国最大功率天然气发动机CA6SN1-42E4N2在锡柴点火成功	一汽通过潜心研究，在国内率先开发出了F、L1、L2系列化天然气发动机，功率范围覆盖170马力到310马力，具有技术领先、经济性优、低碳排放、可靠耐用的特点
	中国一汽自主研发的7款城市主战消防车系列新产品亮相第十四届国际消防设备技术交流展览会	中国一汽自主研发的新型城市主战消防车，采用大功率发动机和散热器，匹配自动变速器，加速性能优越，高于国外专业消防车水平。驾驶室宽大，乘坐8人属国内首创，满足人机工程
	国家重大科技专项——中国一汽无锡油泵油嘴研究所电控共轨柴油喷射系统制造技术与关键装备的研发及应用项目顺利通过高级专家组的评审	这一项目是目前工信部支持的国家重大高档数控与制造装备专项中最大的项目，可与大飞机项目并驾齐驱。这标志着国家高档数控机床与基础制造装备最大专项在无锡泵所正式启动

续表

年份	创新内容	创新意义
2009 年	解放 CA6120URH1 型混合动力城市客车在上海车展隆重上市	CA6120URH1 型混合动力城市客车的上市是一汽集团全面践行安全、节能、环保的社会责任，顺利完成国家“863”计划新能源混合动力客车开发的重要举措。此次的上市仪式标志着一款“集新技术、新工艺、新造型于一体”的混合动力客车正式投放市场
	一汽自主商用车重型变速箱（CA10TA190）投产庆典在一汽解放变速箱分公司装配生产线举行	CA10TA 将与一汽 CA6DM（11－2）升柴油发动机完美匹配，满足重型工程车辆的需求，为一汽解放重卡提供强劲、高效、可靠的动力传递。产品验证结果表明，CA10TA 各项性能指标和可靠性指标超过设计标准，完全能够满足市场的使用要求
	一汽院士工作站揭牌仪式在技术中心举行	一汽院士工作站的成立，是一汽集团推进自主创新的重要举措，不仅能使一汽依靠国内顶级智力平台在未来越险而攀，更能为中国汽车在全球汽车技术战略布局中争得浓墨重彩的一笔
2008 年	一汽自主研发的 CA6DM2（11L）重型柴油机在解放公司无锡柴油机厂成功下线并批量投产	CA6DM2（11L）重型柴油机是国内第一台采用四气门顶置凸轮轴的重型柴油发动机，拥有自主开发的发动机制动技术和气缸双层水套设计等八项专利，采用集成式气缸，滤清模块化设计，功率覆盖 350，375，390，420 马力四个功率段，是重型卡车和豪华型大客车的理想动力。具有较高的可靠性和性价比
2007 年	一汽 CA6DM 大马力重型柴油机，汽油直喷发动机、CA6DL 电控共轨柴油机的成功点火	标志一汽在卡车研发核心技术领域取得了新的突破
	一汽解放第 5 代奥威重型系列商用车及其重型柴油机自主开发荣获国家科学技术进步奖二等奖	L501 系列轻型车升级产品的开发快速推进，品质控制、成本控制、产品验证和国“Ⅲ”车型已进入样车试验阶段

资料来源：一汽集团网站

与此同时，解放 J6 也走出了国门，它的身影出现在拉美、中东、中非等国家和地区。俄罗斯解放 J6 出口基地的建设、中东 500 整车和 500 散件意向的签订、解放 J6 入驻非洲基地，这些项目完成将使解放 J6 在海外市场的步伐更加稳健。

“永求第一”是“解放”的品质，作为我国汽车工业的第一汽车品牌，它承载着国人的重托与希望，使一汽人以追赶世界的胸襟，打造着“解放”的明天。把“解放”打造成世界知名的中国人的品牌，这幅壮美的画卷将在一汽人手中绘就。

(二)走自主创新之路

在中国，没有任何一款车的历史比解放卡车更长。作为一汽的“根”，半个多世纪以来，虽然经历了很多波折，但一汽坚守民族品牌，开放合作，自主发展，从产品设计、制造到营销达到了世界水平，走出了一条独特的发展道路。

1. 多措并举培育创新人才

企业创新成果的取得，是和企业培养知识型工人，倾力打造创新型人才分不开的。人才资源是企业第一资源。因此，一汽集团本着用事业凝聚人、用业绩激励人、用文化感召人、用环境吸引人、用真情感化人的人才工作理念，立足国内、国际竞争的大环境，培养造就一流人才队伍，为实现一汽又好又快的发展提供强有力的人力资源保障!

一汽解放贯彻落实科学发展观，紧密围绕集团发展战略和员工职业化成长需要，建立培训的长效机制，统筹规划，分层、分类开展有针对性培训，加大对经理人员、专业管理人员、专业技术人员和生产操作人员的培训力度，扎实推进员工素质提升工程，实现员工与企业共同发展。

2010年9月8日，一汽解放锡柴荣获“南长区人才强企示范企业”的殊荣，成为一汽解放人才培养的典范。锡柴一直非常重视人才建设，从“选、育、用、留”等方面加强对人才凝聚的总体规划。锡柴“选才”有“绿色引智通道”，优选8所“211”重点大学等院校相关专业的博士、硕士、学士，确保生源质量。“育才”有“人才孵化基地”，新员工入厂后接受为期半年近1000学时的系列专业培训，采用入职培训、生产实践和专业实习“三结合”的模式，迅速提高大学生适岗能力，孵化岗位生力军。入岗之后，每三年组织学生成长评价，分析人才育成效果及瓶颈，明确新一轮周期的改进措施。对工厂科技攻关、管理提升等重点项目，按照不少于20%的比例，委任新入职五年内的员工担任负责人，为其成长创造舞台，鼓励青年脱颖而出。在“用才”方面，以“活出生命的精彩”为主旨，通过推进分层分线管理、职业生涯管理、关键绩效管理，建立动态用人机制，加速育成企业核心关键队伍。“留才”上则采用组合激励的方法，保障人才生活宽裕。在保证人才薪资竞争优势的同时，建立了覆盖员工生、老、病、死，衣、食、住、行的组合保险福利网络，解除员工的后顾之忧。

一汽解放从成立发展到今天，各种荣誉的取得，产品的更新换代，自主研发知识产权的获得与人才的努力是分不开的，更是企业重视人才、合理使用人才的结果。

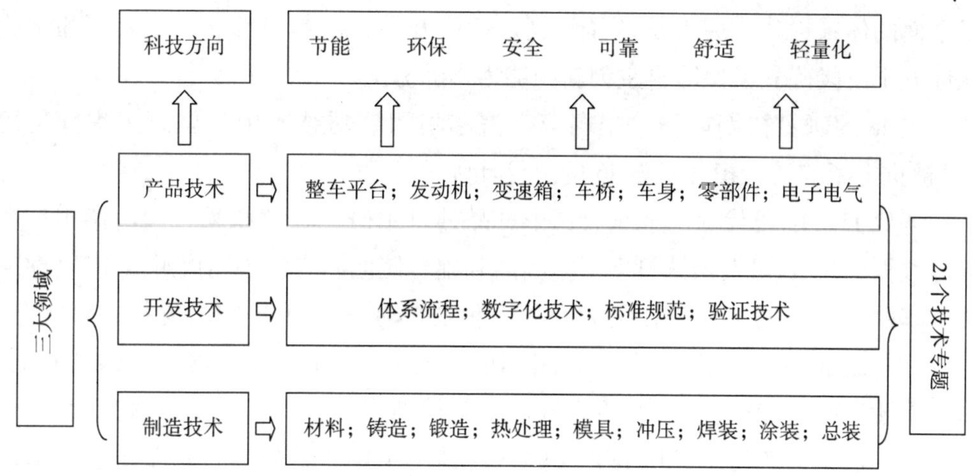

图 3－6　一汽集团技术研发规划体系

2. 自主研发尽显创新实力

《国企》杂志《特别策划——2011 年中央企业新闻榜》中，中国一汽荣膺2011 年央企十大企业榜最创新企业。中国一汽的上榜理由是：2011 年 1 月，中国一汽自主研制的解放 J6 重型卡车获得国家科技进步一等奖，书写了中国汽车工业的新篇章。中国一汽以其自主创新品牌，让中国在国际高端卡车的领域有了说话的权利。

2000 年，一汽集团在讨论公司“十五”产品规划时，就提出了中、重型卡车下一代产品全系列同步开发的构想。虽然当时一汽中、重卡车的市场占有率很高，但设计开发都是适应性产品开发，缺少一个较长远的开发计划。为了保持企业的长远竞争力，集团公司决定，由具备国际整车设计及试验水平的技术中心负责开发拥有完全自主知识产权的新一代世界级重卡产品——解放 J6。

面对这一高难度研发项目，一汽集团技术中心①提出了“五大体系”和“五大能力”，前者从自主研发流程与标准、质量保证与产品认证、项目管理与知识积累、人才培育与职能职责和自主创新的企业文化角度出发，为自主创新建立

① 一汽集团公司技术中心是由原国家经贸委等部门认定的第一批国家级技术中心，有着完善的研发规划体系（见图 3－6），集科学研究与产品开发为一身，机械行业排名第一，拥有汽车振动噪声和安全控制综合技术国家重点实验室、企业级博士后流动站及院士工作站，具有规模大、核心能力强、研制手段先进、技术实力雄厚等特点，是一汽自主汽车产品研制开发和试验检测基地。一汽技术中心占地 36.8 万平方米，固定资产 20 亿元，现有员工 2829 人，其中博士研究生 68 人，硕士研究生 645 人。

了全面的体系构建；后者从产品策划、性能开发、工程设计、试制验证和试验认证五个阶段确立了保障自主创新的能力培养方向。

在J6的研发初期阶段，中国第一汽车集团公司技术中心副总工程师吴碧磊①被推上了前台，担任解放J6的总设计师。

解放J3、J4两代商用卡车数百个产品的自主研发成功积累了国内商用车产品的数据，为J6研发团队打下了坚实的基础，使他们有信心完成解放J6这款高端卡车的设计研发工作。让吴碧磊更有信心的还来自于集团的支持，事实上，一汽对解放J6平台的投入是空前的。在总结国际汽车工业发展规律的基础上，一汽集团按照“1233”② 投资重点开展了解放新产品和新工艺的升级换代工程，即着力打造一个产品研发中心，采购、营销两个网络，发动机、车桥、变速器三大总成以及焊装、涂装、总装三大制造工艺。

J6团队的初期工作是收集先进产品数据、对标国际卡车品牌，然后再通过对购买样车的拆解，进行对标分析工作，开发团队将每个系统都拆下来用仪器测试。仅离合操纵系统的对标实验他们就反复做了大半年的时间，而这仅仅是卡车上15000个零部件系统中的冰山一角。三年间，技术中心对标分析积累出了一个又一个数据，最终，J6从无到有，渐渐有了轮廓。

在J6开发之初，为了尽可能将产品的质量问题暴露在开发阶段，技术中心的研发人员结合用户使用需求，制定了一套新的试验方法，为此他们经历了六年近乎苛刻的测试。他们将80多辆J6样车投入到总计380多万公里的强化试验中，包括漠河地区的高寒、海南地区的湿热、新疆地区的干热和风沙，甚至青藏高原高海拔的考验。

在长达7年的研发历程中，吴碧磊率领他的项目团队经历了无数的艰难和挫折，解决技术难题1500余项，实现技术创新300多项，获得专利100余项，其中有46项创新是在国内卡车上首次应用，获得专利100余项，一次性完成了“J6”产品5大平台、12个系列、300余种车型开发，这种全系列产品的同时开发在国内尚属首次。

一汽利用自身强大的实验验证能力和设计分析能力，先后对解放换代卡车

---

① 李骏博士为现任中国第一汽车集团公司技术中心副总工程师。

② “1233”投资战略：其中“1”是建设一个具有自主、持续开发能力的技术中心；其中“2”是指建立完善采购、销售两个网络，提高采购水平和营销能力；第一个“3”是指集中精力干好发动机、变速箱和桥三大总成；第二个“3”是指集中精力提高焊接、涂装和总装三大工艺水平。

的整车性能、各项功能、道路可靠性以及整车环境适应性进行了一系列严格细致的试验。多轮次的试验验证，为解放换代卡车提供了充分的试验数据，为确保产品的开发质量起到了重要的保障作用。在自主研发解放J6的过程中，一汽共计取得创新技术300多项，申报国家专利197项。

2007年7月15日，完全由一汽自主研发、历经6年精心打造的具有当代世界级水平的解放第六代重型卡车——解放J6正式下线投放市场。在下线仪式上，德国TOA莱茵公司代表哈斯勒向时任一汽解放总经理许宪平颁发了验证证书，并当场宣布解放J6已经达到欧洲同类车型水平。

2007年之后，一汽开始了11升（6DM）发动机的研发，在2009年4月，装配CA6DM动力的解放J6牵引车就正式面市并进行试销售。一年多来，解放J6奥威11升（6DM）重卡在动力性、高速性、节油性、稳定性等诸多方面都获得广泛好评。2009年10月，解放J6奥威11升（6DM）重卡成为举世瞩目的年度中国第1000万辆汽车下线车型。11升J6系列重卡是解放卡车向重型化发展的里程碑，标志着解放车型结构进入一个全新的平台，为中国卡车用户开启了又一全新的运营模式。

J6是一汽发展史上具有划时代和里程碑意义的产品，它标志一汽卡车产品结构调整的基本完成，由中型、准重型走向重型化的新时代。一汽解放自主开发的CA6DM11升发动机，在2008年实现量产，彻底打破了合资品牌在11升发动机领域的垄断。伴随CA6DM发动机的全面装配，解放J6奥威11升（6DM）系列重卡在全国实现总投放，成功弥补了我国自主动力重卡在技术含量与产品品质等方面与国际著名品牌的差距，使一汽解放在重型载货车领域具有了独一无二的核心竞争优势。

3. 用技术优势打造世界级重卡

据了解，解放J6是瞄准当代国际领先水平的高品质重型汽车研发设计的，填补了国产自主高品质重型车产品空白，性能达到世界先进水平。

在节能环保核心技术方面，解放J6整车的空气阻力系数达到0.58的国际先进指标；采用自己开发的结构拓扑有限元轻量化分析技术，整车减重550公斤，与德国奔驰和曼公司同类车水平相当；试验表明J6实现了高动力、低油耗性能，燃料消耗较国内同类车低5%～18%，J6的二氧化碳排放达到国际先进水平。

在高安全性关键技术方面，解放J6国内首次实现从概念设计、结构设计到试验验证的全程安全性控制，顺利满足欧洲ECER29并通过出口认证。在可靠性及耐久性设计开发技术创新方面，解放J6达到欧洲100万公里耐久性水平，全面提升了自主卡车可靠耐久品质。

在整车噪声关键技术方面，解放 J6 重型车噪声性能优于欧洲 ECER51 标准。在柴油机核心技术方面，一汽解放彻底改变了国内重型柴油机设计理论和评价方法陈旧落后，不适应现代高性能、低排放、长寿命设计技术的行业现状，为解放 J6 设计出 11 升和 13 升重型车用柴油机，特别是“黄金排量”的 11 升柴油机具有高端轿车技术特征，达到国际先进水平，实现了国内重型柴油机设计技术跨越 20 年。迫于市场竞争的压力，一汽解放的战略换代产品也要不断创新，因此，解放 J6 的升级版解放 J7 已处在研发当中，4 年后亮相。

2011 年，解放 J7 获得了 4 亿元的资金，发动机也获得 3 亿元（研发 15 升的重卡发动机项目），所有这些，都为解放 J7 的研发打下了坚实基础。

4. 构建“4P + 2S”的创新营销体系

一汽解放之前在中重型车领域一直保持优势，曾经多次蝉联行业第一。在推出高端重卡之后，除了不断丰富产品，对营销的转型也成为其重中之重。

事实上，2004 年，从解放第五代产品推出前后，解放开始全面推行丰田生产方式，引进一汽大众管理模式，实现管理变革，走出了一条传统国企在不合资情况下与先进国际管理模式接轨的道路，提高了解放品牌的整体市场竞争力。在此基础上，解放提出了创建精益化营销团队，实现精益化营销管理。例如一汽解放将长春和青岛两大基地产品实行了统一的销售管理，在新产品销售中首次实行了订单制管理，也为解放其他产品实行订单制打下了基础。

此外，一汽解放在产品和服务等方面开始实行一系列变革。在产品方面，解放奥威、悍威等新一代主力产品的序列不断拓宽，形成了宽平台、多系列的发展格局。在服务方面，解放大力推行新六项服务承诺，同时，声势浩大的“盛夏真情，从心感动”服务月活动在全国范围内开展。

2005 年，解放实行了“1122”战略，即在经营理念上坚持“用户第一”；在经营管理上坚持“计划第一”；贯彻销售管理和售后服务两个标准化流程，实现客户关系管理和营销管理水平的两个提升；以“计划第一”为管理主线，以客户关系管理为支撑，强化体系的运控能力和手段，全面拉动解放营销体系的运行效率，使解放的营销团队逐步迈向精益化。

当前，解放面临的形势依然严峻，国内中、重卡市场的竞争厂家不断增多，竞品不断升级，解放所面临的竞争环境更加严峻，这对解放营销体系的市场开拓能力、经营管理能力、服务保障能力提出了更高的要求。

这更坚定了一汽解放继续在营销方面的变革探索。其中营销体系由“销量目标导向型”转向“份额目标导向型”，把总体份额目标、品系份额目标、细分市场份额目标、区域份额目标以及代理商份额目标构成了逐级细化的目标体系，使营销体系的各项工作与市场需求、结构、竞争结合得更加科学、紧密。

一汽解放在营销方面的探索脚步没有停止，他们以4P营销理论为基础，结合中重型卡车的市场特点及营销经验，创新营销理论，将对卡车营销至关重要的服务、备品因素融入4P理论，形成了以产品、价格、渠道、促销、服务、备品为六大核心要素的4P+2S市场分析工具。

解放J6“55周年纪念版”的推出便是极具解放特色的创新营销。它是一汽解放第一次集情感营销、体验营销、事件营销、品牌营销、服务营销于一体的全方位营销，借助解放卡车55年的历史积淀和用户对解放品牌的忠诚，通过感恩用户，输出解放产品独有的价值。

针对目前快速高效物流市场的高端用户营运及需求特点，解放J6“55周年纪念版”采用了“两年不计里程保用”的标杆型服务新举措，充分体现了一汽解放对产品质量的绝对信心和对用户利益的绝对负责。

2011年从1到11月份，一汽解放销售18.9万辆，全年达到20万辆。其中“强项”牵引车保持了40%的市场份额优势。同时，在各细分市场也纷纷实现突破：自卸车的市场份额提升了1%；8×2载货车的市场份额提升了2%；轻量化8×4载货车的市场份额提升了7%；水泥搅拌车的市场份额提升了2%，全年实现销售3000辆，同比增幅达到50%。

5．以感动服务促进创新发展

如果说，品质是一汽解放由“制造”向“创造”转变的硬实力，那么，服务则是一汽解放赢得市场的创新软实力体现。在2012年的商务年会上，一汽解放提出了今年中重卡销量欲突破21万辆的销售目标。

“感动服务”是一汽解放实现销售目标的有力保障。一汽解放作为国内卡车领域最早提出服务品牌“感动服务”的企业，意识到中国卡车市场已经进入产品功能、质量同质化时代，服务的差异性正逐渐成为各厂商提升市场竞争力的主攻方向。

2012年，为实现既定的销售目标，一汽解放的“感动服务”工作将以预防性维护为特色，通过扩大服务站保外维修业务、推进专业服务站自卸（专用车）专营、强化备品渠道建设、提高服务管理水平等手段，提高用户车辆的可动率，提高用户维修服务的便捷性，降低用户维修保养成本。

同时，一汽解放还将进一步提高西部市场的服务水平，在2012年，一汽解放将继续执行西部服务与备品优惠政策，支持西部服务商加速能力提升。调动服务站积极性，保证服务及时、有效。增加备品中心储备量，同时提供服务站备品调换，减轻服务站压力；加大服务投入力度。

“服务是联动解放和终端用户的有活力的纽带，服务是提升品牌溢价能力的关键要素，服务是再次购买的创造者，更是营销网络的未来！”一汽解放汽车有限公司党委书记、常务副总经理许宪志如此强化了在2012年用服务带动销售的核心理念。

（三）创新让“一汽解放”走得更远

从一汽解放的发展可以得知，首先，技术创新是企业参与市场竞争取得优势的重要途径。技术创新的本质特征是技术与经济的结合，国家技术创新体系的主要构成为：企业、高等院校、科研结构、政府部门、中介机构等。其中，企业是技术创新的主体，是该系统的核心部门，而高等院校、科研机构在科研、成果、育人、信息等方面有着明显优势，所以，三者之间的相互结合的创新模式日益促进着科技与经济的发展。一汽解放正是走出一条产学研相结合的道路，并同国内众多高校（如吉林大学、哈尔滨工业大学等）共同培养优秀的专业性人才，共同研究国际技术领域新问题，为企业的创新提供了源源不断的动力。

其次，自主创新是科技发展的灵魂，也是企业实现更快更好发展的动力源泉。创新是时代发展的需求，是企业谋求生存的灵魂，更是企业成功的必经之路。21世纪的竞争，无论是国家间还是企业间，谁拥有高新技术，谁就能抢占竞争的制高点。但最先进的高新技术是买不来的，也没有一个国家或民族是靠别人的“恩赐”发展强大的，所以要实现现代化的根本出路在于：把自主研究开发与创新同引进有机地结合起来，在学习借鉴别人的同时必须靠自己的力量，依靠我们自己的创新能力。只有这样才能摆脱后于人的被动局面，才能在世界高科技领域中占据一席之地，才能谋求企业有更大的生存空间。一汽解放探索出了一条“开放合作、自主创新”的道路，即首先对国内外优势资源进行整合，缜密安排产品策划、工程设计与性能开发，并提出质量成本理念，采用阶段评审的方式，组织安排国内外技术专家进行技术评审，并在评审中进行决策，通过价值工程降低产品开发成本。但一汽解放深知要想在日益竞争激烈的国际市场占有一席之地，自主创新才是硬道理，开发生产出一款真正意义上与国际先进水平同水准的高端重卡产品，才能真正扬眉吐气。也就是在这种理念的支撑下，一汽解放技术中心研发团队历经挫折，坚持不懈，攻破了各种技术关卡最终研发出了具备国际先进水平和竞争力的“解放 J6”解放 J6 不仅抵挡住了进口车型的冲击，还逐步实现了解放产品出口欧洲市场的战略构想。

最后，营销和服务创新是企业在竞争中生存与发展的必要手段，是提高企业市场竞争力最根本、最有效的途径。一汽解放有着严格的质量管理机制，有一个全新的营销理念，完整的营销战略、灵活多变的营销战术和庞大的营销服务网络，还有独特的经营理念，这些都成为一汽解放持续、稳定、高速发展的基础和取胜的保证。一汽解放把丰田营销方式全面推广并不断创新，从最初的商品、品牌单向传播，转变到与用户共同创造品牌价值，这大大提高了解放品牌的整体市场竞争力。一汽解放营销着力提高重点品种需求变化趋势预测的准确率，建立计划管理双线流程，通过为经销商提供培训、商务政策支持等提升了经销商获利能力，使体系能力和技术潜力得到有效提升，确保了高基数下的高增长。

自主是企业立身之本，创新是企业进步之魂。中国一汽诞生于自主，成长于自主，自主的基因与生俱来，自主的体验感同身受。中国一汽的建设，首先耸立的不是厂房和烟囱，而是新中国汽车长子的责任、品牌进取的精神和抗争自强的意识。自主事业是中国一汽最核心的事业，是中国一汽必思、必想、必干、必争、必拼、必胜的事业。经过几十年的积淀和多年的市场锤炼，一汽解放在商用车领域探寻出一条适合自身发展、适合国内、国际市场竞争的道路。他们以抓住国内市场份额为先决条件，用科技武装自己，以重卡为突破口，在整车研发上不断创新，扩充产品线，打造多用途系列产品，向多领域进军。同时积极在海外谋求发展，建设海外研发、生产基地，打通海外销售渠道，成为国际商用车市场领域的主导力量。

55 年，弹指一挥间，中国一汽在每一个历史瞬间都留下了光辉的一笔，“解放”作为自力更生、开拓进取的精神象征将不断传承。在新时期，解放必将以“品质 · 技术 · 创新”的企业信条，谋取更广阔的未来。

七、航天科工：放飞神剑 富国强军

从1984年国庆35周年阅兵式中国导弹首次亮相，到2009年国庆60周年阅兵式上数量空前的新型导弹精彩“亮剑”，到2011年多项技术产品为天宫一号/神舟八号交会对接保驾护航，人们逐步把目光聚焦到中国最大的导弹武器研制生产单位——中国航天科工集团公司（以下简称“航天科工”）。航天科工集团创造了多项“中国第一”：第一个实战应用的防空导弹武器系统；第一个水下发射的潜地导弹武器系统；第一个机动发射的地地导弹武器系统；第一枚超音速飞航导弹；第一台固体火箭发动机；第一台液体火箭发动机；第一台飞控计算机；第一件中华人民共和国发明专利；第一件中华人民共和国实用新型专利；第一支在世界第三极成功点燃的奥运火炬……这一连串可公开的我国历史上的“第一”可管窥航天科工自主创新的光辉历程。其中，两项专利的证书被国家知识产权局收藏在展厅里，并载入了中华人民共和国的史册。更值得自豪的是，中国航天科工多次摘得国家科学技术进步特等奖桂冠，名列中央企业前茅。

在中国航天近56年的发展征途中，他们矢志不渝地铸造“神剑”，为我国国防装备现代化和国民经济建设作出突出贡献，让国人挺直了脊梁，为发展缔造了和平。56年来，航天科工始终秉承“国家利益高于一切”的核心价值观，全面履行“科技强军、航天报国”的企业使命，充分发挥中央企业“顶梁柱”的作用，取得了举世瞩目的重大成就。近年来，航天科工领导班子创造性地提出“大防务、大安全”理念，催生了宽广的军民融合创新之路：导弹虽然不能民用，导弹技术却可以为民造福！

（一）自主创新，铸造神剑

1. 自主研发造导弹

被誉为“中国导弹工业摇篮”的航天科工自力更生、自主创新，使我国的导弹武器装备从无到有、从弱到强。航天科工的发展史，就是一部自主创新史。航天科工的前身，是组建于1956年的导弹研制机构——国防部第五研究院。在导弹研制的关键时刻，苏联于1960年撤走了全部专家，使工作陷入困境。在一无图纸参照、二无经验借鉴的情况下，我国航天事业奠基人钱学森、黄纬禄和他们的一批战友，战胜了无法想象的困难和挑战，掌握了系列核心技术。1960年11月，中国第一枚导弹——“东风一号”发射成功，实现了我国军事装备史上导弹从无到有的重大突破。1982年10月12日，中国第一型潜地固体战略导弹“巨浪一号”试射成功。

在新中国成立60周年盛大阅兵仪式上，中国航天科工展示了一系列自主研发的武器装备。航天科工在阅兵式上亮相的新型导弹武器装备中，既有可垂直发射、全方位拦截来袭目标的新型中高空中远程防空导弹，也有新型中远程地地导弹，而最引人关注的是用于精确打击敌纵深重要目标的新型陆基巡航导弹，这是该型导弹在世界上的首次亮相，立即成为媒体关注的焦点。值得自豪的是，这些导弹均为我国自主研制，这些涵盖防空、飞航、地地领域的导弹武器装备，构筑起我国当前最具实力与水平的导弹防御体系。56年的自力更生、自主创新，构筑起整体水平国内领先、部分技术国际先进的防空导弹系统、飞航导弹系统、地地导弹系统等研制生产体系。

2. 关键技术佑神舟

作为中国航天事业的中坚力量，中国航天科工集团公司集聚55年“精于安全”的技术优势，多项技术产品为天宫一号/神舟八号交会对接任务提供技术安全保障，并谋求为未来我国空间事业发展全方位打造天地一体化安全保障体系。小到螺钉紧固件，大到微波雷达等关键单机，中国航天科工有数万个零部件和一些单机产品参与了此次交会对接任务。

航天科工为飞向太空的长二FT1火箭和初探太空的天宫一号目标飞行器提供软件“体检医师”——能够自动判读数据的智能化测试软件；历经十年打造，提供澎湃不竭能量的空间站“变身”动力容器“金属膜盒”——作为天宫一号大型液体燃料贮箱的核心部件，能够容纳燃料反复加注、反复使用；以及高标准、高可靠的钛合金紧固件——占载人航天工程用紧固件总用量90%以上，从测试、动力和基础件等方面助力中国载人航天从地球飞向太空的初始安全。

天宫一号目标飞行器与神舟八号飞船完美交会对接时，来自航天科工的微波雷达发挥关键作用。微波雷达功能强大，在技术上取得了诸多突破，从200余公里到数十米范围内及时、准确地实现双向捕获，保障“太空之吻”完美无缺；高精度加速度计是神舟八号飞船上精度最高的姿态测量装置，在交会对接过程中，在空间微重力状态下精确地给出飞船的速度、位置等重要信息，以确保飞船准确无误地完成这次“胜利之吻”。太空环境恶劣，航天科工利用研发、生产、试验的全面技术优势，在神舟八号飞船上精心为航天员打造了迷你的“太空厨房”、“太空空调”和“太空医院”。

惯性导航能够及时地输出各种导航数据，为运载提供精确的姿态基准，是神舟飞船稳定运行的基础。航天科工为神舟飞船生产配套的惯性仪表，是惯性导航的关键部件，可以说是神舟飞船的“眼睛”。晶体元器件是一种频率产生器，如同心脏一样为飞船的各个系统提供信号源。航天科工是中国航天晶体元器件的主要提供者，此次仅为“神八”就配套了2000余只晶体元器件，为导航和通讯等功能提供了坚实保障。作为智能高精度特种阀门的研制者，航天科工的11种高精度阀门产品在神舟八号飞船推进舱的热控系统、飞船与空间站的对接系统、飞船返回舱的气体采样系统等三大系统应用，为安全稳定运行起到了重要作用。

继成功运用于从“神一”到“神七”的发射任务之后，航天科工打造的连接分离机构此次仍在神舟八号飞船的运行返回中发挥关键作用；“回收一号”雷达是每次伴随“神舟”安全穿越黑障区的卫士，此次该雷达实现了第八次护送飞船安全返回，也是改造升级后第一次圆满完成护送“神舟”的重任；航天科工18年不懈攻关研制出的应用于神舟八号飞船回收分系统的γ高度控制装置，被喻为飞船安全着陆的“光子探针”，在飞船离地1米时给出精确指令，指挥飞船安全回家，该装置成为神舟飞船最后一个完全实现国产化的设备。

3. 军民融合促创新

新的历史时期，航天科工又承担起新的使命：军民融合，进入经济主战场，提升产业竞争力。航天科工在信息产业、装备制造等技术领域开发了一系列重大军民结合产品，一批有发展潜力的民用产业正在迅速崛起。让航天科工人引以为豪的，还有他们面向国民经济主战场，用一项项创新成果，为维护国家的经济安全、信息安全、社会安全作出了无可替代的重要贡献。

航天科工旗下的航天信息股份有限公司研制的增值税发票防伪税控系统，每年为国家增加税收数千亿元，被党和国家领导人誉为防止偷漏税的“撒手锏”、“生命线”。

航天科工研制的奥运火炬，战胜了高寒低压、缺氧大风，于2008年5月8日在珠峰峰顶点燃，使奥运圣火首次照亮世界之巅，“奥运火，航天心”声名远播；在北京奥运会、残奥会期间，航天科工设计、完成的海陆空立体化安保科技系统，为7个赛区的94个场馆保驾护航，实现了“零失误”的安保目标。

近年来高层楼宇火灾事故不断，传统的防火技术鞭长莫及，消防部门干着急、没办法。航天科工研制的“高空灭火弹”，可准确命中目标、快速扑灭火灾！

在应对汶川地震、玉树地震、舟曲泥石流等重特大灾害中，由航天科工研制的 IDR 卫星基站、应急通信车、紧急抢险车、防疫车、救护车等组成的天地一体化应急救援系统，打通了绝地孤岛的信息通道，挽救了无数垂危的生命……

2011 年 8 月，航天科工力挫群雄，成功中标中国首个智慧城市建设示范项目——武汉智慧城市总体规划与设计项目。该项目集成了物联网、云计算等 IT 领域多项前沿技术，航天科工此次中标，体现了业内专家对“航天安保”这一品牌的高度认可。圆满完成奥运安保任务后，航天科工又在上海世博会、广州亚运会等重大活动中大显身手，铸就了中国安保第一品牌。

56 年来，航天科工积累了大批先进的技术，培养了大批优秀人才，航天科工依靠自主创新推动，经济增长速度和运行质量显著提高。在 2009 年 53 家资产总额过千亿元的中央企业中，营业收入增速排名第 17 位；利润增长率排名第 22 位，利润总额排名第 32 位，当选 2009 中国最具创新力企业、2009 年度中国管理大会“具价值企业”；被授予中央企业首家质量管理创新基地；“航天科工”品牌入选中国经济百强榜共和国 60 年自主创新品牌 20 强。近年来，航天科工在全球军工企业 100 强的排名中不断攀升，在国务院国资委综合经营业绩考核中连续进入中央企业 A 类行列，与国际一流航天防务公司的差距不断缩小。

（二）以创新机制激发铸剑活力

创新知易行难，如何让企业永葆创造的激情和创新的活力是企业必须思考的问题。航天科工成立以来，始终把自主创新作为发展的战略基点。按照党中央、国务院的总体部署，结合自身发展实际，坚持以战略眼光和全局观念，不断加强自主创新能力建设，大力推进以各研究院、基地、直属单位、公司为主体，需求牵引、牵引需求互动，产学研相结合，融理念创新、技术创新、管理创新、制度创新、文化创新于一体的自主创新体系建设。

1. 把握创新方向

中国航天科工集团公司总经理许达哲表示：“航天科工经历了从军队到地方的历史任务，至今已经走过了 55 年历程。一个企业要保持可持续发展就必须要有自己的特色，必须拥有自己的核心竞争力，而且要实现突破，引领发展，必须坚持创新创业，像航天科工这样的企业集团，要走好军民融合发展的思路，突出特色、突出主业、突出创新。”

在突出特色方面，要找准战略发展定位。一个企业的特色就是区别于其他企业所应具备的核心竞争力，跨入 21 世纪第二个十年的战略机遇期，航天科工将更加突出航天特色、防务特色、高技术特色，加快由军队为主向军民融合发展为主，由满足国内市场为主向加快国际化经营转变，由自我研发为主向更加注重产学研用联合开发转变，力争在未来十年内使集团公司成为位居世界前列的航天防务装备供应商。

在突出主业时许达哲说要夯实企业发展根基，专业化和多元化是大企业经营过程中的战略选择，无论做何选择，主业不突出、核心竞争力不强，就难以实现可持续发展。在发展途径和措施上，航天科工将深化军民融合发展，坚持产研结合发展，推动机械化与信息化复合发展，在做强军队的同时，突出信息技术和装备制造为重点的民用产业，充分整合相关资源，全面融入国民经济主战场，大力实施走出去战略，进一步拓展集团公司的发展空间。航天科工要在突出主业的基础上进行二次创业，在现有的基础上寻找经济发展新的突破口和增长点，突出航天特色、防务特色、机械化与信息化复合发展特色、创新型企业特色，在重大科技专项上下功夫，在高新技术装备研制上求突破，在“大防务、大安全”上做文章，在创新创业、跨越发展中上水平。

关于突出创新，要增强内升增长发展动力。创新是为了认识事物的本质，揭示事物发展规律，激发人的活力。航天企业自身发展规律，适应条件变化，探索军工经济发展模式，扩展军民融合发展空间。

2. 建立创新机制

创新源于一流的创新机制。长期以来，中国航天科工秉承航天优良传统，将“探索一代、预研一代、研制一代、生产一代”的创新模式和研发路线发扬光大：在“探索一代”阶段，密切跟踪世界和国内最新技术发展态势，为核心竞争力的提升寻找到源泉；在“预研一代”阶段，注重先期技术开发、突破核心技术和关键技术，促进了新项目的国家立项与实施；在“研制一代”阶段，加强对前两阶段创新成果的应用与转化，实现了核心竞争力的价值体现；在“生产一代”阶段，强化工艺创新，加速物化技术成果，实现国有资产增值，同时为后续创新投入积累资源。

（1）颁布制度保障创新。

航天科工为加速创新工作的深入开展，积极构建支撑创新的规章制度体系，率先建立健全独具特色的集团公司级规章制度，大力推进创新机制建设。航天科工制定并实施了《中国航天科工集团公司自主创新工作管理办法》，将创新型企业建设和创新能力建设纳入企业综合考评体系，落实创新职责，加大考核力度；专门制定《中国航天科工集团公司科技创新突出贡献奖评选办法》，加大对在科技创新中作出突出贡献的单位和个人的奖励力度；制定并实施了《中国航天科工集团公司知识产权管理办法》《中国航天科工集团公司智力成果登记管理规范》等制度，建立有效的成果转化机制；制定《中国航天科工集团公司关于加强工艺创新工作的若干意见》，通过加强工艺创新，加速物化技术成果。

（2）加大投入促进创新。

航天科工不断加大自主投入力度，明确规定各单位须按照不低于本单位预计军民品营业收入总额的3%安排本年度自主创新经费预算，纳入本单位全面预算管理，不断推动创新投入的良性循环与创新项目的可持续发展。“十一五”以来，航天科工科技投入逾500亿元，科技投入占主营业务收入的比例年平均超过12%，远高于国家首批创新型试点企业6.74%的平均水平。

（3）制定新政鼓励创新。

航天科工推出鼓励发明创造的系列新政，在集团公司推出鼓励发明创造的系列新政中，包括大力表彰优秀专利、优秀发明人和优秀发明创造团队，提高研发平台建设创新资金支持力度，提高专利发明人的重奖额度。制定每年安排1亿元用于重大自主创新项目研发，获发明专利的产品年营业利润首次达到1000万元以上，分别奖励专利持有人2%等举措。截至2011年8月底，航天科工已累计获得授权专利2609件，累计申请专利7160件，累计拥有有效专利2491件，在中央企业和军工企业中名列前茅并呈逐年上升态势。发明专利逐年增加，千名研究开发人员拥有的授权发明专利量增长了39倍。

3. 优化创新资源配置

创新资源配置的优化程度直接影响其应用效果，为此，航天科工加大了创新资源优化配置力度。

（1）大力整合专业技术力量。

对内部各类创新资源进行整合，实现优势互补和强强联合。2009年，在原航天科工一院的基础上集中航天科工内部信息技术优势资源，对从事信息技术及相关装备研发的单位进行重组，成立了新的中国航天科工信息技术研究院，提高航天科工信息技术总体研究水平和装备信息化水平。

（2）构建自主创新的平台。

“十一五”以来，航天科工加快了各类创新平台建设的步伐，目前已拥有国防科技重点实验室6个，国家工程研究中心2个，国家工程技术研究中心1个，国家认定企业技术中心3个，国防科技工业先进技术研究应用中心4个、企业技术中心7个，省市级企业技术中心23个、多个高新技术产业园区和若干个集团公司级研发中心。这些创新平台通过不断的技术创新、自主开发、技术引进和产学研联合等途径，促进企业产品向高科技、高附加值和专业化、规模化方向发展，增强了企业的市场竞争力。

（3）开展广泛的产学研合作。

航天科工遵循互利共赢原则，与国内著名高校、研发机构等开展了广泛的产学研合作，联合成立研发机构30多个，充分发挥并利用合作单位特长和优势资源，不断提升产学研合作的战略性、长期性和稳定性，构建起一个独具特色的产学研合作体系。航天科工在产学研合作中采取组建产业技术创新联盟、共建实验室与技术中心、委托与合作开发、技术转让和人才引进、技术投入等方式，催生出一批具有自身特点的创新平台。

4. 培养青年创新人才

青年科技人才迅速成长，是航天事业的持续发展的坚强后盾。中国航天事业能取得如此举世瞩目的成就，其中一个重要原因就在于培养造就了一批政治坚定、作风严谨、无私奉献、学术技术造诣较深、勇于创新的科技人才。航天科工始终抓住人才这个根本，用独具特色的育人之法、选人之规、用人之道，造就了一支朝气蓬勃、勇于奉献、善于攀登的创新队伍。

（1）明确培养目标，注重科技人才年轻化。

航天科工以提高创新能力和弘扬科学精神为核心。加快培养造就一批以型号“两总”及学术技术带头人为代表的具有世界前沿水平或在国内有重要影响的科技专家；以提高战略开拓能力和现代经营管理水平为核心。加快培养造就一批熟悉企业经营管理、敢于创新的优秀经营管理者；以提高专业技能和解决技术难题能力为核心。加快培养造就一批具有国内和行业水平的高技能人才。

目前航天科工35~45岁的青年科技人才已成为科研生产一线的中坚力量，挑起了航天科工事业的大梁。青年科技人才的迅速成长，离不开老一辈科技精英甘做人梯育人才的无私精神，一棵大树背后已经长出一片茂密的树林。

2012年4月20日，航天科工的首家技能大师工作室——巩鹏技能大师工作室在三院33所正式挂牌。40岁出头的巩鹏激动地说：“如果没有秦景方师傅毫无保留的传帮带，就不会有我的今天！”

“师带徒”是航天科工长期形成的优良传统。在三院档案馆里，完整地保存着一批总师、副总师当年亲手书写的设计报告，一张张附带说明的设计图纸，成为年轻人常用常新的知识宝库；二院二部把老一辈留下的纸质资料分类、归档，制成电子图书馆，新员工在计算机上一搜即得……

当过3个型号总师的杨宝奎最值得骄傲的事情，是教出了3个型号总师，培养了15位副总师、40多位主任设计师。

老一辈甘当人梯，新一代薪火相传：三院三部11室主任王长青创办了“研究生论坛”，导师与70后、80后们在这个平台上定期交流；四院江北公司的全国数控技术能手周大华，办起了辅助编程学习小组，利用每周三的晚上，亲自给车间的18名徒弟授课。

航天科工在人才选拔上的另一大特色，唯才是举，不搞论资排辈。无论是集团公司层面，还是下面的研究院所、公司企业，都是不拘一格选人才，给优秀的年轻人压担子、让位子。

四院院长刘石泉，当时年仅31岁就作为新一代航天型号产品设计方案的负责人“进京赶考”。结果，他提出的方案用极少的科研经费就实现了产品定型。航天科工，这样的例子不胜枚举。

（2）注重人才激励，加强创新团队建设。

在用人方面，航天科工一直采取“精神鼓励+物质激励”的“两励”政策，让想创新、能创新的人才有面子、得实惠。

精神鼓励，就是把各种荣誉向创新人才倾斜：在劳动模范、十佳青年、岗位能手等各种荣誉称号评选中，集团公司优先考虑表现突出的创新人才；每年表彰“十大科技英才”、“十大技能高手”；以个人名义命名创新工作室和优秀班组。

物质激励，就是让做出贡献的创新人才得到适当的回报：建立不同形式的人才奖励基金，鼓励科技人员建功立业；激励发明创造，员工每创造1项发明专利奖励数千元；对于集团级、国家级创新团队，每年给予一定的经费支持，用于成员培训、出国学习……

为改变“学而优则仕”、“技而优则仕”的局面，航天科工推出了“工艺大师”和“首席专家”：受聘这两项称号的人员，其福利待遇参照集团公司重点型号总设计师制定，部分人员在住房、薪金等各项待遇上已超过本单位的行政领导。

航天科工积极构筑有利于创新型人才辈出的平台。截至成稿前，集团公司的国防科技创新团队达到4支，集团级创新团队增加到35支；涌现出8个国防科技重点实验室和多个国家重点实验室、国家企业技术中心、国家工程技术中心等创新平台。在11万余员工中，专业技术人员占总数47%，先后有1599名专家享受国务院政府特殊津贴。现有“两弹一星”功勋奖章获得者1名，两院院士10名，“百千万人才工程”国家级人选40名，拥有实力雄厚的国家级创新团队，培养了享有盛誉的国家级知名专家。

5. 发扬创新文化

中国航天之所以能够在我国基础工业相对落后和投入经费有限的条件下，不断地谱写新的篇章，航天科工集团公司之所以能够不辜负祖国的重托和人民的期望，创造一个又一个中国第一，离不开以航天“三大精神”[①] 为主要内容的航天文化的激励。随着时代的发展，针对国防现代化建设的迫切需要，航天科工集团公司鲜明地提出了“国家利益高于一切”的核心价值观，把“发展航天，科技强军，工业报国”作为企业使命，发扬“求实、创新、协同、奉献”的企业精神，为自主创新注入了强大的内在动力。使命航天、价值航天、品质航天、创新航天激励着航天人在成功中不断登攀、在创新中不断进步。

在航天三大精神中，最突出的、也是贯穿于航天文化的主线和灵魂的就是热爱祖国、无私奉献。中国航天人自觉地把个人理想与祖国命运、个人选择与事业需要紧紧联系在一起，把对祖国无比深沉的热爱，化作为国争光、勇攀高峰的实际行动。正是在这种精神的激励下，一代代航天人直面困难、不惧挑战、淡泊名利、甘于奉献，创造了航天史上无数个奇迹。

航天产品具有投入高、风险大、技术密集、系统复杂的特点，其质量状况事关国家地位和形象，事关国家安全和祖国统一大业，甚至直接关系到将士的安危和战争的胜负。因此，航天在构建自身企业文化时就把质量文化作为非常重要的内容。企业座右铭是周恩来总理提出的“严肃认真，周到细致，稳妥可靠，万无一失”的“十六字方针”；质量观就是“质量是政治、质量是生命、质量是效益”；质量工作准则就是“严慎细实”；推广的是“零缺陷”的系统工程管理。质量文化培养航天员工的质量素养，用产品保障能力把用户质量需求物化到产品上去，用型号全过程控制保证交付的装备无缺陷。

航天文化就是一种创新的文化。中国航天发展的历史已经证明：真正的核心技术是买不来的，航天之所以能够发展，就是坚持创新驱动，就是有这样一种创新文化的氛围。中国的航天从来是开放的，50多年前就确立了自力更生为主、引进外援为辅的方针。但很多时候，我们面临的是技术上的封锁和扼制，航天要发展就必须自主创新。不创新就搞不出产品，不创新就不能适应中国军

① 航天科工集团培育形成了航天精神、“两弹一星”精神和载人航天精神。

事变革的需求，不创新就难以维护祖国的完全统一。也正因坚持了自主创新，中国的航天有了长足的发展。

航天文化是大力协同、团结协作的文化。航天重大工程、导弹武器系统等都是高度集成的系统工程，涉及众多专业和领域，需要多家科研院所、生产研制单位配套。因为跨专业、跨区域、跨部门，所以要树立“一盘棋”思想。集团公司的“两弹一星”元勋黄纬禄院士在装备研制过程中就提出了著名的“四有”理念：“有问题共同解决，有困难共同克服，有余量共同掌握，有风险共同承担”。是在这样的文化氛围里，航天科工建立了一支坚强的、有战斗力的创新团队，成为我国航天事业不断发展进步的重要推动力量。在航天系统，系统工程观念、团队协作意识已深深地植根于每位航天人的心灵深处。

航天科工正是在强烈的爱国主义精神的统领下，在航天创新文化、航天质量文化和航天团队文化的熏陶下，取得了一个又一个成绩，还有安全文化、保密文化、廉洁文化等一系列内容，共同构成了一个完整的文化体系。在企业文化建设实践中，还重视同航天党建思想政治工作紧密结合，实现航天文化优势与政治优势的“强强联合”，促进管理的创新，创造显著的经济效益和社会效益。

“航天科工的企业文化，是航天精神与公司实际、时代要求的有机结合。”航天科工副总经理方向明说，“这种深厚的企业文化，像一股无形的内在动力，推动着航天科工不断创造辉煌。”

6. 信息化深度融合发展

“十一五”是集团公司信息化全面展开、快速发展和深化认识的重要时期，集团公司实施了航天信息化工程的第二期规划。通过信息化建设，各级领导和全体员工对信息化的认识普遍提高，创新能力和实践能力显著增强。2011 年，集团公司积极推进“两化”融合，紧密结合型号科研生产和企业经营管理实际，深入开展信息化建设与应用，工程信息化应用取得新突破，进一步提高了型号研制能力与水平；管理信息化建设与应用不断深化，有效提升了精细管理水平和管控能力；数据资源建设、基础环境建设不断加强，为信息化整体能力提升和健康、长远发展提供了有力保障。在中央企业信息化水平评价中，集团公司跨入 A 级行列，正在向着促进资源整合、推进流程优化、全面融入业务、支撑企业战略的方向深入发展。

在“十二五”期间，集团公司将进一步加大全集团信息化建设的统筹力度，构建与新型工业体系、创新体系相融合的信息化体系，不断提升集团公司的研发制造能力、企业管控能力和市场竞争能力。集团公司信息化工作将主要围绕四个方面展开：一是抓架构治理，确保信息化统筹落地，为信息化支撑企业战略发展打下坚实基础；二是抓信息化与业务的融合，促进工程与管理领域的应用深化；三是抓夯实基础，不断完善 CIO 体系，加强标准规范建设，注重培育信息化文化，为信息化发展保驾护航；四是抓四维评估，准确把握信息化方向。

(三) 放飞神剑，收获和平

面对强手如林的国际竞争，当中国航天科工深知核心技术是买不来的，导弹的核心技术更是如此之时，当创新成为企业的责任和使命，当创新成为企业生存方式的必然之选，“神剑”之“神奇”就成为一种必然。唯有自主创新并掌握核心技术，才能在竞争中赢得先机，才能赢得地位、赢得话语权。航天科工集团坚持自主创新，大力实施军民融合战略、创新驱动战略、人才强企战略、质量制胜战略，努力走出一条具有航天科工特色的科学发展之路。

牢记责任，不辱使命。当“神剑”成为企业的图腾，当“和平”成为企业的理想，当“富国强军”成为企业的神圣使命，“放飞神剑，收获和平”就成为一种必然。在“国家利益高于一切”这一核心价值观的驱动下，中国航天科工军民融合发展走得更深更远：国家需要，他们想到的是国家利益；社会需要，他们想到的是人民的安康。从传统防务拓展到非传统防务，让航天技术成果惠及民生，改善民生，用大防务实力构筑起一座国泰民安的新的绿色长城，成为中国航天科工更长远的追求。

今天，中国航天科工研制和生产的“神剑”世人瞩目，中华“神剑”的每一次放飞都会大大增强中华民族的自信心和凝聚力；明天，在“大防务大安全”理念引领下，中国航天科工在军民融合式发展道路上必将取得更大的成绩，有力助推小康社会的全面建设。

八、中国二重：从“打工仔”到“行业领导者”

中国第二重型机械集团公司（以下简称“中国二重”），始建于1958年，1971年建成投产，曾经经历了共和国重型装备制造从无到有、从小到大、从弱到强的历史。在很长一段时间内，中国二重因创新不足、产品附加值低，产品结构单一，生产经营主要依靠钢厂技改项目，冶金产品依赖度一度达到70%以上，形成了“冶金打喷嚏，二重就感冒”的怪圈，企业效益高低完全受制于冶金行业的起伏波动。近年来，二重通过建立自主创新体系，大幅提升企业核心竞争力，许多产品填补了国内空白，替代了进口，在关系到国家经济命脉与国家安全的重型装备制造中，走过了一段艰难而灿烂的创业创新历程。

今天的中国二重已经成长为中国重型机器制造业的排头兵，是中国最大的重大技术装备研制基地之一，也是国务院国资委管理的“关系国家安全及国民经济命脉”的53家重要骨干企业之一，在国民经济和国防建设中发挥着不可替代的重要作用，被党和国家领导人誉为“国宝”。

（一）创新令中国二重角色逆转

十年卧薪尝胆，一朝扬眉吐气！困境中，技术创新成为“二重人”的眼光和坚守。多年来，中国二重以科学发展观为指导，坚持“唯有技术的领先，才有经济的领先，企业的领先”的信念，紧跟国家产业政策导向，持之以恒抓创新，完成了众多国家重大技术装备的研制任务，形成了一批拥有自主知识产权、填补国内空白的拳头产品。如今的二重，当之无愧地被称为“自主创新驱动企业”。

1. 技术缺失，受制于人

20世纪80年代起，二重集团就与国外合作设计、制造大型热连轧设备。但是，在过去很长一段时间内，由于核心技术缺失，扮演的只是给外国公司“打工”的角色，往往承担整条轧线80%的制造任务，却仅能获得成套设备20%的收益。上万人的企业，一年的总产值只有7亿元。

收益少，还要经常遭“卡脖子”。一次，法国一家世界顶级核电设备制造企业与二重合作，委托二重试生产核电管板。由于当时以核电产品为主的高效清洁能源市场，很多核心技术都被日本和欧美国家所垄断，二重缺乏对核心技术的掌握，试生产最后不得不以失败告终。后来，中国核电的主要零部件就被迫完全依赖进口了。

依赖于人，就要受制于人。20 世纪 90 年代后期，随着东南亚金融危机的爆发，二重的营业额竟一度萎缩至 5.6 亿元，员工每个月只能领到 200 元钱生活费。

2. 自主创新，扬眉吐气

痛定思痛。二重集团党委书记、总经理石柯等领导认识到：要摆脱给外国公司当打工仔的命运，就必须拥有自主创新的、居世界高端的核心技术！也就是那次试生产失败之后，二重开始了艰难而又坚决的转型，推掉厂内最后一座炼钢平炉，摒弃低端产品，每年投入大量研发经费，向世界高端铸锻技术发起了冲击。

功夫不负苦心人，中国二重经过十年的卧薪尝胆，终于迎来了扬眉吐气的那一天。

2007 年，随着国家批准的一批核电站项目上马，需要大量从亚洲某国进口铸锻件。可是就在产品已经装船准备发货的时候，却被该国政府以种种理由阻拦，中国核电又一次被人“卡了脖子”。但是这一次，却给了隐忍十年的中国二重登上历史舞台的机会。

面对国际上的掣肘，国家发改委紧急召集中国二重等重大技术装备制造企业，寻求应对之策。早有准备的二重 2008 年就拿出了完全国产化的核电管板，各项数据均比当初原本要进口的产品更为优秀，全面达到世界先进水平。

中国二重从此登上了重大技术装备国产化的历史舞台，一个个国内“首台”、“首套”在这里产生，填补了数十项重大装备国内空白，二重也连续 6 年获得国家优秀专利奖和知识产权示范企业。

2009 年，中国二重成功制造出世界上首只 AP1000 主管道，这是第三代核电技术的关键零部件。自从美国西屋公司提出设计理念之后，世界上还没有哪个公司能够造出来，直到二重人攻克了这个世界级的难关。这只主管道的成功生产，标志着中国二重已经成为 AP1000 三代核电技术最领先的铸锻件和关键零部件供应商之一，中国已经进入第三代核电技术的领跑者行列。仅仅这一只管子，就为二重引来了 30 多亿元的订单。

有了核心技术，自主创新能力，中国二重也成功地甩掉了外国公司“打工者”的帽子。

3. 追踪前沿，企业发展大提速

近年来，中国二重依托自主创新，市场竞争的本领大为增强。他们顺应国家建设资源节约型、环境友好型社会的发展方向，牢牢抓住市场需求带来的重大机遇，在传统优势产品项目——冶金产品上持续提升技术含量和技术等级，逐步占领高端国际市场。

在产品结构调整中，中国二重充分利用国家大力发展高效清洁能源的大好机遇，优先发展核电等高效清洁能源装备制造，实现了以清洁能源为导向的产品结构重大战略转移。形成重大成套产品、重型容器、大型传动件、轴类件齐头并进的产业格局，企业实力明显增强。“十一五”期间，中国二重累计实现利润是建厂以来到“十五”末总和的12.82倍，为企业“十二五”发展奠定了雄厚基础。

几十年来，二重人在研发冶金重大技术成套设备上，走出了一条在消化、吸收、引进基础上再创新的成功之路。实现了从自行摸索到联合设计，再到自主全套承包制造的飞跃。同时，国家重大技术成套装备，冶轧、锻压、核电部分成套等都达到世界先进水平，我国第一台成套出口欧洲的冶金设备波兰2250热连轧机就是出自中国二重。中国二重在中厚板轧机成套设备设计、热连轧机成套设备设计、冷连轧机成套设备设计、特大型轧机机架制造、大型成套冶金装备装配及安装等方面也初步掌握关键核心技术，自主研制开发的系列中厚板轧机已占国内市场份额的60%。中国二重的大型铸锻件制造已经迈入世界先进水平，现在只要二重的水压机一大修，全世界的大型锻件就要涨价，二重已经成了风向标和晴雨表。

如今的中国二重，冶金产品比重已经降到30%左右，风电、核电、水电和火电比重达到60%。二重以核电等高效清洁能源基础装备的研制为突破口，锁定建设具有国际竞争力的世界一流装备制造企业的目标，做强做优企业。在新能源的关键零部件上，中国二重都实现了重大突破，许多技术已经站上世界重大装备制造的顶峰，成为世界先进同行业竞相合作的对象。以水电为例，多年来中国二重以服务三峡工程建设为己任，努力解决水电机组大型铸锻件依赖进口，受制于人的问题。近几年来，二重成功制造出我国最大的160兆牛水压机、我国首套1000兆瓦核电半速转子，成为我国唯一一家全套供应70万千瓦级三峡水利发电机铸锻件企业。二重的很多核电产品现已成为国内甚至国际的唯一供货商。中国重大核电装备在国际竞争中从此有了定价权。

2011年底，中国第二重型机械集团公司与宏华集团签订了我国首套自主知识产权海洋平台提升主齿轮箱订货合同，并将进行美国ABS认证，这标志着中国二重在海洋工程装备行业这一重大战略领域取得实质性突破。

由于核心技术的掌握，二重人实现了用中国制造装备中国的“理想”，正在实现用中国制造，装备世界的“梦想”。

（二）系统创新夯实企业发展基础

如今在中国二重，不仅形成了完善的科研创新体系，研发费用占主营业务收入4%以上，还拥有国家级企业技术中心、国家重点工程实验室、国家批准的博士后科研工作站、国家级理化检验中心，使得中国二重成为了国家级的科研创新平台。在二重1万多名职工中，创新已经成为一种时尚。从科技、管理到生产作业，二重在企业运行的每一个环节都设定了创新奖励制度……多项举措成为中国二重继续攀登世界重大技术装备制造业顶峰的坚实基础和强大动力。

1. 瞄准高端，重点突破的创新思路

在技术创新工作中，二重坚持瞄准高端，总体跟进，重点突破，不断向新的市场和技术领域进行拓展。并响亮地提出，要舍弃低端产品，向世界高端技术发起冲击，以实现产品由中低端向高端的转变，由合作设计、合作制造向独立自主的转变。

他们按照“有所为有所不为”的方针，采取技术引进和自主研发相结合的方式，先后成功引进风力发电增速机、数值模拟等先进技术，实现对核心技术的掌握，为产品结构调整质的突破奠定了技术基础。还通过自主研究、与国内高等院校和研究所联合攻关、构建国家级工程技术中心等途径，不断缩短与国外同类装备的技术差距。

同时，围绕国内外市场需求，坚持“开发一批、储备一批、预研一批”，以“开发一批”解决企业当前生产急需，以“储备一批”降低企业经营风险，以“预研一批”打造可持续发展能力，使技术创新成为企业持续发展的源泉。

2. 构建“三维”的创新管理体系

中国二重建立了技术、管理和生产作业三个方面的创新管理体系。

在技术创新方面，中国二重构建了以技术中心、研究院（所）、分厂（车间）为模式的三层次的技术创新体系。技术中心进行项目的立题，实施过程考核、评审、成果奖励及推广等计划管理工作，研究院（所）、分厂承担研发课题的实施工作，分厂（车间）开展技改技革、技术攻关和合理化建议等群众性技术创新活动，保证了企业技术创新工作的顺利进行和在全企业开展科技、管理和生产作业创新工作。同时制定了《科技创新成果奖励实施细则》《二重集团公司新产品开发项目管理办法》等管理制度。

在管理创新方面，企业发展办组织企业管理单位和有关单位开展管理创新工作，形成了管理创新项目立项，计划管理，项目实施，成果评审奖励，推广等完善的体系和机制，并制定了《管理创新成果奖励实施细则》《创新成果奖励管理办法》等管理制度。

在生产作业创新方面，工艺研所组织企业生产单位开展生产作业创新工作，形成了生产作业创新项目立项，计划管理，项目实施，成果评审奖励，推广等完善的体系和机制，并制定了《生产作业创新成果奖励实施细则》《生产作业创新成果推广应用管理及奖励细则》等管理制度。

制度创新为企业自主创新提供牢固支撑。此外，中国二重还实行首席技术专家、高级管理专业师和首席技能大师制度，对高层次人才实行分配倾斜政策，使其收入水平不低于同层次领导人员的收入水平。建立普通职工备选、入选企业“人才库”制度，让每一名职工在自己的岗位上都有成才的通道和希望。

3. 大力实施知识产权子战略

中国二重加大知识产权子战略的实施力度，这是为使二重拥有强大的创新能力，建成具有国际竞争力的现代化国际公司采取的重要举措。

在消化吸收再创新上，如二重引进了某国某公司的热模锻技术，经消化和创新，成功制造了从3150吨到12500吨热模锻压力机的系列产品。又如引进了某国某公司的1.5兆瓦风力发电机齿轮增速箱技术，在此基础上研制2~3兆瓦齿轮增速箱，第一步实现国产化，第二步形成有自主知识产权的产品（合同规定：在引进技术基础上研发出的新技术、新机型权属归二重）。

二重还主动向国家知识产权局申请专利保护，向版权局申请版权保护，申请商标商号保护，对不宜公开的技术列入商业秘密保护，实行积极防守，有效保护战略。在技术、经营、生产活动中，中国二重不断创新工作，同时做到二重不侵犯别人的知识产权，别人也不能侵犯二重的知识产权。对中国二重拟重点研究的技术，重点开发的产品在立项前进行查新，不踏别人的雷区，不做“无为”的人力、物力、财力的投入，通过专利文献检索，确保二重的有效权益。

在知识产权保护上进行“有效仿制”。积极通过检索发现新的创新点，实现为我所用，促进企业的长远发展。集团公司一方面通过举办各种知识产权讲座，从公司领导，到普通工程技术人员进行了至上而下的知识产权法律知识培训。另一方面，公司积极选送员工参加各种培训班，并重视与各有关部门的交流与学习，培养二重知识产权各层次人才。例如，公司举办“有效仿制知识培训班”，邀请国家知识产权局有经验的专利审查员来二重讲授有关知识和技巧。通过实际的案例授课，从方式方法上启发工程技术人员在合法的情况下有效利用世界先进技术，有效规避技术壁垒，促进公司技术创新能力及自主知识产权的创造能力的快速提升。员工们知识产权意识的整体提高，不但造就了一批知识产权的明白人，还大大提升了企业的发展速度。

4. 推进职工“素质工程”，实施“人才强企”战略

中国第二重型机械集团公司党委提出了“提高二重人整体素质，促进二重人的全面发展，实施人才强企战略”这样一个与二重事业发展相适应的重大课题。

“职工素质工程”是增强企业发展后劲的一项综合性工程，既是落实“党管人才”的需要，也是发挥企业党组织政治核心作用的有效载体，有利于促进二重人的全面发展。通过该活动的开展，将达到员工队伍的思想道德水平进一步提高，文化知识结构进一步改善，员工队伍构成进一步合理，激励约束机制进一步健全，核心骨干队伍进一步壮大，班组建设工作进一步深化的总体目标。并且通过学习、竞争、创新、榜样、岗位优先、职业发展、业绩考评等七个方面的政策和制度导向，使“普遍的多数”得到整体提高，“关键的少数”能够脱颖而出。

为确保“素质工程”活动取得实效，除组织和制度保证外，还将重点开展“党员先锋工程”、“公司理念实践工程”、“双智竞赛评选工程”和“学习型班组创建工程”四项便于组织实施，便于职工参与的载体活动。“党员先锋工程”重点要做好“双向”培养工作，即：把生产工作骨干培养成党员，把党员培养成生产工作骨干。通过重点培养，使现有生产一线工人党员 70% 以上成为技术能手或生产骨干，使技术院所现有党员 70% 以上成为技术骨干、科研拔尖人才或学术带头人；“公司理念实践工程”是根据二重在长期发展过程中形成的共同理想和价值观念，紧扣思想主题、员工行为、管理和形象展示，重点在二重理念的传播、沟通、宣传，员工岗位行为规范的制订和实施，树立典型，企业识别标准的落实，文化制度的完善等五方面开展活动；“双智竞赛评选工程”主要以争创“智能型班组”、争做“智能型员工”的竞赛评选为活动载体，达到不断提升职工思想道德、法律素质、科学文化知识，使更多的班组和职工掌握和拥有高岗位技能，培育职工竞争能力、学习能力和创新能力的目的；“学习型班组创建工程”不仅要导致企业的知识、信息、行动的变化，而更主要的是增强企业整体的革新能力的成长动力，形成企业应对变化、创造未来的持久竞争优势。通过创建活动，倡导“学而优则胜”的理念，营造“学而优则荣”的氛围，建立“学而优则上”的机制，确定“学而优则强”的目标，最终把二重建设为学习型的企业。

推进“职工素质工程”，实施“人才强企战略”，是实现二重人才培养、人才储备、人才聚集的一项重要战略举措，定会为中国二重新一轮的发展注入生机与活力。创造卓越的二重，需要卓越的二重人；只有卓越的二重人，才能创造二重的卓越。

5. 在“宽容失败”中“鼓励创新”

很多企业的成功实践说明：“宽容失败”才是对技术创新的最大激励。近年来，中国二重遵循科研开发客观规律，具有前瞻眼光地提出“鼓励创新、宽容失败”思路，明确“损失费用企业承担，成绩和荣誉归研究人员享有”，从而激励科技人员和技术工人敢于创新、善于创新，使企业目前具有自主知识产权的大型冶金成套装备不仅占据了国内市场“半壁河山”，而且还远销到欧洲等经济发达国家和地区，成为国内首家对外出口热连轧成套设备的企业。

中国二重研发制造重型装备动辄就需要几百万、上千万的投入。为帮助研发人员消除“万一失败怎么办”这一最大后顾之忧，二重领导层反复明确：研发任何新产品都有可能出现一些问题，也有可能会失败，但期间“造成的损失、费用和责任由公司来承担；如果成功了，成绩和荣誉归研究人员所有”。实践证明，这种“宽容失败”更能“激励创新”。

同时，二重还建立起一系列激励制度和人才政策：每月都为公司高技能人才发放总经理津贴；每年设立几百万元的创新奖，将研发人员奖励额度从最初3000元增加到现在30万元以上，创新型工人能得到数万元重奖；聘用高素质年轻人担任公司的首席技术专家……正是这一系列激励创新奖励政策，激发了企业科技人员和技术工人持续不断的创新热情。

在中国二重1万多名职工中，创新已经成为一种时尚。为鼓励创新，从科技、管理到生产作业，二重在企业运行的每一个环节都设定了创新奖励制度。2006年至今，二重共评选、表彰了1066项创新成果，投入2000多万元用于创新成果的表彰奖励，在企业中形成了“鼓励创新，宽容失败”的良好氛围，在企业中掀起了由全体员工广泛参与的群众性技术创新热潮，形成了人尽其才、人才辈出的生动局面。这将成为中国二重继续攀登世界重大技术装备制造业顶峰的强大动力。

（三）引进—模仿—创新，后来者居上

二重的技术能力发展过程表明，作为“后来者”的中国国有装备制造企业，通过有效的模仿学习和有重点的持续研发相结合，完全有可能改进或“重新发

明”成熟技术，甚至根据产业技术发展趋势和市场走向研究和开发新技术和新产品，逐渐培育和积累动态的自主创新能力，从而走出“引进—落后—再引进—再落后”的技术发展怪圈。“引进—模仿—创新”是作为“后来者”的中国国有装备制造企业技术能力发展的有效模式。在创新的过程中，企业家的全球化视野和创新精神、公司治理制度的完善，创新保障机制的建立以及宽容的创新氛围起着重要的作用。这些都是值得借鉴的方式与方法。

另外，知识产权在我国国有装备制造企业培育自主创新能力过程中起着重要的激励和保护作用。二重的技术发展过程表明，“后来者”完全有机会利用知识产权的特性激励和保护技术创新、赢得“后来者优势”。“后来者”不仅可以利用公开的专利信息了解竞争对手的技术发展前沿和自主创新的有效路径，而且可以充分利用专利的地域性特征，将自主创新成果及时在中国或其他国家申请专利，获得受知识产权保护的关键技术，继而通过持续改进形成有效的专利、商业秘密和商标等知识产权组合，使企业在一定的区域市场形成垄断，获得持续竞争优势。因此，为了培育自主创新能力，我国国有装备制造企业有必要将知识产权管理嵌入到研发、技术转移和技术扩散过程中，制定并实施与企业整体发展战略相匹配的知识产权战略，有效积累、利用和保护知识产权。

九、新兴际华："两制"助推创新发展文化凝聚创新合力

2011年1月15日，重组整合10年的新兴铸管集团有限公司更换新名称为新兴际华集团有限公司（以下简称"新兴际华"）。

光阴流转，十年砥砺磨一剑。从僻居山区的一家小小钢厂，到如今世界球墨铸管行业的领军企业；从因破产引发群体性事件而惊动中央的负面典型，到如今国务院国资委表彰的维稳标兵、破产处置模范；从一度整体亏损到如今营业收入、利润、经济增加值（EVA）分别跻身央企前50、60、40位；中央企业经营业绩考核评级从最差的D级上升到最好的A级。站在"十二五"的开局之年，新兴际华用业绩诠释了丑小鸭变白天鹅的传奇。更难得的是，新兴际华基于企业自身情况，构建起了一套既符合国有企业特点，又兼备市场化要素的中国特色现代国有企业制度，以及相关的用人、运营机制。决策动静依度，人员进退有法，正是这一套较为完善的治理机制、管理制度，支撑起了该公司具有独特风格的跨越式发展奇迹，也为更名之初的企业走上新兴之路带来了更为广阔的想象空间。

2011年新兴际华集团实现利润同比增长43.61%，营业收入同比增长78.39%，达到1395亿元。目前，国有资产规模居央企前50名，球墨铸管产销量位居全球第一，后勤军需保障力位居全国第一。单以体量而言，在央企队伍中，这样的营业收入并不醒目，但是对于新兴际华来说，达到这一规模，却充满着不为人知的艰辛困难。新兴际华有着相对苦难的童年，成长环境也不如一些央企优良（与垄断资格绝缘，与资源优势无涉）。政治任务也始终是发展过程中面临的常态问题，从2000年接收78家军工企业，到2009年国庆大阅兵期间夜以继日赶制阅兵服。其主营产品全部分布在充分竞争性领域，国内目前有25家铸管企业，除新兴际华外，只有一家盈利；服装行业的竞争更是可用残酷形容。唯其如此，探究其成长轨迹才具有更多普遍意义。

（一）科技创新促进企业发展

1. 新兴际华集团以创新促发展

新兴者，强而久也，从时间范畴表明做强做久的信念；际华者，大而美也，从空间范畴体现做优做大，做向全球化的决心。对于新兴际华人来说，这次更名之举，显然包涵对未来的更多寄托与想象。新兴际华以"科技兴企、科技强

国”为使命，不断提升企业科技创新能力，致力于打造国际名牌、振兴民族工业。新兴际华从一个年产不足十万吨的小型钢铁企业，逐步发展成为产业众多，跨地区，跨行业快速发展的新兴际华，这其中，多次兼并重组军队企业，形成了一个包括60多家企业的大型企业集团。

新兴际华是“国家级创新型试点企业”，拥有2个国家级企业技术中心，1个国家级军需品技术检测中心和1个企业博士后工作站，20家省级企业技术中心和11家高新技术企业，拥有大专以上学历科技人员6664人，占职工总数的8.1%。自2000年以来，新兴际华承担多个国家级项目，其中包括“863”课题3项，国家科技攻关项目2项，国家重大科技专项1项，获国家级奖励8项，省部级及行业奖励44项。至2010年6月，新兴际华累计拥有有效专利451件，其中发明专利36件。

新兴际华是铸管及管件、钢格板、钢塑复合管、胶布鞋等产品国家或行业标准的主要起草者，并作为中国唯一代表连续多年参加球墨铸管国际标准的制定。2000年以来，新兴际华累计主持和参与起草制定、修订、审定国际标准7个、国家标准31个、行业标准11个。

新兴际华以自主创新为基础，通过原始创新、集成创新和引进消化吸收再创新等形式完成了多项技术创新项目，形成了多项自主知识产权和独有技术诀窍，取得了良好的经济效益和社会效益。新兴际华在钢铁冶金板块的大口径球墨铸铁管、真空消失模管件、钢塑复合管、覆膜管、双金属复合管等方面填补多项国际技术和产品空白，达到了世界领先水平，获得“第八届中国专利金奖”、河北省省长特别奖等多项奖励。

2. 集团所属企业科技成果显著

新兴铸管股份有限公司结合离心浇铸技术优势的原始创新——“离心铸造钢管项目”，成功开发出全新特种钢管生产工艺——“离心坯+热挤压+冷轧”，制造高端无缝钢管和完全冶金结合的双金属复合管，该成果于2007年通过国家科技部国家科技攻关项目评审组的联合验收。公司依据此新工艺和新装备开发取得的成果，于2010年开工建设的“离心浇铸复合管”项目，生产具有世界领先水平的冶金复合双金属无缝钢管等高端特种管材，为公司在钢铁行业发展高端产品打下基础。

际华集团股份有限公司先后有近百项科研成果荣获国家、军队及省部级科技成果奖，其中，南京际华三五二一特种装备有限公司的某型武器装具荣获国家科技进步二等奖；际华三五三七制鞋有限责任公司的“鞋用橡胶高效硫化新技术开发与应用”获省级科技进步一等奖；际华三五四二纺织有限公司研制开发的精棉/汉麻/黑粘胶14.5特等品种在2009年中国国际纤维纱线科技发展高层论坛上被中国纺织工程学会授予优秀纱线奖。在防护装具领域，公司开发出了具有代表性的95式5.8毫米枪族系统改进通用背装具、电磁屏蔽帐篷、耐高温耐腐蚀PTFE新型滤料等新产品。

新兴重工有限公司多年来重视技术积累和提升产品的技术含量，先后三次获得国家科技进步二等奖，其主要研究领域为：组合式野战油库（站）系统、军用软质输油管线系统技术装备研究以及发动机类零件的快速测量、数字建模及面向制造的设计等。

（二）多项举措激发企业创新潜力

1. 竞合文化引领跨越发展

多年来，新兴际华以社会主义先进文化为指导，打造了以学习、创新、同心为内涵的竞合文化体系，从微观层面丰富并践行了社会主义先进文化，也提升了企业软实力和核心竞争力，引领和支撑了企业科学发展。

（1）打造创新文化，老军企实现新转型。

思路决定出路，脑袋决定口袋。新兴际华集团基于自身实际，遵循发展规律，在解放思想、变革思维的基础上，提炼形成了“在学习中成长，在创新中发展”的核心理念，使其成为一种思维方式和行为模式，一个核心文化特征，影响、带动和营造了“人人创新、事事创新”的氛围。可以说，从军队脱钩后，新兴际华集团成长于学习，发展于创新。

作为老军企，新兴际华集团主要产品涵盖铸管、管件、格板、钢材、工程机械、特种车辆、油料器材、纺织服装、染整、皮革皮鞋、橡胶制品、装具等门类，成员企业大多属于劳动密集型企业，产品附加值低，处于产业链低端。加之主要依靠军品生存，可谓是传统产业，更为要命的是传统脑筋、传统思维，难以经受从军队脱钩后完全竞争条件下市场风浪的冲击。老军企路在何方？新兴际华集团领导班子认为，企业领导干部思想壁垒无异于企业发展的“天花板”，必须解放思想、更新观念。为此，集团围绕“能不能发展、怎样发展、怎样又好又快发展”这一重大历史课题，持续深入开展“坚持两个解放，推进创新发展”主题教育实践活动，年年围绕这一主题大规模组织中高层管理人员研讨交流，强化培育“只有想不到的，没有做不到的”、“心有多远就能走多远”等思维观念，不断激发各级领导干部的思维活力，以先进可行且极具挑战性的发展战略为引领，大力推进产业、产品、产权、市场、区域、组织、人才等七大结构调整。推动企业由传统的加工型向加工服务型、知识密集型转变，不断加快涉足商贸物流领域的步伐，分业务板块打造“全产业链”、“服务型制造”、“平台型经营”等商业模式，整合培育了冶金铸造、轻工纺织、装备制造、商贸物流四大主要业务板块。经过持续调整企业经营结构，不断转变企业发展方式，集团逐步形成了“以拓展商贸业保做大、以升级制造业保做优、以开发新产品保做强”的发展格局和“军品履国防责任、民品促企业发展、外贸拓发展空间”的市场格局。新兴际华主导产品目前已经行销110多个国家和地区，军品份额只占集团经济总量的5%，老军企实现了新转型。当然，对新兴际华集团而言，作为中央管理的唯一军需企业集团，尽管军队已由“大东家”变成“大客户”，尽管军品收入所占比重已经不足两成，但集团“姓军为兵”的军工传统和国防使命不变。作为军队“07大换装”、国庆60周年阅兵服的主产商，在时间短任务急的情况下，集团不计代价、不讲条件，通过让渡利益，推迟民品和外贸订单等措施，统筹资源、整合力量，确保完成军品供给任务，被誉为新时期“军需保障的钢铁脊梁”。

（2）打造学习文化，低起点追求高效率。

心态决定状态，态度决定高度。新兴际华集团成立初期，其中有26家大大小小的事业单位靠总后拨款维持生存，52家生产服装、鞋帽等军需品的经营性企业亏损面超过60%，累计亏损额高达24.62亿元；合并财务报表，盈亏相抵后当年净亏8100万元，营业收入也只有76.19亿元，集团在央企阵营中排名几近垫底。要在低起点实现高效率，关键在学习，根本在创争。大力培育“自强不息、自我超越”的集团精神，把强化学习培训、提升素质能力作为支撑发展的重要举措，每年都针对干部职工进行各种形式的大规模培训。还积极开展对标学习，引导内部之间打“擂台”，月夺流动红旗，季争绩效最佳，年创“四好”班子，特别是把70多户成员企业按照主营业务组建四大专业化公司，在集团内部营造了你追我赶、齐头并进的竞合氛围。

集团明确提出了“站稳国家队，跻身央企50强、世界500强，打造世界一流企业集团”的三步走发展战略，连续三次修订提升“十一五”发展目标，最终实现的目标是初始目标的4倍。新兴际华营业收入、利润总额五年平均增长率比中央企业平均水平高出约10个百分点。钢铁冶金技术水平在业内保持领先，其中17项主要技术经济指标列全国同行业内第一名，占所有83项可比指标的近1/5，有34项进入前三名，成本水平和盈利能力也分别进入行业三甲。

(3) 打造同心文化，小帆板聚变大巨轮。

格局决定结局，协同决定大同。新兴际华集团成立初期，分布在全国近30个省市区的所属78户军需企业事业单位如同78个小帆板，规模小而散，一直是制约集团整体战略发挥的瓶颈。军品逐步市场化后，集团“同业竞争”、“集而不团”问题更加突出。为此，新兴际华集团把“再造共同渊源、营造共同氛围、缔造共同价值、打造共同愿景”作为实施内部融合外部整合的重要举措。结合所属单位都“姓军”的背景，共同弘扬老军工令行禁止的执行意识、顾全大局的协同精神。特别是在打造“共同发展愿景”上下功夫。自2008年到2010年12月，历经“三上三下”，勾绘了“做强做优八大基地，确保实现三个翻番，打造世界一流强企”的发展蓝图，尤其是“实现三个翻番”（营业收入、利润、员工收入翻番），让员工共享集团改革发展成果，巩固了“同心致远”的共同理想。回顾十年发展历程，可以说，集团十年发展史，就是思想解放史、改革创新史，更是整合重组史。十年来，集团先后历经军内军外2次移交，对外兼并10户企业，对内推进4个板块整合，实施3级管理，重组整合呈现出“涉及行业多、时间跨度长、地域分布广、操作难度大”等特点。坚持“沟通是基础，信任是关键，支持是保证”的共事原则，将文化融合与战略规划、资产优化、业务调整、管理整合同步推进，同步实施，做到集团重组整合到哪级，集团文化就延伸到哪级；兼并收购到哪里，集团理念就弘扬到哪里。用文化因子把集团上下链接成一个统一整体，实现文化融合效应“1+n=1”，战略重组效应“1+1>2”，为新兴际华做强、做优、做大、做久提供了强大的合力，对比于重组移交初期，集团经济总量11年增长了22倍，营业收入和净利润在央企阵营中，已由过去的100名之外分别上升到43和48位。

2. “两制模式”确保创新市场导向

新兴际华的良好业绩主要得益于2008年以来潜心研究和着力推进的“两制”经营管理新模式。“两制”是指“企业内部模拟法人运行机制”和“产供销运用快速联动反应机制”。新兴际华集团董事长、党委书记刘明忠这样描述其核心内涵：“层层模拟法人，环环快速联动，人人面向市场，招招应对危机。”

(1) 企业内部，层层模拟法人。

新兴际华实行“集团、二级板块、三级企业”的三级法人体制，企业所属的事业部（分厂、车间（工部）、工段和班组）是法人企业内部的经济主体和生产单位，但自身不是法人。

企业内部模拟法人运行机制就是通过将市场机制引入企业内部，实现了内部经济主体的独立核算、自负盈亏；通过划小核算单位，将总指标逐级分解落实到了工段、班组、员工，充分体现经营成果与薪酬总额挂钩，使事业部由过去以产量和指标（单耗）计划的完成为主要考核依据，转向以实现利润最大化为主要考核依据，从而促使人人算账挖潜力。

新兴铸管股份公司是新兴际华集团的骨干企业，其所属轧钢事业部曾对生产市场需求量大的小规格钢材的积极性不高，对生产“大路货”的大规格钢材却“情有独钟”。因为在过去主要以完成标准成本和产量的考核杠杆作用下，企业是否赚钱，与事业部关系并不大。

实行“模拟法人”后，轧钢事业部要把利润作为一项重要指标进行考核，且占到了车间奖金的60%。这迫使该事业部从管理人员到普通职工既要关注产量、成本等指标，更要关注利润。通过测算，他们发现尽管小规格钢材成本高，但其吨钢利润要高于大规格钢材100至150元。要实现利润最大化，就必须在解决小规格钢材产量比重上去的同时，尽可能保障总产量，这又迫使他们不得不想方设法提升工艺和管理水平。

“现在我们进什么煤、配什么煤、如何控制混合煤成本都掌握在了自己手上。我们必须适应市场、研究市场、利用市场，以不断优化配煤结构，确保工段的成本最佳、效益最佳，这样我们才能在行业中生存，才能拿到更多的收入。”铸管公司焦化事业部配煤工段段长李会根说。实施模拟法人运行机制以来，新兴铸管股份公司每年降低成本近3.1%，大幅消化了减利因素。

（2）生产链条，环环快速联动。

层层模拟法人后，生产链条上不同环节快速沟通的重要性凸显出来，新兴际华同步实施了“产供销运用快速联动反应机制”。

新兴铸管股份公司最近一次原料结构优化例会上，第二铸管部负责人与采购工程师和原料结构优化小组成员讨论原料采购方案，而依据的价格信息是几天前该事业部代表与采购中心的采购工程师共同从市场上收集到的信息。经过测算，他们最终敲定了原料采购方案。这是生产部门与原料采购部门的联动。

每月28日前，公司销售部门都会根据客户需求规格数量及到站情况，把生产、发运计划下发生产部门，同时注明运输方式和要求的到货时间。根据不同运输工具的装载特点和不同时期的费率情况，充分发挥集装箱发运、散货船发运、火车套装发运、船运套装发运、船运与汽车联运、汽车直发工地等运输方式的优势，实行一单一核算，降低物流成本。这是销售与生产、运输部门的联动。

如今，新兴铸管股份公司不仅仅在事业部和事业部、事业部和业务部门之间，而且在所属的芜湖、黄石、桃江、四川和新疆等工业区之间，都通过制定联动制度，建立了统筹协作关系，实现了整个公司横纵向、全方位快速联动。例如，武安工业区沈阳贸易分公司通过与芜湖、黄石工业区联动，及时掌握两地船运情况，及时改变发运方式，通过芜湖、黄石船运到营口，一定时期吨钢、吨管运费比火车运费降低了 200 多元，从而有效降低了当期总运费。

新兴铸管股份公司党委书记、副董事长李宝赞说，因为“环环快速联动”，企业更好地把握资源、产品、物流三个市场，区域、时间、品种及市场价格四个维度的信息，实施生产、采购、销售、运输、用户五个环节快速联动，实现“环环创效益”。

“两制”的建立和运行，不仅使新兴际华在金融危机中保持了快速发展，提升了盈利水平，而且也在提升经济技术指标、增强盈利能力、转变员工观念和创先企业管理等诸多方面产生了深远的影响。目前，“两制”已在新兴际华集团轻工纺织、机械制造等业务板块得到全面推广。集团 2008 年至 2010 年年营业收入同比增长都在 40% 以上，更可贵的是，“两制”更提升了经济技术指标、增强了盈利能力。新兴铸管股份公司吨产品利润一直保持在行业三甲，有 19 项主要技术经济指标名列国内同行业内第一名。

3. 三级研发体系为创新提供有力支撑

新兴际华把研发体系建设作为创新工作的重点，着力于建设二个系统（创新生态系统和科技成果评价系统）和三个机制（人才成长机制、经费保障机制和成果激励机制），建成“以技术中心为主导，内部专家为支撑，项目及研发课题为载体，外部资源为补充”的科技创新体系。

集团研发创新的总体目标是建立二级板块研究总院、事业部研究分院、三级企业研究所三级技术创新体系，二级板块研究总院分管科研计划、科研方向和科研政策；事业部研究分院和三级企业研究所结合生产经营实际，合理分工，分管产品标准、产品研发，落实生产工艺等职能；集团所属企业通过创建国家级、省级企业技术中心、工程技术研究中心、重点实验室等，加强了研发能力建设。目前已有国家级企业技术中心 2 个、国家级军需品技术检测中心 1 个、省级企业技术中心 19 个、高新技术企业 9 家以及 1 家省级重点实验室、1 家省级工程技术研究中心。

在整合内部研发资源的同时，新兴际华秉着“资源共享、优势互补、全面合作、共同发展”的思想，充分发挥双方在人才、技术、资源等方面的有利条件，积极利用外部研发资源，产学研合作进入新阶段新领域：与北京科技大学在产学研联合、人才培养、项目开发等方面签订合作协议，通过建立高层次人才培养基地、研究生教育基地、就业实习基地等进行广泛深入的合作；与神雾集团联合建立低碳与节能联合实验基地，成功开发了具有自主知识产权的蓄热式转底炉直接还原炼铁技术等；依托四川大学联合建立产学研创新实验室，为公司自主创新增添强大的外部引擎。

新兴际华在研发支撑体系建设过程中，不断加大研发投入，初步建立起研发投入稳定增长的长效机制。2009 年新兴际华研发经费支出额为 16.73 亿元，研发经费支出占营业收入 3.11%，科技活动经费筹集 16.93 亿元，开展产学研合作项目 79 个，产学研支出经费 1.56 亿元。研发投入增加为研发机构建设和产学研合作提供保障，为创新活动提供有力支撑。

4. 以竞争机制为导向选人用人

在新兴际华目前发展较快的背景下，人才，已经成为了最主要的矛盾之一。因为一切还是要靠人来实现，甚至很多时候，公司兴衰系于决策者。即使有了科学健全的制度，人的因素一样很重要，因为市场环境在不断变化，再好的制度也不可能永远有效。

培养人才，尤其是培养领导型人才，就成了企业发展的重中之重。新兴际华在内部推行竞聘上岗，同时引进外部优秀人才两个层面，随时发现并重用人才，使人才不断档。

(1) 内部竞争上岗。

从 2006 年开始，集团从领导岗位到非领导岗位，从集团总部到二级公司再到三级企业层层推进竞争上岗。上至公司领导（总会计师、总法律顾问）、下至总部机关各个部室负责人，二级公司的总经理、副总经理等，都通过面向社会公开招聘的方式录选。总部机关人员带头实行“站起来，再坐下”、“走出去，再进来”的竞争上岗制。比如三五二一公司董事长陶为民坚持科技先导谋发展，开发出国际尖端的垃圾焚烧除尘、高炉除尘产品，效益连年提高，后出任际华股份副总经理。再比如李学成，本是际华三五四三公司的董事长。在任期间，企业发展速度快，效益高，2009 年 6 月，经竞聘后成为际华股份总经理。这样的名单，还可以列得更长。

有升则有降。在这一制度下，每一领导岗位都设有完成指标，只完成指标的80%，只拿生活费；只完成60%，自动免职，不谈话、不安排工作，自己到下面找岗去当普通工程师。在新兴际华2006—2009年考核中，三级企业以上领导15人因业绩降低被降职，7人因业绩差被免职。

全员竞聘工作的实施，打开了人才晋升通道，增强了员工竞争意识和危机意识——所有在位的人都要加快能力提升，因为怕被别人替代；所有想晋升的人更要加强学习，因为看得到希望，有前进动力。

（2）外部引进人才。

在加快内部人才流通的同时，外部引才也在同步开展。对于招聘人才用途，新兴际华有着别致的处理方法——一般中央企业都是自下而上，向总部机关提拔人才，但新兴际华却是自上而下，从总部机关逐级输送人才。

集团总部向北大、清华、人大等知名高校招聘优秀毕业生，向社会招聘企业紧缺人才，之后通过在总部的满负荷运转，快速提升个人水平，然后“提升”到各二三级公司，担任较为重要的职位——把总部当做人才孵化的摇篮。不过，随着这几年各二级公司知名度的提高，对优秀人才的吸引力也相应增大，所以现在二级公司也开始直接对外招聘。

5. 整合品牌塑造整体品牌形象

新兴际华根据业务板块扩展，对集团标识内涵重新释义，以“新兴”和“际华福龙”等6个中国驰名商标为基础，推进冶金、轻工、重工、商贸物流四大板块统一使用“新兴”和“际华”2个商标，塑造“一个人家庭，两个土品牌”的整体品牌形象，推进了统一采购、统一研发、统一销售。

新兴际华视质量为品牌的生命，坚持“质量就是市场”的观念，通过撰写稿件、召开专题会议、组织不良品展等多种形式，进行广泛宣传，增强了广大职工“质量第一，永远第一”的意识；制定、修订或补充《军心重点产品质量保证规定》《原材料、产成品质量保证规定》等一系列规章制度，逐步形成了符合集团发展的质量制度管理体系。

新兴际华以“一切为用户着想”的技术创新宗旨，从市场调研入手，注重国内国外两个市场，着重把握技术创新的市场机会，最大限度满足客户需求欲望和长远利益。同时紧紧围绕重大科技项目开展科技创新活动，不断加大科技研发机构建设和技术改造的创新力量，使得公司的科技创新取得了丰硕的成果。

（三）“两制”、“文化”助推“新兴景象”

新兴际华十年来的巨大变化，尤其是近五年的腾飞，原因固然很多，比如国务院国资委、总后勤部等各方面的大力支持，比如董事长刘明忠的突出能力。更关键的，是他依靠集体智慧，探索出了一条适合新兴际华的发展之路。

通过对新兴际华创新型企业建设的了解，“两制建设”功不可没。“两制”的成功，得到了来自企业、学界和媒体的广泛关注，被誉为“新兴际华模式”，回答了“国有企业在竞争性领域能不能搞好”的问题。“两制”实现了企业内部经济主体的独立核算，同时有彼此比赛，既有内部动力又有外部动力，从而促使各经济主体注重技术创新、以创新谋发展，从而推动整个集团的发展。

以文化融合促管理创新是新兴际华创新的又一亮点。新兴际华成员众多，主要成员单位业务几乎还不相干，如何整合好这样一个企业，对于企业的创新发展非常重要，新兴际华以文化为突破口，将集团的创新理念、管理理念化为每个员工的价值观并转化为自觉行动，对新兴际华的跨越式发展起到了突出作用。

第四篇

中央企业自主创新形势与政策建议

一、中央企业创新发展所面临的形势

当今世界，科学技术正成为经济社会发展的决定性力量，科技自主创新能力正成为国家竞争力的核心。新一轮技术革命带来科学技术的重大发展和广泛应用，推动世界范围内经济社会前所未有的深刻变化。特别是国际金融危机以来，世界政治经济格局深刻变化，科技革命日新月异，新兴产业加快发展，培育新的经济增长点、抢占竞争制高点已经成为世界发展大趋势。同时，我国加快转变经济发展方式、全面建设小康社会迫切需要科技创新支撑；中央企业要想真正“做强做优”，成为具有国际竞争力的世界一流企业必须依靠自主创新。中央企业改革发展面临新的形势、机遇与挑战。

（一）当今世界科技创新的新形势

当前，增强自主创新能力，建设创新型国家已成共识。但是必须清醒地看到，国内外形势正在发生新的变化。一方面，世界经济陷入低谷，我国经济发展中不平衡、不协调、不可持续的矛盾和问题也比较突出。另一方面，全球创新热潮持续升温，各国抢占科技核心资源的竞争愈加激烈，全球正进入空前的创新密集和产业变革时代。世界以科技为核心的发展主导权竞争加剧，世界各国纷纷强化创新战略部署。

1. 国际金融危机加快催生科技创新

当前国际金融危机的阴霾尚未完全消散，科技创新是摆脱危机的主要出路。谁掌握了经济社会发展的主动权，谁就能占据综合国力竞争的制高点。历史经验表明，全球性经济危机往往催生重大科技创新与突破，从而孕育出新的产业，催生新一轮经济繁荣。如1857年的世界经济危机，引发了以电气革命为标志的第二次技术革命；1929年的大危机引发了以电子、航空航天和核能等技术突破为标志的第三次技术革命。这次危机的突破口在哪里？各国普遍认为，目前这种过度依赖资源消耗的发展模式不可持续，必须依靠创新促进转型，发展绿色经济理应成为本轮科技创新的重要方向。为此，许多国家将科技创新提升到战略层面，加紧制定在新能源、新材料、生物医药、信息网络、节能环保、低碳技术等领域的研发战略，加大对战略性新兴产业研究和发展的支持力度。美国总统奥巴马最近把鼓励创新放在“赢得未来”的四大支柱之首，宣称要把研发投入提高到自美苏太空竞赛以来前所未见的水平，特别强调清洁能源技术，将其称之为“我们时代的阿波罗计划”，从2009年开始，10年投入研发经费1500亿美元。欧盟通过《欧洲2020战略》，提出以知识和创新为基础的智能增长、可持续增长、包容性增长。新兴经济体在较为强劲的经济发展带动下，研发投入也大幅增加。

2. 世界科技革命本身酝酿革命性突破

回顾近百年世界科技革命的浪潮，量子力学、相对论、DNA双螺旋结构和计算机科学等奠定现代科技基础的重大科学发现，都发生在20世纪上半叶，此后一直没有出现可与这些革命性的科学突破相提并论的理论成就或重大发现。与此同时，世界范围内的学科交叉和技术整合趋势不断加速，科技创新成果产业化周期明显缩短，科技知识体系积累的内在矛盾已经凸显。在物质能量的调控与转换、量子信息调控与传输、生命基因的遗传变异进化与人工合成、脑与认知、地球系统的演化等科学领域，在能源、资源、信息、先进材料、现代农业、人口健康等关系现代化进程的战略领域中，一些重要的科学问题和关键核心技术发生革命性突破的先兆已经日益显现，积蓄了新一轮科技革命的巨大力量，以智能、绿色环保和可持续为特征的新产业革命蓄势待发。有关专家预测，未来一二十年内，世界科技发展将出现新的革命性突破。一批新兴产业正快速形成，世界经济结构将随之发生颠覆性的变化，新兴产业冲击甚至取代现有产业已势不可挡。

3. 科技全球化持续走向深入

随着经济全球化的不断深入，全球气候变化、能源安全、公共卫生安全、粮食危机、水资源危机等全球性重大问题正成为世界各国面临的共同挑战，科技创新在应对这些挑战中的作用日益显著。这些全球性问题，任何国家都无法、无力单独解决，因而加大国际科技合作乃大势所趋。目前，全球创新资源流动流动加快，美国以外多元的创新中心正在形成。一个明显的表现是，跨国公司在我国设立的研发中心从2001年的不足200家增加到2010年的3300家，而且这些研发中心有些已经成为全球最大的研发机构之一。科技全球化过程中，合作与竞争并存，且竞争多于合作。发达国家在加强国际科技合作的同时，丝毫没有放松对核心技术的掌控，以知识产权和技术标准为利器，千方百计保持自己的竞争优势。低碳技术为例，发达国家一方面倡导低碳经济，另一方面又通过紧握有关核心知识产权，制定技术标准体系，利用“碳交易”、“碳关税”等工具谋求自身利益和低碳经济游戏规则的主导权。由于科技和经济实力的快速提升，一些发达国家不断提高对我国引进先进技术的门槛和壁垒，千方百计阻挠我们掌握核心技术。

（二）当前我国以创新驱动实现发展转型的紧迫性

改革开放以来，我国经济连续30多年保持10%左右的增长速度，成为世界第二大经济体，取得举世瞩目的发展成就。但是，与日本20世纪60年代末成为世界第二大经济体时拥有许多世界级企业和畅销全球的名牌高技术创新产品不同的是，当前中国真正可以称得上世界级的企业寥寥无几，出口产品70%是劳动密集型，在全球产业分工中仍处于低端位置。大而不强、创新乏力，依然是中国经济及中国企业的软肋。同时，我国进一步发展的制约因素也在增大，特别是依靠资源消耗、规模扩张、低廉劳动力和出口导向的经济发展方式难以为继，土地、劳动力成本等比较优势正在丧失，我国经济社会实现又好又快发展，迫切需要强大的科技支撑，需要自主创新能力支撑。加快转变经济发展方式，以创新驱动代替生产要素驱动已成为我国必然与现实的选择。

1. 劳动力无限供给条件下的低成本优势将难以维持

长期以来，我国劳动力工资维持在一个较低水平，劳动力低成本成为我国的比较优势。然而，随着我国经济发展水平的提高和人口结构的变化，这一优势正逐渐减弱以至最终将消失。我国人口老龄化加速发展，我国老年人口比例上升将与劳动年龄人口比例下降并存。联合国人口预测报告显示，从2015年开始，中国15～64岁劳动年龄人口在达到峰值后将逐年减少，现在已经出现了劳动年龄人口增长率的快速下降。预测结果还显示，2005—2030年，我国50～64岁年老劳动人口将增加67.1%，而15～29岁的年轻劳动人口则减少18.8%。可见，在我国经济发展过程中，正出现老年人口数量大幅上升和劳动年龄人口相对减少的现象，劳动力无限供给条件将不复存在，劳动力短缺问题也将越来越严重。而且这种劳动力供求不平衡呈现出的是全局性特点，是整体供给不足，而不仅是局部性短缺。改革开放以来，我国经济增长的就业弹性平均在0.2左右，意味着GDP每增长1个百分点，就业增长大约需要0.2个百分点。这反映出我国经济增长对劳动力投入的依赖。当劳动力成本的比较优势丧失后，中国必须寻找新的经济增长动力。

2. 缺乏创新的高投资率难以维持经济的长期持续增长

2011年投资对中国经济增长的贡献率达到54.2%。高投资率保证了连续多年的经济高速增长，但在基础设施建设布局已基本完成、全社会生产能力严重过剩、出口又面临国外需求大幅萎缩的形势下，投资难再对经济起到以往那样的显著拉动作用。近年来，我国科技进步对经济增长的贡献总体上呈现下降趋势。据相关研究测算，“八五”期间，中国全要素生产率最高，达到7.2%，对经济增长的贡献率为58.9%；“九五”时期下降到2.77%，贡献率下降为32.1%；“十五”时期有所上升，全要素生产率为3.67%，贡献率上升至38.3%；进入“十一五”全要素生产率又下降到3.41%，贡献率下降至29.7%。全要素生产率的明显下降反映出，目前中国经济增长仍然主要来源于资本投入，仍属于资本驱动模式和粗放型增长模式。而历史上发达国家在经济发展过程中，科学技术对经济增长的推动作用越来越大。20世纪初期，发达国家科技进步对经济增长的贡献率仅为10%～15%，到20世纪50年代，该比例上升到40%，70年代以后又上升到60%，80年代进一步提升到65%～80%。可见，中国经济能否保持持续增长的势头，将取决于是否能够成功实现发展模式的转变。

3. 缺乏创新的制造业大而不强，造成高投入、高消耗、低产出、低效益

经过多年发展，凭借门类齐全、配套能力强、劳动力成本低等优势，我国成为“世界工厂”。据联合国工业发展组织估算，2007中国制造业有172类产品产量位居世界第一位，全球70%的玩具，50%的电话、鞋，超过1/3的彩电、箱包等都产自中国，中国制造业增加值占世界的11.44%。但是，中国制造业的国际地位主要体现在总量上，比较优势主要体现在低成本方面，质量和技术与发达国家仍存在一定差距，在全球产业链处于中下游。尽管很多产品产量居世界前列，但这些产品的附加值较低，特别是具有自主知识产权的产品比重较小，出口产品中拥有自主品牌或知识产权的只占10%。我国高技术产业虽然增长速度较快、规模较大，但存在很大“虚高”成分。据估计，我国高技术产业利润率仅为4%左右，低于很多传统产业。2005年，电子计算机及办公设备制造业增加值占世界的46%，规模位居世界首位，但实现利润仅为275.34亿元，约为美国英特尔公司的74%；医药行业规模位居世界第三位，实现利润372.55亿元，仅为美国默克公司的74.8%。正在全球热卖的ipad，每售出一台苹果公司就可获利163美元，而我国代工企业却只能得到4美元利润。制造业大而不强使我国呈现高投入、高消耗、低产出、低效益的尴尬局面。

4. 缺乏创新的加工贸易型发展模式使经济发展不稳定

除部分特殊行业外，我国技术含量较高的行业大都处于外资实际控制之下，外贸依存度超过70%，其中工业品出口的60%来自外商投资企业。造成这种结果的原因主要是，我国高技术产业发展在很大程度上依赖于加工贸易。自20世纪90年代以来，我国通过大量引进外资，承接了全球产业转移，逐步融大了全球生产网络，在境内形成了巨大的生产加工能力，而出口的产品相当一部分是在华外资企业生产并返销母国的。目前，中国两头在外的加工贸易占进出口的比重仍在50%左右。由于处于国际产业链低端，利润空间小，从事加工贸易的企业对国外市场的依赖性和敏感度非常高，国际市场一旦出现波动，极可能面临生存危机。此次金融危机已经见证了这一事实上扭转这一局面，在国家战略层面必须实现从资源消耗型发展到创新驱动型发展模式的转变。具体就是，积极推进产业结构调整和优化升级，推进工业和信息产业的融合、制造业和服务业的融合，帮助企业通过技术创新提高产业竞争力，积极培育新的产业比较优势和竞争优势，提升中国产业的国际竞争力。

（三）中央企业加快提高自主创新能力的必要性

中央企业作为国民经济的重要支柱和骨干力量，在加快转变经济发展方式中担负着重要使命和责任，必须在科技进步和自主创新上有更大作为，充分发挥骨干带动作用。

1. 中央企业有责任、有能力、有义务在自主创新中发挥骨干带动作用

首先，中央企业主要分布在一些关系国家安全和国民经济命脉的重要行业和涉及国计民生的关键领域。这些行业和领域的健康发展是整个国家健康发展的基础。中央企业在上述行业和领域中大多处于排头兵和主导地位，代表着行业和国家的创新能力和水平，是引导和推动行业技术进步的主要力量。截至2010年底，中央企业资产总额已达24.3万亿元，营业收入16.7万亿元，实现净利润8490亿元，上缴税金1.3万亿元。2011年《财富》杂志公布的世界500强中，38家中央企业入围。应该说，经过这些年的发展，中央企业已经成为国民经济更有影响力、控制力的经济实体，是代表国家参与国际竞争的重要力量，具备引领科技创新的经济实力和基本条件。

其次，中央企业在国家技术创新体系中承担着重要任务，起着举足轻重的作用。《国家中长期科学和技术发展规划纲要》确定的我国需要突破的11个重点领域，中央企业都有涉及。16个国家科技重大专项，中央企业参与了15个。“863”计划的参与率达到29.5%，科技支撑计划参与率达到23.3%，即使在基础研究领域“973”计划中，参与率也达到13.5%。历年国家科技进步特等奖及绝大部分的国家技术发明一等奖均由中央企业获得，国家科技进步一等奖和二等奖的获奖比例均保持在同类奖项的60%和30%左右。在载人航天、绕月探测、特高压电网、支线客机、4G标准、时速350公里高速动车、3000米深水钻井平台、12000米钻机、实验快堆、高牌号取向硅钢、百万吨级煤直接液化等领域和重大工程项目中取得了一批具有自主知识产权和国际先进水平的创新成果。中央企业主要专利指标年均增长都在35%以上。实践证明，中央企业是推动行业技术进步和国家技术创新的国家队、主力军，有责任、有义务发挥科技创新的骨干带动作用。

再次，中央企业经过多年发展与积累，有条件、有能力发挥科技创新的骨干带动作用。经过多年改革发展，中央企业活力和竞争力明显增强，经济规模和综合实力不断壮大，企业科技投入水平逐年提高，研发能力显著增强。“十一五”期间，中央企业科技活动经费总额由1244亿元增长到3079亿元，年均增长25.4%；研发经费由701亿元增长到1911亿元，年均增长28.5%，初步建立了科技投入稳步增长的长效机制。中央企业培养和凝聚了一支高素质的科技人才队伍。通过落实人才强企战略，完善人才考核、评价、激励机制，建立科技带头人、首席专家制度，不少企业畅通了科研人员职业发展通道，营造了优秀人才脱颖而出的良好环境。此外，中央企业建成并拥有了一大批具有较强影响力的国家级科研机构。在“十一五”建设的企业国家重点实验室中，中央企业获批建设47家，占国家总数的49%。中央企业多年积累和发展所形成的科技创新能力，使其有条件、有能力发挥科技创新的骨干带动作用，能够更好地为行业共性、关键技术研发和国家科技进步服务，并作出更大的贡献。

2. 加快提高自主创新能力是中央企业“做优做强”的根本途径

近些年来，中央企业在科技创新方面取得了明显的进步。但与世界大的跨国公司、知名企业相比，差距还非常大。中央企业还没有完全摆脱高投入的外延式增长模式，一些企业面临高能耗、产能过剩等共性问题，缺少具有自主知识产权的关键技术和知名品牌，一些领域的关键技术、大型成套设备、核心元器件、重要基础件、关键新材料，包括很多涉及国计民生的生产资料、生活资料等仍大量依靠进口，过多依靠引进国外技术形成的“竞争优势”很容易被模仿和复制，核心竞争力还不够强。为实现“做优做强”、跻身世界一流企业的发展目标，中央企业一定要牢牢把握当前经济社会发展中的有利因素，进一步增强科技创新的紧迫感和危机感，坚定不移地把自主创新和科技进步作为企业发展的首要推动力，通过原始创新、集成创新和引进消化吸收再创新，从根本上扭转一些关键核心技术受制于人的局面，突破国外技术垄断和知识产权壁垒，掌握一批具有自主知识产权的核心技术，努力争取在一些重要行业和关键领域占据国际领先地位。

二、中央企业自主创新阻力与总体策略

加快提高自主创新能力，走创新驱动发展之路，是现阶段中央企业的主要社会责任、发展目标与改革方向。然而，当前实现这一目标还存在许多困难与阻力，需要正确的思路和战略。面对激烈的全球化竞争，要在技术追赶中做到趋利避害，必须有清晰的思路、理念和有效的策略。

（一）自主创新需要克服的阻力

1. 市场资源配置机制不完善阻碍技术创新

市场机制中最重要的机制是资源配置机制，当资源配置机制发生扭曲，市场价格信号不能反映技术创新的努力时，企业技术创新就会缺乏动力。当前，我国部分生产要素和资源价格形成机制仍不健全，要素市场的行政性垄断和区域、行业部门的市场分割仍然存在，市场竞争机制尚未充分发挥作用。首先，要素市场价格机制不完全，导致企业更多地把精力放在争资源、争项目上，通过寻租来获取高额利润。要素价格扭曲，不能充分反映市场的供求关系，客观上保护了落后的企业和生产结构，也导致企业倾向于高消耗的增长方式，通过大量消耗资源来取得利润，削弱了企业通过技术创新来降低成本的动力。其次，金融市场建设滞后，严重阻碍了企业的技术创新。企业技术创新需要资金的支持，特别是根据不同的风险承受能力形成结构化的资金支持方式更为重要。目前，我国多层次资本市场体系并不是很健全，金融市场并没有形成资源充分流动的局面，反映要素价格的机制和场外交易市场发展缓慢，科技型中小企业难以获得金融系统的支持，许多有市场潜力的创新成果由于得不到资金支持而无法实现产业化。

2. 市场需求引导技术创新的政策未得到重视

企业不管实施什么样的技术创新战略，最终还是要在市场中实现创新的收益。所以，能否在市场中取得成功是企业能否持续进行技术创新的一个关键条件。长期以来我国缺乏对市场需求的有效引导，致使自主品牌、自主技术、自主产品没有受到本国市场应有的重视和青睐。“以市场换技术”策略的实施加剧了外资品牌和技术在国内市场受到追捧、而自主品牌和技术在同等条件下却不受欢的程度。在政府采购政策方面，虽然我国已经制定了政府采购支持自主创新产品的管理办法等，但是在实际操作中，对自主创新产品的政府采购支持力度还很不够，其中一个重要原因是面向政府采购的自主创新产品认定机制尚未

建立。《政府采购法》出台时，自主创新的议题尚未形成政策文件，因此对自主创新产品的认定机制缺乏相应规定，仅仅提到“对本国货物、工程和服务的界定，依据国务院有关规定执行”，而由于各方面因素的影响，对本国产品的界定迟迟未能出台。

3. 全社会推动自主创新的氛围尚未形成

我国正处于工业化中期阶段，重化工业加速增长，在经济发展方式上，还没有摆脱高投入、高消耗的增长方式，导致的结果是从宏观上看是 GDP 高速增长，并成为世界第三大经济体，但是在国际产业分工中处于低端加工环节，有被锁定的倾向，并且经济增长的效益差；从微观上看，企业并没有把技术创新作为盈利的主要手段，而更多地依靠技术含量低、附加值低的产品来获取利润。虽然随着自主创新战略的实施，提高企业自主创新能力的动力在逐步增强，但是目前仍然没有摆脱粗放型的增长方式。从根本上来说，创新还没有成为我国企业主要的盈利模式。

一些地方仍有较强的速度偏好、扩大投资偏好和追求外延扩大规模的偏好，这些偏好通过各种渠道传递到企业，成为企业难以抗拒的导向。虽然我们早已认识到采取措施转变经济增长方式的重要性，但是保持较高的经济增长速度仍然是我国经济发展的迫切需求，GDP 增长速度在我国的政府业绩考核中占据较大比重。在这一目标导向下，我国经济部门仍然存在着通过扩大投资、扩大规模、吸引外资来加快 GDP 增长的内在动力，在实际经济运行中，充分发挥政府调动资源的能力，保证扩大投资和增加产值的项目。政府的外延增长需求带动企业行为短期化，宁愿低水平复制生产能力，却吝啬于对技术和人力资源的投入；宁愿在同类同档次产品上持续进行低成本恶性竞争，而不愿采取差异化战略，探索通过创新、品牌和服务提高效益；宁愿引进、再引进，持续跟踪模仿，而不愿意下苦功完成一次技术学习的过程，走消化吸收再创新的道路。

在现有企业高管人员任用制度下，近期业绩往往是国有或国有控股主要经营者和经营团队最迫切的追求。在建立企业长期发展能力和短期盈利目标之间，企业经营者更倾向于后者。往往在企业发展中不注重创新能力的积累和培养，而偏重于通过引进或再引进迅速解决企业面临的技术需求；与其把资金、人力等稀缺资源投入带有很大不确定性的自主研发，不如集中投入于规模扩张，这些更适应主管部门的短期目标和偏好；或者寄希望于引进外资来持续获得先进技术。

创新文化往往决定企业自主创新能力是否能够提高。有关部门虽然为激励学术机构将研究和实际应用创新结合，而在职称、奖励、待遇等方面进行了多种改革，如改职称评定为聘用、减少评奖数量、实行岗位绩效工资以及推动应用性成果进入市场等等，一定程度上改变了学术研究与世隔绝的局面，但从整体上看，学术界内部脱离实际的问题仍未根本解决，许多学术研究依然是为了某种资格、荣誉、待遇。科学研究要冒很多风险，但是具体到每个项目、每个专家，成功却变成了唯一的选择。回避风险成为许多立项中的原则之一，只要是国外没做过的，项目申请者不去做，项目评审者也不相信。这成为我国科技界的主流，长此以往，将导致模仿跟踪之风盛行，而创新型成果越来越少。

4. 创新人才培养不足

我国创新人才缺乏，创新人才的分布结构也很不合理。从企业来看，我国企业中的科技人员占企业从业人员比重仅为5%，而日本却高达30%。大量高层次的科研人员游离于企业之外，存在于高校和科研机构中，科技人才与企业的脱离严重阻碍了我国企业的技术创新。在中科院688名院士中，没有1名来自企业；在中国工程院656名院士中，来自企业界的也寥寥无几，如2001年新增81名院士中只有4人来自企业，2003年新增58名院士中也只有6人来自企业。这些数据一方面说明我国企业研发能力的薄弱，另一方面，可以看到我国大量的科技人才集中在科研院所和高等学校，而由于激励机制和政策导向等原因，这些科技人员把主要精力集中于评职称、发论文和获奖等方面，而不是专注于研究发明，即使他们从事研发工作，也主要在基础理论研究，而与企业和市场严重脱节。当前，跨国公司大举进入我国市场，越来越多的跨国公司在国内设立研发中心，吸引更多的科技人才服务于跨国公司，使我国企业缺乏创新人才的情况更加严重。

创新人才培养不足与当前教育体制不支撑相关。当前，我国教育体制仍存在不合理的成分，阻碍了创新型人才的培养。目前国内的基础教育状况是不利于创新人才培养的，创新能力和创新热情在儿童时期已经被僵化的教育方式消磨殆尽，到了大学阶段，许多学生已经失去了学习和研究的热情，只有能力特别强的和“压不垮”的极少数人，才有可能脱颖而出。以应试教育为目标的教育体制，扼杀了学生的创新力，也在一定程度上延误了对创新型人才的培养。同时，教育结构不合理，不适应快速发展的产业创新需求。经济社会发展对应用型专门人才的需求，从数量紧缺逐渐转向结构性紧缺，普通教育与职业教育发展不协调。自《职业教育法》颁布实施以来，我国职业教育虽然取得了长足的进步，但与市场需求仍存在较大差距，在整个教育事业中仍属于薄弱环节。

社会上重普教、轻职教的问题仍然很突出。职业教育办学设施简陋、教育经费紧张。教师队伍数量严重不足。

5. 不适当的开放制约自主创新

当今世界正在发生广泛而深刻的变化，研发全球化趋势愈发明显。国际化产业分工体系逐步形成，发达国家向全球价值链上端移动，占据高端。经济科技全球化，给我国自主创新创造机遇的同时，也带来了严峻的挑战。

首先，跨国公司在华设立研发机构对我国自主创新既是机遇也是挑战。从积极方面看，近年来，跨国公司加大在华研发投资力度，客观上会或多或少地产生一些技术“溢出效应”，但是对我国自主创新也产生了一定的抑制作用。一是通过抢夺科技人力资源从而削弱国内企业研发能力，降低潜在竞争压力。跨国公司具有品牌和工资优势，大量的科技人员流向了跨国公司，使得我国企业、大学和科研机构的人才更为缺乏。跨国公司研发中心所从事的主要是应用型研究，利用本身所具有的工资和品牌，有效地抑制了国内科研人员的创新和流动倾向，将国内产业科技创新纳入到没有威胁的轨道，这是跨国公司对外增加研发投资客观上所起的技术垄断效应。二是“溢出效应”并不明显。跨国公司一般设立独资的研发机构或对研发机构控股，很大程度上封堵了跨国公司在华技术扩散的渠道，制约了先进技术的溢出，跨国公司在研发国际化中严格控制技术溢出，对关键技术进行封锁。

其次，外资并购对我国产业自主创新能力提出了挑战。近年来，跨国公司通过对发展中国家一些具有较强研发能力的行业龙头企业进行并购，并将这些企业改造为加工厂，削弱了这些国家产业自主研发能力。跨国公司还采取收购发展中国家具有自主知识产权和先进技术的高技术企业，包括一些起到自主创新示范作用的企业，垄断高技术发展成果，从根本上消除技术上的竞争对手。

再次，我国在利用国际科技资源提高自主创新能力上，存在政策不完善、支持力度不够的问题。自主创新不等于完全依靠自己进行创新，在开放经济条件下，充分利用国际科技资源，有利于迅速提高我国的自主创新能力。利用国际科技资源，可以有以下几种途径：通过并购取得先进技术、吸引国际科技人才、设立海外研发机构、对引进技术进行消化吸收和再创新，开展国际科技合作和共同研发等。近年来，世界科技突飞猛进，为我国充分利用国际科技成果创造了基础。但是，在促进我国企业充分利用国际科技资源，提高自身创新能力方面，我国还存在政策体系不完善、支持力度不足的问题。主要表现在：一是国内政策环境不完善，我国对外投资管理体制、法律体系和支持服务措施等相对滞后，一定程度上制约了我国企业的海外研发投资。我国还没有形成完善的对外投资的法律体系，现行的法规不仅颁布时间较早，而且门类不全，行政审批制度复杂，加上严格的外汇管理制度，这在一定程度上制约了海外投资企业的国际和国内融资能力。二是对于利用国际科技资源的财税和金融政策支持力度较小。在税收政策上主要侧重于税收抵免、减让等直接鼓励措施，对于加速折旧、延期纳税、设立亏损准备金等间接鼓励措施使用较少。

（二）促进自主创新的观念与思路

1. 自主创新需要经济驱动力

改革开放之后，政府对土地、矿产资源、资金、劳动力等基础生产要素采取了低税、低价政策，环境保护标准也比较低，由此营造了一种资源依赖型的发展环境。这样的发展环境使产业的进入门槛比较低，依靠生产要素低成本可以很快地形成某种竞争优势，有利于短期经济增长。在经济起步阶段，这往往是一种必然的选择。然而，资源依赖型的发展环境不支持大规模的技术创新。随着经济总量的扩大和发展阶段的变化，低税、低价的政策调整比较迟缓，致使投资效率逐渐递减，资源使用效率降低，生态环境恶化的矛盾凸显。

创新不仅是一种持续的高投资，创新过程中具有很大风险和不确定性，而且创新的成果极易被他人复制，因此只要资源依赖型的发展条件存在，低效率、高消耗的发展模式就很难改变。目前地方企业对资源有很强的依赖，在可以较轻易地获得生产要素和大量订单，利润还在不断增长的情况下，几乎谁也不愿意大量投入开展技术创新，平白无故地去转变经济增长方式。由主要依赖资源环境投入实现经济增长，转向主要依靠技术创新取得经济发展，这是发展模式的转变，这种转变有极大的难度，它往往是在外部环境压力下，危机倒逼的结果。离开市场的倒逼，多数企业很难自觉走上创新发展的道路。

从这一意义上说，创新或者不创新是企业应对外部环境的一种选择，有怎样的发展环境，企业就会选择怎样的发展模式。影响企业行为的主要经济因素，是基础生产要素的价格、环境保护成本、竞争程度和需求的水平。在包括土地、矿产资源、能源、劳动力、资金等在内的生产要素充裕，而且价格低廉，环境成本可以外部化，寻租机会时而出现的情况下，企业则更倾向于选择外延扩张的战略。只有在生产要素趋紧、环保从严、市场竞争充分、需求条件充分的情况下，多数企业才会逐步被逼上自主创新的道路。

按照一般规律，资源稀缺，价格上升，企业要么提高资源使用效率，要么寻找替代资源，要么放弃资源消耗量大的产业或者生产方式，这样就会使过度的资源需求得到抑制。同样，环境恶化、环保监管从严、环境成本内部化的压力就会逼迫企业要么创新工艺、降低污染，要么改进技术、降低污染治理成本，要么退出高污染行业，这样就会使污染物排放得到有效控制。于是，创新驱动型的发展模式，就会逐步取代资源依赖型的发展模式，而伴随这个过程的就是技术进步和产业升级。因此，大规模技术进步又是在资源约束增强和环保监管力度加大条件下，市场作用和市场主体选择的结果。

随着经济总量的扩大，中国土地资源稀缺的压力，能源价格上涨的压力，人民币升值的压力，水和矿产资源、税费价上调的压力，劳动力成本上升的压力，以及国际收支失衡、环境成本内部化等压力，都在迅速上升，逼迫企业走创新发展道路的客观条件已经存在。但是较长时期以来，包括土地、能源、矿产资源、汇率等基本生产要素的价格明显地被低估了，资源税也没有到位，基础生产要素价税的严重扭曲和环境监管不到位，使高投入、低效率、重污染的成本严重失真，过高的虚增利润使得企业从比较效益出发，更愿意维持现有的增长方式，而无心走向技术创新之路。

目前，资源环境的压力已经十分突出，但是由于生产要素的低税、低价政策改革不到位，巨大的压力实际上在政府层面隔离，没有充分转变成为价格信号和税收信号向企业传递，政府的屏蔽作用使市场倒逼企业创新的能量被拦截了。促使企业走自主创新道路的问题，从原则上讲，就是改变发展环境的问题，就是科技创新要以体制机制创新为前提的问题。企业的创新活动是一种经济行为，当要素的市场价格使那些低效率的产业和企业无利可图，谁污染谁治理的政策原则真正落实的时候，技术创新就将成为多数企业的必然选择。因此，只要生产要素价格通过市场充分反映稀缺程度，严格环境成本内部化的监管，政府以税费进行激励，这样就可以逐步建立起有利于创新驱动的发展环境。

当前，我国已经开始进入科技创新迅速发展的阶段，政府应该把握时机，逐步放开对土地、水、成品油价、矿产资源等生产要素和稀缺资源价格的实际控制，建立符合市场经济要求的价格形成机制，推进矿产资源的税费改革，真正发挥价格、税收、汇率、利率和环境监管、市场监管的作用，使那些必须释放的资源环境压力转化为迫使企业技术创新的经济驱动力，从而通过技术进步提高劳动者素质，提高效率并创造经济增长空间。

2. 理性认识技术引进和合资的局限性

当我们重新评估过去实施的“以市场换技术”策略时，发现我国企业尽管让出了市场，甚至让出了部分所有权，但是并没有换来更强的自主创新能力，也没有真正建立起自己的核心技术，有的企业技术创新能力实际上正在衰退。更加值得注意的是，不少人忽略了一个基本现实：中国企业要挤入世界强者之林，必须立足自主创新的基石。

技术引进最本质的意义在于缩短技术学习的过程。但是大多数情况下，企业一般都重引进后的使用，轻引进后的学习，我们可以从企业的资金投入结构得到证明。相比较而言，花1美元引进技术，日本要花平均7美元进行消化、吸收和再创新，而中国平均只花0.07美元，从这100倍的差别中我们可以清醒地看到，日本人注重的是技术学习的过程，而我们更注重的是引进技术本身。他们把投入的资金主要用到了技术能力的培养上，而我们把投入资金的绝大部分用到了引进、再引进。两种思路，两种结果。

从20世纪50年代到70年代末，不到30年，日本完成了从引进到创新的过程，进入了技术输出国的行列。中国改革开放已经30多年，但是我们对外技术依存度仍高达50%左右，重要技术受制于人的状况依然没有得到根本改变。

在技术来源多元化的情况下，一些企业不知不觉地陷入了技术依赖的泥潭。很多技术实际上是引而未进，对企业来说始终是一种外在的，没有在本企业扎根，也没有培育出在引进平台上的再创新能力。当那些引进的、正在应用的技术需要更新的时候，我们就只能再引进。从横向上看，一项技术往往是多家引进；从纵向上看，一次引进就是二次引进和再引进。在引进—落后—再引进的不断循环中，中国成了世界最大的所谓技术消费国。由此，中国企业的技术费用总量并不少，但大都用在引进、再引进之中，较少用于培育自己的技术能力。

另外，在大多数合资企业中，外资控制着技术和技术来源，中国技术人员很少能参与核心技术的研发过程。在技术创新方面，也很难有用武之地。因此，即便企业的产品、工艺、装备层出不穷，但没有给本国技术人员留下更多的创新实践机会。在经济全球化背景下，科技革命所创造的技术平台，可以被我们所共享，发达国家技术创新的示范作用、技术传播效应为我们技术追赶创造了有利条件，把握得好，甚至有可能实现超越式发展。但是，如果对这些有利条件把握不当，有利条件本身就有可能成为陷阱。利用引进这样一个省时省力的技术来源，一些企业却产生了一种技术投机心理，幻想依赖引进的技术，来构建自己的核心竞争力，放弃了自主创新力量的积累。一些地方误将外资企业的技术能力看作是本地的技术能力，把加工组装产品中的高技术看作是本地的技术水平，放松了培育本地企业技术能力的努力。一些地方热衷于引进外资研发机构，但是对如何利用它的溢出效应，提高本地自主创新能力，没有清晰的思路。

韩国和中国台湾地区成功的经验是，在引进技术的过程中，培育了自主创新能力；在利用外资的过程中培育出了以本地资本为主体，具有国际竞争力的公司；在接受国际产业转移中，培养出了高素质的职工队伍，形成了产业聚集效应；在参与全球竞争中，创造了世界水平的企业家，并由他们带出了具有世界影响力的企业。这是很值得我们思考的。

在这个激烈竞争的世界申，没有免费的午餐。核心技术是竞争力的精髓，没有技术独立就要受制于人。中国企业要立足世界之林，就要以最大的决心，丢掉一切不切实际的幻想，持之以恒地培育自己的技术创新能力。

3. 注重科技和经济结合及商业模式等非技术创新对自主创新的作用

科技与经济结合的问题是我们一直在着力解决的“老大难”问题。经过多年的努力，科技与经济“两张皮”的现象仍然存在，产学研难以形成完整和高效率的创新链条。一方面，每年高达数万件的科技成果仅25%得到转化，真正实现产业化的则更低，只有5%，而发达国家的科技成果转化率却高达80%。另一方面，产业技术水平偏低，对外技术依存度为41.1%，远高于国际公认的5%~30%的合理区间。我国制造业在国际产业分工中长期处于低技术、低附加值的层次。目前在工业和服务业的很多产业部门中，低附加值产业占很大比重，而部分高附加值产业如信息产业，产值和数量增长很快，但由于核心技术掌握在跨国公司手中，导致大部分产品和服务的高额利润被外国公司赚走。

长期以来，在国家科技计划安排当中，包括资源配置当中，大多以单个环节、单项技术指标立项，对产业系统性的技术集成关注不够。这是技术开发初级阶段的必然过程，但从科技与经济结合的内在要求来看，任何一个有市场竞争力的产品或新兴产业，决不仅仅是由一个核心技术形成的，必须依靠若干技术集成在一起，一些原本并不关键的材料、零部件技术也会制约产业化成功实现。以汽车行业为例，我们通常关注于发动机、变速箱的研发，也有了一些独到的技术，但是整车的设计和开发却仍然处于较低水平。汽车行业的现象不是个案，忽视各种技术的集成创新，正是我国拥有众多科技成果却无法变成财富的主要原因。正因为企业主体地位没有真正确立，使得我国的集成创新缺乏有力的主导力量。强调企业主体地位是因为企业离市场最近，且身处生产一线，最了解市场需要什么，有动力也有办法解决成果产业化时遇到的生产工艺问题。从实验室技术到产业化技术不是一个简单的放大过程，而是一次再创新。

据统计，当今美国企业60%的创新是商业模式创新，40%是技术创新。商业模式之于自主创新的重要性可见一斑。商业模式创新，核心是价值创新。美国的苹果公司和中国的海尔集团都是公认的技术领先企业，但苹果能从小众的“酷”产品提供商成为全球最大市值公司，海尔能在全球家电业盈利能力普遍下滑中逆市上扬，靠的不是“技高一筹”，而是商业模式，前者是“硬件、软件和服务融为一体”，后者是“零库存下即需即供的人单合一”。以互联网新兴产业为代表的新经济之所以在美国快速发展，与其1998年开始对商业模式（商业方法）创新授予专利有很大关系。我国已把知识创造、技术创新、产品创新摆到了战略高度，但对商业模式创新尚未引起足够的重视。有的企业虽然拥有很先进的技术，甚至是“独门绝技”，产品却在市场上“叫好不叫座”，其重要原因就是没有从“客户价值最大化”的角度，在构成要素、要素间关系或者动力机制等方面创新商业模式，开发用户潜在需求。科研人员没有把自主的知识创造、技术创新与市场对接，没有与企业形成联合创新的局面。也就是说，我国的创新主体之间、市场主体之间、创新主体与市场主体之间的良性合作局面还未有效形成，大批具有持续、高额盈利能力的商业模式还需进一步培育。我们如果不能在商业模式创新上有较大突破，很可能在新一轮产业革命中仍被锁定在全球价值链的低端。

此外，为提高自主创新能力，科技体制改革需要加强顶层设计。目前，我国科技管理职能分属不同政府部门，如何统筹协调各项科技政策和科技资源，推动形成自主创新能力建设的合力，同时，在科技投入上，如何加强在国家整体目标上形成一致和分工合作，在一些战略方向和关键共性领域，集中资金和研究力量实施重点突破，以强化国家科技组织动员能力和协同集成能力，也是当务之急。这些都需要进一步深化科技体制改革，特别是加强顶层设计，以推动有限的科技资源实现优化配置。

（三）促进自主创新的总体策略

在全球化的环境下，中国靠比较优势成为世界廉价加工中心，这种格局是不能长久的。如果继续遵从比较优势、产业分工等西方经济理论，中国就等于放弃了自己的发展目标，消融于西方国家的目标中，那是很危险的。长期为西方打工，中国大众将难以获得高质量的生活水准，也不可能培育出自主创新能力。没有自主创新能力的国家，是不可能有超强的绝对竞争优势和绝对竞争力的。因此，中国的自主创新要从战略高度出发，战略定位要以中国的利益为基石。战略是否具有高度取决于决策层（不管是国家或企业）的思维和行为。战略高度要落实到自主创新实务上，不能在西方的经济框架下来思考自主创新，这里是讲“框架”，而不是说不借鉴、不学习，不能认为，西方走过的路我们就一定要重复。

“十二五”是深化改革开放、加快转变经济发展方式、全面建设小康社会的关键时期，也是提高自主创新能力、建设创新型国家的攻坚阶段。党中央、国务院对加快科技进步与自主创新十分重视。2011 年 3 月 15 日，胡锦涛总书记在参观“十一五”国家重大科技成就展时指出，完成“十二五”时期经济社会发展的目标任务，在激烈的国际竞争中赢得发展的主动权，最根本的是靠科学技术，最关键的是大力提高自主创新能力。7 月 16 日，温家宝总理在《求是》发表文章指出，科技要更好发展，必须继续深化科技体制改革。中央经济工作会议也对科技进步和自主创新工作提出了新的要求，进一步明确了今后一个时期加快科技进步与自主创新的重点和路径。大力推进自主创新，当务之急是深化科技体制改革，完善国家创新体系，在充分发挥市场配置科技资源的基础作用的同时，强化统筹协调，推动协同创新。

1. 深化体制机制创新，建立国家创新体系，为创新驱动发展奠定制度基础

一是促进经济部门和科技部门有效结合，加强科技资源宏观管理和有效配置。必须打破科技与经济的结合障碍，加强经济政策与科技政策的有机衔接和协调。加强科技资源的统筹规划和管理，避免资源在各部门之间的重复、分散和浪费。二是完善市场机制，充分发挥市场在资源配置中的基础性作用。应完善市场体系和市场机制，使价格能够充分反映供求关系变化，并进而为企业创新提供条件。为企业创新提供公平的市场机会，营造公平的创新环境，特别是在国内企业与国外企业进行竞争时，至少要创造平等的竞争机会。政府还应充分发挥采购和新产品消费补贴政策等满足市场需求的激励政策对于技术创新的引导作用。三是建立不断创新并能够使创新成果应用的技术创新体系。实现创新驱动发展，最根本的是要依靠企业技术创新能力的提高，通过企业将技术进步的成果应用到产业发展中去，最终实现改善产业发展面貌的结果。我国国家创新体系建设的突破口在于形成以企业为主体、市场为导向、产学研结合的技术创新体系。建立这样的技术创新体系，一方面解决了创新的动力问题，是以满足市场需求为基本方向，以企业作为技术创新的主体；另一方面实现技术创新主体的有效互动和紧密结合。

2. 加强科技与经济的政策协调，推动各种创新体系的协同创新

加强科技与经济的政策协调，推动技术创新体系、知识创新体系、国防科技创新体系、区域创新体系、科技中介服务体系的协同创新。必须加快以研究机构和大学为主体的知识创新体系建设，加强关键技术和核心技术创新，在源头上实现知识创新、技术创新。以高校、科研院所为主要依托，充分调动各方面力量，围绕支柱产业、优势产业，整合资源，加强应用基础和高新技术研究，为自主创新提供技术源。同时，要以促进军民科技资源统筹配置、有效共享为重点，建设军民结合、寓军于民的国防科技创新体系。以组织实施重大专项为突破口，统筹军民科技计划，加大民营企业和科研机构参与国防科技计划的力度，促进军民科技从基础研究、应用研究开发、产品设计制造到技术和产品采购各环节的有机衔接。

根据综合协调，分类指导，注重特色，发挥优势的原则，以促进中央与地方科技力量的有机结合，推动区域紧密合作与互动，促进区域内科技资源的合理配置和高效利用为重点，围绕区域和地方经济与社会发展需求，建设各具特色和优势的区域创新体系，全面提高区域科技能力。整合分散在政府、科研机构、教学机构、企业的各类资源，建立“协作、共用、服务”的保障体系，搭建专业型的大型研发平台和大型科学仪器设施资源共享平台，实行科学数据等信息资源的共享。加大对科技创新的金融支持力度，构建一套适合高新技术企业发展的信贷模式，推进多层次资本市场建设；积极利用金融创新工具，进一步完善风险定价机制；完善风险投资体制，通过建立多渠道的风险投资融资体系，以及灵活运用组合投资和联合投资的策略，以分散资金投放的风险。

3. 以企业为主体，推进协同创新

企业是自主创新的主体。面对复杂的经济形势，各类企业应该立足当前，放眼长远，抓住机遇，迎难而上。企业经营者要有自主创新的紧迫感，真正把自主创新当作企业的第一生产力抓紧抓好。认真做好自主创新战略的谋划，明确自主创新的定位、方向、产品、技术。建立健全有利于自主创新的体制与机制。政府要积极发挥经济和科技政策的导向作用，激励和引导企业真正成为研究开发投入的主体、技术创新活动的主体和创新成果应用的主体。鼓励企业参与国家科技计划项目的实施，对重大专项和科技计划中有产业化前景的重大项目，优先支持有条件的企业集团、企业联盟牵头承担，或由企业与高校、科研院所联合承担，建立以企业为主体，产学研结合的项目实施新机制。要以实施重大科技专项和培育新兴产业为突破口，围绕产业链部署完善科技经济金融协同推进的机制，通过核心技术突破和资源集成，在一定时限内完成重大战略产品、关键共性技术和重大工程。

4. 加强国际科技合作，整合国内国际科技资源，开展协同创新

在新的国际竞争态势下，坚持自主创新的同时，有效利用国际创新资源和市场，是我国提高创新效率、向全球价值链高端迈进的基本路径之一。要顺应经济科技全球化的发展趋势和要求，扩大科技对外开放，加强国际科技合作交流。充分利用全球科技资源，推进平等互惠的国际科技合作交流，加大参与国际科学计划的力度，支持我国科学家参与国际组织的领导工作，发挥我国在国际技术标准制定中的作用，进一步加强知识产权保护，促进技术交流和交易，支持海外先进技术的引进消化吸收再创新，鼓励和支持跨国公司在我国设立研发中心，支持科研机构和企业“走出去”。加强与发展中国家的合作，以推动先进技术转移和应用为重点，加大对发展中国家的科技援助。

5. 加快培养和造就高水平的科技人才队伍，使自主创新具有可持续性

人才是自主创新的核心。要努力营造宽松和谐的自主创新环境，激发科技人员的主动性、积极性和创造性。抓住贯彻实施“科技”、“教育”、“人才”三个规划纲要的有利时机，进一步形成创新型人才培养和使用的合力，以高端人才为引领，整体推进和重点突破相结合，培养造就和引进一批领军人才和高水平团队。完善人才激励机制和科技评价体系，转变“功利化”的评价机制，淡化各种以论文数量、项目经费、技术创收等为标准的考核与奖励。在遵循科学规率、尊重科技人员兴趣与选择的基础上，建立符合科学技术本身发展规律的、体现学科特点的、分类导向的成果评估与评价体系。提高科技人员的基本待遇，全方位保障科研人员收入、福利和基本科研服务，为其科研活动提供充分资源条件，为科研人员的自由探索、后续的开发转化等提供稳定支持。

6. 大力培育创新文化，建设创新型国家

文化是自主创新的灵魂。要进一步形成和发展有中国特色的创新文化，在全社会形成尊重知识、尊重人才、尊重创新的氛围。大力营造敢为人先、敢于创造、敢冒风险、敢于批判和宽容失败的环境，鼓励自由探索，发扬学术民主，提倡学术争鸣；继续弘扬“两弹一星”精神，鼓励科学家甘于寂寞、淡泊名利、献身科技事业；坚定不移地实施知识产权战略，加大知识产权保护力度，激发全社会的创新活力；大力加强科学普及工作，传播科学思想，弘扬科学精神，提高全民族科学素质，把我国建设成为一个创新型国家。

三、加快提升中央企业自主创新能力政策建议

加快提高我国企业自主创新能力需要全社会的共同努力。这其中，政府的作用和企业自身的努力无疑是关键，且二者相辅相成、缺一不可。对于中央企业来说，政府既是公共服务的提供者和监督管理者，还是所有者代表，所以推动中央企业自主创新政府义不容辞，负有直接责任。政府要做的，不仅是提供一个良好的外部环境，提供必要的公共政策和服务，还应从所有者角度进行有效引导和激励。而中央企业本身则直接决定着其自主创新的投入和效果，决定着其创新驱动发展策略的质量与成败。

（一）政府层面的政策建议

传统理念认为，创新主要由营利机构来进行，政府及公共部门只是制定规则、建设基础设施。如今，政府已经越来越密切地参与到创新中来，而不只是充当一名裁判或协调者角色。政府发展经济的理念与模式、政府采购政策、政府的财政金融政策等对企业自主创新的影响和作用越来越明显。而作为政府直接管辖下的企业，中央企业的创新离不开政府的各项政策措施的支持，政府也有责任、有义务为中央企业的自主创新提供良好的支撑环境。当前，为加快提高中央企业自主创新能力，中央政府和有关部门应着力做好以下几个方面的工作：

1. 完善国有企业管理体制，确立中央企业自主创新主体地位

企业自主创新包括技术创新、管理创新、体制机制和商业模式创新，总的来说，自主创新是一个从研究开发到产业化和商业化的过程，自主创新成果必定要落实到产品上，并最终推向市场。国际国内许多企业成功的经验表明，企业在激烈的竞争环境下脱颖而出并持续健康快速发展依靠的是企业自身通过自主创新设计生产出的无与伦比、不可替代的产品所展现的创造市场、拓展市场的能力。由此可见，自主创新是企业生存发展和在市场中获得竞争优势的必然选择，是企业发展的力量之源，是企业发展的头等大事。

既然创新对企业如此重要，那么企业要想获得长远发展，必须使创新成为企业的本能，可是我国中央企业自主创新内生和外生机制却严重缺失，已经成为制约我国中央企业进一步发展的瓶颈。为此，中央企业首先必须破除思想观念和体制机制束缚，思想现代化，大力推进体制机制创新。实事求是，敢于面

对，让中央企业明确统一思想，充分自觉认识到自主创新是中央企业永恒的主题，是中央企业产品制造的基础、中央企业发展的灵魂，自主创新是市场经济条件下中央企业实现做大做强提高持续盈利能力的必由之径，是中央企业自身要生存和发展而自觉展现的一种本能，而不是一项政府应该主导的行为。其次，实践证明，央企只有成为真正的创新主体，才能基于内外部环境变化自主选择发展道路，才能激发其自主创新的热情和智慧。因此，必须坚持深化改革，必须坚持以改革创新为动力，要加快科技创新步伐，培育和强化创新主体，确立央企自主创新主体地位，使央企成为技术创新的投资主体、利益主体、风险主体、研究开发主体和决策主体，逐步建立起“企业主动、政府推动、科技服务体系联动”的自主创新运行机制，形成一批具有带头示范作用的自主创新能力强的大型央企，建设具有中国特色的央企自主创新体系。

2. 支持基础研究，强化交流合作，在创新主体之间搭建合作平台

一个国家或地区自主创新体系大致由基础研究、应用研究、技术开发和生产应用等要素组成。基础研究和应用研究具有太多的公利性，企业往往不愿参与其中。但是他们却是整个创新体系的基石，重大原创性基础研究成果会催生出足以改变时代进步的科技产品。换句话说，抓住了基础研究，就是抓住了创新的制高点。这也是在推进重大科技突破时必须要把握科技发展趋势，超前部署基础研究和前沿技术的原因所在。而且提高中央企业创新能力必须发挥国家创新体系中相关部门的促进作用，产学研合作是国家创新体系的重要组成部分，是科技成果转化为生产力的必由之路。为此政府要做的就是要协调平衡院所、高校和企业在自主创新体系中的地位和利益关系，大力推进科研院所与中央企业的结合，为科研院所和中央企业的结合牵线搭桥，强化合作，使合作各方建立利益共享风险共担的信任关系，促进创新要素的有效互动和创新资源的开放共享。

政府应加大投入，加大对高校院所基础研究的支持力度，着眼长远，超前部署前沿技术和基础研究，集中力量组织重大科技攻关，增强科技持续创新能力，促进中央企业建立和完善技术研发中心，通过制定政策、优化环境、完善社会支撑体系搭建有利于信息交流和信息转移的科技交流平台，搭建中央企业之间、企校院所之间跨学科跨领域的战略合作平台，依靠高校院所建设国家（重点）实验室，国家工程实验室，国家工程技术研究中心等一流的科研配套设施，从而建立以产学研联合为主要形式的国家自主创新支撑体系，形成高校和科研院所承担基础研究进步的重任，而技术创新能力的提升则更多地依靠企业来完成的格局。加强“产学研”相结合，发挥“推动器”作用，使科研院所成为企业的重要技术源泉和发展支撑，实施“企企联合”、“企校联合”为主要内容的“引智借脑”工程，最终实现科研成果向生产应用的快速转化。

再就是强化中央企业之间的交流合作，建立自主创新资源整合与技术共享机制。应对分散而低效的既有技术创新资源进行整合，以提高资源利用效率为目的。资源整合方式可以不拘一格，大胆探索。可以通过建立中央企业技术创新联盟、搭建企业技术创新研发平台等各种方式，使创新资源能够实现对接共享，减少重复建设造成的资源浪费，为中央企业自主创新提供有力支撑。同时，发挥中央企业技术创新信息平台的作用，建成国内外自主创新服务模块，促进央企与各相关部门和机构以及相互之间的信息沟通与协调，强化中央企业与市场需求之间的联系，推动中央企业自主创新整体水平提高。政府组织协调产业共性技术创新平台，完善共性技术合作开发的环境，加快共性技术的快速转化，发挥其在共性技术的开发和扩散中的独特作用，推进产业共性技术进步。

3. 实现中央企业产权多元化，强化竞争作用，增强自主创新外在动力

所有者缺位和缺乏优胜劣汰的竞争机制是导致中央企业缺乏自主创新能力的重要因素。国有产权一股独大造成所有者虚位，中央企业经营者不是向董事会负责，而是对政府负责，企业家市场意识淡薄，他们更愿意回避风险，稳妥经营，创新动力无从谈起，为改变这种现状，必须改变目前的产权结构，实现产权多样化。国有股权应进行适当的战略规模缩小，增大其他股的比例，重点发展、引进包括银行、保险公司、养老基金在内的机构投资者，建立经理层和职工持股制，他们的参与有利于实现公司治理结构的完善，实现所有者的归位，实现利益相关者参与公司治理的共同治理机制，有利于外部约束制衡机制发挥效应。

此外，中央企业依靠国家政策和政府保护在一些行业、地区形成垄断地位，使得市场压力不能通过市场机制传导至中央企业，使其感受不到竞争压力。实践证明，企业很少在没有竞争压力的情况下主动进行创新活动。因此，为了形成逼迫企业创新的要素倒推机制，在政策方面必须深入完善中国特色社会主义市场经济体制，进一步转变政府职能，深化行政管理体制改革，创新国有资产管理制度，政企分开，政资分开，防止对企业的行政干预，还权给企业，遵循市场经济规律，加快生产要素价格的市场化进程，逐步实现能源、资源等要素价格的市场化。在制度建设方面，制定和实施反垄断法，进一步打破（行政性）行业和企业垄断，放开市场准入，建立公平合理的竞争机制，营造充分有序的市场竞争环境，强化竞争对创新的压力和推动力，使企业真正成为市场经济的主体，为企业自主创新创造公平合理的竞争环境。在中央企业重组过程中，要把打破垄断、充分发挥市场机制的作用作为重要目标，即便在国家需要掌控的关键领域，也要鼓励企业间竞争，形成适度的竞争机制，减少进入限制、降低进入壁垒，制止老牌大型中央企业对新进入企业的排斥，鼓励生产要素和创新资源的合规流动，促进企业自主创新能力的建设，加强中央企业自主创新的紧迫感。

4. 激发企业家的自主创新意识，增强中央企业自主创新内在动力

富有创新精神的企业家在中央企业创新过程中发挥重要作用。据研究，企业的自主创新能力70%的因素取决于企业家的能力。所以，企业家是自主创新的主导力量，在技术创新过程中承担着决策者和组织实施者的重要职能。从自主创新的过程看，企业家的创新精神是企业进行自主创新关键驱动力。所谓创新精神是指企业家具有强烈的创新愿望、动机和意识。企业家的创新精神越强，企业就越会积极地把握创新机遇，并进行主动的创新活动。企业家的创新意识是企业创新体系的核心，企业家作为企业的领军人物必须率先摆脱依赖政府的思维定势，充分认识创新对国有大中型企业生存发展的意义，强化自主创新意识。因此，企业家的形成和评价机制，是提高企业自主创新能力的关键。

首先，要推进职业经理人制度建设，面向社会、面向世界公开选拔一批有战略眼光、有现代经营思想和管理理念、有卓越的创新组织才能和专业知识技能的企业家，并把创新精神、冒险精神和奉献精神作为重要选拔标准。而且要努力进一步培养企业家勇于创新、敢于冒险的精神，尤其要培养当代企业家的创新意识和超人的胆魄，这样才能挺立于知识经济时代的潮头。

其次，需要国家制定引导企业自主创新的综合绩效评价体系，将提高企业自主创新能力的指标纳入国有大中型企业领导人的考核体系，加强中央企业负责人对企业自主创新的领导职责，加大科技投入和创新能力建设的考核力度。如可以考虑将科研经费投入占销售收入的比例、每年企业获得发明专利等指标纳入企业领导人年度和任期考核中，激励企业家开展创新活动；2010年，国务院国资委推出的经济增加值考核办法（EVA）需要深入贯彻和推广，激励企业家开展创新活动；另外可以在规范科技投入范围的基础上将部分科技投入视为业绩利润，根据科技型企业所承担国家和行业共性技术研究的任务量，适度调整基本指标和分类指标的权重，在规范非经营性资产统计的基础上，对经营性资产和非经营性资产实施分类考核，激励企业家的自主创新行为。

最后，要深化企业改革，加快建立现代企业制度，建立自我约束、自我激励的机制，进一步消除制约企业发展的体制性、机制性障碍，进一步完善企业法人治理结构，促进企业管理团队建立创新的长效机制，为中央企业自主创新提供内在动力。目前企业的主要任务是改变企业家报酬单一的现状，除了采用固定工资和年薪制这些已为人们熟知的报酬形式外，还可以引进股票期权制等新型报酬形式，建立有效的企业家人力资本长期报酬激励制度。总之，要重奖那些对自主创新做出贡献的有功人员。把企业自主创新的风险与企业领导者挂钩，工作的好坏决定其升迁和收入的增减，该奖的要重奖，该罚的要重罚，该下台的就要下台，真正实现企业领导班子与企业发展同呼吸、共命运，从而切实调动起相关人员的积极性和热情。

5. 加大培养吸引和激励人才的力度，为中央企业自主创新提供智力支撑

人才要素是关系企业自主创新能力的关键因素，也是关系企业自主创新效果的决定性因素。研发人才，特别是那些具有高科技知识和独立开发产品能力的研发人员，是企业自主创新最需要的。而破解中央企业人才匮乏的根本之道，就是引得进，留得住。

一方面，国家要鼓励企业聘用高层次科技人才和培养优秀科技人才，并给予政策支持。允许高等院校和科研院所的科技人员到企业兼职进行技术开发。围绕企业科技发展战略的实施，着力开展高层次科技人才培养工程，重点培养和造就一批具有世界前沿水平的领军型科技人才。同时，健全吸引海外人才回国创业的工作机制，研究制定更具针对性、操作性的吸引海外人才回国创业的配套政策。

另一方面，要打破中央企业传统分配模式的桎梏，将按劳分配、按资分配与按“知”分配相结合，从利益分享上充分体现知识对企业价值创造的重大贡献，最大限度地释放人才的智慧和潜能。探索建立科技型、设计类企业以经济增加值为中心的中长期激励与约束机制；注重对管理与技术骨干的中长期激励，逐步建立起中央企业价值最大化的考核与分配相结合的激励与约束机制，从制度上解决保护和留住人才的问题。在高科技上市公司探索建立试行股票期权等中长期激励机制；在高新技术企业、中关村科技园区企业化转制院所组织开展股权激励试点；在科研、设计企业探索试行岗位分红权、股份期权等改革试点，在制度上解决留优汰劣的问题。

6. 转变政府职能，完善政策法律，创造良好的自主创新外部环境

首先，政府应切实进一步转变职能，要按照市场经济规律管理经济，避免部门分割、部门立法、部门本位等现象，实现政企分开，简化政府审批程序，及时处理中央企业自主创新过程中遇到的困难和问题，加强服务型政府建设；完善和创新国有资产管理制度，政府该退出的领域要坚决退出，使企业真正成为市场经济的主体，为企业创新提供更大的空间。

第二，创新政策会降低创新成本和提高创新成功概率，从而对央企的创新活动起到拉动作用。因此，国家要统一协调经济、科技、财政、税收、金融、海关和工商部门有关工作，对企业创新进行政策上的鼓励、支持和引导，可以从产业政策、信贷政策、科技政策、财税政策、政府采购政策、金融政策等方面，给予创新企业一些税收优惠以及补贴等，尤其要发挥财政资金对激励企业自主创新的引导作用，并且要指导、监督企业贯彻落实国家推动企业自主创新的方针和政策措施，支持企业的自主创新，降低创新风险。

第三，政府应探索建立风险投资机制，为央企自主创新提供资金支撑。风险投资实际上是对企业自主创新最有效的支持方式之一。必须多渠道开辟投资资金来源，建立多元化的风险融资体系。政府应积极扶持风险投资的发展，创造有利于风险投资的法律和政策环境，规范风险投资的运营机制。建立适合中国国情的新型企业风险投资机制。

第四，政府要重视信息情报工作，加大资金投入，设立信息机构，对创新情报做到收集有源、传递有序、查询有据、利用有渠，鼓励有条件的中央企业都应在企业内部设立专门的情报信息机构。可以将高校、科研机构内彼此独立、功能各异的信息服务机构有机地结合起来，形成一个相对完整的信息机构，实现各单位信息资源的交流与资源共享，从而共同推进企业技术创新。

第五，通过法律的完善激励创新行为，包括完善知识产权制度，强化知识产权保护，加大侵权的制裁力度，支持自主技术标准的形成，保护产权所有人的权益，进一步促进知识产权的合法公平的竞争，为央企的自主创新创造良好的社会环境。

（二）企业层面的政策建议

如上所述，加快提高中央企业自主创新能力，走创新驱动发展之路，既是现阶段中央企业的社会责任和深化改革的方向，也是其“做强做优”、成为具有国际竞争力的世界一流企业、实现又好又快发展的根本途径。为加快提升自主创新能力，深入贯彻落实国家“十二五”规划纲要的战略目标，在转变经济发展方式、建设创新型国家中进一步发挥主力军作用，中央企业自身应采取有效措施重点做好以下几个方面的工作。

1. 进一步加大研发投入，提高资金使用效率

资料显示，我国企业研发投入比例不到发达国家的1/20。中央企业提高创新能力需要首先提高其研发投入能力。如今，国家科技政策鼓励企业加大自主创新的投入，中央企业在这方面更要起带头作用。根据企业实际情况，自觉加大研发投入，保证企业自主创新资金需要。采取积极推进企业研发专项资金制度建立的方法，研究科技投入持续稳定增长的长效机制，确保企业科技投入水平随企业发展不断提高。在资金方面，中央企业应进一步拓宽研发投入资金来源渠道，除了自身资金积累外，要广泛吸收来自政府补贴、资本市场、银行和风险基金等多种渠道的科技研发扶持资金，为企业自主创新科研经费的筹集提供更为广阔的资金渠道。同时，继续推进与金融领域的合作，通过加强国际自主创新技术合作，企业可从国际合作中取得自主创新的资金，建立和完善多元化、多形式、多层次的技术创新投入机制。

在加大资金数量上的投入时，不能忽视资金运用效率的提高。企业加大科技投入，要注重投入产出效益，提高科技成果的转化率和产业化。没有产出的科技投入是不能延续的。为了提高技术创新的转化率，中央企业可采取如下措施：一是要提高企业科研开发的软实力，提高企业及时识别风险和发现市场机会的能力；二是要提高科技成果产业化率，加强科技成果向现实生产力的转化，如加强科研与市场的结合、加大资金投入力度、提高产业化管理能力等。

2. 发展行业协会，发挥行业协会的积极作用

研究表明，“政府和行业的支持”与企业自主创新能力有很强的相关性。在117家中央企业中，主要涉及的是石油石化、钢铁、电力、机械设备制造、通信、航空运输、水运、建筑、国防等九大行业。同行业企业之间的信息共享和精诚合作，有利于创新资本的有效利用和创新成果的成功转化。行业协会是健全创新关系网络的桥梁和纽带，行业协会的作用不可小觑。因此，在企业提高自主创新能力的过程中，行业协会首先要积极发挥引导作用，引导企业立足长远发展，积极创新。同时要保护知识产权，通过逐步完善知识产权管理，为行业内企业自主创新提供法制化、诚信化的发展空间；其次，要促进横向经济合作，通过举办多场次、多层次的技术交易、产品交易活动，组织人员培训、交流，尤其是国际间的交流。促进资源共享，促进企业间、行业间和国际间的合作创新，促进技术转让和扩散；再次，要发挥其与政府间的纵向沟通协调作用，及时汇总总结行业产销情况，对重大事情、倾向性问题以及企业的意见及时向政府主管部门反映，一方面协助相关部门解决实际问题，另一方面主动为同行业企业争取政策支持。最后，行业协会还可以利用中央企业有别于其他中小企业的优势，设立行业共同研发基金。此基金既可以用于研发的支出，又可以作为对行业有突出贡献的企业给予奖励的资金来源，从而对企业产生正面激励，进一步促进企业自主创新的积极性和成功率。

3. 加强产学研合作，提高企业自主创新速度

产学研合作是推进高等院校和科研院所科技创新成果转化的有效途径。通过产学研的紧密结合，将高校创造的科技成果尽快转化为产业优势，从而推动企业创新的发展和区域经济的增长。产学研合作机制一直在推行，但实施的效果并不乐观。促进产学研合作，首先要明确“以企业为主体”的推行基础，只有科研开发的主力和经费集中在企业，才能有利于创新平台的建设。其次，中央企业要善于利用资源，加强中央企业之间合作。中央企业中有一批综合实力较强的科研院所，涉及石油石化、钢铁、有色、机械装备、船舶、轨道交通、建筑和医药等行业。建立这些行业与科研院所的产业技术创新联盟，企业邀请科研院所进入产业集团，发展成为企业集团的技术中心，支持企业开发新产品，解决行业关键与共性技术难题，解决科技与经济脱节的问题，有效整合创新资源。最后，加强中央企业与大学、科研机构的创新合作。大学和科研机构为国有企业创新提供知识和技术推动，中央企业利用产学研合作来推动创新，关键是三者之间的深度结合。中央企业可以通过共建学科、共设课题、互聘专家、委托培养等方式共享大学的人才资源，形成长效动态的创新人才联合培养机制。例如，2009 年 7 月，中国一汽集团与吉林大学签署“产学研全面合作协议”，双方将通过人力资源开发与利用、技术开发与应用、软课题研究与应用，构建起产学研相结合的技术创新合作体系。企业在推进“产学研”时，应当对高校和科研机构的研究方向、选题提出具体要求，依托高校来进行自主创新，不断总结积累生产工艺、技术经验，摸索出有自己特色的新产品、新工艺、新技术。不断向市场提供差别化的产品和服务，形成不易为竞争对手模仿的具有自己独特技术的竞争。学校和科研机构也应重视和加强应用技术研究，使科技创新不只流于表面，而是真正给企业带来效益。

4. 强化知识产权保护，完善激励创新行为

知识产权制度是保障和促进自主创新的重要工具，其实质是在保护创新者利益和积极性的同时，促进技术合理、有偿地扩散，最终目的是为了促进自主创新。知识产权不仅保护的是现有科技创新成果，而且它将激励中央企业、高等院校和科研机构的后续创新。中央企业强化获取知识产权的意识，在工作中注重培养员工的知识产权意识，保护新成果。由于创新工作相对复杂且创新过程比较曲折，一项创新成果的完成往往要经历长期、艰难的努力，所以创新工作对科技人员能力、耐心与热情的考验是相对较大的。创新工作本身的特殊性容易使科技人员的积极性和工作效率在长期艰难的研发活动中受到挫伤。另外，创新收益的分配不均也可能打击科技人员的工作热情，使其放松或抵触接下来的创新任务。因此，企业需要通过有效的激励机制来激发科技人员的创新热情。鼓励员工开展发明创造，注重加强激励机制的导向作用，鼓励团队协作创新、激励个人勇于创新。通过有偿的经济鼓励和企业内部公开表扬的精神鼓励，激励创新者和准创新者。对新开发的产品和技术应当及时分析研究，积极申请专利。在新项目开发中，要安排适当比例的知识产权专项经费，并将获取核心技术和产品专利权的数量质量，以及实施转化后的经济效益作为考核验收项目和表彰奖励的重要依据，促使创造性成果能及时产生为知识产权，提高企业获取知识产权的能力。同时，企业应充分利用知识产权保护体系。在知识产权公共信息平台发出专利预警时，及时重视处理。利用维权援助机制，维护企业自身的合法权益。通过制定企业知识产权战略纲要，分析提出专利产业化和防范、应对国际技术壁垒的战略措施，使得知识产权的创造、管理、利用和保护的能力得到不断地提高。

5. 加强技术引进宏观管理，强化消化吸收，提高二次创新成功率

中央企业自主创新的发展和提高离不开技术的支持，技术决定了企业自主创新的深度，决定了企业的自主创新能够占据市场领先地位。技术所包含了物化技术与知识技术两个方面，这要求企业在自主创新中从两个主要渠道分别实现相关要素的优化。例如，通过购买、研制选择机器、设备和实验仪器等方式实现物化技术的优化。目前，我国国内的技术创新水平与发达国家相比还有着不小的差距，引进国际上一些成熟的技术并进行改进和创新，能够避免技术的重复研发，缩短研发的周期。因此，企业应加强物化技术引进的宏观管理，避免发生母公司与子公司或子公司之间，技术引进重复问题。

企业通过学习、开创新的工艺规程、制造技术和管理技术等方式可实现知识技术的消化吸收。由于物化技术的优化过程通常更容易实现，特别是对于中央企业而言，购进先进生产工具的资金实力相对较强。因此，企业还必须妥善处理好技术引进与自主创新之间的关系，改变目前“重引进，轻吸收”的现状，强化知识技术的消化吸收，使得与物化技术相匹配的知识技术达到合理水平，否则将导致物化技术难以发挥效力，甚至导致物化技术背离设定目标引发生失败的危险。因此，实现物化技术与知识技术的协调发展是企业进行自主创新过程中需要格外重视的工作。

吸收的过程即为二次创新的过程。它不是简单地等同于模仿创新，而是包括模仿创新，又高于模仿创新。企业在引进技术设备后，应充分挖掘其各种功能，发挥最大效用。结合企业的实际情况，加强企业自身的研究与开发，进行技术改进。使企业的技术体系沿既定的技术轨迹有所发展。进一步，企业可根据依托自身研究确定了新的企业发展方向，实现技术范式的更新。中央企业在二次创新上虽有不足，但在模仿中成长，在模仿中创新，将最终实现企业的自主创新。

6. 加紧实施人才战略，造就企业技术创新人才

人才是企业自主创新的关键因素，企业应加强人才队伍建设，努力搭建有利于引才、育才、留才的环境条件和培养机制。在引才方面，一是外部人才内部化，如大力引进海外高层次科技人才，招聘社会上有经验有能力的高级管理人才等；二是企业内部选拔培养。可通过创新人才选拔机制，将具有创新精神的员工送到大学院校或研究所进行进修、出国培训、参加各种专业会议或者专题培训。在育才方面，企业可以委托大学院校或者与大学院校共同培养科技人才，提高其自主创新能力。对科技人才与经营管理人才实行分类管理，培养科技领军人才。在留才方面，建立完善的保留机制。无论是企业自己培养创新人才还是引进人才，都与人才保留分不开。企业只有做好人才的保留工作才能够使得人才为企业做出贡献，有利于企业的自主创新。因此，企业必须构建“以人为本”的留用机制。设立技术创新基金，造就并留住一批高水平人才，制定优惠政策。建立按创新贡献大小分配的制度，参与技术创新的骨干科技人员可以从企业出售新产品（或新工艺）的年净收入中提取一定的比例作为奖励。实行创新股权激励计划；深化企业人事制度改革，充分调动创新型人才的工作积极性、主动性和创造性。

招纳和留住更多高素质的创新人才还需要中央企业完善制度建设。首先，中央企业应为科技人员搭建与国际接轨的硬件和软件平台，如建立高水平实验室或与国际领先科研组织建立合作联系，帮助科技人员从世界领先技术中吸取创新知识。其次，中央企业应为科技人员提供发展和学习空间，如打通科技人员的上升通道或支持科技人员参与在职培训，实现科技人员个人发展目标与企业发展战略的统一。再次，中央企业应完善科技人员的薪酬与奖励机制，如将工资水平与岗位差别相挂钩、对创新过程和创新成果给予物质与精神双重奖励等，以增强科技人员对企业的归属感。此外，中央企业还应完善对科技人员的工作评价机制，加强对创新工作和结果的考评指标设计，从而达到量化科技人员工作任务的目的。

7. 培育企业的创新文化和企业家创新精神

企业文化是企业的灵魂。企业文化的变革、创新直接影响着企业的核心竞争力。创新作为企业的一个整体行为，必须由统一的创新文化作导向。因此，中央企业应在企业文化中重点强调，积极融入创新思维和创新理念，营造有利于人才脱颖而出的创新环境。首先，要确立企业创新价值观，制定通过创新来实现企业价值增值的发展规划，强化员工在技术创新中的作用。其次，要在企业员工中培养追求创新、不断进取的精神，形成不惧风险、容忍失败的观念，保持危机意识和竞争意识等。一方面企业可以通过加强舆论宣传，在企业中营造创新的氛围。企业文化虽然本身具有深入人心的渗透力，但其培育和塑造离不开舆论宣传。通过建立企业内部网站、企业内部刊物、企业文化展览以及各种各样的员工工会活动等，使企业文化通过舆论的作用达到深入人心的效果。另一方面，优化员工工作、生活环境，可以使得创新观念深入人心。企业的员工不仅是“经济人”，更重要的是“社会人”。中央企业让员工感受到温暖，不仅是企业自身的责任，更是企业作为国家代表的义务。改善员工的工作环境和工作条件，关心员工的物质利益和精神生活，鼓励员工进行创新，将创新型企业文化落到实处。最后，通过设置创新组织体系，规范创新行为，建立创新管理制度、激励制度、考评制度、约束制度等等，来培育和构建中央企业的创新制度文化。

8. 提高技术信息处理、管理能力，推进信息化平台建设进程

企业信息化是增强企业竞争力的利器。信息技术可以重塑企业的组织优势，加强企业上下沟通、部门交流，减少层次，实现企业组织的扁平化，增强员工的责任感和企业的凝聚力。第一，对于信息化改造方面，企业应该舍得投入，加大资金投入，设立信息机构，对创新情报做到收集有源、传递有序、查询有据、利用有渠。信息化方面比较落后的企业，首先应该学习国内企业信息化方面的先进经验；在信息化方面有较好基础的企业，要与世界优秀企业“对标”，努力再上一个新台阶。企业应将内部信息化、供应链管理、客户关系管理、网上交易等有机地集成在一起。第二，以信息化为标准，推进数字化管理。企业进行自主创新必须建立信息中心，统一处理信息的搜集、分析、发布，并且要注意信息搜集、分析、发布过程电子化的实现，利用信息技术对原有企业进行创新，使企业所有信息活动更加合理、畅通、提高信息的时效性。第三，在企业内部设立专门的情报信息机构。可以将高校、科研机构内彼此独立、功能各异的信息服务机构有机地结合起来，形成一个相对完整的信息机构，实现各单位信息资源的交流与资源共享，从而共同推进企业技术创新。

9. 发展技术创新国际化战略

经济全球化带动了世界市场的一体化，由此企业间的竞争也从传统的国内竞争转向了国际竞争。企业经营的国际化又加剧了国际竞争的激烈程度。在这种形势下，具有全球视野，有能力在全球范围内整合资源而迅速创新的企业能成为竞争的优胜者。因此，央企一定要实施技术创新国际化战略。

所谓技术创新国际化战略是指企业从全球范围出发，通过跨国并购或直接建立国外研究与开发机构以及建立国际技术联盟等形式，将技术创新活动扩展到国外，其中技术创新国际化战略大体包含四个方面：第一，建立市场支撑型海外研发机构的市场支持战略，其目的是为企业的海外生产经营提供支持；第二，建立技术跟踪型的海外研发机构的信息搜索战略，其目的是扩大企业技术创新的信息来源，为企业明确技术创新方向、制定技术创新计划、产生创新思想、改进创新方案提供帮助；第三，建立技术学习型海外研发机构的技术学习战略，其目的是在当地吸收企业技术创新所必须的科学技术知识，从当地技术创新活动的外溢效应中获益，为企业的技术创新提供知识补充，并作为企业专门技术的补充来源；第四，建立资源利用型海外研发机构的资源利用战略，其目的是丰富企业技术创新的资源，降低企业的技术创新成本，增强企业技术创新所需的技术能力。

中央企业应该根据企业的具体实际情况，综合运用这几种技术创新的国际化战略，进行多种战略的组合方式，充分利用全球创新资源，实现创新能力的迅速提高。

10. 构建全面创新管理，促进管理要素对企业自主创新的影响

全面创新管理是以培养核心能力、提高企业竞争力为中心，以价值增加为目标，以战略为导向，以技术创新为核心，以各种创新的有机组合与协同为手段，通过有效的创新管理机制、方法和工具，力求做到全员创新、全时创新、全流程创新、全球化创新和全价值链的创新。提升全面创新管理能力是中央企业优化管理要素的重要途径，具体体现在理念建设和制度建设两个方面。

理念建设是对中央企业传统认识的一种转变。计划经济时期的中央企业基本处于行业垄断地位，市场对新产品的需求很低，导致企业普遍缺乏创新意识。但是，随着市场经济制度的深入运行以及经济全球化引发的竞争加剧，使得中央企业面临的竞争环境更趋复杂。在政府对创新的大力推动下，中央企业逐渐意识到只有创新才能站稳市场。但是，长期形成的固有思维使中央企业对创新认识的转变相对较慢且程度不深，从而在理念上严重阻碍了中央企业的创新发展。提升全面创新管理能力首先要从理念上使中央企业的每一位管理者和每一名员工都认识到创新的重要性，让创新成为企业员工共同的信念和准则。其次，需要管理者认清创新对企业战略发展和市场地位的重要作用，督促管理层以创新的思想统筹日常管理行为，并将这种创新的理念有效的传递给每一名员工。同时，全面创新管理的理念建设要求企业对任何程度的创新都抱有欣赏与鼓励的态度，对于创新可能产生的风险和损失，需要企业以长远的思想和开放的胸怀予以包容，这样才能把创新理念贯穿于企业各层级之中。

制度建设是中央企业实现全面创新管理的重要保障。制度问题是关系中央企业转型与发展的关键因素，却也是中央企业普遍表现出的一个软肋。企业对创新需求的不断增加使中央企业在众多制度难题中再次面临创新管理的制度建设这一新问题。全面创新管理的制度建设体现在对适合企业自身发展的创新体系进行规范和约束，从而达到实现创新目标的预期效果。中央企业欲从创新角度考虑企业发展，尤其需要加强全面创新管理的制度建设。中央企业实现全面创新管理的制度建设需要从两个方面入手，其一是按照市场机制完善相关基本制度运行机制，其二是通过管理手段、模式或工具的创新来推动全面创新管理能力的提高。前者着重于中央企业对制度不足的弥补，例如通过完善市场化的激励制度、产权保护制度和人事制度使企业员工创新活动能够得到规范的、清晰的界定，而后者则是强调中央企业需要结合自身特点进行管理方式的改革。通过以上两种途径可以使中央企业的创新以制度化的形式固化下来，对提高企业创新效率将具有重要作用。

参考文献

[1] UK Department for Bussiness. Innovation and Skills. The 2010 R&D scoreboard: the top 1000 global companies by R&D investment Company data. http://www. bis. gov. uk. 2010 -11 -25.

[2] 宝钢新闻中心 .2011 宝钢重大技术创新成果奖评公告 . http://www. baosteel. com/. 2011 -11 -15.

[3] 白天亮．去年央企营收 20.2 万亿元［N］．人民日报，2012 -02 -21.

[4] 白天亮．央企分红权激励试点启动［N］．人民日报，2011 -08 -01.

[5] 标普资本（S&P Capital）．2011 年全球科技公司研发投入排名［EB/OL］．http://www. acfun. tv/v/ac316691. 2011 -03.

[6] 蔡康．移动互联网时代通信企业创新价值的思考［J］．中国新通信，2011（3）.

[7] 陈婷婷．乘浪横空幸云起，潜底蛟龙力深藏——记“蛟龙号”载人潜水器研发团队［J］．科学中国人，2011（7）.

[8] 陈新华．2011 年中国石油石化产业综述［N］．中国石油报，2012 -02 -01.

[9] 崔静．我国大力发展经营管理人才队伍助央企腾飞［N/OL］．http://news. xinhuanet. com/politics/2010 -05/20/c_ 12124764. htm. 2010 -05 -20.

[10] 大唐移动：TD 王朝［J］．新经济导刊，2009（7）.

[11] 代红才，魏玢，周原冰．苹果商业模式创新对电力企业的启示［J］．中国电力报，2011（8）.

[12] 丁明豪．央企激励制度的现实与未来［N］．中国企业报，2011 -07 -01.

[13] 樊哲高，闵杰．富国强军．不辱使命——中国电子科技集团公司十年发展纪实［N］．中国电子报，2012 -02 -24.

[14] 傅成玉．中国海洋石油勘探开发科技创新体系建设［J］．中国工程

学，2011（8）.

［15］龚伟东，丁雨恬，周杰 . 2011—2012 年水运形势分析报告［J］. 船舶与配套，2012（3）.

［16］工业和信息化部 . 钢铁工业“十二五”发展规划［EB/OL］. http://www.gov.cn/zwgk/2011 - 11/07/content_ 1987459. htm. 2011 - 11 - 07.

［17］工业和信息化部运行监测协调局 . 2011 年电信通信资料统计［J］. 通信企业管理，2011（6）.

［18］国核能源实验室启用［J］. 电世界，2011（10）.

［19］国民财政研究中心 . 建筑施工行业研究报告［R］. 2011 - 08 - 15.

［20］国务院办公厅 . 国务院关于加快培育和发展战略性新兴产业的决［EB/OL］. http://www.gov.cn/zwgk/2010 - 10/18/content_ 1724848. htm. 2010 - 10 - 18.

［21］国务院办公厅 . 国务院关于加快长江等内河水运发展的意见［EB/OL］. http://www.gov.cn/zwgk/2011 - 01/30/content_ 1795360. htm. 2011 - 01 - 30.

［22］国务院国资委 . 李源潮出席中央企业科技人才工作会并作重要讲话［EB/OL］. http://www.sasac.gov.cn/n1180/n1566/n259685/n263403/13845361.html. 2011 - 09 - 29.

［23］国务院国资委 . 王勇在中央企业科技创新工作会议上的讲话［EB/OL］. http://www.sasac.gov.cn/n1180/n1549/n1630/n1915/13733163. html. 2011 - 07 - 29.

［24］国务院国资委 . 新兴际华集团一季度 181 项专利获授权［N/OL］. http://www.sasac.gov.cn/n1180/n1226/n2410/n314319/14409592. html. 2012 - 04 - 13.

［25］国务院国资委规划发展局 . 2011 年度国家科技奖励中央企业获得奖励情况［EB/OL］. http://www.sasac.gov.cn/n1180/n1566/n258237/n258869/14359319. html. 2012 - 03 - 22.

［26］国务院国资委规划发展局 . 关于加强中央企业科技创新工作的意见［EB/OL］. http://www.sasac.gov.cn/n1180/n1566/n258237/n258884/13624582. html. 2011 - 12 - 22.

［27］国务院国资委规划发展局 . 关于落实中央企业法制工作第三个三年目标有关实行的通知［EB/OL］. http://www.sasac.gov.cn/n1189/n14200459/

n14279647/n14279775/14279946. html. 2011 - 12 - 19.

[28] 国务院国资委企业改革局. 邵宁在中央企业管理创新暨全面风险管理经验交流会议上的讲话 [EB/OL]. http://www. sasac. gov. cn/n1180/n1566/n258252/n258599/13361685. html. 2011 - 03 - 29.

[29] 国务院国资委政策法规局. 大力推动中央企业法制工作三年目标建设为 打造世界一流企业提供坚强的法律保障和支撑 [EB/OL]. http://www. sasac. gov. cn/n1180/n14200459/n14279647/14281050. html. 2012 - 02 - 24.

[30] 杭晓宁. 2011年国防科技工业十大新闻 [N]. 中国航空报, 2011 - 12 - 24.

[31] 环球财经. 欧盟发布2010年度全球企业研发投资排行榜 [N/OL]. http://finance. jrj. com. cn/2011/02/1613459206167 - 1. shtml. 2011 - 02 - 16.

[32] 黄丹华. 调整结构优化配置 夯实基础提升管理 推动中央企业产权管理工作再上新台阶 [EB/OL]. http://www. sasac. gov. cn/n1180/n1566/n258222/n259158/14385426. html. 2012 - 03 - 31.

[33] 黄俊. 三网融合技术与广电发展概述 [J]. 数字通信, 2011 (1).

[34] 经济日报自主创新调研小组. 自主创新年度报告 [M]. 北京: 经济日报出版社, 2012.

[35] 科技部. 2011年度国家科学技术进步奖获奖项目 [EB/OL]. http://www. most. gov. cn/ztzl/gjkxjsjldh/jldh2011/jldh11jlgg/201202/t20120210_92343. htm. 2012 - 02 - 14.

[36] 科技部. 北京市科委与丰台区政府、新兴际华集团共建应急救援科技创新园和产业园 [N/OL]. http://www. most. gov. cn/dfkj/bj/zxdt/201112/t20111205_ 91219. htm. 2011 - 12 - 06.

[37] 科技部. 关于印发国际科技合作十二五专项规划的通知 [EB/OL]. http://www. most. gov. cn/fggw/zfwj/zfwj2011/201109/t20110920_ 89717. htm. 2011 - 08 - 28.

[38] 科技部. 关于印发国家十二五科学和技术发展规划的通知 [EB/OL]. http://www. most. gov. cn/tztg/201107/t20110712_ 88217. htm. 2011 - 07 - 13.

[39] 科技部. 关于印发国家十二五科学和技术发展规划的通知 [EB/OL]. http://www. most. gov. cn/tztg/201107/t20110712_ 88217. htm. 2011 - 07 - 13.

[40] 科技部. 收获自主创新的硕果——来自2011年度国家科学技术奖励大会的报道 [N]. 光明日报, 2012 - 02 - 15.

［41］李保民．中央企业科技创新现状记未来工作重点［J］．经济研究参考，2011（61）．

［42］李莉．《2012年全球最受赞赏公司排行榜》出炉［N］．信息时报，2012－05－08．

［43］李荣融．增强紧迫感和责任感加快提升中央企业自主创新能力．中国军转民［J］，2011（8）．

［44］李荣融．央企5年引进500名“千人计划”海外人才［N/OL］．http://it.sohu.com/20100628/n273139144.shtml.2010－06－28．

［45］李旭．中煤能源与中煤科工成立科技创新战略联盟［N］．中国工业报，2011－03－21．

［46］李予阳，邓盼．新形势下央企的创新使命［N］．经济日报，2011－08－24．

［47］李予阳．中央企业：立足自主创新　发挥骨干作用［N］．经济日报，2011－02－25．

［48］李予阳．中央企业领跑科技创新［N］．经济日报，2012－03－25．

［49］李政，李薇，张帆．中央企业提高技术创新能力的机制与路径［J］．国有经济评论，2011（3）．

［50］李政．国有企业自主创新能力现状与提升路径［J］．中国社会科学文摘，2012（6）．

［51］李政．中央企业在提高自主创新能力中的引领作用［N］．光明日报（理论版），2012－06－16．

［52］娄勤俭．TD－SCDMA产业发展的几点思考［J］．中国集成电路，2008（8）．

［53］罗兰·贝格．2011中国钢铁产业分析报告［R］．2011．

［54］匡华安．武钢：加快“转变”，应对挑战——邓崎琳就武钢转方式实现又好又快发展访谈录［N/OL］．http://www.csteelnews.com/101695/78412.html.2011－06－21．

［55］千人计划网．引进海外高层次人才暂行办法［EB/OL］．http://www.1000plan.org/qrjh/article/13456.2011－02－17．

［56］瞿剑．国务院国资委：央企法制工作要更注重知识产权［N］．科技日报，2011－09－23．

［57］瞿剑．央企专利近两成来自“蓝领创新”［N］．科技日报，2011－11

-30.

[58] 瞿剑. 中央企业自主创新能力持续发展 [N]. 科技日报, 2009-07-22.

[59] 人民网. 2011 年国家科技奖励产学研结合情况分析白皮书 [EB/OL]. 2012-03-15.

[60] 上海证券交易所. 中化国际(控股)股份有限公司关于 2011 年度募集资金存放与使用情况的专项报告 [EB/OL]. 2012-03-10.

[61] 史江兰. 中国电信产业创新系统研究 [D]. 北京: 北京邮电大学, 2011.

[62] 施恋林, 朱春艳. 创新成就 3G 时代领先者 [J]. 通信企业管理, 2012 (1).

[63] 宿建光. AnyComy: 引领移动通信办公潮流 [J]. 华东通信, 2005 (22).

[64] 滕继濮. 科技创新支撑和引领油气工业发展 [N]. 科技日报, 2011-04-19.

[65] 田文滨. 装备制造业技术创新动力机制研究 [J]. 东北财经大学学报, 2008 (2).

[66] 万斯琴. 央企分配改革: 分红权激励 [N]. 中国企业报, 2011-08-05.

[67] 王平. 央企领跑"蓝领创新"新时代 [J]. 国企, 2011 (12).

[68] 吴杰. 解读央企考核新策 [J]. 国企, 2012 (2).

[69] 夏瑞琪, 刘柳. 立足产业报国 铸就世界品牌——专访中国兵装集团总经理助理、天威集团副董事长、总经理、党委书记丁强 [J]. 中国产业, 2011 (10).

[70] 夏云兰, 吕永波, 任远, 刘子玲. 我国铁路运输装备制造业创新模式及对策研究 [J]. 中国科技论坛, 2007 (6).

[71] 肖诺. 中国首座超深水半潜式钻井平台"海洋石油 981"号完工 [J]. 船舶与配套, 2011 (5).

[72] 谢泗薪, 吴叶兵. 后危机时代航空物流企业战略突破与服务创新 [J]. 空运商务, 2012 (2).

[73] 新华社. 国家中长期科学和技术发展规划纲要 (2006—2020 年) [EB/OL]. http://www.gov.cn/jrzg/2006-02/09/content_ 183787.htm. 2006-02

-09.

[74] 新华社. 国家中长期人才发展规划纲要（2010—2020 年）[EB/OL]. http://www.gov.cn/jrzg/2010-06/06/content_1621777.htm. 2010-06-06.

[75] 新华网. 十二五规划：增强科技创新能力 [N/OL]. http://www.csoet.cn/n159/n163/c1021915/content.html. 2011-03-21.

[76] 新华网. 中华人民共和国国民经济和社会发展第十二个五年规划纲要 [EB/OL]. http://news.xinhuanet.com/politics/2011-03/16/c_121193916.htm. 2011-03-16.

[77] 辛建波，蔡文. 构建低碳电力技术创新体系探讨 [J]. 江西电力，2011（5）.

[78] 徐国华. 管理学 [M]. 北京：清华大学出版社，1998.

[79] 余智梅. 赵春凌. 吴杰. 刘青山. 2011 中央企业新闻榜 [J]. 国企，2012（1）.

[80] 余智梅. 整体上市：艰辛的探索 [J]. 国企，2011（12）.

[81] 曾灿，徐莉. 电力企业创新能测评研究 [J]. 商业时代，2012（4）.

[82] 张恒. 中国石油化工产业现状分析 [J]. 中国商界，2009（3）.

[83] 张洪辉，夏天，王宗军. 企业自主创新能力评价方法综述 [J]. 科技管理研究，2009（12）.

[84] 张娜，孟祥翠. 引得进、干得好、留得住央企如何做到？——《国家中长期人才发展规划纲要》参与起草人王辉耀访谈 [J]. 现代国企研究，2011（4）.

[85] 张钦，周德群. 国防科技工业创新型企业评价研究 [M]. 北京：科学出版社，2011.

[86] 张雄化. 对我国石油石化行业放松规制的思考 [J]. 价格理论与实践，2011（9）.

[87] 张悦悦. 我国航空运输企业核心竞争力提升策略研究 [D]. 大连：大连海事大学. 2007

[88] 郑惠莉，洪小娟. 中国电信业创新型企业建设与创新绩效评估 [M]. 北京：中国邮电出版社，2011.

[89] 中国创新型企业发展报告编委会. 2010 中国创新型企业发展报告 [M]. 北京：经济管理出版社，2010.

[90] 中国创新型企业发展报告编委会. 2011 中国创新型企业发展报告

[M]. 北京：经济管理出版社，2011.

[91] 中国发展门户网 . 2011 中国钢铁业企业运行监测报告 [R]. 2011.

[92] 中国航天碳材料产业基地于山东投产 [J]. 工具技术，2011 (12).

[93] 中国经济信息网 . 2011 年中国行业年度报告系列之电力 [R]. 2011.

[94] 中国经济网 . 2011 中国钢铁行业分析报告 [R]. 2011.

[95] 中国经济网 . 2011 中国自主创新年会：十大创新人物名单 . http://www.ce.cn/cysc/newmain/yc/jsxw/201112/29/t20111229_ 21093681.shtml. 2011-12-29.

[96] 中国科协发展研究中心国家创新能力评价研究课题组 . 国家创新能力评价报告 [M]. 北京：科学出版社 . 2009.

[97] 中国石油和化学工业联合会 . 2011 年中国石油和化学工业经济运行报告 [J]. 中国石油和化工，2012 (3)..

[98] 中国石油企业协会发布 2011 年度全国石油石化企业管理现代化创新优秀成果奖、优秀论文奖、优秀著作奖 [J]. 中国石油企业，2011 (9).

[99] 中国网 . 石化和化学工业"十二五"发展规划 [EB/OL]. http://www.china.com.cn/policy/txt/2012-02/03/content_ 24543396_ 4.htm. 2012-02-03.

[100] 钟晶晶 . 央企全球聘高管四成来自系统内 [N/OL]. 新京报 . http://www.bjnews.com.cn/finance/2011/05/16/124409.html. 2011-05-16.

[101] 朱学蕊 . 首家核电建设国际培训中心落户中国 [N]. 中国能源报，2011-10-31.

[102] 庄越，李俊 . 我国制造企业自主创新影响因素的关联性分析 [J]. 科技创业月刊，2008 (6).

[103] 朱岩梅，陈强 . 创新的力量：中国经济增长新路线 [M]. 北京：中信出版社，2011.

后　记

本报告是继去年出版《中央企业技术创新报告2011》之后，我们应邀编著的又一部中央企业创新报告，也是我们承担的第三部“中央企业发展年度报告”。值此付梓出版之际，我谨对中国经济出版社副总编乔卫兵先生、责任编辑黄静女士致以深深的敬意和谢意！衷心感谢中国经济出版社对我们的支持和信任。同时也感谢中国国有经济研究中心徐传谌主任对我们编著出版本报告的大力支持！

创新是经济社会发展的永恒主题和文明进步的不竭动力。我国虽然已经成为世界第二大经济体，创新能力却在全球排名三十开外。2012年5月召开的中共中央政治局会议指出，加快转变经济发展方式，实现我国发展的战略目标，最根本的是要靠科技的力量，最关键的是要大幅提高自主创新能力，尤其是企业自主创新能力。2012年7月胡锦涛总书记在全国科技创新大会上指出，我国必须把创新驱动发展作为面向未来的一项重大战略，必须从国家发展全局的高度，集中力量推进科技创新，中国要在2020年建设成为创新型国家。而从现在起到这一目标的实现只有不到10年的时间，形势非常紧迫，任务十分艰巨。为此，拥有独特资源优势的中央企业必须主动肩负起提高自主创新能力、建设创新型国家的神圣使命，从“我”做起，责不旁贷。报告显示，过去的一年，中央企业自主创新又取得了显著进步与成效，涌现了一些颇具特色的典型自主创新模式。然而，传统的体制、机制与文化氛围，尤其是经营者考核评价体系，使中央企业发展由资源驱动向创新驱动转型面临着巨大的挑战。加快提高中央企业自主创新能力，必须继续深化有关体制与机制改革，改变部分中央企业不愿创新、不敢创新、不便创新的局面，及企业经营管理者明哲保身、但求无过、无为而治的心态。

为突出原始创新、集成创新、引进消化吸收再创新及掌握核心技术、拥有自主知识产权的重要性，同时表明非技术创新对技术创新的支撑作用，本报告命名为“中央企业自主创新报告”。与《中央企业技术创新报告2011》相比，本报告主要特色在于增加了对中央企业自主创新的评价与排序部分。受资料、数据所限，我们主要针对中央企业所属上市公司进行了排序，但依然缺乏必要的信息，作为一种尝试，片面与不足之处在所难免，还望读者在包容的同时，不吝批评指正。我们一定会在以后的报告中对有关研究工作努力加以改进和完善。

本报告由主编李政教授拟定提纲，并对全书初稿进行了审定和修改；副主编史本叶副教授负责分工、协调各小组的编写工作，多次组织编者和有关专家就有关问题进行研讨，还与刘阳共同初审、校对全书初稿，刘阳、鲁雁、付淳宇、任研除撰写部分章节外，还分别担任各篇编著小组组长。此外，参加编写的还有范硕、孙黎、房宏琳、程娜、陆寅宏、张昊旭、赵亮、张宏、张琳达、桂燕、刘宸希、许乃丹、李奉芪、刘一奇、霍岩、魏东、李越、贾玉荣等。

由于书中所涉及的中央企业我们没能一一实地考察，部分资料和数据尚未完全得到核实，因此报告内容或许会有不确切之处，敬请读者及相关企业批评谅解！本书在编写过程中参考、引用了大量文献，由于各种原因，未能完全一一列出、标注，在此谨致感谢和歉意！仓促完稿，我们对所参考的文献资料或有引用失当之处，诚望相关作者批评谅解！

本报告为国家社会科学基金项目“国有企业提升自主创新能力的机制与路径研究”（11BJL024）的阶段性成果，得到“吉林大学985工程项目”资助。

编　者

2012年9月于上海